영생이란 무엇인가

영생이란 무엇인가

서문 강 지음

청교도신앙사

머리말

———

먼저 이렇게 부족한 종을 붙으시어 이 책을 내게 하신 우리 하나님 아버지의 은혜를 우리 주 예수 그리스도의 이름으로 감사하나이다.

'영생이란 무엇인가?' 이 주제는 가히 크고도 높고 깊고 넓습니다. 이 주제는 사람의 이상향적인 구상(構想)의 범주를 훨씬 뛰어 넘습니다. 물론 역사적으로 그런 시도를 사람들이 하지 않은 것이 아닙니다. 모든 종교는 나름으로 꿈꾸는 '영생'에 대한 개념을 체계화한 것이라 할 수 있습니다. 그러나 그런 시도들이 다 무의미한 것은 영생의 주제는 사람으로부터 시작되는 것이 아니기 때문입니다.

영생은 처음부터 끝까지 피조물로서의 인간의 수준이 아니라 창조주 하나님께서 창세전에 사랑하시어 택하신 백성을 위해 예비하신 대업입니다. "기록된 바 하나님이 자기를 사랑하는 자들을 위하여 예비하신 모든 것은 눈으로 보지 못하고 귀로 듣지 못하고 사람의 마음으로 생각하지도 못하였다 함과 같으니라."(고전 2:9)

성경에서 '구원'과 '영생'의 단어가 교환적으로 쓰입니다. 그러나 엄밀한 의미에서 '구원'은 죄에서 완전하게 구출하여 내시는 하나님의 긍휼에 집중한 개념이요, '영생'은 하나님께서 그 구원받은 자들로 누리게 하시려고 예비하신 영광에 집중된 개념입니다.

그러니 영생은 단순한 그 존재의 영속성을 의미하지 않습니다. 영생은 구

5

원받은 백성이 하나님과 가진 영원한 화목과 생명의 충일한 교제입니다.

실로 영생은 하나님의 항상 살아있는 말씀인 성경의 대 주제입니다. 우리 주님께서 성경과 당신 자신의 관계를 말씀하시면서 이렇게 선언하셨습니다. "너희가 성경에서 영생을 얻는 줄 생각하고 성경을 연구하거니와 이 성경이 곧 내게 대하여 증언하는 것이니라."(요 5:39) 그리고 최후의 만찬을 드신 후 드린 대제사장적 기도에서 하나님 아버지께 사랑하시는 백성의 구원을 '영생'에 포괄적으로 담아 아뢰셨습니다. "아버지께서 아들에게 주신 모든 사람에게 영생을 주게 하시려고 만민을 다스리는 권세를 아들에게 주셨음이로소이다 영생은 곧 유일하신 참 하나님과 그가 보내신 자 예수 그리스도를 아는 것이니이다."(요 17:2,3)

그런데 필자가 보기에, 오늘날 성경이 말하는 '구원, 혹은 영생'에 대하여 혼돈을 겪고 있는 이들이 많습니다. 요즈음 정말 수를 헤아릴 수 없는 다중적인 매체를 통해 쏟아져 나오는 메시지들은 그 일을 더 증폭시킵니다. 그래서 한 사람이 하나님의 은혜로 예수님을 처음 믿고 서려 할 때 갈피를 잡기가 매우 힘들게 되어 있습니다. 참된 믿음은 '방황'을 끝내는 것이고 그래서 교회로 인도하심을 받은 것인데, 정작 그 교회 생활 속에서 '또 다른 혼돈과 방황'을 겪게 되니 참담하기 이를 데 없습니다. 오랜 기간의 교회생활 속에서도 '구원신앙(saving faith)'에 대하여 애매한 이들이 많아 보입니다. 그래서 주님의 은혜 주심 안에서 '구원신앙, 혹은 영생 얻은 자들의 정로(正路)'를 정돈하면 여러분들에게 도움이 될 수 있겠다는 생각이 들었습니다.

필자는 주님 은혜로 46년 동안의 복음 사역을 통하여 사도 바울이 성령의 가르치심을 통하여 제시한 목양의 목표를 늘 염두에 두어 왔습니다. "우리가 그를 전파하여 각 사람을 권하고 모든 지혜로 각 사람을 가르침은 각 사람을 그리스도 안에서 완전한 자로 세우려 함이니 이를 위하여 나도 내 속에서 능력으로 역사하시는 이의 역사를 따라 힘을 다하여 수고하노라."(골 1:28, 29)

그 일환으로 2년 전에 제 YouTube 방송을 통하여 30회에 걸쳐 '영생이란 무엇인가'란 주제로 강론한 내용을 이렇게 책으로 내게 되었습니다. 부디 이 책이 여러 독자들에게 우리를 택하시고 구속하시고 부르신 성삼위 하나님을 믿는 참된 '구원신앙의 정로(正路)를 제시하는 작은 내비게이션'이 된다면 더 바랄 것이 없습니다.

이 책을 기꺼이 분에 넘치게 추천해 주신 여러 고명하신 교수님들과 목사님들께 진심으로 감사를 드립니다. 부족한 종을 원로목사로 추대하고 복음을 위해 더 섬길 은혜를 위해 늘 기도해 주시는 중심교회 담임목사 김태선 목사님과 여러 장로님들과 성도님들께 감사의 말씀을 드립니다. 독자 여러분은 저의 신실한 후원자이십니다.

　저와 제 아내의 여생의 길이를 정하신 우리 하나님 아버지께서 그 날들 속에서 하나님의 복음의 영광을 위해 더 섬길 수 있게 야베스에게 주셨던 은혜를 주옵소서. 아멘.

이 책을 추천한 이들의 말씀들

―――

_____**이상규**(교회사학자로서 전 고신대학교 교수, 현 백석대학교 석좌교수)

이번에 서문강 목사님의 '영생이란 무엇인가'의 출판을 환영하고 축하합니다. 서문강 목사님은 한국을 대표하는 번역가로서 94권의 성경, 역사, 신조, 설교, 성경 강해 등 성경신학과 역사, 신앙고백, 특히 청교도 신앙과 개혁주의 전통에 관한 책을 번역하여 한국교회에 크게 기여한 문서전도자이자 신학자입니다. 번역은 저자의 신앙이나 사상, 신학을 완전히 이해하지 못하면 할 수 없는 작업입니다. 그런데 그가 서구 교회와 신학계를 대표하는 목회자 혹은 신학자들의 고전적인 책들을 번역했다는 것은 그들의 신학과 사상과 논리를 완벽하게 이해했다는 의미입니다. 이런 점에서 저는 서문강 목사님이야 말로 성경과 교리, 서구교회의 신학적 유산을 바르게 이해하는 성경학자이자 신학자라고 생각합니다. 그의 번역서나 논설, 칼럼 등 그의 글을 읽을 때마다 그의 해박한 지식과 서구교회와 신학을 헤아리는 안목과 통찰력에 감탄합니다.

그런데 서문강 목사님의 '영생'에 대한 성경의 거대한 주제를 30강으로 풀어낸 이 책은 보배롭습니다. 이 책은 지상생애의 가장 절박한 '영생'의 본질과 특성을 시작으로, 영생 얻을 만한 구원신앙의 정체와 영생 얻은 이후의 삶 등 다양한 주제들을 섬세하게 직조(織造)한 교과서입니다.

저자는 영생과 관련하여 이 책에서 다루는 주제들을 다 성경에서 뽑아내어 바른 개혁신학의 척도로 풀어내고 있습니다. 그러므로 이 책은 성경에 입각한 충실한 복음과 그 구원이 능력과 은혜에 충실한 교리서입니다. 30강의 제목들만 보아도 알 수 있듯이, 지면마다에 독자들의 영혼의 행로에 대한 목양적 간절함이 드러나 있습니다. 그래서 이 책은 누구에게나 쉽게 읽혀지는 평이한 구어체로 되었습니다. 정말 일독을 권하는 바입니다.

_____**서창원**(역사신학자. 전 총신대 교수. 전 한국개혁주의 설교연구원 원장)

서문 강 목사님의 역작이 소개되었습니다. 은퇴 후에도 강의, 번역, 저술 활동을 왕성하게 이어오고 있는 목사님은 이번 책을 통해 영생의 진면목을 담아냈습니다. 에덴동산부터 인간의 초미의 관심사였던 영생은 인간 스스로의 추구로는 도달할 수 없었습니다. 하나님께서 마련해 주신 길을 인간이 선택하지 않아 저주와 파멸로 이어졌습니다. 영생의 열쇠는 인간이 아닌 하나님께 있습니다.

영생은 주 예수 그리스도와 하나님을 믿는 단순한 믿음에서 시작됩니다. 이 책은 성경적, 신학적 해답을 통해 영생의 실체를 자세히 설명하고 있습니다. 영적 사고방식이 약한 그리스도인에게 영생이 죽어서만 누리는 것이 아닌, 지상에서도 실천될 수 있는 실체임을 확신하게 하는 도전과 깨달음을 제공합니다. 이 책을 일반 독자들만 아니라 특히 영생을 설교하기 어려워하는 목사들에게도 추천합니다. 저자에게 감사드리며, 이 귀한 책이 독자들에게 큰 도움이 되기를 바랍니다.

__**김병훈**(조직신학자. 전 합동신대원 교수. 현 동 신대원 석좌 교수. 나그네교회 담임목사)

이 책은 아담과 하와의 타락 이후 인류가 영원한 멸망의 심판 아래 놓여 소망이 없다는 사실을 강조하면서 예수 그리스도의 복음이 유일한 생명의 길임을 전하고 있습니다. 이 책은 그리스도의 의가 죄인들을 의롭다 하여 영생을 보장해

준다는 내용을 다루며, 이를 통해 신자가 이 땅에서 신앙 여정을 영생의 관점에서 이해하도록 돕습니다. 저자는 개혁신학의 견고한 토대 위에서 복음의 은혜를 명확하고 간결하게 전달하고 있습니다. 이점이 독자들에게 큰 유익을 줄 것이라고 저는 믿습니다. 또한, 교회의 영적 쇠퇴를 염려하는 이들과 영생을 갈망하는 이들에게 이 책을 강력히 추천합니다. 교회 소그룹 학습용으로 아주 좋은 책입니다.

_____**박순용**(하늘영광교회 담임목사)

인간은 태생적으로 영원을 사모하는 마음(전 3:11)을 가지고 있으면서도 영생에 이를 수 없는 상태에 있습니다. 그런 인간에게 영생을 얻어 영원토록 누릴 수 있다는 사실은 분명 기쁜 소식입니다. 이 책은 바로 그 기쁜 소식을 성경에서 말하는 영생과 관련된 모든 내용으로 풍성한 만찬을 베풀듯이 배설해 주고 있습니다. 본인은 이 내용들로 감사와 기쁨과 소망이 일어나는 것을 경험하게 됩니다. 이 책을 들어 읽으며 묵상하는 사람들은 모두 같은 은혜의 경험을 하리라고 믿습니다. 구원을 열망하는 모든 자들과 이미 영생의 복을 누리고 있는 모든 성도들에게 이 책을 기쁨으로 추천합니다.

_____**강문진**(진리교회 담임목사, 한국 개혁주의설교연구원 원장)

오병이어의 기적의 떡을 먹었던 자들이 예수님을 찾은 까닭은 무엇이었습니까? "너희가 나를 찾는 것은 표적을 본 까닭이 아니요 떡을 먹고 배부른 까닭이로다… 영생하도록 있는 양식을 위하여 하라."(요 6:26,27) 오늘날 이 시대 교회들 안에도 이 말씀을 들을 자들이 많습니다. 이러한 위기의 시대에 서문 강 목사님께서 '영생이란 무엇인가'라는 시의적절한 책을 이 세상에 내어놓으신 것을 너무도 기쁘게 생각합니다. 서문 강 목사님은 주님 은혜로 오랜 세월동안 개혁주의 책들의 번역과, 신학교에서 개혁주의와 청교도 신앙을 전수하는 일을 전념하셨습니다. 이 책으로 영생에 관한 도리를 선물로 주신 주님 찬미합니다. 독자들이 이 책을 경건한 묵상의 길잡이로 사용하기를 바랍니다.

_____**박의서**(세곡교회 담임목사)

저자의 고민과 신학적인 성찰을 바탕으로 작성한 신앙고백 같은 글이라 마음에 와 닿습니다. 영생이라는 주제로 구원론을 실제적이고 포괄적으로 다룬 저자의 수고가 돋보이며 이 땅의 그리스도인들을 사랑하는 마음으로 외친 간절한 호소입니다. 존 번연이 천로역정을 통하여 구원의 서정을 우화적으로 표현하였다면 저자는 영원을 바라보는 성도가 세상이라는 시간 속에서 어떻게 처신하는 것이 지혜롭고 바른 삶인지를 보여주고 있다. 저자의 개인적 사변의 산물이 아닌 성경이 말하는 바를 교리문답식으로 제시하는 정성이 돋보입니다. 책 전체가 성경구절들로 콘크리트 되어 있으니 말입니다. 교회의 지도자들이나 성도들이 소장하여 읽으면 분명한 도움을 받을 가치가 있는 책으로 널리 알리고 추천하는 바입니다.

_____**김준범**(양의문교회 담임목사)

본서는 신자가 그리스도 안에서 받아가진 영생에 관한 강설입니다. 서문강 목사님은 일평생 그리스도의 사랑에 매여 그 부르심에 따라 복음을 사랑하고 영혼들을 사랑하며 복음의 설교자입니다. 하나님께서 우리에게 순전히 은혜로, 값없이 주신 이 영생의 연원(淵源)과 본질, 그리고 영생을 얻은 자의 복락과 특권, 영생 얻은 자가 금생에서 겪게 되는 도전, 영생을 얻은 자에게 주어진 과업과 임무, 하나님께서 우리에게 영생을 주신 이유와 목적, 그리고 그리스도인들이 마침내 들어가게 될 영광의 나라에서 누리게 될 영생의 극치와 아름다움에 대하여 강론하고 있습니다. 영생을 얻었으면서도 영생의 찬란한 영광과 아름다움에 대해 무지한 채로 살아가기 쉽습니다. 본서는 성경의 다양한 교리적 주제들이 영생과 어떤 관계에 있는지를 규명하면서 영생을 맛보며 주 안에서 살아가는 기쁨을 회복하는 길을 보여줍니다.

_____**최더함**(바로선개혁교회 담임목사. 마스터스 세미나리 책임교수)

기독교 신앙은 복잡하지 않고 단순합니다. 그런데도 그것의 내용이 모든 이들이 영원한 몫으로 '영생과 멸망' 중 하나를 받아야 함을 말하니, 그 보다 더 거대하고 신비롭고 명료하고 절박한 것이 없습니다. 구원의 핵심 진리는 바로 '영생'입니다. 저자가 보기에 성경에서 '영생'은 신앙의 총체입니다. 저자는 이 책을 통해 자신의 모든 신앙의 여정과 역량과 신학을 총 망라하고 있습니다. 한 마디로 저자는 드디어 하나의 대작을 생산한 것입니다. 감히 말하지만 신학의 종착역은 영생입니다. 영생 없는 구원 없고 영생 없는 신앙 없으며 영생 없는 인생보다 더 비참한 것은 없습니다. 이 책은 21세기의 가장 대표적인 청교도 신앙 서적의 반열에 오를 것입니다.

_____**김영우**(혜림교회 담임목사)

로이드 존스라는 탁월한 설교자를 소개하여 한국강단에 큰 영향을 끼친 서문강 목사님의 이 책으로 인하여 참으로 감사하고 기쁩니다. 저자는 성경이 말하는 영생은 '창조주 우리 하나님 아버지와 그 아들 우리 주 예수 그리스도 와의 영적인 교통이 끊어지지 않는 영원한 관계'라고 말합니다. 이 정의 안에 영생에 대한 가장 분명한 성경적 가르침이 녹아있습니다. 저자는 독자들이 읽기 쉬운 방향으로 영생을 설명합니다. 영생과 의, 거듭남, 구원, 성경, 성화, 나아가 영화에 이르는 구원의 서정(序程)을 영생으로ㅈ 설명하는 이 책은 한국의 성도들뿐 아니라 목회자들에게도 많은 유익을 줄 것입니다. 그러면서도 '삶과 죽음과 그 이후의 존재 양식'에 대한 관심은 여전히 불신자들의 것이기도 합니다. 그래서 이 책은 전도용으로 선물해도 좋은 책입니다. 물론 이 책은 구원론이 혼란한 이 시기에 성경이 말하는 개혁주의 핵심이 무엇인지 알리고 배우게 할 교본이 될 수 있다는 점에서 일반 성도들, 특히 교회 청소년들에게도 유익합니다.

____**최덕수**(현산교회 담임목사)

저자는 한 평생 개혁주의 청교도 신학을 목회현장과 신학교에서 경험하고 가르친 목회자요 신학자이자 보편교회의 교사입니다. 때문에 저자가 쓴 책을 읽으면, 우리는 신앙생활과 관련된 다양한 주제들에 대한 이해만 아니라 목회자들의 목양적 가르침의 정도를 배웁니다. 그리고 성도들이 그리스도 안에서 사는 법을 배우게 됩니다. 본서는 교리적이고 실천적인 다양한 주제들을 영생이란 실로 엮어 만든 목걸이와 같습니다. 각 주제들은 모양과 색이 각기 다른 구슬에 비유될 수 있습니다. '칭의, 성화, 성도의 견인, 선택' 등과 같은 교리적인 주제들, 그리고 '기도, 마음 쓰기, 죄 죽이기, 계명 지키기'와 같은 실천적인 주제들을 영생이라는 하나의 실로 꿰어 나가고 있습니다. 그러면서 매 장 마다 이토록 아름답고 영광스러운 목걸이의 주인은 예수 그리스도이심을 드러냅니다. 이 책을 접하는 모든 이들이 영생이라는 하나의 실로 연결된 형형색색(形形色色)의 구슬 목걸이를 자신의 목에 걸어보는 기쁨을 누리시기 바랍니다.

____최종천(분당중앙교회 담임목사)

존경이란 수사가 가볍지 않은 오래 본 서문 목사님, 영생의 깊음과 기쁨 감격과 영감을 읽습니다. 퍼 올려도 마르지 않고, 몰아 숨 쉬어도 답답지 않은, 영적 사유와 몰입 집중이 머리와 가슴을 서느럽고 뜨겁게 합니다.

____김태선(중심교회 담임목사)

 중심교회 원로목사이시며 말씀선교사이신 서문강 목사님의 '영생이란 무엇인가'라는 귀한 책이 출간됨을 주안에서 크게 기뻐합니다. 이 책의 내용에 있는 대로 '멸망과 영생은 존재의 멸절과 지속의 문제가 아닌 영원한 존재의 양식의 문제'입니다. 사람으로 태어난 사람은 영원토록 사람입니다. 예수님을 믿음으로 구원받아 이 땅에서나 천국에서 영생을 누리는 자가 있고, 그리스도 밖에 있음으로 이 땅에서나 죽음 다음 영원히 하나님이 진노 아래 거하는 자가 있습니다. 이 책의 모든 독자들이 모두 그리스도 안에서 구원을 받아 영생의 소망을 가지고 주를 모시고 영원토록 생명을 누릴 하늘의 기쁨을 이 땅에서부터 누리며 살아가게 되기를 소원합니다.

contents **차례**

그를 믿는 자마다 멸망하지 않고
영생을 얻게 하려 하심이라.

요한복음 3장 16절

멸망이냐 영생이냐?

"하나님이 세상을 이처럼 사랑하사 독생자를 주셨으니 이는 그를 믿는 자마다 멸망하지 않고 영생을 얻게 하려 하심이라"(요한복음 3:16)

유희(遊戲) 자적(自適) 할 수 없게 하는 인생의 대 현실

실로 성경으로 말씀하시는 하나님의 음성을 제대로 듣는다면, 우리는 누구이든지 유희자적하며 흐느적거리는 삶을 살 수 없습니다. 정말 우리가 지상에 사람으로 살고 있다는 것은 너무나 엄청나고 엄숙한 진실 앞에 서 있다는 것입니다. 성경대로 말하면, 저나 여러분이나 모든 인생이 멸망이냐 영생이냐의 두 기로 앞에 서 있기 때문입니다.

그래서 제1강의 제목을 '멸망이냐 영생이냐'로 정하였습니다.

실로 우리의 인생이 바로 그 두 기로 중 하나와 잇대어 잇기 마련입니다. 나는 그 둘 중 어느 것과도 이어지고 싶지 않다 해도 소용없습니다.

멸망이냐 영생이냐?

그 사람의 모든 것은, 바로 두 명제 중 어느 편에 속하였느냐로 결판납니다. 그가 어떤 조건에서 태어나 자라 무슨 일을 하며 어떤 입장에 있든, 아니 그가 건강하여 장수하든 그렇지 못하든, 그가 부자이든 가난하든, 그가 어떤 종족에 속하였든, 그런 모든 것들은 바로 그 두 현실 앞에 무색하게 됩니다. 멸망의 사람이면 다른 모든 조건이 온통 황금빛이라도 정말 아무것도 아닙니다. 그가 처한 멸망의 비참을 무엇으로 상쇄하겠습니까? 도리어 그 비참 중에서 좋았던 날들의 추억이 저주의 비수처럼 그를 더 괴롭게 하여 더 울게 만들 것입니다.

영생의 사람이라면 아무리 모진 조건 속에서 그의 지상 순례 길을 걸어간다 해도 영원한 복과 희락이 그를 기다립니다. 그는 그 소망의 위로로 그 어떤 조건도 이길 수 있습니다. 불현듯 죽음의 흑암이 그를 덮쳐 와도 그는 비로소 사모하던 그 영광의 소망이 현실이 죽음의 커튼 너머에 있음을 생각하고 가슴 깊이에서 솟아오르는 기쁨을 주체할 수 없을 것입니다.

'멸망의 사람'과 '영생의 사람'의 차이를 제대로 완전하게 표현할 말이 없습니다.

시편 73편 기자에게 보인 인생 현실

시편 73편 기자를 통하여 성령께서 우리로 하여금 바로 그때 현실을 직시하게 하십니다. 그가 하나님을 두려워하지 않는 불신자들이 세상에서 잘 되는 현실을 주목하였습니다.

시 73:1 하나님이 참으로 이스라엘 중 마음이 정결한 자에게 선을 행하시나

73:2 나는 거의 넘어질 뻔하였고 나의 걸음이 미끄러질 뻔하였으니

73:3 이는 내가 악인의 형통함을 보고 오만한 자를 질투하였음이로다

73:4 그들은 죽을 때에도 고통이 없고 그 힘이 강건하며

73:5 사람들이 당하는 고난이 그들에게는 없고 사람들이 당하는 재앙도 그들에게는 없나니

73:6 그러므로 교만이 그들의 목걸이요 강포가 그들의 옷이며

73:7 살찜으로 그들의 눈이 솟아나며 그들의 소득은 마음의 소원보다 많으며

73:8 그들은 능욕하며 악하게 말하며 높은 데서 거만하게 말하며

73:9 그들의 입은 하늘에 두고 그들의 혀는 땅에 두루 다니도다

73:10 그러므로 그의 백성이 이리로 돌아와서 잔에 가득한 물을 다 마시며

73:11 말하기를 하나님이 어찌 알랴 지존자에게 지식이 있으랴 하는도다

73:12 볼지어다 이들은 악인들이라도 항상 평안하고 재물은 더욱 불어나도다

이것이 73편 기자가 시험에 빠져 하나님을 믿지 않는 세상에 속한 자들을 향하여 가진 생각이었습니다. 그가 보기에, 그들의 현실 앞에 자신의 처지는 곤고하고 처량하기 이를 데 없었습니다. 아니 하나님을 믿는 자기의 입장이 헛된 것처럼 여겨지기까지 하였습니다. 그래서 그는 속으로 불만을 말하였습니다.

시 73:13 내가 내 마음을 깨끗하게 하며 내 손을 씻어 무죄하다 한 것이 실로 헛되도다

73:14 나는 종일 재난을 당하며 아침마다 징벌을 받았도다

그것이 바로 시편 73편 기자가 시험에 빠져 사람의 좁은 소견으로 본 두 인생 현실이었습니다.

하나의 현실은 하나님 없이 잘 살며 유희자적하며 평안한 인생, 다른 하나의 현실은 하나님을 믿으며 곤고하게 살아가는 처량해 보이는 인생.

- 그것이 시편 기자가 사람의 시각으로 본 두 인생 현실이었습니다.

그가 옳았습니까?

하나님께서는 그 시편 기자를 사랑하시어 그를 인내하시며 시험 받은 그의 마음의 생각을 발설하지 못하게 그의 입을 막으셨습니다. 그리고 하나님의 성소로 나아가게 하셨습니다. '성소로 나아가게 하셨다' 함은 성소에서 하나님께 경배하며 자기의 마음을 토하며 기도하게 하셨다는 말입니다. 사람이 하나님을 우러르며 하나님의 긍휼과 은혜를 구하는 자리에 있다면, 그는 지상에서 처할 최고의 자리에 있는 셈입니다.

그리고 하나님께서 그렇게 성소로 나오게 하신 그 사람의 마음의 눈을 열어 인생의 진정한 현실을 보게 하셨습니다. 그의 고백을 들어 보세요.

시 73:15 내가 만일 스스로 이르기를 내가 그들처럼 말하리라 하였더라면 나는 주의 아들들의 세대에 대하여 악행을 행하였으리이다

73:16 내가 어쩌면 이를 알까 하여 생각한즉 그것이 내게 심한 고통이 되었더니

73:17 하나님의 성소에 들어갈 때에야 그들의 종말을 내가 깨달았나이다

만물과 인생을 지으시고 심판하시는 하나님께서 그에게 보여주신 인생의 두 현실은 어떠하였습니까?

73:18 주께서 참으로 그들을 미끄러운 곳에 두시며 파멸에 던지시니

73:19 그들이 어찌하여 그리 갑자기 황폐되었는가 놀랄 정도로 그들은 전멸하였나이다

73:20 주여 사람이 깬 후에는 꿈을 무시함 같이 주께서 깨신 후에는 그들의 형상을 멸시하시리이다

하나님께서는 참으로 엄정한 위엄을 갖추시고 어떤 자들을 파멸에 던지시는 일을 그로 보게 하신 것입니다. 그들은 이 세상에서 사는 날 동안 세

상에서 누릴 수 있는 모든 좋은 것들을 구가하며 즐거워하였습니다. 그러나 그들은 그런 그들의 모든 날들의 일들이 한 여름 밤의 꿈같을 뿐이었습니다. 하나님께서 그들을 물 한 방울의 자비도 없이 그들을 영원한 파멸의 구덩이에 던지셨습니다. 이제 그것이 그들의 영원하고 고정된 현실이 되었습니다. 그 현실에서 벗어날 희망은 제로입니다.

거지 나사로와 부자의 영원한 처소

영생의 주되신 하나님의 아들 예수님께서 예로 드신 멸망의 사람의 이야기를 들어보신 적이 있나요?

눅 16:19 한 부자가 있어 자색 옷과 고운 베옷을 입고 날마다 호화롭게 즐기더라

16:20 그런데 나사로라 이름하는 한 거지가 헌데 투성이로 그의 대문 앞에 버려진 채

16:21 그 부자의 상에서 떨어지는 것으로 배불리려 하매 심지어 개들이 와서 그 헌데를 핥더라

16:22 이에 그 거지가 죽어 천사들에게 받들려 아브라함의 품에 들어가고 부자도 죽어 장사되매

16:23 그가 음부에서 고통중에 눈을 들어 멀리 아브라함과 그의 품에 있는 나사로를 보고

16:24 러 이르되 아버지 아브라함이여 나를 긍휼히 여기사 나사로를 보내어 그 손가락 끝에 물을 찍어 내 혀를 서늘하게 하소서 내가 이 불꽃 가운데서 괴로워하나이다

16:25 아브라함이 이르되 얘 너는 살았을 때에 좋은 것을 받았고 나사로는

고난을 받았으니 이것을 기억하라 이제 그는 여기서 위로를 받고 너는 괴로움을 받느니라

16:26 그뿐 아니라 너희와 우리 사이에 큰 구렁텅이가 놓여 있어 여기서 너희에게 건너가고자 하되 갈 수 없고 거기서 우리에게 건너올 수도 없게 하였느니라

그래서 우리 예수님께서는 멸망의 사람들의 영원한 거처인 지옥을 가리키며 제자들에게 멸망의 지옥의 현실을 일깨우며 영생을 추구할 것을 지시하신 것입니다.

막 9:47 만일 네 눈이 너를 범죄하게 하거든 빼버리라 한 눈으로 하나님의 나라에 들어가는 것이 두 눈을 가지고 지옥에 던져지는 것보다 나으니라

9:48 거기에서는 구더기도 죽지 않고 불도 꺼지지 아니하느니라

9:49 사람마다 불로써 소금 치듯 함을 받으리라

시험의 잠에서 깨어난 시편 기자

세상 정신과 자신의 정욕과 마귀의 세력에 밀려 시험받아 잠시 미혹의 잠에 빠졌던 시편 73편 기자는 그 잠에서 깨어났습니다. 그리고 그 마음에 하나님이 없다는 악인들의 진정한 현실을 목도하자 크게 놀라 소리쳤습니다.

시 73:21 내 마음이 산란하며 내 양심이 찔렸나이다

73:22 내가 이같이 우매 무지함으로 주 앞에 짐승이오나

그는 하나님을 경외하고 믿는 자로서는 들어가서는 안 되는 세속주의, 현실주의의 늪에 빠졌습니다. 그 일은 마치 이성 없는 짐승이 사냥꾼이 처놓은 함정의 늪에 빠진 것과 같았습니다. 그래서 그 일을 즉시 하나님께

회개하였습니다.

그러면서 자기의 그런 악한 심사에도 불구하고 그 간교한 시험의 늪에서 벗어난 것은 순전하게 하나님의 은혜임을 그는 고백합니다.

시 73:23 내가 항상 주와 함께 하니 주께서 내 오른손을 붙드셨나이다

이 말씀은 그리스도 예수님 안에서 믿음으로 말미암아 은혜로 죄사함과 의롭다 하심을 받고 영생 얻은 모든 성도의 위대한 신앙고백입니다. 다시 강조하거니와, 이 시편 73편의 말씀은 자기의 죄와 허물과 미련함에도 불구하고 자기에게 자비하시고 은혜 베푸시기로 영원히 택하시고 작정하시어 그리스도 안에서 은혜로 구원하여 자녀 삼으신 하나님 아버지의 주권적인 목적을 크게 선양하는 성도의 고백입니다.

시편 73편 기자는 이제 주 하나님께서 자기의 몫으로 주신 영원한 현실로 돌아왔습니다. 그래서 그는 자기를 비롯한 성도들, 곧 창조주요 구속자이신 성삼위 하나님과 그 은택을 영원히 옷 입고 있는 성도들의 영원한 현실을 고백하고 선양합니다.

지상에서 결정되어 영원까지 이어질 현실

물론 그 현실은 죽은 다음부터 시작될 현실이 아닙니다. 오직 지상에서부터 시작하여 영원히 이어질 현실입니다.

시 73:24 주의 교훈으로 나를 인도하시고 후에는 영광으로 나를 영접하시리니

73:25 하늘에서는 주 외에 누가 내게 있으리요 땅에서는 주 밖에 내가 사모할 이 없나이다

73:26 내 육체와 마음은 쇠약하나 하나님은 내 마음의 반석이시요 영원한

분깃이시라

73:27 무릇 주를 멀리하는 자는 망하리니 음녀 같이 주를 떠난 자를 주께서 다 멸하셨나이다

73:28 하나님께 가까이 함이 내게 복이라 내가 주 여호와를 나의 피난처로 삼아 주의 모든 행적을 전파하리이다

우리는 이 시편 73편의 말씀만 아니라 성경 전체를 통하여 배워야 합니다.

우리 각자의 영원한 현실, 곧 '멸망이냐 영생이냐'의 결정이 죽은 다음에 이루어지지 않습니다. 그 결판은 지상에 있을 때입니다. 많은 이들이 '영생이냐 멸망이냐'는 문제가 '죽은 다음의 문제'라고 여깁니다. 결코 그렇지 않습니다.

밭에 심은 것이 곡식이냐 가라지냐는 판결은 추수 때에 나는 것입니까? 흔히 그렇게 생각하기 쉽습니다. 물론 추수 때에 가라지는 거두어 불살라집니다. 그리고 추수 때에 곡식은 곳간에 들여집니다. 그러나 '곡식이냐 가라지냐'에 따라 분류되는 일은 추수 때이지만, 그것이 '곡식이냐 가라지냐'는 이미 밭에서 결정이 되었습니다. 추수 때에 추수꾼은 밭에서 함께 자라던 곡식과 가라지를 거두어 구분하여 낼 뿐입니다. 그래서 우리 주님께서 최후의 심판을 추수에 비유하신 것입니다.

마 13:24 예수께서 그들 앞에 또 비유를 들어 이르시되 천국은 좋은 씨를 제 밭에 뿌린 사람과 같으니

13:25 사람들이 잘 때에 그 원수가 와서 곡식 가운데 가라지를 덧뿌리고 갔더니

13:26 싹이 나고 결실할 때에 가라지도 보이거늘

13:27 집 주인의 종들이 와서 말하되 주여 밭에 좋은 씨를 뿌리지 아니하였나이까 그런데 가라지가 어디서 생겼나이까

13:28 주인이 이르되 원수가 이렇게 하였구나 종들이 말하되 그러면 우리가 가서 이것을 뽑기를 원하시나이까

13:29 주인이 이르되 가만 두라 가라지를 뽑다가 곡식까지 뽑을까 염려하노라

13:30 둘 다 추수 때까지 함께 자라게 두라 추수 때에 내가 추수꾼들에게 말하기를 가라지는 먼저 거두어 불사르게 단으로 묶고 곡식은 모아 내 곳간에 넣으라 하리라

우리가 앞에서 인용한 누가복음 16장의 거지 나사로와 부자 비유에서 우리는 바로 그 요점을 확인하였습니다. 부자와 거지 나사로가 각기 자기의 영원한 몫을 실제로 누리는 것은 죽은 다음의 일이었습니다. 그러나 그 두 사람 각자의 몫이 결정된 것은 지상에서였습니다. 그 두 사람 모두에게 찾아온 죽음은 각자의 것으로 이미 확정된 영원한 영역으로 넘어 들어가는 관문이었습니다.

눅 16:22 이에 그 거지가 죽어 천사들에게 받들려 아브라함의 품에 들어가고 부자도 죽어 장사되매

16:23 그가 음부에서 고통중에 눈을 들어 멀리 아브라함과 그의 품에 있는 나사로를 보고

16:24 불러 이르되 아버지 아브라함이여 나를 긍휼히 여기사 나사로를 보내어 그 손가락 끝에 물을 찍어 내 혀를 서늘하게 하소서 내가 이 불꽃 가운데서 괴로워하나이다

거지 나사로는 아브라함의 품에 들어갔습니다. 아브라함의 품이란 아브라함과 동일한 믿음으로 말미암아 영생 얻은 자들의 영역, 곧 천국 또는

아버지의 영원한 집을 가리킵니다.

아브라함이 가진 영생 얻는 믿음

나사로는 거지였으나 지상에 있을 때에 아브라함과 동일한 믿음과 소망을 가졌었습니다. 그래서 거지 나사로는 비록 그 형편이 심히 궁핍하였으나 그 가운데서도 아브라함이 가진 믿음을 가져 아브라함과 동일한 구원, 곧 영생을 얻었습니다.

그 부자는 지상에서 누릴 수 있는 모든 좋은 것을 누릴 여유는 가졌으나 하나님과 그 구원의 은혜에 대하여는 죽어 있었습니다. 거지 나사로와 그 부자는 본질적인 면에서 아무 차이가 없었습니다. 둘 다 본질적으로 죄인들로서 하나님의 진노로 영원한 지옥 형벌에 던져질 처지에 있었습니다.

그러나 거지 나사로는 '진노 중에서도 긍휼을 잊지 않으시는 하나님께서 자기 백성의 중보자요 구속자이신 그리스도 안에서 베푸시는 구원의 은혜'에 자신을 의탁하였습니다. 그것이 바로 아브라함의 믿음의 본질이었습니다.

롬 4:17 기록된 바 내가 너를 많은 민족의 조상으로 세웠다 하심과 같으니 그가 믿은 바 하나님은 죽은 자를 살리시며 없는 것을 있는 것으로 부르시는 이시니라

여기 로마서에서 사도 바울은 아브라함이 하나님은 전지전능하시어 모든 것을 하실 수 있다는 것을 말하려 한 것이 아닙니다. 물론 그 대 요점은 당연하게 전제되어야 합니다. 그러나 사도 바울은 아브라함이 하나님을 믿되, 단순하게 모든 것을 하실 수 있는 하나님으로 믿었다는 것을 말하려 하지 않았습니다. 도리어 사도는 아브라함이 친히 약속하신 구원과 영

생을 어김없이 이루시는 하나님의 미쁘심을 강조하고 있습니다.

하나님께서 아브라함에게 친히 약속하신 것의 대 요점은 무엇일까요? 성경전체를 관조하여 그 질문에 대한 대답을 발견해야 합니다. 하나님께서 그 아들 예수 그리스도를 보내시어 당신의 사랑하는 백성들을 죄에서 구원하시어 영생을 주시겠다는 것이 바로 아브라함에게 주신 약속의 대 요점입니다.

그래서 우리 주 예수님께서 친히 말씀하셨습니다.

요 8:56 너희 조상 아브라함은 나의 때 볼 것을 즐거워하다가 보고 기뻐하였 느니라

하나님께서 그 약속을 이루어가시는 대 장정이 구약성경의 파노라마입니다. 우리는 그것을 가리켜 구속사(救贖史, History of Redemption)라고 합니다. 아브라함은 창조주 하나님을 믿되, 오직 은혜로 그 사랑하시는 백성들을 죄에서 구원하시어 죄와는 상관없이 영원히 살며 하나님을 섬기게 하시겠다는 하나님을 믿었습니다.

롬 4:19 그가 백 세나 되어 자기 몸이 죽은 것 같고 사라의 태가 죽은 것 같음을 알고도 믿음이 약하여지지 아니하고

4:20 믿음이 없어 하나님의 약속을 의심하지 않고 믿음으로 견고하여져서 하나님께 영광을 돌리며

4:21 약속하신 그것을 또한 능히 이루실 줄을 확신하였으니

4:22 그러므로 그것이 그에게 의로 여겨졌느니라

그러나 이 아브라함의 믿음을 의로 여기신 것은 아브라함만 위한 것이 아니라 아브라함과 같이 하나님의 약속을 따라 하나님의 아들 우리 주 예수 그리스도를 믿는 믿음의 사람들 전체에 해당됩니다.

롬 4:23 그에게 의로 여겨졌다 기록된 것은 아브라함만 위한 것이 아니요

4:24 의로 여기심을 받을 우리도 위함이니 곧 예수 우리 주를 죽은 자 가운데서 살리신 이를 믿는 자니라

4:25 예수는 우리가 범죄한 것 때문에 내줌이 되고 또한 우리를 의롭다 하시기 위하여 살아나셨느니라

그래서 그 아브라함의 믿음은 하나님의 아들 우리 주 예수 그리스도를 믿는 믿음이었습니다.

멸망과 영생은 존재의 멸절과 지속의 문제가 아닌
영원한 존재 양식의 문제

사랑하시는 여러분, 멸망과 영생의 문제는 사람이 영원히 존재할 것인지 영원히 존재하지 않을 것인지의 문제가 아닙니다. 모든 인간들의 영혼은 영원히 멸절되지 않습니다. 한 번 사람이면 그는 영원히 사람입니다. 사람이 천사로 변하거나 또는 무슨 유령이냐 귀신이 되는 것이 아닙니다.

아브라함은 영원히 그 사람 아브라함입니다. 가룟 유다는 영원히 그 사람 가룟 유다입니다. 이교도들은 인간이 죽으면 그 영혼이 멸절되거나 영혼이 천사나 귀신들로 변한다고 주장합니다. 그러나 성경에서 하나님께서는 결코 그렇게 가르치지 않습니다. 거지 나사로는 영원히 아브라함의 품, 천국 곧 아버지 하나님의 집에서 그 모든 복락을 누리며 존재하고 있습니다. 그 부자는 영원히 음부, 곧 지옥에서 혀를 서늘케 할 물 한 방울의 자비도 허락되지 않은 채 영원히 그 불 가운데서 고민하고 있습니다. 그래서 우리 주님께서는 이렇게 말씀하신 것입니다.

마 10:28 몸은 죽여도 영혼은 능히 죽이지 못하는 자들을 두려워하지 말고

오직 몸과 영혼을 능히 지옥에 멸하실 수 있는 이를 두려워하라

지상에서의 지혜의 극치

그러므로 지상에 사는 사람의 지혜의 극치는 무엇입니까? 자신의 지상의 순간들을 영생을 위하여 선용하는 것입니다. 멸망이냐 영생이냐의 절박한 기로 앞에 서 있는 지상의 모든 인생들 모두에게 가장 시급한 일은 무엇입니까? 오직 하나입니다. 하나님의 진노, 곧 죄의 삯인 사망과 영원한 지옥의 형벌의 영역에서 구원과 영원한 생명의 영역으로 옮기는 것입니다. 그러므로 지상에 사는 사람들에게 최선 최고의 지혜의 극치는 자기 영원한 장래를 위하여 준비하는 것, 곧 영생을 위하여 자신을 드리는 것입니다.

그 일은 다른 모든 일에 절대로 우선할 일입니다. 사실 이 땅에서 살아가면서 감당할 다른 모든 일들은 그 일에 비하면 그 다음 다음의 문제입니다. 일단 영원한 파멸과 사망의 나라에서 영원한 생명과 복락의 나라로 옮겨지는 일이 최우선입니다. 솔로몬의 전도서를 통하여 말씀하시는 성령님의 음성을 들어 보세요.

전 9:4 모든 산 자들 중에 들어 있는 자에게는 누구나 소망이 있음은 산 개가
죽은 사자보다 낫기 때문이니라

여기서 솔로몬이 고기 값을 따지는 것이 아닙니다. 지상에 아직 살고 있는 자들에게 주어져 있는 구원 받아 영생얻을 기회를 선용하라는 절박한 호소입니다. 지상에 살고 있는 자는 죄로 인한 사망과 멸망의 나라에서 구원과 영생의 영역으로 이동할 기회가 주어져 있다는 것입니다. 이미 죽어 세상을 떠난 자들은 그런 영역 이동이 불가하고 이미 그들에게 주어진 영원한 처소에 있을 뿐입니다. 그러나 아직 살아있는 이들은 복음의 은혜 안

에서 영적인 영역 이동의 기회가 주어져 있습니다. 그 주어진 날들을 자기의 영생, 구원을 위하여 그렇게 선용하는 자들만 복이 있습니다.

그래서 솔로몬은 강조하여 바로 이어 말하였습니다.

전 9:5 산 자들은 죽을 줄을 알되 죽은 자들은 아무것도 모르며 그들이 다시는 상을 받지 못하는 것은 그들의 이름이 잊어버린 바 됨이니라

3:1 범사에 기한이 있고 천하 만사가 다 때가 있나니

3:11 하나님이 모든 것을 지으시되 때를 따라 아름답게 하셨고 또 사람들에게는 영원을 사모하는 마음을 주셨느니라 그러나 하나님이 하시는 일의 시종을 사람으로 측량할 수 없게 하셨도다

자신의 생애의 길이를 알지 못하는 인생

아무도 각자 자기에게 주어진 지상의 날들의 길이를 모릅니다. 정말 오늘이라 일컫는 날만 우리의 확실한 날입니다.

약 4:13 들으라 너희 중에 말하기를 오늘이나 내일이나 우리가 어떤 도시에 가서 거기서 일 년을 머물며 장사하여 이익을 보리라 하는 자들아

4:14 내일 일을 너희가 알지 못하는도다 너희 생명이 무엇이냐 너희는 잠깐 보이다가 없어지는 안개니라

4:15 너희가 도리어 말하기를 주의 뜻이면 우리가 살기도 하고 이것이나 저것을 하리라 할 것이거늘

4:16 이제도 너희가 허탄한 자랑을 하니 그러한 자랑은 다 악한 것이라

4:17 그러므로 사람이 선을 행할 줄 알고도 행하지 아니하면 죄니라

오직 예수님께 집중하는 사람의 복

사랑하시는 여러분,

성경은 오직 하나의 복에 집중하는 책이라 할 수 있습니다. 하나님께서 영생의 주님으로 보내신 하나님의 아들 예수님께 집중하는 책이 성경입니다.

그래서 기록된 다음의 말씀을 유념하여 믿음으로 자신에게 적용하는 사람은 복되고 복됩니다.

요 5:39 너희가 성경에서 영생을 얻는 줄 생각하고 성경을 연구하거니와 이 성경이 곧 내게 대하여 증언하는 것이니라

딤후 3:15 또 어려서부터 성경을 알았나니 성경은 능히 너로 하여금 그리스도 예수 안에 있는 믿음으로 말미암아 구원에 이르는 지혜가 있게 하느니라

요 3:16 하나님이 세상을 이처럼 사랑하사 독생자를 주셨으니 이는 그를 믿는 자마다 멸망하지 않고 영생을 얻게 하려 하심이라

요 5:24 내가 진실로 진실로 너희에게 이르노니 내 말을 듣고 또 나 보내신 이를 믿는 자는 영생을 얻었고 심판에 이르지 아니하나니 사망에서 생명으로 옮겼느니라

롬 6:23 죄의 삯은 사망이요 하나님의 은사는 그리스도 예수 우리 주 안에 있는 영생이니라

당신은 영생의 사람입니까, 아니면 멸망의 사람입니까?

다음 장부터 우리는 성경이 말하는 영생의 본질과 이치에 대하여 계속 공부할 것입니다. 성령께서 이 책을 읽는 모든 독자 여러분을 인도하시어 다 영생에 이르게 하시기를 기도합니다. 아멘.

chapter 2

생명의 원천

이 장을 통하여 저와 여러분 모두에게 기름 부음을 주시어 증거되는 말씀이 우리 마음 판에 새겨지게 하시기를 바랍니다. 오늘은 시편 36편의 말씀과 요한복음 17장의 말씀을 중심으로 강론하려 합니다.

시 36:9 진실로 생명의 원천이 주께 있사오니 주의 빛 안에서 우리가 빛을 보리이다

요 17:3 영생은 곧 유일하신 참 하나님과 그가 보내신 자 예수 그리스도를 아는 것이니이다

그래서 이 장이 강론 제목을 '생명의 원천'이라고 정하였습니다

영원한 복락을 안내하는 완전한 내비게이션

우리는 지금 멸망이냐 영생이냐의 대 기로 앞에 서 있는 인생 모두의 절박한 처지와, 멸망에서 영생으로 옮기시는 하나님의 큰 일을 알아보고 있

습니다. 진정 인생 각자는 오직 그 두 영역, 멸망이든 영생이든 그 하나에 속하기 마련입니다. 그 현실에 비추어서만 인생의 지상 생애의 의미를 제대로 발견할 수 있습니다.

세상에는 인생에 대하여 이야기한 여러 인생론들과 거기서 나오는 여러 교훈들이 난무하고 있습니다. 그러나 성경이 말하는 그 두 영원한 현실에 비추어 자신을 발견할 길을 제시하지 않는 모든 인생론들은 엉터리 이정표와 같습니다. 디지털 시대에 맞추어 말하자면, 그런 인생론들과 교훈들은 마치 고장나서 운전자를 엉뚱한 데로 인도하는 내비게이션과 같습니다.

내비게이션이 아직은 대중화되지 않던 초기에 어느 사람이 밤중에 시골 어떤 곳을 목표하고 내비게이션을 따라 운전하여 갔었답니다. 그런데 호수가 나왔고 내비게이션은 앞으로 직진하라고 하더랍니다. 그래서 그 운전자는 화들짝 놀라서 차를 꺾었다고 합니다.

여러분, 멸망이냐 영생이냐의 문제를 제대로 해석하고 인도하는 교훈이 아니면 듣지 말아야 합니다. 그러나 성경은 우리를 지으시고 통치하시고 판단하시며 멸망에서 건지시고 영생 얻게 하시는 하나님의 말씀입니다. 그러므로 우리는 안심하고 그 완전한 영적 내비게이션의 안내를 따라 멸망의 길을 벗어나 영생의 길로 들어서야 합니다.

성경과 그리스도와 영생

그런데 우리 주 예수님께서는 성경과 자신의 관계에 대하여 이렇게 말씀하셨습니다.

요 5:39 너희가 성경에서 영생을 얻는 줄 생각하고 성경을 연구하거니와 이 성경이 곧 내게 대하여 증언하는 것이니라 하나의 전제는 하나님의 말씀인 성경만 영생을 얻는 길을 제시한다는 사실입니다. 그러니 성경을 단순한 하나의 종교 서적 정도로 여기면 안됩니다. 그렇게 여기는 이는 아직도 영생에서 먼 사람입니다. 또 다른 전제는 성경이 말하는 영생은 오직 성경대로 우리 주 예수님 안에서만 얻을 수 있습니다. 그래서 예수님을 믿지 않던 유대인들에게 말씀하셨습니다.

요 5:40 그러나 너희가 영생을 얻기 위하여 내게 오기를 원하지 아니하는도다

예수님 밖에서 영생 운운하는 것은 정말 헛된 망상이나 종교적 추측에 불과합니다. 우리 예수님께서는 십자가 지시기 전날 밤 제자들과 최후의 만찬을 드신 후 제자들 앞에서 하나님 아버지께 이렇게 기도드리셨습니다.

요 17:1 예수께서 이 말씀을 하시고 눈을 들어 하늘을 우러러 이르시되 아버지여 때가 이르렀사오니 아들을 영화롭게 하사 아들로 아버지를 영화롭게 하게 하옵소서

17:2 아버지께서 아들에게 주신 모든 사람에게 영생을 주게 하시려고 만민을 다스리는 권세를 아들에게 주셨음이로소이다

17:3 영생은 곧 유일하신 참 하나님과 그가 보내신 자 예수 그리스도를 아는 것이니이다

실로 영생의 문제는 창조주 하나님과 구주로 보내신 하나님의 아들 예수 그리스도를 아는 것의 문제임에 분명합니다. 우리 주 예수 그리스도 밖에서 영생을 말하는 것은 정말 무의미합니다.

행 4:12 다른 이로써는 구원을 받을 수 없나니 천하 사람 중에 구원을 받을 만한 다른 이름을 우리에게 주신 일이 없음이라 하였더라

신구약 성경은 바로 그 요점을 줄기차게 반복적으로, 그러면서 누구도 변박할 수 없는 완전한 논리로 증언합니다. 그러니 우리는 그리스도 예수님을 믿음으로 구원, 곧 영생을 주시는 하나님의 말씀의 이치를 바르게 배우고 확신해야 합니다. '우리가 하나님을 안다'함은 결국 그리스도 예수님 안에서 베풀어주시는 하나님의 구원, 곧 영생을 주시는 '하나님의 은혜의 방식을 안다'는 것입니다. 그것을 구약성경에서 호세아 선지자를 통하여 '하나님을 아는 지식'으로 표현하였습니다.

호 4:6 내 백성이 지식이 없으므로 망하는도다 네가 지식을 버렸으니 나도 너를 버려 내 제사장이 되지 못하게 할 것이요 네가 네 하나님의 율법을 잊었으니 나도 네 자녀들을 잊어버리리라

물론 여기서 '지식'은 일반적인 지식이 아니라 '하나님을 아는 지식'입니다. 그래서 호세아 6:3에서 그 지식을 구체적으로 명시합니다.

호 6:3 그러므로 우리가 여호와를 알자 힘써 여호와를 알자 그의 나타나심은 새벽 빛 같이 어김없나니 비와 같이, 땅을 적시는 늦은 비와 같이 우리에게 임하시리라 하니라

신약에 와서 성령께서는 사도 바울로 하여금 호세아가 말한 것의 진수를 그리스도를 아는 것으로 표현하게 하셨습니다.

빌 3:7 그러나 무엇이든지 내게 유익하던 것을 내가 그리스도를 위하여 다 해로 여길뿐더러

3:8 또한 모든 것을 해로 여김은 내 주 그리스도 예수를 아는 지식이 가장 고상하기 때문이라 내가 그를 위하여 모든 것을 잃어버리고 배설물로 여김은 그리스도를 얻고

3:9 그 안에서 발견되려 함이니 내가 가진 의는 율법에서 난 것이 아니요 오

직 그리스도를 믿음으로 말미암은 것이니 곧 믿음으로 하나님께로부터 난 의라

영생의 이치와 그 논리를 배우라

그러므로 성경이 말하는 대로의 영생의 이치와 그 논리, 곧 하나님과 예수님을 믿음으로 말미암아 영생을 얻게 하시는 하나님의 방식을 배우는 것이 사활을 좌우하는 문제입니다. 그 사랑하시는 백성들로 하여금 성경에 기록된 이 거대한 이치를 믿게 가르치시는 분이 성령 하나님이십니다. 성경을 기록하게 하신 분이 성령님이십니다.

벧후 1:20 먼저 알 것은 성경의 모든 예언은 사사로이 풀 것이 아니니

1:21 예언은 언제든지 사람의 뜻으로 낸 것이 아니요 오직 성령의 감동하심을 받은 사람들이 하나님께 받아 말한 것임이라

그 성경을 믿게 가르치시는 분이 성령님이십니다.

요일 2:27 너희는 주께 받은 바 기름 부음이 너희 안에 거하나니 아무도 너희를 가르칠 필요가 없고 오직 그의 기름 부음이 모든 것을 너희에게 가르치며 또 참되고 거짓이 없으니 너희를 가르치신 그대로 주 안에 거하라

생명의 원천

이제 그 영생의 이치의 기본적인 대 전제에 대하여 말씀을 들어 봅시다.

시 36:9 진실로 생명의 원천이 주께 있사오니 주의 빛 안에서 우리가 빛을 보리이다

이 말씀에서 시편 기자가 '생명의 원천'이라 할 때, 단순하게 육체의 생명의 문제만을 국한시켜 말하고 있지 않습니다. 물론 사람의 육체의 생명의

원천도 하나님이심에 분명합니다. 아니 모든 생명을 가진 피조물들의 생명을 부여하시고 그 생명을 보존하고 활동하기에 필요한 모든 것을 공급하시는 분이 하나님이십니다. 그래서 시편 기자는 그 점에 대하여 앞에서 언급하였습니다.

시 36:6 주의 의는 하나님의 산들과 같고 주의 심판은 큰 바다와 같으니이다 여호와여 주는 사람과 짐승을 구하여 주시나이다

36:7 하나님이여 주의 인자하심이 어찌 그리 보배로우신지요 사람들이 주의 날개 그늘 아래에 피하나이다

그러나 시편 36편 기자는 이 시편에서 인간의 영혼의 생명에 집중하고 있습니다. 그래서 8절에서 그리 말한 것입니다.

시 36:8 그들이 주의 집에 있는 살진 것으로 풍족할 것이라 주께서 주의 복락의 강물을 마시게 하시리이다

두 말할 것도 없이, 시편 기자는 여기서 '주의 집, 주의 성전'에 오는 이들에게 음식을 배불리 먹여 보내시는 하나님의 인자를 말하고 있지 않습니다. 하나님께서 하나님을 경외하는 친 백성들에게 성소로 나와 하나님을 예배하게 하시고, 그 예배를 통하여 영혼의 생명에 필요한 은택을 넉넉하게 부어주심을 가리킵니다. 그 은택은 육체의 눈으로 보거나 육체의 감각으로 인지되지 않습니다. 아니 영혼 자체가 눈에 보이지 않으며, 그 어떤 계측 장비로도 영혼의 상태를 진단할 수 없습니다. 창조주 우리 하나님 아버지께서 인간을 만드실 때 그렇게 영혼을 만드셨습니다.

창 2:7 여호와 하나님이 땅의 흙으로 사람을 지으시고 생기를 그 코에 불어 넣으시니 사람이 생령이 되니라

인간 창조의 대의

이보다 더 우선하여 성령께서 모세로 하여금 창조주 하나님께서 사람을 지으실 때 다른 피조물과 구별되게 한 참으로 중요한 요점을 창세기 1장에서 선포하게 하셨습니다.

창 1:26 하나님이 이르시되 우리의 형상을 따라 우리의 모양대로 우리가 사람을 만들고 그들로 바다의 물고기와 하늘의 새와 가축과 온 땅과 땅에 기는 모든 것을 다스리게 하자 하시고

1:27 하나님이 자기 형상 곧 하나님의 형상대로 사람을 창조하시되 남자와 여자를 창조하시고

1:28 하나님이 그들에게 복을 주시며 하나님이 그들에게 이르시되 생육하고 번성하여 땅에 충만하라, 땅을 정복하라, 바다의 물고기와 하늘의 새와 땅에 움직이는 모든 생물을 다스리라 하시니라

'사람이 하나님의 형상을 따라 지으심을 받았다'는 것은 무엇을 의미합니까? 하나님의 속성과 성품을 닮은 인격적인 존재로 지음이 되었다는 말입니다. 그래서 조직신학에서는 하나님의 형상대로 지음 받은 인간과 관련하여 하나님의 속성을 두 부분으로 나누고 있습니다.

하나님께서는 어느 피조물과도 나눌 수 없는 절대적인 속성, 또는 비공유적(非公有的)인 속성을 소유하고 계십니다. 다시 말하면, 하나님의 스스로 존재하심, 전지전능하심, 그리고 장소와 시간의 제한을 받지 않으시는 무한성, 그리고 시작도 끝도 없으신 영원성, 그리고 시작도 끝도 없고 오직 항상 완전하게 존재하시는 불변성이 바로 비공유적인 속성입니다. 성경은 그 사실을 줄기차게 증거합니다.

그런데 하나님께서는 피조물, 특히 사람에게 당신의 성품 중에 어느 것

을 제한적으로 함께 공유하게 하셨습니다. 하나님께서는 원창조시에 사람을 인격적인 존재로 지으시면서 본성 속에 하나님의 거룩과 의와 선과 사랑의 성품을 함께 가지게 하셨습니다. 그래서 사람의 마음의 생각과 행위 등 전인적인 인격 활동 속에 하나님을 닮은 것이 보이게 하셨다는 것입니다.

그러니 처음 창조된 사람은 본성적으로 당연하게 하나님과 교제하기를 즐거워하였으며, 거기서 자기 존재의 의미와 영광을 발견하였을 것이 명백합니다. 아담과 하와가 범죄하기 이전에 그들 내면의 의식 속에 하나님께서 중심에 자리 잡고 있었음에 분명합니다. 그리고 그들은 자기들 밖의 다른 피조물들을 접촉하면서 그 마음의 의식이 그대로 반영되어 하나님을 경외하고 기뻐함이 더 증진되었을 것입니다. 왜냐하면 그 모든 피조물들은 창조주 하나님의 영광과 그 솜씨와 능력의 산물들이기 때문입니다. 그래서 피조물들을 대하면서 하나님을 아는 지식이 더 상승하게 되어 있었습니다.

사도 바울이 로마서 1장 18절 이하에서 죄로 타락하여 하나님의 진노 아래 있는 인생의 참상을 말하면서 그 요점을 상기하게 하였습니다.

롬 1:19 이는 하나님을 알 만한 것이 그들 속에 보임이라 하나님께서 이를 그들에게 보이셨느니라

1:20 창세로부터 그의 보이지 아니하는 것들 곧 그의 영원하신 능력과 신성이 그가 만드신 만물에 분명히 보여 알려졌나니 그러므로 그들이 핑계하지 못할지니라

아담과 하와가 범죄하기 이전에 자기들 내면에 하나님에 대한 의식이 선명하였을 것입니다. 그리고 하나님의 모든 피조물은 처음의 완전함을

유지하고 있었습니다. 그러니 사람이 범죄하지 않았다면, 그 내면의 하나님의 의식으로 자기들 밖의 피조물에 투영된 하나님의 영광을 알아보는데 그 어떤 장애도 없었을 것입니다. 그러므로 처음 창조되었을 때 원의(原義, original righteousness)를 가진 아담과 하와는 하나님을 아는 충만한 지식으로 하나님의 의도를 따라서 만물의 영장의 역할을 아주 잘 감당하였을 것입니다.

다시 말하여, 범죄 이전의 아담과 하와는 원의를 가지고 매우 하나님 친화적인 성향을 소유하고 있었습니다. 그래서 그들에게는 하나님과 교제하는 것을 매우 즐겁고 기쁨에 찬 일이었습니다. 그런 상태의 인간은 하나님의 창조의 대의를 따라 하나님과 교제하며 영혼과 육체가 생명의 충일함을 누리고 있었을 것입니다.

창 1:26 하나님이 이르시되 우리의 형상을 따라 우리의 모양대로 우리가 사람을 만들고 그들로 바다의 물고기와 하늘의 새와 가축과 온 땅과 땅에 기는 모든 것을 다스리게 하자 하시고

1:27 하나님이 자기 형상 곧 하나님의 형상대로 사람을 창조하시되 남자와 여자를 창조하시고

1:28 하나님이 그들에게 복을 주시며 하나님이 그들에게 이르시되 생육하고 번성하여 땅에 충만하라, 땅을 정복하라, 바다의 물고기와 하늘의 새와 땅에 움직이는 모든 생물을 다스리라 하시니라

1:29 하나님이 이르시되 내가 온 지면의 씨 맺는 모든 채소와 씨 가진 열매 맺는 모든 나무를 너희에게 주노니 너희의 먹을 거리가 되리라

1:30 또 땅의 모든 짐승과 하늘의 모든 새와 생명이 있어 땅에 기는 모든 것에게는 내가 모든 푸른 풀을 먹을 거리로 주노라 하시니 그대로 되니라

1:31 하나님이 지으신 그 모든 것을 보시니 보시기에 심히 좋았더라 저녁이 되고 아침이 되니 이는 여섯째 날이니라

인간의 의존성

앞에서 본 것 같이, 하나님의 인간 창조의 대의에 비추어 볼 때, 인간은 하나님 의존적인 존재입니다. 이 요점은 '영생이란 무엇인가?'의 대 주제를 다루면서 항상 절대로 건지할 전제입니다. 하나님께서 성경으로 말씀하시는데 처음부터 끝까지 바로 그 요점을 전제로 말씀하십니다.

하나님께서는 스스로 존재하시며, 스스로 충만하시고 스스로 행복하시며 만족하시며, 스스로 완전하십니다. 그래서 하나님께서는 무한하시며 불변하십니다. 그러나 피조물은 창조주 하나님께 의존적입니다. 피조물은 그 시작과 끝을 주장하시는 하나님께 매여 있습니다. 이는 사람만 아니고 모든 피조물 전체가 그러합니다. 어떤 피조물도 그 시작과 끝을 주장하시는 하나님의 주권적인 뜻과 목적에 따라서 존재합니다. 그리고 하나님께서 피조물의 존재에 필요한 조건을 부여하셨습니다. 그리고 하나님께서 그 존재에 필요한 모든 것을 공급하십니다. 그러다가 하나님의 뜻이면 그 피조물의 끝이 오기도 합니다.

시 104:10 여호와께서 샘을 골짜기에서 솟아나게 하시고 산 사이에 흐르게 하사

104:11 각종 들짐승에게 마시게 하시니 들나귀들도 해갈하며

104:12 공중의 새들도 그 가에서 깃들이며 나뭇가지 사이에서 지저귀는도다

104:13 그가 그의 누각에서부터 산에 물을 부어 주시니 주께서 하시는 일의

결실이 땅을 만족시켜 주는도다

104:14 그가 가축을 위한 풀과 사람을 위한 채소를 자라게 하시며 땅에서 먹을 것이 나게 하셔서

104:15 사람의 마음을 기쁘게 하는 포도주와 사람의 얼굴을 윤택하게 하는 기름과 사람의 마음을 힘있게 하는 양식을 주셨도다

104:16 여호와의 나무에는 물이 흡족함이여 곧 그가 심으신 레바논 백향목들이로다

104:17 새들이 그 속에 깃들임이여 학은 잣나무로 집을 삼는도다

104:18 높은 산들은 산양을 위함이여 바위는 너구리의 피난처로다

104:19 여호와께서 달로 절기를 정하심이여 해는 그 지는 때를 알도다

104:20 주께서 흑암을 지어 밤이 되게 하시니 삼림의 모든 짐승이 기어나오나이다

104:21 젊은 사자들은 그들의 먹이를 쫓아 부르짖으며 그들의 먹이를 하나님께 구하다가

104:22 해가 돋으면 물러가서 그들의 굴 속에 눕고

104:23 사람은 나와서 일하며 저녁까지 수고하는도다

104:24 여호와여 주께서 하신 일이 어찌 그리 많은지요 주께서 지혜로 그들을 다 지으셨으니 주께서 지으신 것들이 땅에 가득하니이다

104:25 거기에는 크고 넓은 바다가 있고 그 속에는 생물 곧 크고 작은 동물들이 무수하니이다

104:26 그 곳에는 배들이 다니며 주께서 지으신 리워야단이 그 속에서 노나이다

104:27 이것들은 다 주께서 때를 따라 먹을 것을 주시기를 바라나이다

104:28 주께서 주신즉 그들이 받으며 주께서 손을 펴신즉 그들이 좋은 것으로 만족하다가

104:29 주께서 낯을 숨기신즉 그들이 떨고 주께서 그들의 호흡을 거두신즉 그들은 죽어 먼지로 돌아가나이다

계 22:13 나는 알파와 오메가요 처음과 마지막이요 시작과 마침이라

우리의 시작과 끝이 하나님의 손에 있습니다. 진화론자들이 말하는 것 같이 하등 동물이 진화의 과정을 거쳐 사람이 된 것이 아닙니다. 하나님께서 창조 때에 진화의 여지를 두고 사람을 지으신 것이 아닙니다. 완전한 사람을 지으셨습니다. 그런데 사람의 완전함은 자존적인 완전이 아니고 오직 하나님 의존적입니다. 사람이 처음 창조될 때 완전한 사람이었으나, 그 완전은 하나님께서 부여하신 질서를 따라 하나님을 완전하게 의존할 때만 견지되는 완전함이었습니다.

인간의 죄와 사망의 참상

그런데 사람은 그 하나님 없이 제 스스로 존재하듯이 제 잘난 맛에 사는 것이 행복인 줄 알고 있습니다. 하나님을 불순종한 죄가 사람을 그런 존재가 되게 하였습니다. 사람은 죄와 사망의 굴레 아래 있게 되었습니다. 그 굴레를 벗어던지고 거기서 스스로 자유로울 자가 없습니다.

롬 5:12 그러므로 한 사람으로 말미암아 죄가 세상에 들어오고 죄로 말미암아 사망이 들어왔나니 이와 같이 모든 사람이 죄를 지었으므로 사망이 모든 사람에게 이르렀느니라

사람이 육신적으로 죽는다는 것은 누구나 알고 있는데, 영적인 죽음에 대하여 심각하게 생각하는 사람은 적습니다. 사람의 죄와 영적 죽음을 입

증할 증거들을 찾는 것은 어렵지 않습니다. 창조주 하나님께 자기의 시작과 끝이 매여 있는 진실을 모르고 있음은 그가 죽어 있기 때문입니다. 그래서 사도 바울은 성령님의 가르침을 따라서 말하였습니다. 사람이 하나님을 부인하고 다른 것을 의존하거나 추구하는 것은 그의 영적 죽음을 보여주는 반박할 수 없는 증거입니다.

엡 2:1 그는 허물과 죄로 죽었던 너희를 살리셨도다

2:2 그 때에 너희는 그 가운데서 행하여 이 세상 풍조를 따르고 공중의 권세 잡은 자를 따랐으니 곧 지금 불순종의 아들들 가운데서 역사하는 영이라

육체의 죽음이 오면 그 몸은 호흡이 멈추고 심장의 박동이 아주 멈추어 버립니다. 그런데 영혼의 죽음은 활동의 정지를 의미하지 않습니다. 죽은 영혼도 활동합니다. 아니 영적으로 죽은 영혼은 영원히 멸절되지 않고 여전히 의식을 가지고 있습니다. 지옥에 떨어진 영혼들이 여전히 자기 존재의 의식을 가지고 있습니다. 하나님께서 사람을 만드실 때 그 영혼을 불멸의 존재로 만드셨습니다. 그러니 죽은 영혼도 정지되어 있지 않고 활동을 아주 활발하게 합니다. 이 말을 하면 대번에 놀랄 분들이 있을 것입니다. 그러나 성경이 그렇게 말하고 있습니다. 영혼이 죽었다 함은 영혼의 활동이 멈춘 것을 가리키지 않습니다. 죽은 영혼은 하나님과의 교제가 끊겨져 하나님께 공급받는 참 생명의 활동을 할 수 없고 오직 죽은 행실만 보일 뿐입니다.

엡 4:17 그러므로 내가 이것을 말하며 주 안에서 증언하노니 이제부터 너희는 이방인이 그 마음의 허망한 것으로 행함 같이 행하지 말라

4:18 그들의 총명이 어두워지고 그들 가운데 있는 무지함과 그들의 마음이 굳어짐으로 말미암아 하나님의 생명에서 떠나 있도다

4:19 그들이 감각 없는 자가 되어 자신을 방탕에 방임하여 모든 더러운 것을 욕심으로 행하되

그것이 바로 '죽은 영혼들이 보이는 죽은 행실' - 곧 하나님의 영원한 진노의 대상입니다.

롬 1:18 하나님의 진노가 불의로 진리를 막는 사람들의 모든 경건하지 않음과 불의에 대하여 하늘로부터 나타나나니

1:19 이는 하나님을 알 만한 것이 그들 속에 보임이라 하나님께서 이를 그들에게 보이셨느니라

1:20 창세로부터 그의 보이지 아니하는 것들 곧 그의 영원하신 능력과 신성이 그가 만드신 만물에 분명히 보여 알려졌나니 그러므로 그들이 핑계하지 못할지니라

1:21 하나님을 알되 하나님을 영화롭게도 아니하며 감사하지도 아니하고 오히려 그 생각이 허망하여지며 미련한 마음이 어두워졌나니

1:22 스스로 지혜 있다 하나 어리석게 되어

1:23 썩어지지 아니하는 하나님의 영광을 썩어질 사람과 새와 짐승과 기어다니는 동물 모양의 우상으로 바꾸었느니라

영생의 선물

성경이 말하는 구원, 영생은 바로 그 하나님의 진노의 대상인 인생을 그 참상에서 구원하시고 하나님을 기뻐하고 순종하는 사람으로 새롭게 창조하는 것을 의미합니다. 그래서 하나님께서는 죄의 사람을 죄와는 상관없는 완전하고 영화로운 사람, 곧 그리스도의 형상을 본받게 하시려는 거대한 목적을 창세전에 세우시고 성취하시려 하십니다.

롬 6:23 죄의 삯은 사망이요 하나님의 은사는 그리스도 예수 우리 주 안에 있는 영생이니라

요 10:10 도둑이 오는 것은 도둑질하고 죽이고 멸망시키려는 것뿐이요 내가 온 것은 양으로 생명을 얻게 하고 더 풍성히 얻게 하려는 것이라

히 9:14 하물며 영원하신 성령으로 말미암아 흠 없는 자기를 하나님께 드린 그리스도의 피가 어찌 너희 양심을 죽은 행실에서 깨끗하게 하고 살아 계신 하나님을 섬기게 하지 못하겠느냐

롬 8:29 하나님이 미리 아신 자들을 또한 그 아들의 형상을 본받게 하기 위하여 미리 정하셨으니 이는 그로 많은 형제 중에서 맏아들이 되게 하려 하심이니라

8:30 또 미리 정하신 그들을 또한 부르시고 부르신 그들을 또한 의롭다 하시고 의롭다 하신 그들을 또한 영화롭게 하셨느니라

그러므로 성경이 말하는 구원, 영생은 본질적으로 죄로 인하여 끊어진 생명의 원천이신 하나님과의 영적인 교제를 완전하게 회복하는 것을 의미합니다. 이 행복에 비할 것이 무엇입니까? 우리는 하나님과의 영적 교제의 본질에 대하여 배우기 원합니다. 아멘.

하나님과의 교제

이 장을 통하여 '하나님과의 교제'라는 제목으로 말씀을 대언하려고 합니다. 하나님께서 사람을 하나님 자신의 형상을 따라 지으셨습니다.

하나님께서 사람을 자신의 형상을 따라 지으셨다 함은 하나님의 성품과 속성을 닮게 지으셨다는 것입니다.

그러므로 처음 창조된 사람의 본성에서 나는 마음의 생각과 성향은 아주 자연스럽게 하나님 친화적이었을 것임에 분명합니다. 다른 말로 해서, 하나님과 교제하는 즐거움과 기쁨 속에서 자신의 존재의 의미를 발견하였을 것입니다. 하나님께서는 영혼의 집과 도구인 몸의 생명을 위해 필요한 양식과 모든 조건을 제공하셨습니다. 그러니 몸의 생명에 필요한 모든 것이 다 창조주 하나님으로부터 주어집니다.

그런 의미에서도 사람의 몸의 생명의 원천도 하나님이십니다. 우리 몸의 생명은 그것을 위하여 필요한 요건을 부단하게 공급하시는 하나님의 은택 속에 유지가 됩니다. 우리 모두에게 기름 부음을 주시어 증거되는 말씀이 우리 마음 판에 새겨지게 하시기를 바랍니다. 오늘은 시편 36편의 말씀과 요한복음 17장의 말씀을 중심으로 강론하려 합니다.

영혼의 생명 유지 법칙

그러면 영혼의 생명은 어떻게 유지가 됩니까?

우리가 이런 질문을 받을 때에 영혼을 몸의 생명의 구조와 같게 생각하면 안됩니다. 몸의 생명은 물리적인 체계를 가지고 있습니다. 그래서 몸은 그 생명을 위하여 필요한 호흡기관과 내장기관과 혈관과 신경조직과 뼈와 살이 유기적으로 연합되어 있습니다.

영혼의 생명은 물리적인 요소를 가지기보다는 영적인 체계를 가지고 있습니다. 그 영혼의 생명이 바르게 보존이 되고 있음을 드러내는 표증은 하나님께서 처음 지으신 본성의 성향에 맞게 그 내면에 바른 지각과 의식을 보이는 데 있습니다. 물론 그 지각이 바르고 건전함은 그 영혼이 다른 대상을 향하여 반응하는 것을 통하여 확증됩니다.

우리 몸의 생명의 건강도 여러 환경과 조건을 적응하여 활동하는 것을 통하여 드러납니다. 그러나 몸의 생명의 건강이 좋지 않으면 대번에 자기 밖의 세계에 대한 반응이 시원치 않게 됩니다. 밥을 보아도 먹을 의욕이 그 전과 같지 않고, 기력도 떨어져 활발한 활동을 할 수 없게 되고 더위와 추위에 대하여도 그 전과 같지 않습니다. 영혼의 생명의 건강을 보이는 가장 중요한 척도는, 바른 지각으로 옳고 존귀하고 영광스러운 것과 그렇지 않은 것을 구분하여 그에 마땅하게 생각하고 행동할 수 있느냐입니다.

그래서 사도 바울은 성령님의 인도하심을 받아 로마서 2장에서 영생의 성질을 보여주는 매우 중요한 진술을 하였습니다.

롬 2:6 하나님께서 각 사람에게 그 행한 대로 보응하시되

2:7 참고 선을 행하여 영광과 존귀와 썩지 아니함을 구하는 자에게는 영생으로 하시고

2:8 오직 당을 지어 진리를 따르지 아니하고 불의를 따르는 자에게는 진노와 분노로 하시리라

2:9 악을 행하는 각 사람의 영에는 환난과 곤고가 있으리니 먼저는 유대인에게요 그리고 헬라인에게며

2:10 선을 행하는 각 사람에게는 영광과 존귀와 평강이 있으리니 먼저는 유대인에게요 그리고 헬라인에게라

'선을 행하고 영광과 존귀와 썩지 아니함을 구하는 자'에게 하나님께서 영생으로 보응하신다는 말씀은 영혼의 생명 유지를 이해하는 데 매우 중요한 열쇠를 제공합니다.

어떤 이는 이 말씀을 듣고 대번에, "아니, 사람이 그렇게 선을 행함으로 영생을 얻을 수 있다는 말인가?"라고 항변하려 할 것입니다. 사도 바울은 그럴 가능성을 생각하고 그 말을 한 것이 아닙니다. 사도 바울은 로마서 3장에서 인생들 중에서 그렇게 선행으로 영생 얻을 이가 하나도 없다고 단언합니다.

롬 3:9 그러면 어떠하냐 우리는 나으냐 결코 아니라 유대인이나 헬라인이나 다 죄 아래에 있다고 우리가 이미 선언하였느니라

3:10 기록된 바 의인은 없나니 하나도 없으며

3:11 깨닫는 자도 없고 하나님을 찾는 자도 없고

3:12 다 치우쳐 함께 무익하게 되고 선을 행하는 자는 없나니 하나도

없도다

사도 바울은 다만 '영혼의 생명'의 본질을 이해하는 데 매우 중요한 요점을 보여준 것입니다. 본래 하나님의 형상을 따라 지음 받은 사람은 선을 행하고 영광과 존귀와 썩지 아니함을 추구하는 성향과 의지와 능력을 가지고 있었습니다. 그런데 사람은 그런 성향 자체를 가지고 있는 것만으로는 그 영적 생명을 보존할 수 없습니다.

영적 소욕을 채울 대상

영혼의 생명을 가진 자가 그 선과 영광과 존귀함을 추구하는 소욕을 채워주는 것이 있어야 영적 생명이 보존될 수 있습니다. 그것이 어디에 있습니까? 자신 속에 있습니까? 천만에요.

선과 존귀함과 영광을 추구하는 영혼의 소욕을 채우는 것이 자기 속에 있다면, 사람을 가리켜 의존적인 존재라 할 수 없습니다. 그러나 스스로 자존적인 존재는 하나님밖에 없습니다. 모든 피조물의 생명은 자기 밖에 있는 것을 의존하여 생명을 유지하고 풍성함에 이르게 되어 있습니다.

하나님께서 모든 피조물들이 그렇게 존재하게 지으셨습니다. 하나님께서만 스스로 존재하시며, 스스로 완전하시고 스스로 충만하시고 스스로 행복하십니다. 하나님께서는 다른 어떤 피조물의 도움을 받거나 의존할 필요성이 전혀 없습니다.

하나님께서 천지와 그 안에 있는 모든 만유를 지으신 것은 당신 자신에게 도움을 주는 존재들을 두기 위함이 아니었습니다. 오직 창조와 통치를 통하여 하나님 자신의 영광을 드러내고 영광을 받으시려고 세상을 지으신 것입니다. 하나님께서는 피조물들로부터 도움을 받으시는 것이 아니라 피조물들의 존재에 필요한 모든 것을 공급하시며 보존하시고 경영하십니다.

시 102:26 천지는 없어지려니와 주는 영존하시겠고 그것들은 다 옷 같이 낡으리니 의복 같이 바꾸시면 바뀌려니와

102:27 주는 한결같으시고 주의 연대는 무궁하리이다

하나님께서 지으신 사람의 영혼의 생명은 범죄하기 이전에 선과 영광과 존귀함을 추구하는 성향과 소욕을 가졌습니다. 영혼의 생명을 유지하고 그 소욕을 채우는 모든 좋은 것이 바로 하나님께로서 주어집니다. 아니 선과 영광과 존귀함의 원천이 하나님이시며, 하나님 자신이 완전하게 영원히 선하시고 영화로우시며 존귀하십니다.

그래서 하나님을 믿지 않던 사람이 하나님과 하나님의 아들 그리스도 예수님을 만나게 될 때, 새 생명을 얻게 되는데 이전에는 없던 성향이 그에게 주어집니다. 곧, 거룩한 소욕, 곧 선과 영광과 존귀를 추구하는 성향을 갖게 됩니다. 그리고 그는 오직 하나님과 그 보내신 자 예수 그리스도 안에서 자기가 추구하는 선과 영광과 존귀가 다 들어 있음을 발견합니다. 그래서 이제까지 전혀 맛보지 못한 참된 만족을 경험합니다.

마 5:6 의에 주리고 목마른 자는 복이 있나니 그들이 배부를 것임이요

'의에 주리고 목마르다'함은 '참된 선과 영광과 존귀를 그의 전 존재를 동원하여 추구하고픈 성향이 그를 몰아간다'는 것입니다. 정말 이전에는 꿈도 꾸지 못한 일이 그에게 일어난 것입니다. 그리고 그 새 생명을 가진 자의 그 거룩한 갈망과 소욕이 오직 하나님과 그 보내신 자 예수 그리스도 안에 있음을 발견하게 됩니다. 물론 그 전 과정을 인도하시는 분이 보혜사 성령 하나님이십니다. 그래서 성령님의 거듭나게 하심으로 참으로 회개하고 예수 그리스도를 믿는 자가 그리스도 안에 안식하게 되고 이제까

지의 방황이 멈추게 됩니다.

벧전 2:25 너희가 전에는 양과 같이 길을 잃었더니 이제는 너희 영혼의 목자와 감독 되신 이에게 돌아왔느니라

영생하도록 솟아나는 샘

그래서 우리 주 예수님께서는 당신 자신을 믿는 이들의 심령에 주어질 은혜를 생수를 솟구쳐내는 샘에 비유하셨습니다.

요 4:13 예수께서 대답하여 이르시되 이 물을 마시는 자마다 다시 목마르려니와

4:14 내가 주는 물을 마시는 자는 영원히 목마르지 아니하리니 내가 주는 물은 그 속에서 영생하도록 솟아나는 샘물이 되리라

그러므로 영생 얻은 자는 그 심령에 영원히 마르지 않고 생수를 솟구쳐내는 샘과 같은 살아 역사하는 원리를 가진 사람입니다. 그 사람은 오직 성령님의 인도하심 속에서 오직 하나님을 경외하고 그리스도를 믿는 일에 자신 전체를 드려 집중하는 데로 나아갈 수밖에 없는 사람이 된 것입니다.

그 사람에게 성삼위 하나님과 자신의 영적 생명의 교통을 버리기만 하면 세상 전체를 주겠다고 하면, 그런 제안을 하는 자를 멸시할 것입니다. 그 사람은 성삼위 하나님과 영원한 사랑에 빠진 자입니다.

아 8:6 너는 나를 도장 같이 마음에 품고 도장 같이 팔에 두라 사랑은 죽음 같이 강하고 질투는 스올 같이 잔인하며 불길 같이 일어나니 그 기세가 여호와의 불과 같으니라

8:7 많은 물도 이 사랑을 끄지 못하겠고 홍수라도 삼키지 못하나니 사람이 그의 온 가산을 다 주고 사랑과 바꾸려 할지라도 오히려 멸시를 받으리라

욥기의 메시지

누가 제게 욥기의 메시지를 한 문장으로 말해 달라고 하면, 단연코 이렇게 대답할 것입니다.

"욥에게 주어진 그 많고 좋았던 모든 것도 욥이 은혜로 받은 구원, 곧 영생의 은혜에 비하면 아무것도 아님을 가르치시는 성령님의 말씀이다."

그 요점을 또 다르게 표현한다면, 욥은 자기에게 주어진 그 모든 좋은 것들을 자기 존재의 근거와 힘으로 삼지 않았습니다. 오직 그는 하나님을 자기 존재의 이유와 의미로 삼도록 하나님께 구원을 받은 영생의 사람이었습니다. 그래서 다른 좋은 모든 것이 그에게서 거두어 질 때, 아니 자기 몸도 자기 영혼의 도구가 되기에는 너무 기진하여 살 소망이 끊어져 감을 알면서도 눈을 들어 고백합니다.

욥 23:10 그러나 내가 가는 길을 그가 아시나니 그가 나를 단련하신 후에는 내가 순금 같이 되어 나오리라

이런 고백은 오직 그리스도 안에서 구원받아 영생에 이른 사람의 마음과 입에서만 나올 수 있습니다. 욥의 내면에 그리스도 안에 있는 영생의 원리가 약동하고 있었습니다. 그래서 그 욥의 고백은 사도 바울이 증언한 말씀을 통하여 구체적으로 표현되었습니다.

롬 8:29 하나님이 미리 아신 자들을 또한 그 아들의 형상을 본받게 하기 위하여 미리 정하셨으니 이는 그로 많은 형제 중에서 맏아들이 되게 하려 하심이니라

8:30 또 미리 정하신 그들을 또한 부르시고 부르신 그들을 또한 의롭다 하시고 의롭다 하신 그들을 또한 영화롭게 하셨느니라

사탄의 수준

욥기에 나타난 사탄의 생각의 수준은 세상의 가치관과 동일하였습니다.

욥 1:8 여호와께서 사탄에게 이르시되 네가 내 종 욥을 주의하여 보았느냐 그와 같이 온전하고 정직하여 하나님을 경외하며 악에서 떠난 자는 세상에 없느니라

1:9 사탄이 여호와께 대답하여 이르되 욥이 어찌 까닭 없이 하나님을 경외하리이까

1:10 주께서 그와 그의 집과 그의 모든 소유물을 울타리로 두르심 때문이 아니니이까 주께서 그의 손으로 하는 바를 복되게 하사 그의 소유물이 땅에 넘치게 하셨음이니이다

1:11 이제 주의 손을 펴서 그의 모든 소유물을 치소서 그리하시면 틀림없이 주를 향하여 욕하지 않겠나이까

하나님께서는 그로 하여금 욥에게 주어졌던 모든 좋은 것을 손대게 허용하셨습니다. 그래서 하나님께서 자녀들 모두와 전 재산이 하루아침에 날아가게 허용하셨습니다. 만일 욥이 자기의 존재의 의미와 기반을 그런 것들 속에서 찾았다면, 그는 대번에 하나님의 행사를 원망하고 배도의 선언을 하였을 것입니다.

그는 하나님을 아는 지식을 가진 자로서 모든 일이 하나님의 허용이 없이는 일어나지 않음을 알고 있었습니다. 그러니 욥은 그렇게 급박하게 자기에게 일어난 재앙들이 하나님의 허락 속에서 일어남을 알았습니다. 그가 그 지식을 따르지 않고 육체의 본성대로 그 현실을 보았다면, 그는 분명 사탄의 추정대로 하나님을 욕하고 배도하였을 것입니다.

여러분,

우리가 하나님을 아는 지식을 가진다 함은 그 지식으로 하나님을 경외하고 믿고 소망하고 사랑한다는 말입니다. 사탄도 하나님을 아는 지식을 가지고 있습니다. 그러나 그가 그 지식으로 하나님을 믿고 소망하고 섬기고 사랑하지 않고 하나님을 대적합니다.

약 2:18 어떤 사람은 말하기를 너는 믿음이 있고 나는 행함이 있으니 행함이 없는 네 믿음을 내게 보이라 나는 행함으로 내 믿음을 네게 보이리라 하리라

2:19 네가 하나님은 한 분이신 줄을 믿느냐 잘하는도다 귀신들도 믿고 떠느니라

2:20 아아 허탄한 사람아 행함이 없는 믿음이 헛것인 줄을 알고자 하느냐

여기서 야고보가 말하는 행함은 단순하게 도덕적인 착한 행실을 말하는 것이 아닙니다. '구원받은 자, 영생을 소유한 자'답게 성삼위 하나님을 믿고 소망하고 사랑하고 순종하여 그 뜻을 준행하는 것을 의미합니다. 어떤 이들은 개혁주의 신앙을 가지고 있다고 자랑하면서 이 교회 저 교회 떠돌아다니며 남을 판단하는 데 서슴없습니다.

영생 얻은 자의 마땅한 자세는 가장 먼저 자신이 하나님께 대하여 어떤 자인지를 늘 살피는 자입니다. 그런 자는 하나님을 아는 지식을 따라 하나님의 은혜를 구하며, 남의 연약을 볼 때 표 안나게 도움을 주어 덕을 세우려 합니다.

사탄은 욥이 받은 구원의 은혜에는 관심이 없고 오직 그가 누리는 다른 좋은 조건에만 눈독을 들입니다. 아니 사탄은 구원받은 하나님의 자녀가 순전하게 하나님을 사랑하며 섬기는 것을 가장 미워하고 싫어합니다.

욥이 그 모진 재앙 속에서도 자기를 지으시고 택하시고 조성하시고 구원하신 하나님 앞에 순전을 지켰습니다. 이제 그 영생의 이치의 기본적인

대 전제에 대하여 말씀을 들어 봅시다.

욥 1:20 욥이 일어나 겉옷을 찢고 머리털을 밀고 땅에 엎드려 예배하며

1:21 이르되 내가 모태에서 알몸으로 나왔사온즉 또한 알몸이 그리로 돌아가올지라 주신 이도 여호와시요 거두신 이도 여호와시오니 여호와의 이름이 찬송을 받으실지니이다 하고

1:22 이 모든 일에 욥이 범죄하지 아니하고 하나님을 향하여 원망하지 아니하니라

그것을 보고 참을 수 없는 사탄은 또 다른 방식으로 욥을 시험하고자 하나님께 청구합니다.

욥 2:3 여호와께서 사탄에게 이르시되 네가 내 종 욥을 주의하여 보았느냐 그와 같이 온전하고 정직하여 하나님을 경외하며 악에서 떠난 자가 세상에 없느니라 네가 나를 충동하여 까닭 없이 그를 치게 하였어도 그가 여전히 자기의 온전함을 굳게 지켰느니라

욥 2:4 사탄이 여호와께 대답하여 이르되 가죽으로 가죽을 바꾸오니 사람이 그의 모든 소유물로 자기의 생명을 바꾸올지라

2:5 이제 주의 손을 펴서 그의 뼈와 살을 치소서 그리하시면 틀림없이 주를 향하여 욕하지 않겠나이까

2:6 여호와께서 사탄에게 이르시되 내가 그를 네 손에 맡기노라 다만 그의 생명은 해하지 말지니라

2:7 사탄이 이에 여호와 앞에서 물러가서 욥을 쳐서 그의 발바닥에서 정수리까지 종기가 나게 한지라

욥의 아내를 통하여 사탄이 욥에게 시험의 불화살을 쏘았습니다.

욥 2:8 욥이 재 가운데 앉아서 질그릇 조각을 가져다가 몸을 긁고 있더니

2:9 그의 아내가 그에게 이르되 당신이 그래도 자기의 온전함을 굳게 지키느냐 하나님을 욕하고 죽으라

그러나 욥은 자기의 그 현실에 매몰되지 않고 눈을 들어 자기를 지으시고 자기를 구원하시고 영생하게 하신 하나님을 주목하고 그 시험을 이깁니다.

욥 2:10 그가 이르되 그대의 말이 한 어리석은 여자의 말 같도다 우리가 하나님께 복을 받았은즉 화도 받지 아니하겠느냐 하고 이 모든 일에 욥이 입술로 범죄하지 아니하니라

이로 보건대, 참된 믿음, 곧 영생을 소유한 믿음의 사람은 사탄의 논리에 매인 세상의 가치관을 이기는 것으로 나타나기 마련입니다.

예수님께서 광야에서 마귀에게 시험을 받아 이기신 내용이 바로 그 요점을 선명하게 드러내었습니다.

영생의 중심

사랑하시는 여러분,

영생의 본질과 중심은 하나님과의 생명있는 교통 자체를 목적으로 삼는데 있습니다. 그 교제를 방편으로 하여 다른 것을 추구하고 바란다면, 그것은 영생의 본질에서 벗어난 것입니다. 그래서 성경은 실로 처음부터 끝까지 성삼위 하나님의 행사와 그 하나님께 대한 우리의 관계에 집중합니다. 다시 말하여, 영생의 본질은 바로 하나님과 그 보내신 구주 예수님께 집중하는 것으로 그 실체를 드러냅니다.

그러니 생명 있는 영혼은 필연코 창조주 하나님을 목말라 하며 하나님과의 교통을 자기 존재의 목적으로 삼기 마련입니다. 본래 사람을 그런 존

재가 되게 지으신 것입니다. 그러나 죄로 인하여 우리가 타락하여 하나님이 아닌 다른 것 안에서 우리 존재의 의미와 기반을 발견하게 하였던 것입니다. 그러므로 사람은 다른 모든 것을 누린다 하여도 하나님과의 생명 있는 교통에서 벗어나 있다면, 그 좋은 것들이 자기에게 무익하다 여겨야 합니다.

하나님께서는 그에 대한 증인으로 솔로몬을 세우셨습니다.

솔로몬은 사람이 지상에서 바랄 수 있고 맛볼 수 있고 누릴 수 있는 모든 좋은 것을 다 가진 자였습니다.

전 2:8 은 금과 왕들이 소유한 보배와 여러 지방의 보배를 나를 위하여 쌓고 또 노래하는 남녀들과 인생들이 기뻐하는 처첩들을 많이 두었노라

2:9 내가 이같이 창성하여 나보다 먼저 예루살렘에 있던 모든 자들보다 더 창성하니 내 지혜도 내게 여전하도다

2:10 무엇이든지 내 눈이 원하는 것을 내가 금하지 아니하며 무엇이든지 내 마음이 즐거워하는 것을 내가 막지 아니하였으니 이는 나의 모든 수고를 내 마음이 기뻐하였음이라 이것이 나의 모든 수고로 말미암아 얻은 몫이로다

그런데 그가 그런 것들로 인하여 솔로몬이 이른 경지는 무엇이었습니까?

전 2:11 그 후에 내가 생각해 본즉 내 손으로 한 모든 일과 내가 수고한 모든 것이 다 헛되어 바람을 잡는 것이며 해 아래에서 무익한 것이로다

이 말씀은 공부와 일과 산업이 필요 없다는 말이 아닙니다. 다만 하나님 없이 오직 공부하고 일하고 산업을 일으키는 일에만 분주하다 삶을 마치면, 그것은 육체의 생명만 위하다 영혼의 생명과 내세와는 관계없는 무익하고 헛된 인생일 뿐입니다.

솔로몬을 통하여 성령께서 우리로 그 요점을 배우게 하신 것입니다. 그

러니 영생은 창조주 하나님과의 끊어지지 않고 영원히 이어질 교제입니다.

그러므로 성경이 말하는 하나님의 구원, 곧 영생을 주시는 하나님의 은혜는 죄로 인하여 끊겨진 하나님과의 생명 있는 교제의 회복을 가리킵니다.

요 17:1 예수께서 이 말씀을 하시고 눈을 들어 하늘을 우러러 이르시되 아버지여 때가 이르렀사오니 아들을 영화롭게 하사 아들로 아버지를 영화롭게 하게 하옵소서

17:2 아버지께서 아들에게 주신 모든 사람에게 영생을 주게 하시려고 만민을 다스리는 권세를 아들에게 주셨음이로소이다

17:3 영생은 곧 유일하신 참 하나님과 그가 보내신 자 예수 그리스도를 아는 것이니이다

이 장은 여기서 마치려 합니다. 다음 장에서는 에덴 동산 중앙에 하나님께서 세워 놓으셨던 '생명나무'와 '선악을 알게 하는 나무'에 관하여 알아보려 합니다. 다음 강론에도 주 성령께서 저와 여러분 모두를 인도하시어 영생을 아는 지식의 깊은 샘으로 들어가기 원합니다. 아멘.

chapter 4

언약의 두 나무

이 장을 통하여 에덴동산에 있던 '생명나무'와 '선악을 알게 하는 나무'에 관하여 살펴 보고자 합니다. 오늘은 '언약의 두 나무'라는 제목으로 말씀을 대언하려고 합니다. 우리가 공부하는 '영생'의 주제를 위하여 창세기 2장에 나오는 두 나무에 관한 하나님의 말씀을 공부하는 것이 매우 긴요합니다.

에덴동산

하나님께서 사람을 하나님 자신의 형상을 따라 지으셨습니다. 그리하여 하나님께서는 인간으로 하여금 당신 자신을 의존하고 교제함을 통하여 그 생명과 그 존재의 영광을 견지하게 하셨습니다. 그런 목적으로 하나님께서 에덴동산을 창설하시고 사람을 거기에 두셨습니다. 그러므로 에덴동산은 사람이 하나님을 의존하고 교제하며 하나님의 존귀와 영광을 아는 데 있어서 필요한 조건을 갖춘 곳이었습니다.

하나님께서는 에덴동산에 거하는 사람으로 하여금 그 동산에 주어진 모든 좋은 것을 누리며 하나님과 교제하며 하나님을 영화롭게 함으로써 자신도 존귀함을 입게 하신 것입니다.

언약의 두 나무

그런데 하나님께서는 에덴동산에 두 나무를 두어 아담과 언약하셨습니다.

창 2:8 여호와 하나님이 동방의 에덴에 동산을 창설하시고 그 지으신 사람을 거기 두시니라

2:9 여호와 하나님이 그 땅에서 보기에 아름답고 먹기에 좋은 나무가 나게 하시니 동산 가운데에는 생명나무와 선악을 알게 하는 나무도 있더라

그런 다음에 하나님께서는 선악을 알게 하는 나무에 관하여 아담에게 명령을 내리셨습니다.

창 2:16 여호와 하나님이 그 사람에게 명하여 이르시되 동산 각종 나무의 열매는 네가 임의로 먹되

2:17 선악을 알게 하는 나무의 열매는 먹지 말라 네가 먹는 날에는 반드시 죽으리라 하시니라

하나님께서는 아담과 하와가 에덴동산에 거하며 하나님과의 교제를 누리며 거기 있는 모든 좋은 것을 누릴 수 있게 하셨습니다. 그런데 하나님께서는 아담에게 두 나무를 두시고 언약하신 셈입니다. 아담과 하와가 본래 하나님께서 주신 의로운 본성대로 하나님을 경외하고 존경하며 순종하며 사랑하고 있음을 보여주는 표지로 그 두 나무에 관하여 명하시고 약속하신 것입니다. '생명나무'에 관하여는 별도의 말씀을 하지 않으시고 '선악을

알게 하는 나무'에 관하여만 금지 명령을 내리신 것입니다. 그리고 그 명령에 불순종할 때에 '먹는 그 날에 반드시 죽으리라'는 단서를 붙여 놓으셨습니다.

'선악을 알게 하는 나무'를 두시고 하신 이 하나님의 말씀은 하나님과 사람을 묶는 일종의 언약이었습니다.

아담이 하나님께서 명하신 대로 '선악을 알게 하는 나무'의 열매를 먹지 않고 있는 한, 하나님께서는 아담에게 필요한 영육간의 생명과 그에 필요한 다른 모든 좋은 것들을 다 먹을 수 있는 자격을 주셔야 합니다. 그리고 아담이 그 명령을 잘 지키는 한에서는 하나님께서는 '생명나무'의 실과도 먹을 수 있는 권한도 주실 것이 함축되어 있었습니다.

그러나 만일 아담과 하와가 '선악을 알게 하는 나무'에 대한 하나님의 금령을 어기고 그 실과를 먹는 날에는 죽음이 그들의 몫이 되도록 정해 놓으셨습니다.

여기서 말하는 죽음은 실로 무서운 파국입니다.

그 죽음은 사람의 육신의 목숨의 죽음은 말할 것도 없고 더 우선적으로 영적인 죽음을 의미합니다. 곧 하나님과의 영적인 교제의 단절을 의미합니다. 그러니 그 죽음은 영혼의 죽음을 의미합니다. 영혼이 죽으면 육체의 죽음은 필연적입니다. 우리의 육체는 영혼의 몸이요 도구이기 때문입니다. 그러니 '네가 선악을 알게 하는 나무의 열매를 먹는 날에는 반드시 죽을 것이라'는 말씀은 영혼과 육체 전체의 죽음을 의미합니다.

그런데 여기서 언급되는 죽음이 영혼의 멸절을 의미하지는 않습니다.

앞의 강론들에서 강조하였듯이, 하나님께서 사람의 영혼을 소멸되지 않고 항상 존재하는 불멸의 존재로 만드셨습니다. 그러므로 영혼의 죽음은 하나님과의 생명 있는 교제의 단절로 인하여 발생하는 파국을 의미합니다. 그러니 영혼의 죽음은 그가 존재하는데 필요한 모든 좋은 것의 단절을 의미합니다.

성경이 말하는 대로, 하나님의 금령을 어긴 것에 대한 하나님의 벌은 '죽음'이며, 그 죽음은 하나님을 거스른 악에 대한 하나님의 영원한 심판과 형벌을 내포한 것이었습니다.

행위언약(Covenant of works)

하나님께서 본래 사람에게 하나님과 교제하고 순종하기에 필요한 모든 것을 부여하셨습니다. 그리고 단 하나의 금령을 아담에게 주시어 지키게 하시고, 그 순종의 행위를 기초하여 하나님과의 생명 있고 복된 교제를 이어가게 하셨습니다. 그러니 사람은 그 하나님의 단 하나의 금령을 어기지 않는 한 끝도 없이 생명과 그에 속한 복락을 누리게 되어 있었습니다.

다만 그 금령을 어김으로 하나님을 불순종하면, 아담에게 주어진 생명에 속한 그 모든 복락을 몰수당하고 그에 대한 엄중한 하나님의 문책을 당하게 되어 있었습니다. 이것이 하나님께서 바로 에덴동산에서 사람에게 부여하신 공의의 표준, 공의의 법이었습니다.

이 공의의 법을 사이에 두고 하나님과 사람이 언약함으로 쌍방이 그 언약에 묶인 셈입니다. 역사적으로 성경을 연구하여 체계화시킨 신학에서 그 언약을 행위언약이라고 부르게 된 것입니다. 이렇게 하나님께서 선악을 알게 하는 나무의 열매를 먹지 말라는 금령의 형식으로 언약을 제안하신 셈입니다.

누가 이런 하나님의 행사에 대하여 부당성을 제기하면, 그 자체가 악입니다. 왜냐하면 하나님께서는 완전하심으로 그 행하는 모든 일이 완전하며, 또 창조주로서 하나님께서 피조물에 대하여 행하시는 모든 일은 다 정당하시기 때문입니다.

롬 9:19 혹 네가 내게 말하기를 그러면 하나님이 어찌하여 허물하시느냐 누가 그 뜻을 대적하느냐 하리니

9:20 이 사람아 네가 누구이기에 감히 하나님께 반문하느냐 지음을 받은 물건이 지은 자에게 어찌 나를 이같이 만들었느냐 말하겠느냐

9:21 토기장이가 진흙 한 덩이로 하나는 귀히 쓸 그릇을, 하나는 천히 쓸 그릇을 만들 권한이 없느냐

하나님께서 아담에게 선악을 알게 하는 나무의 열매에 대하여 명하심으로 언약을 제안하신 것은 결코 무리한 것이 아니었습니다. 만일 하나님께서 동산에 있는 여러 나무를 지정하시어 그 열매들을 먹지 말라 하셨다 해도 부당하지 않으셨을 것입니다. 하나님께서 사람을 지으셨으니 그 사람에게 어떤 명령들을 내려도 다 정당합니다. 그런데 하나님께서 동산에 있는 각종 좋은 나무의 열매들은 마음대로 먹으라고 허용하셨습니다.

창 2:16 여호와 하나님이 그 사람에게 명하여 이르시되 동산 각종 나무의 열매는 네가 임의로 먹되

2:17 선악을 알게 하는 나무의 열매는 먹지 말라 네가 먹는 날에는 반드시 죽으리라 하시니라

그러니 그 나무를 두고 하나님께서 금령 형식으로 제안하신 언약의 단서는 매우 너그럽고 아담과 하와가 지키기에 매우 쉬운 것이었습니다. 그러므로 하나님께서 에덴동산에서 아담과 맺으신 행위언약은 하나님의 영광의 찬란한 발현이었습니다. 그리고 하나님께 대하여 마땅하게 순종하

는 사람은 그 행위를 근거하여 하나님께 나아가 경배하고 교제하며 하나님의 주시는 모든 복락을 누릴 권리를 보장 받게 되어 있습니다.

반면에 사람이 하나님께 불순종한 행위는 그가 하나님과 생명 있고 친밀한 교제를 나누며 모든 좋은 것을 누릴 권리를 박탈합니다. 그뿐 아니라 불순종한 사람은 그 악에 대한 하나님의 거룩한 문책과 처벌을 받을 입장에 처하게 됩니다. 이것이 바로 공의의 법이요, 행위언약의 정체입니다. 이것이 하나님의 말씀인 성경의 대 전제입니다.

그래서 성령께서 모세로 하여금 창세기 2장에서 언약의 두 나무, 선악을 알게 하는 나무와 생명나무를 두시고 언약하신 하나님의 말씀을 기록하게 하신 것입니다. 그러므로 사람이 창세기 1-3장의 내용을 역사적인 사실로 믿는 것은 성경이 말하는 의가 무엇이며 죄가 무엇인지를 바르게 분별하는 데 있어서 절대적입니다.

'성경이 말하는 대로의 영생의 정체'를 알아보는 데 있어서 '의와 죄'의 정체에 대한 바른 이해는 가히 절대적입니다. '죄와 의'는 본질적으로 하나님께서 명하신 일에 대한 순종 여부에 관한 것입니다.

하나님께서 명하신 것을 순종하면 '의'가 되는 것입니다. 그것을 불순종하는 것은 '죄'가 되는 것입니다. 그러므로 성경에서 말하는 '의'와 '죄'의 문제는 '하나님을 순종하느냐 불순종하느냐'의 문제입니다.

그래서 사도 바울이 로마서 5장에서 구원의 문제를 바로 그런 차원에서 진술하고 있습니다.

롬 5:12 그러므로 한 사람으로 말미암아 죄가 세상에 들어오고 죄로 말미암아 사망이 들어왔나니 이와 같이 모든 사람이 죄를 지었으므로 사망이 모든 사람에게 이르렀느니라

5:18 그런즉 한 범죄로 많은 사람이 정죄에 이른 것 같이 한 의로운 행위로 말미암아 많은 사람이 의롭다 하심을 받아 생명에 이르렀느니라

5:19 한 사람이 순종하지 아니함으로 많은 사람이 죄인 된 것 같이 한 사람이 순종하심으로 많은 사람이 의인이 되리라

본질적으로 사람의 멸망은 하나님을 불순종한 행위로 말미암은 것이요, 사람의 영생은 하나님을 순종한 행위로 말미암은 것입니다. 그러므로 행위언약은 창세 이후 하나님과 사람 사이의 관계를 받히고 있습니다.

어떤 이들은 그리스도로 말미암은 구원으로 말미암아 행위언약은 폐하여졌다고 말합니다. 그러나 그렇게 말하기보다는 그리스도께서는 우리를 대신하여 하나님 앞에서 행위언약의 조건인 공의를 만족시킴으로 우리를 죄와 그 모든 결과에서 구원하셨다고 말해야 정당합니다.

행위언약 자체가 폐지되었다고 말하는 소수의 신학자들이 있습니다. 그러나 행위언약은 여전히 살아 있습니다. 아담에게 주어졌던 형식은 더 이상 없지만 모세의 율법과 본성의 법을 통하여(롬 2:14,15) 그 행위언약의 정신은 여전히 유효합니다.

지금도 그리스도 밖에 있는 이들은 율법의 요구를 받고 있으며 그 요구를 만족하지 못하여 정죄를 받고 있습니다.

롬 2:6 하나님께서 각 사람에게 그 행한 대로 보응하시되

2:7 참고 선을 행하여 영광과 존귀와 썩지 아니함을 구하는 자에게는 영생으로 하시고

2:8 오직 당을 지어 진리를 따르지 아니하고 불의를 따르는 자에게는 진노와 분노로 하시리라

그리스도 안에 있는 은혜언약도 행위언약을 전제하고 있습니다. 만일

행위언약의 핵심인 공의의 법이 없다면, '은혜'라는 말도 더 이상 성립되지 않습니다.

롬 4:4 일하는 자에게는 그 삯이 은혜로 여겨지지 아니하고 보수로 여겨지거니와

일을 한 사람은 그에 대한 정당한 보수를 받습니다. 그것이 바로 공의의 법입니다. 공의가 살아있기에 일하는 자가 보수를 받는 것입니다. 공의가 없으면 일해도 보수를 받을지가 불확실합니다. 공의가 있기에 일한 사람이 그 공력을 근거로 보수를 당당하게 요구합니다. 그런데 어떤 사람이 일을 하지 않았는데도 마치 일한 사람 같이 여김을 받아 보수를 받는다면, 그것이 은혜입니다. 그러니 은혜는 공의의 법이 살아 있음을 전제로 한 것입니다. 내가 갚은 빚을 남이 대신 갚아 주었다 하면, 바로 내가 은혜를 받은 것입니다. 내게 공의가 '빚을 갚으라' 요구하였는데, 그 공의의 요구를 다른 이가 채워주었습니다. 그것이 바로 은혜입니다. 그래서 나는 내 빚을 대신 갚은 이에게 은혜를 받은 것입니다.

그래서 사도 바울은 그리스도 안에서 우리의 죄를 용서하시고 값없이 의롭다 하시는 하나님의 복음의 은혜를 이렇게 말한 것입니다.

롬 4:5 일을 아니할지라도 경건하지 아니한 자를 의롭다 하시는 이를 믿는 자에게는 그의 믿음을 의로 여기시나니

4:6 일한 것이 없이 하나님께 의로 여기심을 받는 사람의 복에 대하여 다윗이 말한 바

4:7 불법이 사함을 받고 죄가 가리어짐을 받는 사람들은 복이 있고

4:8 주께서 그 죄를 인정하지 아니하실 사람은 복이 있도다 함과 같으니라

행함으로 보응하시는 하나님의 공의는 여전히 살아있어 사람들에게 계

속 외치고 있습니다.

롬 2:6 하나님께서 각 사람에게 그 행한 대로 보응하시되

2:7 참고 선을 행하여 영광과 존귀와 썩지 아니함을 구하는 자에게는 영생으로 하시고

2:8 오직 당을 지어 진리를 따르지 아니하고 불의를 따르는 자에게는 진노와 분노로 하시리라

그런데 그리스도 예수님을 믿는 이들은 그 공의로운 행위언약의 조건을 예수님께서 대신 만족시켜 은혜로 영생을 얻은 것입니다.

롬 6:23 죄의 삯은 사망이요 하나님의 은사는 그리스도 예수 우리 주 안에 있는 영생이니라

그래서 하나님의 복음으로 구원하여 주시는 하나님의 방식을 '은혜언약'으로 표현하는 것입니다. 그러니 복음 안에 있는 은혜언약은 행한 대로 보응하시는 하나님의 법으로서의 행위언약을 무시한 것이 아닙니다. 도리어 은혜언약은 행위언약을 만족시킨 능력의 언약입니다.

율법의 위치

그러면 우리는 자연히 하나님의 율법의 위치에 대하여 생각하게 됩니다. 하나님께서 인간 범죄 이후에 자비와 긍휼로 사랑하시는 백성들을 은혜로 구원하실 것을 약속하여 주셨습니다. 그 약속을 이루시기 전에 하나님께서 율법을 주셨습니다. 먼저 하나님의 약속의 말씀을 들어 보세요.

창 3:15 내가 너로 여자와 원수가 되게 하고 네 후손도 여자의 후손과 원수가 되게 하리니 여자의 후손은 네 머리를 상하게 할 것이요 너는 그의 발꿈치를 상하게 할 것이니라 하시고

하나님께서 아브라함을 부르시어 약속을 주셨는데, 그것도 그리스도 안에 있는 은혜로 구원하실 하나님의 뜻의 계시였습니다.

창 12:1 여호와께서 아브람에게 이르시되 너는 너의 고향과 친척과 아버지의 집을 떠나 내가 네게 지시할 땅으로 가라

창 12:2 내가 너로 큰 민족을 이루고 네게 복을 주어 네 이름을 창대하게 하리니 너는 복이 될지라

12:3 너를 축복하는 자에게는 내가 복을 내리고 너를 저주하는 자에게는 내가 저주하리니 땅의 모든 족속이 너로 말미암아 복을 얻을 것이라 하신지라

이 모든 말씀들은 모두 다 그리스도 안에서 그 사랑하시는 백성들을 구원하시겠다는 하나님의 일관된 약속이었습니다. 그 약속들이 결국 그리스도를 믿음으로 말미암아 은혜로 구원하시겠다는 하나님의 목적을 계시한 것입니다. 그런데 하나님께서는 그 아들 그리스도를 보내시기 전에 모세를 통하여 시내 산에서 율법을 주셨습니다.

그렇게 하신 하나님의 의도를 제대로 알아야 성경이 말하는 영생의 복음의 은혜를 바르게 알 수 있습니다. 이 요점에 대하여 웨스트민스터 신앙고백 제19장이 잘 정돈하여 놓았습니다.

- 웨스트민스터 신앙고백 -

제 19장 제1항

"하나님은 아담에게 행위언약으로서의 한 법을 주셨다. 이로 말미암아 하나님은 아담과 그의 모든 후손들 각 개인 모두에게 엄밀하고 전적인 영구한 순종의 의무를 지워주셨다. 하나님은 사람이 이 법을 완수하면 생명을 주실 것이고 그것을 위반하면 사망을 주시기로 경고하셨다. 그리고 하

나님께서 아담에게 또 이 법을 지킬 수 있는 힘과 능력을 주셨다.”

제 19장 제2항

“하나님의 율법은 아담 타락 이후에도 계속하여 의의 완전한 법칙이 되게 하셨다. 마찬가지로, 하나님은 이 율법을 시내 산에서 십계명으로 만들어 두 돌판에 새겨 주셨다. 첫 네 계명들은 하나님을 향하는 의무를, 나머지 여섯 계명들은 사람에 대한 우리의 의무를 담고 있다.”

그렇습니다. 아담과 그 후손이 죄를 범함으로 인하여 하나님의 공의의 법인 율법을 제대로 지키지 못하여도 여전히 하나님께서는 본질적으로 그들의 그 의무를 면제하지 않으셨습니다.

그러므로 모세의 율법은 창세기 2장에서 아담에게 명하신 의의 법칙으로서의 행위언약의 정신을 구체적으로 표현한 것입니다. 그러므로 누구든지 모세의 율법을 완전하게 지키는 자가 있다면, 그는 그 의로 말미암아 영생을 얻을 것입니다.

레 18:5 너희는 내 규례와 법도를 지키라 사람이 이를 행하면 그로 말미암아 살리라 나는 여호와이니라

하나님의 율법은 하나님께서 사람에게 응당 요구하셔야 할 순종의 법칙입니다.

그러니 성경에서 말하는 ‘의’는 우선적으로 모세의 율법이 말하는 대로 하나님을 온전하게 순종함으로 성립이 되는 것입니다. 성경에서 ‘의가 있다 없다’ 하는 것은 단순하게 사람이 이해하는 대로 옳게 여기는 것을 행하느냐의 여부에 관한 것이 아닙니다. 성경이 말하는 의는 하나님의 율법,

하나님의 계명의 요구대로 하나님과 이웃을 완전하게 사랑하는 것을 의미합니다.

막 12:28 서기관 중 한 사람이 그들이 변론하는 것을 듣고 예수께서 잘 대답하신 줄을 알고 나아와 묻되 모든 계명 중에 첫째가 무엇이니이까

12:29 예수께서 대답하시되 첫째는 이것이니 이스라엘아 들으라 주 곧 우리 하나님은 유일한 주시라

12:30 네 마음을 다하고 목숨을 다하고 뜻을 다하고 힘을 다하여 주 너의 하나님을 사랑하라 하신 것이요

12:31 둘째는 이것이니 네 이웃을 네 자신과 같이 사랑하라 하신 것이라 이보다 더 큰 계명이 없느니라

12:32 서기관이 이르되 선생님이여 옳소이다 하나님은 한 분이시요 그 외에 다른 이가 없다 하신 말씀이 참이니이다

12:33 또 마음을 다하고 지혜를 다하고 힘을 다하여 하나님을 사랑하는 것과 또 이웃을 자기 자신과 같이 사랑하는 것이 전체로 드리는 모든 번제물과 기타 제물보다 나으니이다

12:34 예수께서 그가 지혜 있게 대답함을 보시고 이르시되 네가 하나님의 나라에서 멀지 않도다 하시니 그 후에 감히 묻는 자가 없더라

모세와 그리스도

하나님께서 그 율법의 행위를 보고 의롭다고 선언해 주실 인생이 누구입니까? 성경은 그런 의미에서 말합니다.

롬 3:10 기록된 바 의인은 없나니 하나도 없으며

3:11 깨닫는 자도 없고 하나님을 찾는 자도 없고

3:12 다 치우쳐 함께 무익하게 되고 선을 행하는 자는 없나니 하나도 없도다

3:20 그러므로 율법의 행위로 그의 앞에 의롭다 하심을 얻을 육체가 없나니 율법으로는 죄를 깨달음이니라

3:21 이제는 율법 외에 하나님의 한 의가 나타났으니 율법과 선지자들에게 증거를 받은 것이라

그래서 모세의 율법이 말하는 바를 제대로 알면, 사람은 '나는 죄인이로소이다'라고 탄식하게 되어 있습니다. 율법이 요구하는 의의 수준이 어떠함을 제대로 아는 사람은 하나님의 긍휼과 은혜 외에는 우리에게 아무 소망이 없음을 인정하지 않을 수 없습니다. 그래서 성령께서는 성경 기자들로 하여금 영생의 복음을 증언하면서 모세와 그리스도를 대조하게 하신 것입니다.

요 1:14 말씀이 육신이 되어 우리 가운데 거하시매 우리가 그의 영광을 보니 아버지의 독생자의 영광이요 은혜와 진리가 충만하더라

1:16 우리가 다 그의 충만한 데서 받으니 은혜 위에 은혜러라

1:17 율법은 모세로 말미암아 주어진 것이요 은혜와 진리는 예수 그리스도로 말미암아 온 것이라

우리는 다음 장에서 그리스도를 믿음으로 말미암아 은혜로 영생을 주시는 하나님의 복음의 진수로 나아가려 합니다. 그래서 하나님 앞에서 의롭다 하시는 판결을 받기에 합당하게 하시려고 하나님께서 친히 마련하신 의(義)의 정체를 알아 볼 것입니다. 계속 우리 독자들의 마음을 성령께서 인도하여 주시기를 간절하게 바랍니다. 아멘

chapter 5

영생 얻기에 합당한 의

'영생 얻기에 합당한 의'란 '우리가 하나님으로부터 영생 얻기 위해 하나님께 제출할 의(義)'라고 할 수 있습니다. 우리가 지금까지 하나님의 말씀을 들어온 것 같이, 우리가 영생을 얻는 문제는 궁극적으로 무엇입니까? 그것은 창조주로서 우리 생명의 주와 원천되시는 하나님께서 우리가 영생 얻기에 합당한지의 여부를 판단하시는 문제입니다. 그러니 그 문제는 하나님께서 우리를 보시고 영생 얻기에 합당한 의를 이루었는지의 여부를 판단하시는 문제입니다.

사랑하시는 여러분,
그러므로 이 문제는 우리가 하나님 앞에서 영생 얻기에 합당한 의를 갖추는 것에 관한 것입니다.

하나님과 이웃에 대한 나의 관계

성경에서 '의'는 무엇입니까? '의'는 '죄'의 반대 개념입니다. 죄는 하나님께 불순종하는 것입니다. 그리고 의는 하나님께 순종하는 것입니다. 그러니 '의와 죄'의 문제는 근본적으로 우리 각자와 하나님과의 관계에 대한 문제입니다.

우리 각자는 혼자 단독자로 떨어져 있지 않습니다. 사람이 하나님을 의식하든지 그렇지 않든지 간에 하나님과의 관계 속에 있습니다. 우리가 혼자 있을 때에도 여전히 우리를 감찰하시는 하나님과의 관계 속에 있습니다. 우리는 의식하지 않을 때에도 하나님께서 우리를 생각하고 계십니다. 제가 베란다 공간에 고추와 토마토를 30여 주 심어 가꾸고 있습니다. 그들이 처음 모종으로 심겨진 이후 꽃이 피고 열매를 맺기 시작하기까지, 아니 가을에 그것들을 정리하기까지 제 관심과 주목의 대상입니다. 그것들의 가지와 잎과 꽃과 열매의 성장 과정이 저의 손길과 돌봄과 배려 속에 있습니다. 그것의 물리적 가치는 큰 것이 아닙니다. 그보다도 그것들이 하나님의 주신 생명과 그 생태의 성질을 따라 자라서 열매를 맺는 것을 보면서 하나님의 은혜를 더욱 깨닫습니다. 그것들의 생명을 부여하시고, 그 자라는 모든 과정을 주장하시는 하나님의 행사를 인하여 하나님께 감사합니다. 그것들에게 필요한 은혜를 공급하시는 하나님 아버지의 사랑을 인하여 감사합니다. 그것들을 볼 때마다 우리 주 예수님의 말씀과 사도 바울이 한 말이 생각납니다.

마 6:28 또 너희가 어찌 의복을 위하여 염려하느냐 들의 백합화가 어떻게 자라는가 생각하여 보라 수고도 아니하고 길쌈도 아니하느니라

6:29 그러나 내가 너희에게 말하노니 솔로몬의 모든 영광으로도 입은 것이

이 꽃 하나만 같지 못하였느니라

6:30 오늘 있다가 내일 아궁이에 던져지는 들풀도 하나님이 이렇게 입히시거든 하물며 너희일까보냐 믿음이 작은 자들아

고전 3:6 나는 심었고 아볼로는 물을 주었으되 오직 하나님께서 자라나게 하셨나니

3:7 그런즉 심는 이나 물 주는 이는 아무것도 아니로되 오직 자라게 하시는 이는 하나님뿐이니라

실로 하나님께서는 우리의 전체를 다 보시고 아십니다.

시 139:1 여호와여 주께서 나를 살펴 보셨으므로 나를 아시나이다

139:2 주께서 내가 앉고 일어섬을 아시고 멀리서도 나의 생각을 밝히 아시오며

139:3 나의 모든 길과 내가 눕는 것을 살펴보셨으므로 나의 모든 행위를 익히 아시오니

139:4 여호와여 내 혀의 말을 알지 못하시는 것이 하나도 없으시니이다

우리가 하나님을 생각하지 않을 때에도 하나님께서는 우리를 감찰하시며, 우리의 마음과 생각과 행실 전부를 익히 아시며 그 책에 기록하십니다. 요한계시록 20장으로 나아가 보십시오. 우리 주 예수 그리스도의 날에 각 사람이 그분의 최후 심판대 앞에 섰을 때 자기의 행실이 기록된 책이 거기 펴 있는 것을 보게 될 것입니다.

계 20:12 또 내가 보니 죽은 자들이 큰 자나 작은 자나 그 보좌 앞에 서 있는데 책들이 펴 있고 또 다른 책이 펴졌으니 곧 생명책이라 죽은 자들이 자기 행위를 따라 책들에 기록된 대로 심판을 받으니

물론 그리고 우리 각자는 하나님의 섭리 속에서 우리의 이웃으로 주어진 이들과의 관계 속에 있습니다. 우리 이웃과의 관계는 하나님과 우리의

관계의 연장선상에 있습니다. 그러므로 우리가 이웃에게 할 일도 우리 멋대로 정하지 않습니다. 하나님께서 이웃에게 어떻게 하라 우리에게 명하신 대로 해야 합니다. 그러므로 우리가 우리 이웃에게 무엇을 어떻게 하느냐도 하나님께 대하여 우리가 무엇을 행했느냐의 연장선상에 있습니다.

그래서 다윗이 밧세바와 그 남편 우리아에게 행한 악행이 하나님께 지은 범죄였습니다.

시 51:3 무릇 나는 내 죄과를 아오니 내 죄가 항상 내 앞에 있나이다

51:4 내가 주께만 범죄하여 주의 목전에 악을 행하였사오니 주께서 말씀하실 때에 의로우시다 하고 주께서 심판하실 때에 순전하시다 하리이다

우리 각자의 이웃은 나 밖의 모든 사람들입니다. 하나님께서 주권으로 그들 이웃들을 우리 각자와 연관되게 하셨습니다. 부모나 형제 친척을 비롯하여 나와 인격적 교류를 하게 되어 있는 모든 이들이 나의 이웃입니다. 그 이웃에 대하여 내가 행한 모든 일들이 하나님께 판단을 받습니다.

율법 아래 태어난 사람들

그런데 지상에 태어나는 모든 이들은 누구나 예외 없이 하나님의 뜻을 준행하고 순종할 의무 아래 태어나는 것입니다. 하나님께서 사람이 순종해야 할 하나님의 뜻의 표준으로 무엇을 주셨습니까? 하나님께서 율법을 주셨습니다.

성령님의 인도하심을 따라 사도 바울은 로마서에서 유대인이나 이방인 모두 하나님의 율법에 순종할 의무 아래 있음을 역설하였습니다.

이방인들은 유대인들이 가진 기록된 하나님의 율법을 가지고 있지는 않았습니다. 그러나 그들 이방인들은 그 본성에 새긴 마음의 율법을 가지고

있음을 성령께서 사도 바울로 하여금 증언하게 하셨습니다.

롬 2:14 율법 없는 이방인이 본성으로 율법의 일을 행할 때에는 이 사람은 율법이 없어도 자기가 자기에게 율법이 되나니

2:15 이런 이들은 그 양심이 증거가 되어 그 생각들이 서로 혹은 고발하며 혹은 변명하여 그 마음에 새긴 율법의 행위를 나타내느니라

그러므로 유대인이든 이방인이든 사람은 누구든지 세상에 일단 태어나면 즉시로 하나님의 율법을 지킬 의무 아래 들어오는 것입니다. 심지어 우리 주 예수님께서 성령님으로 잉태되어 동정녀 마리아에게서 아기로 태어나심으로 자신을 그 율법 순종의 의무 아래 두신 것입니다.

갈 4:4 때가 차매 하나님이 그 아들을 보내사 여자에게서 나게 하시고 율법 아래에 나게 하신 것은

4:5 율법 아래에 있는 자들을 속량하시고 우리로 아들의 명분을 얻게 하려 하심이라

하나님께서 사람을 의롭다 판단하시는 기준

그러므로 하나님께서 어떤 사람을 의롭다고 판단하시는 기준은 율법의 요구를 충족시켰는지의 여부입니다. 하나님의 율법(계명)으로 명하신 대로 하면, 그것이 의로 판단됩니다. 그러나 아무리 미세한 정도라도 그 요구를 만족시키지 못하면, 죄가 되는 것입니다. 심지어 십계명의 다른 모든 계명을 지켰다 하여도 어느 한 계명을 어기면, 사람의 의식으로는 90점으로 여길 만해 보입니다.

그러나 하나님께서 성경에서 무어라 말씀하십니까?

약 2:10 누구든지 온 율법을 지키다가 그 하나를 범하면 모두 범한 자가 되나니

2:11 간음하지 말라 하신 이가 또한 살인하지 말라 하셨은즉 네가 비록 간음하지 아니하여도 살인하면 율법을 범한 자가 되느니라

그러니 사람이 자력으로 하나님께 의롭다 하시는 판단을 받으려면, 하나님의 율법과 계명이 명하는 바를 완전하게 충족시켜야 합니다.

그러니 자기의 행위로 율법과 계명을 지켜 하나님께 의롭다 하심을 받아 영생을 얻으려 자가 있다면, 그 사람은 어느 정도로 그 율법을 지켜야 하는가요? 그에 대하여 사도 바울을 통하여 그것이 불가능함을 성령께서 말씀하셨습니다.

갈 3:10 무릇 율법 행위에 속한 자들은 저주 아래에 있나니

사도 바울은 단번에 자기 의, 자기 행위로 하나님 앞에 의롭다 하시는 판결을 받고 영생을 얻으려 하는 발상 자체가 저주에 속한 일임을 단언하였습니다.

갈 3:10 ...기록된 바 누구든지 율법 책에 기록된 대로 모든 일을 항상 행하지 아니하는 자는 저주 아래에 있는 자라 하였음이라

여기서 '기록된 바'라는 표현은 '구약성경의 모세 오경,' 특히 '신명기에 기록된 말씀'을 가리키는 것입니다. 하나님께서 이스라엘에게 모세를 통하여 율법을 주시면서 그 율법을 어느 정도로 지켜야 할 것인지를 말씀하신 것입니다.

신 27:26 이 율법의 말씀을 실행하지 아니하는 자는 저주를 받을 것이라 할 것이요 모든 백성은 아멘 할지니라

신 28:15 네가 만일 네 하나님 여호와의 말씀을 순종하지 아니하여 내가 오늘 네게 명령하는 그의 모든 명령과 규례를 지켜 행하지 아니하면 이 모든 저주가 네게 임하며 네게 이를 것이니

계명의 요구 수준

그러면 우리가 하나님의 계명을 어느 정도로 지켜야 제대로 지키는 것입니까? 다른 말로 하여, 하나님의 계명을 어느 정도로 지켜야 하나님께서 의로 여기는가요? 이 질문은 매우 중요합니다.

아무리 우리 편에서 계명을 잘 지켰다고 하더라도 하나님께서 보실 때에 모자라다 하면, 의가 되지 못하고 죄가 되는 것입니다. 하나님 앞에서는 '몇 % 정도의 의'라는 말은 없습니다.

하나님의 판단 법정에서는 오직 두 가지의 판결만 있습니다. 하나는 '의롭다'는 판결이요, 다른 하나는 '정죄'의 판결입니다.

의도 아니고 죄도 아닌 중간지대는 없습니다. 완전한 의가 아니면 바로 정죄를 받습니다.

사도 바울이 갈라디아서 3장 10절에서 말한 대로 율법 책에 기록하여 명하시는 수준에 이르지 못하면, 죄가 되는 것입니다.

바리새인들과 서기관들은 자력으로 율법을 지킴으로 의를 이룰 수 있다고 굳게 믿고 열심히 자기 의를 쌓아가고 있었습니다. 그런데 우리 주님께서는 그들을 어떻게 판단하셨습니까?

마 5:20 내가 너희에게 이르노니 너희 의가 서기관과 바리새인보다 더 낫지 못하면 결코 천국에 들어가지 못하리라

서기관과 바리새인은 자기들 나름으로 최선을 다하여 율법을 지키어 그 의로 하나님 앞에서 의롭다는 판단을 받아 영생에 이를 수 있다고 여겼습니다. 그러나 예수님께서는 그들의 의는 하나님 앞에서 전혀 인정받지 못한다고 하신 셈입니다. 그들은 자기들이 계명과 율법을 지켜 이룩한 의로 하나님께 의롭다 하심을 받아 영생에 이를 것이라고 믿었습니다. 그러나

그들의 의는 하나님 앞에서 더러운 옷과 같았습니다. 그런데도 그들은 자기들의 상태를 알지 못하였습니다. 자신의 의가 정말 더러운 옷과 같음을 알게 될 때 그 사람에게 구원의 여명이 밝아오고 있는 셈입니다.

예수님 당시 서기관과 바리새인들은 백성들의 선생으로 행세하였습니다. 그래서 당시 일반 유대인들은 그들에게 가서 하나님의 계명을 배웠습니다. 그런데 우리 주 예수님께서 공중 앞에 나타나시어 그들과는 전혀 다른 차원으로 계명을 가르치셨습니다.

마 5:21 옛 사람에게 말한 바 살인하지 말라 누구든지 살인하면 심판을 받게 되리라 하였다는 것을 너희가 들었으나

여기서 그들이 말하는 '심판'은 오늘날로 하면 지방법원에 해당합니다. 서기관과 바리새인들은 사람이 사람을 죽이면 지방 재판소에 제소당하여 벌을 받을 것이라고 가르쳤습니다. 그들은 옛날 모세를 통해 주신 하나님의 계명이 그렇게 말하고 있다고 백성들에게 가르친 것입니다. 당시 일반인들은 히브리어를 읽지 못하였습니다. 그래서 구약성경을 직접 읽지 못하였습니다. 그래서 그들이 성경을 배우려면 서기관들과 바리새인들에게 가야 했습니다. 서기관들과 바리새인들은 자기들이 알고 있는 대로 성경을 백성들에게 가르쳤습니다.

"다른 사람의 목숨을 해하여 죽이면 '지방 재판소'에 제소되어 형벌을 받게 될 것이라."

그러나 우리 예수님께서는 그들과 전혀 다르게 가르치셨습니다.

마 5:22 나는 너희에게 이르노니 형제에게 노하는 자마다 심판을 받게 되고 형제를 대하여 라가라 하는 자는 공회에 잡혀가게 되고

여기서 예수님께서 '공회'란 당시 유대사회를 지배하던 최고의 권력 기관

으로 71인으로 구성된 '산헤드린 공회'를 의미합니다. 서기관들과 바리새인들은 사람을 실제로 죽이면 '지방 재판소'에 제소당할 것이라고 가르쳤습니다. 그러나 예수님은 달리 가르치셨습니다.

"네가 형제에게 마음으로 미워하여 노하기만 하여도 지방 재판소에 제소당할 만하고, 형제를 욕하기만 하여도 산헤드린 공회에 불려가 재판을 받을 만하다"고 예수님께서 가르치셨습니다. 심지어 형제를 향하여 '미련한 놈'이라고 하면, 당연하게 지옥불에 던져질 만하다고 예수님께서 말씀하신 것입니다.

그러니 '살인하지 말라'는 계명은 실제로 다른 사람의 목숨을 끊는 악행을 저지르지 말 것을 명하시는 것보다 더 깊고 높은 의도를 가지고 있습니다. 동일하게 하나님의 형상으로 지음 받은 형제를 존중하고 사랑하라는 적극적인 지시가 살인하지 말라는 계명에 담겨 있습니다.

그러므로 형제나 이웃을 미워하는 것이 바로 살인하지 말라 하신 하나님의 명령을 어긴 셈이 되는 것입니다. 그리고 그 계명은 나의 모든 이웃들의 생명과 행복을 귀하게 여기고 서로 사랑하고 보호하라는 높고 깊고 넓은 하나님의 요구를 반영하고 있습니다.

그러므로 '형제에 대하여 원망 들을 만한 일이 있으면, 그것은 벌써 살인하지 말라는 계명을 저촉한 것이 됨'을 예수님께서 말씀하십니다.

마 5:23 그러므로 예물을 제단에 드리려다가 거기서 네 형제에게 원망들을 만한 일이 있는 것이 생각나거든

5:24 예물을 제단 앞에 두고 먼저 가서 형제와 화목하고 그 후에 와서 예물을 드리라

5:25 너를 고발하는 자와 함께 길에 있을 때에 급히 사화하라 그 고발하는

자가 너를 재판관에게 내어 주고 재판관이 옥리에게 내어 주어 옥에 가둘까 염려하라

그리고 '간음하지 말라'는 제 7계명에 대하여도 예수님께서는 서기관들과 바리새인들과 아주 다르게 가르치셨습니다.

마 5:27 또 간음하지 말라 하였다는 것을 너희가 들었으나

5:28 나는 너희에게 이르노니 음욕을 품고 여자를 보는 자마다 마음에 이미 간음하였느니라

5:29 만일 네 오른 눈이 너로 실족하게 하거든 빼어 내버리라 네 백체 중 하나가 없어지고 온 몸이 지옥에 던져지지 않는 것이 유익하며

5:30 또한 만일 네 오른손이 너로 실족하게 하거든 찍어 내버리라 네 백체 중 하나가 없어지고 온 몸이 지옥에 던져지지 않는 것이 유익하니라

그리고 이 제 7계명이 결혼의 신성성을 방호하고 있음을 예수님께서 가르치신 것입니다.

마 5:31 또 일렀으되 누구든지 아내를 버리려거든 이혼 증서를 줄 것이라 하였으나

5:32 나는 너희에게 이르노니 누구든지 음행한 이유 없이 아내를 버리면 이는 그로 간음하게 함이요 또 누구든지 버림받은 여자에게 장가드는 자도 간음함이니라

여기서 제 7계명이 단순하게 남녀의 성적 관계 자체에만 집중되지 않음을 예수님께서 가르치시고 계십니다. 그리고 그 제 7계명으로 하나님께서 제정하신 남녀 간의 결혼의 신성함과 가정의 존귀함을 지시하고 있음을 예수님께서 가르치십니다. 그 하나님의 의도를 저촉하면 벌써 제 7계명을 어긴 셈입니다.

그러니 하나님의 계명을 지킨다는 것은 정말 우리가 일반적인 도덕의 차원을 훨씬 능가하는 것입니다. 그 범위와 높이와 깊이가 일반의 윤리나 도덕의 차원을 훨씬 초월하는 것입니다.

그러니까 예수님께서는 모세의 10계명에 새롭게 부가적인 다른 계명을 더하여 가르치신 것이 아닙니다. 도리어 모세의 계명을 통하여 하나님께서 요구하시는 깊이와 높이와 너비와 길이를 예수님께서 밝히 드러내신 것입니다. 예수님께서는 10계명과 율법의 정신 전체를 하나님을 사랑하고 이웃을 자기 자신 같이 사랑하는 것으로 요약하셨습니다.

막 12:28 서기관 중 한 사람이 그들이 변론하는 것을 듣고 예수께서 잘 대답하신 줄을 알고 나아와 묻되 모든 계명 중에 첫째가 무엇이니이까

12:29 예수께서 대답하시되 첫째는 이것이니 이스라엘아 들으라 주 곧 우리 하나님은 유일한 주시라

12:30 네 마음을 다하고 목숨을 다하고 뜻을 다하고 힘을 다하여 주 너의 하나님을 사랑하라 하신 것이요

12:31 둘째는 이것이니 네 이웃을 네 자신과 같이 사랑하라 하신 것이라 이보다 더 큰 계명이 없느니라

하나님의 진노 아래 있는 인간의 실상

이 하나님의 계명의 요구를 만족해야 할 의무 아래 있는 인간의 실상은 어떠합니까?

성령께서는 성경 기자들로 하여금 인간의 영적이고 도덕적 실상을 분명하게 기록하게 하셨습니다. 모든 인생은 예외없이 하나님의 진노를 영원히 받기에 합당하다고 명백하게 기록하게 하셨습니다.

구약성경을 읽어 보십시오. 인간의 죄의 실상에 대하여 분노하시는 하나님의 격분이 정말 무섭습니다. 구약성경의 모든 지면 중에서 하나님의 의분이 드러나 있지 않은 부분이 어디인가요? 아담의 범죄 이후 그 후손들이 어느 종족 어느 나라에 속하여 있든지 다 하나님의 심판을 받아 영원한 파멸에 처해져야 마땅함을 발견합니다.

창 6:5 여호와께서 사람의 죄악이 세상에 가득함과 그의 마음으로 생각하는 모든 계획이 항상 악할 뿐임을 보시고

6:6 땅 위에 사람 지으셨음을 한탄하사 마음에 근심하시고

6:7 이르시되 내가 창조한 사람을 내가 지면에서 쓸어버리되 사람으로부터 가축과 기는 것과 공중의 새까지 그리하리니 이는 내가 그것들을 지었음을 한탄함이니라 하시니라

출 32:9 여호와께서 또 모세에게 이르시되 내가 이 백성을 보니 목이 뻣뻣한 백성이로다

32:10 그런즉 내가 하는 대로 두라 내가 그들에게 진노하여 그들을 진멸하고 너를 큰 나라가 되게 하리라

사 5:3 예루살렘 주민과 유다 사람들아 구하노니 이제 나와 내 포도원 사이에서 사리를 판단하라

5:4 내가 내 포도원을 위하여 행한 것 외에 무엇을 더할 것이 있으랴 내가 좋은 포도 맺기를 기다렸거늘 들포도를 맺음은 어찌 됨인고

5:5 이제 내가 내 포도원에 어떻게 행할지를 너희에게 이르리라 내가 그 울타리를 걷어 먹힘을 당하게 하며 그 담을 헐어 짓밟히게 할 것이요

렘 17:9 만물보다 거짓되고 심히 부패한 것은 마음이라 누가 능히 이를 알리요마는

17:10 나 여호와는 심장을 살피며 폐부를 시험하고 각각 그의 행위와 그의 행실대로 보응하나니

롬 1:18 하나님의 진노가 불의로 진리를 막는 사람들의 모든 경건하지 않음과 불의에 대하여 하늘로부터 나타나나니

1:21 하나님을 알되 하나님을 영화롭게도 아니하며 감사하지도 아니하고 오히려 그 생각이 허망하여지며 미련한 마음이 어두워졌나니

1:22 스스로 지혜 있다 하나 어리석게 되어

1:23 썩어지지 아니하는 하나님의 영광을 썩어질 사람과 새와 짐승과 기어다니는 동물 모양의 우상으로 바꾸었느니라

율법의 행위로 의롭다 하심을 얻을 육체가 없어

그러므로 사람은 날 때부터 아담의 원죄를 전가(轉嫁) 받아 죄성을 가지고 있습니다. 그러니 우리를 포함한 모든 인생들이 하나님의 율법의 완전한 요구에 순응하기는커녕 항상 대항하여 하나님을 거역하고 있습니다. 그러니 어느 사람도 자력으로 하나님의 계명을 지키어 의를 이룰 사람이 없습니다. 그러니 아무도 자기의 의(義)로 영생에 이를 가능성이 전혀 없습니다.

그래서 사도 바울은 하나님의 진노 아래 있는 인간의 실상을 단정하여 말합니다.

롬 3:9 그러면 어떠하냐 우리는 나으냐 결코 아니라 유대인이나 헬라인이나 다 죄 아래에 있다고 우리가 이미 선언하였느니라

3:10 기록된 바 의인은 없나니 하나도 없으며

3:11 깨닫는 자도 없고 하나님을 찾는 자도 없고

3:12 다 치우쳐 함께 무익하게 되고 선을 행하는 자는 없나니 하나도 없도다

그러므로 사람이 자신을 연마하고 도야하고 선을 행함으로 영생을 얻으려 하는 발상 자체가 구름 위에 자기 누울 자리를 펴려는 것과 다름이 없습니다. 영생 얻기에 필요한 의는 사람 수준으로의 의가 아니라, 하나님의 율법과 계명으로 요구하시는 대로 완전하게 순종해야 이르게 되는 의입니다. 그러니 그런 면에서 우리 모두 다 하나님 앞에서 영점(零點)입니다. 이것이 우리를 포함한 모든 인생들이 처한 본질적인 영적 실상입니다.

율법 외에 나타난 하나님의 의

그러니 성경은 사람을 구원하시고 영생을 주시는 하나님의 방식이 우선적으로 사람을 연마하고 도야하여 착한 사람으로 만드는 것이 아닙니다. 물론 하나님의 구원의 목적은 궁극적으로 믿는 자로 하여금 영생 얻게 하여 하나님 앞에 항상 거룩하고 의롭고 선한 그리스도의 형상을 완전히 본받게 하는데 있습니다. 그러나 사람을 죄에서 구원하시고 영생 얻게 하시는 하나님의 우선적인 방식은 그 사람 자체를 연마하는 것이 아닙니다. 부패한 것을 연마해 보았자 부패 이외에 기대할 것이 없습니다. 납을 연마한다고 정금이 나오겠습니까?

도리어 하나님께서 당신 자신의 아들 그리스도를 사람으로 보내셨습니다. 그리고 그 아들로 하여금 사랑하시는 백성들을 위하여 영생에 필요한 의를 이루게 하셨습니다. 영생의 은혜는 하나님께 사랑하심을 입은 자들로 하여금 그 아들 예수 그리스도를 믿게 하시는 하나님의 행사입니다. 그것이 바로 영생의 복음의 진수입니다. 이는 기적 중에 기적이요, 사람이 들어 항상 기뻐하게 하는 복된 소식의 극치입니다.

롬 3:21 이제는 율법 외에 하나님의 한 의가 나타났으니 율법과 선지자들에게 증거를 받은 것이라

3:22 곧 예수 그리스도를 믿음으로 말미암아 모든 믿는 자에게 미치는 하나님의 의니 차별이 없느니라

그러므로 진실로 구원받아 영생 얻으려는 이는 바로 이 '하나님의 의'에 집중하는 사람으로 나타나기 마련입니다.

우리는 다음 강론에서 '복음에 나타난 하나님의 의'에 대하여 자세하게 알아볼 것입니다. 주 성령께서 독자 여러분에게 기름 부으심을 주시어 복음의 말씀의 영광을 보는 영적 눈을 뜨게 해 주시기 바랍니다. 아멘.

chapter 6

복음에 나타난 하나님의 의

우리가 영생을 얻기 위하여 하나님께 제출할 의는 우리 편에서 최선을 다하여 우리 나름으로 마련한 의가 아님을 알았습니다.

더러운 옷과 같은 우리의 의

성령 하나님께서는 성경에 사람이 최선을 다하여 이룬 '의'라도 거기에 죄의 오염이 있어 영생 얻을 공로가 될 수 없음을 분명하게 밝히셨습니다.

사 64:5 주께서 기쁘게 공의를 행하는 자와 주의 길에서 주를 기억하는 자를 선대하시거늘 우리가 범죄하므로 주께서 진노하셨사오며 이 현상이 이미 오래 되었사오니 우리가 어찌 구원을 얻을 수 있으리이까
64:6 무릇 우리는 다 부정한 자 같아서 우리의 의는 다 더러운 옷 같으며 우리는 다 잎사귀 같이 시들므로 우리의 죄악이 바람 같이 우리를 몰아가나이다

하나님께서는 완전하시고 거룩하시고 공의로우시니 그런 '더러운 옷 같은' 우리 사람의 의를 영생의 근거로 받으실 수 없습니다.

롬 3:20 그러므로 율법의 행위로 그의 앞에 의롭다 하심을 얻을 육체가 없나니 율법으로는 죄를 깨달음이니라

그러므로 사람이 율법을 지키거나 자기 양심의 법을 지켜 이룬 행위의 공력, 곧 자기 의로 구원, 영생을 얻을 소망을 가지는 것은 영적 무지에서 나온 것입니다. 다른 말로 하여, 그런 발상은 하나님을 아는 바른 지식에서 난 것이 아닙니다. 하나님을 아는 바른 지식을 가진 자는 자기 의를 의뢰하는 것을 멈춥니다. 그래서 사도 바울이 자기 동족 유대인들의 영적 무지에 대하여 탄식하였습니다.

롬 10:2 내가 증언하노니 그들이 하나님께 열심이 있으나 올바른 지식을 따른 것이 아니니라

10:3 하나님의 의를 모르고 자기 의를 세우려고 힘써 하나님의 의에 복종하지 아니하였느니라

그러므로 사람이 구원을 받고 영생을 얻기에 도움을 주는 무슨 선한 것이 자기에게 있는가 하고 미련을 버리지 못하면, 그 사람의 구원을 위한 진전이 전혀 있을 수 없습니다. 구원신앙(saving faith)을 가진 자는 자신의 죄로 인해 하나님의 무서운 진노 아래 있는 자신의 슬픈 자화상을 확인하기 위하여 자신을 바라보기는 합니다. 그러나 구원 신앙을 가진 사람은 무슨 기대를 걸고 자신을 바라보는 일을 하지 않습니다.

오직 하나님의 긍휼만 바라고

민수기 21장에 보면 광야에서 백성이 범죄함으로 하나님께서 노를 발하

시어 불뱀을 그들에게 보내어 물려 죽게 하셨습니다. 일단 뱀에 물린 사람은 그 죽음의 독이 그 몸에 퍼졌습니다. 그것을 제거할 방도가 그들 자신들에게는 없어 반드시 죽어야 했습니다. 그러니 그들이 뱀에 물린 치명적인 독에서 벗어나기 위하여 아무리 자신들을 쳐다보아도 소용이 없었습니다. 그들을 치료하는 방도는 그들 자신들에게나 다른 사람들 중에 있는 것이 아니었습니다. 오직 자비하심으로 죄를 용서하시고 악에서 구원하시는 생명의 주 하나님께만 그들을 살리는 능력이 있었습니다. 그래서 그들은 자신들이나 다른 사람들을 쳐다보지 말고 오직 긍휼을 바라고 하나님만 바라 보아야 합니다.

민 21:7 백성이 모세에게 이르러 말하되 우리가 여호와와 당신을 향하여 원망함으로 범죄하였사오니 여호와께 기도하여 이 뱀들을 우리에게서 떠나게 하소서 모세가 백성을 위하여 기도하매

21:8 여호와께서 모세에게 이르시되 불뱀을 만들어 장대 위에 매달아라 물린 자마다 그것을 보면 살리라

21:9 모세가 놋뱀을 만들어 장대 위에 다니 뱀에게 물린 자가 놋뱀을 쳐다본즉 모두 살더라

그와 같이 구원신앙을 가진 자의 눈은 오직 하나님의 자비만 바라며 우러러 앙망합니다.

시 39:7 주여 이제 내가 무엇을 바라리요 나의 소망은 주께 있나이다

시 130:3 여호와여 주께서 죄악을 지켜보실진대 주여 누가 서리이까

130:4 그러나 사유하심이 주께 있음은 주를 경외하게 하심이니이다

130:5 나 곧 내 영혼은 여호와를 기다리며 나는 주의 말씀을 바라는도다

130:6 파수꾼이 아침을 기다림보다 내 영혼이 주를 더 기다리나니 참으로

파수꾼이 아침을 기다림보다 더하도다

우리가 이 요점을 더 잘 이해하기 위하여 우리 주 예수님께서 예로 드신 하나님의 성전에 나온 두 사람에 대하여 하신 말씀을 들어보는 것이 좋습니다.

눅 18:9 또 자기를 의롭다고 믿고 다른 사람을 멸시하는 자들에게 이 비유로 말씀하시되

18:10 두 사람이 기도하러 성전에 올라가니 하나는 바리새인이요 하나는 세리라

18:11 바리새인은 서서 따로 기도하여 이르되 하나님이여 나는 다른 사람들 곧 토색, 불의, 간음을 하는 자들과 같지 아니하고 이 세리와도 같지 아니함을 감사하나이다

18:12 나는 이레에 두 번씩 금식하고 또 소득의 십일조를 드리나이다 하고

바리새인은 하나님께 자기의 의로운 행위를 아뢰었습니다. 물론 그가 거짓말을 하고 있던 것은 아닙니다. 감히 하나님 앞에서 무슨 거짓말이 통하겠습니까? 마귀와 그 졸개들인 귀신들도 하나님과 예수님 앞에서는 거짓말을 꾸며 말하지 못합니다. 바리새인이 외적으로는 그렇게 한 것이 분명해 보입니다.

그런데 그의 치명적인 실수는 계속 자기와 그 행한 것을 의뢰하여 하나님 앞에 자신을 추천하고 있다는 것입니다. 그는 하나님이 누구신지, 자신이 누구인지, 자기가 행한 선행과 의가 하나님 보시기에 어떠할지에 대한 지식이 없었습니다. 그러니 그는 다른 이들보다 의롭게 살고 있는 것을 근거로 자신이 하나님 앞에 당당하다고 여긴 것입니다. 그는 의를 상대적으로 이해하였습니다. 그는 자기 기준으로 생각하였습니다. 사람들 사이에서 탁월하고 높은 수준의 선행이면 하나님 앞에서 의롭게 여겨질 것이라고 말입

니다. 하나님의 계명도 그런 차원에서 지키고 있었을 것입니다.

그래서 우리 주님께서는 그 사람을 가리켜 '자기를 의롭다고 믿고 다른 사람을 멸시하는 자'로 규정하셨습니다. 그는 계속 자신이 남보다 더 율법을 잘 지키는 선행을 주목하며 그것을 의지하여 하나님 앞에 서려고 하였습니다.

그러나 세리는 어떻게 하였습니까?

눅 18:13 세리는 멀리 서서 감히 눈을 들어 하늘을 쳐다보지도 못하고 다만 가슴을 치며 이르되 하나님이여 불쌍히 여기소서 나는 죄인이로소이다 하였느니라

세리는 오직 '하나님의 불쌍하게 여겨 주심'에만 자신을 의탁하고 있습니다. 그는 자기 같은 죄인도 불쌍하게 여기사 용서하시는 하나님의 자비하심과 그 주권적인 뜻에 자신을 던진 셈입니다. 그는 자신이 하나님 앞에서 얼마나 철저한 죄인인 줄을 알고 감히 하늘을 쳐다 보지도 못하였습니다.

그처럼 그의 마음의 눈은 '하늘에 계신 하나님을 우러러 하나님의 자비하심만 우러르고' 있었습니다.

그 두 사람을 하나님께서 어떻게 평가하셨습니까?

눅 18:14 내가 너희에게 이르노니 이에 저 바리새인이 아니고 이 사람이 의롭다 하심을 받고 그의 집으로 내려갔느니라 무릇 자기를 높이는 자는 낮아지고 자기를 낮추는 자는 높아지리라 하시니라

여기서 주님께서 '자기를 낮춘다'는 표현을 통하여 '자기 의를 의지하지 않고 오직 하나님의 긍휼과 하나님의 의만 의지함'을 나타내고 계시는 것입니다.

자신의 의에 대한 미련을 버리지 못하는 비극

자기 구원, 영생을 얻기 위하여 자신에게 의와 선행을 보탤 가능성의 미련을 버리지 못하고 있다면, 그 사람은 아직 구원신앙에서 먼 자입니다. 그런 의식을 고수하는 사람에게 그리스도 안에 있는 하나님의 은혜의 논리가 어떻게 들리겠습니까? 그런 사람에게는 그 복음의 은혜의 논리가 자신의 도덕성을 강화하여 자기 의를 쌓는 데 도움을 주는 이치 정도로만 들립니다.

그것은 정말 지상 교회의 회중 속에서 일어날 수 있는 비극 중의 비극입니다. 그런 이는 교회 예배에 계속 참여하며 자기의 의를 계속 쌓고 있습니다. 그런 이는 자기 본성의 전적 부패를 인정하지 못합니다. 그러니 그런 이는 하나님께 구하여도 자기 의를 쌓을 도움을 구합니다. 계속 그는 '자력으로 율법 수행과 도덕률의 높은 경지'에 이르는 것이 구원이라고 생각하고 있습니다.

그것이 바로 예수님께 탄핵을 받은 바리새인들과 서기관들의 방식이었습니다. 그래서 전적인 하나님의 은혜로 말미암아 구원신앙을 가진 자들을 가르치시면서 예수님께서 이렇게 말씀하신 것입니다.

마 5:20 내가 너희에게 이르노니 너희 의가 서기관과 바리새인보다 더 낫지 못하면 결코 천국에 들어가지 못하리라

하나님과의 관계 회복을 위한 두 요건

사랑하시는 여러분,

앞에서도 말씀드렸듯이, 하나님의 구원은 우리의 인격을 고양시키시고 연마하고 도야하여 선하게 만드는 것 자체가 아닙니다. 하나님의 구원은

우리 죄로 인하여 파괴된 하나님과의 영적인 관계를 회복하여 다시는 끊어지지 않게 하신 하나님의 큰 일입니다.

죄로 인하여 깨어진 그 관계의 회복은 반드시 두 가지의 요건을 충족해야 합니다.

하나는 죄로 인하여 발생한 죄인의 책임과 형벌의 문제를 해결해야 합니다.

다른 하나는 그 사람과 하나님 사이의 교제가 끊어지지 않고 영구하게 이어지게 하는 것이 있어야 합니다.

그 두 요건을 누가 충족시킵니까? 사람은 그 두 가지 일 모두에 대하여 전적으로 무능합니다. 아니 사람은 영적으로 죽어 있습니다. 그런 자가 자기 구원을 위하여 필요한 그 요건을 충족하기 위하여 무엇을 할 수 있겠습니까?

죄인을 그 죄의 책임에서 벗어나게 하고, 그로 하여금 하나님과 화해하고 영원히 생명 있는 교통을 하게 하는 일을 오직 하나님만 하실 수 있습니다.

죄인 편에서 감히 자기 구원을 위한 시작을 한다는 것은 있을 수 없습니다. 죄인은 하나님의 의로운 진노를 받을 것 외에 아무것도 주장할 수 없는 입장에 있습니다. 그러니 죄인인 우리의 구원과 영생을 위하여 필요한 두 요건을 충족시키기 위하여 하나님 편에서 일하실 뿐입니다. 물론 하나님의 그 일은 하나님의 의무 사항이 아니라 긍휼의 사항입니다. 하나님께서는 우리를 구원하셔야 할 의무가 있기에 우리를 구원하신 것이 아니란 말입니다. 의무와 공정성의 척도를 들이대면, 죄인은 반드시 그 죄에 대한 형벌로 멸망받을 일 외에 아무것도 기대할 것이 없습니다.

복음 안에 나타난 하나님의 의

우리의 구원을 위하여 필요한 그 요건을 완전하게 충족시키려고 하나님 편에서 뜻하시고 이루신 것이 있습니다. 그것이 바로 '복음 안에 나타난 하나님의 의'입니다. 성령님의 인도하심 속에서 사도 바울은 성경 전체가 말하는 복음의 도리를 논리적으로 간추려 놓은 책이 있습니다. 바로 그것이 로마서입니다. 그런데 사도는 로마서 1장에서 그 복음의 핵심적인 요점을 먼저 선포하였습니다.

롬 1:1 예수 그리스도의 종 바울은 사도로 부르심을 받아 하나님의 복음을 위하여 택정함을 입었으니

1:2 이 복음은 하나님이 선지자들을 통하여 그의 아들에 관하여 성경에 미리 약속하신 것이라

1:3 그의 아들에 관하여 말하면 육신으로는 다윗의 혈통에서 나셨고

1:4 성결의 영으로는 죽은 자들 가운데서 부활하사 능력으로 하나님의 아들로 선포되셨으니 곧 우리 주 예수 그리스도시니라

1:16 내가 복음을 부끄러워하지 아니하노니 이 복음은 모든 믿는 자에게 구원을 주시는 하나님의 능력이 됨이라 먼저는 유대인에게요 그리고 헬라인에게로다

1:17 복음에는 하나님의 의가 나타나서 믿음으로 믿음에 이르게 하나니 기록된 바 오직 의인은 믿음으로 말미암아 살리라 함과 같으니라

그리고 사도 바울은 로마서 1:18-3:19에서 그 '하나님의 의'만 우리의 소망임을 입증하기 위하여 먼저 전적인 타락과 부패로 인하여 하나님의 진노 아래 있는 인간의 실상을 논증합니다. 그런 다음에 그는 결론적으로 말합니다.

롬 3:20 그러므로 율법의 행위로 그의 앞에 의롭다 하심을 얻을 육체가 없나
니 율법으로는 죄를 깨달음이니라

율법 외에 나타난 하나님의 의

그런 다음에 그 사랑하시는 백성을 구원하시는 하나님의 방식의 대 진
수, 곧 '하나님의 의'를 확대 설명합니다.

롬 3:21 이제는 율법 외에 하나님의 한 의가 나타났으니 율법과 선지자들에
게 증거를 받은 것이라

여기서 '하나님의 의가 율법 외에 나타났다'는 표현에 주목해야 합니
다. 우리 각자는 율법을 지킬 의무 아래 있고, 율법을 지키지 못하면 정죄
를 당하고 그에 대한 형벌을 받게 되어 있었습니다.

그런데 우리를 구원하시는 하나님께서 '율법 외에 한 의를 마련하시어
복음 안에 나타나게 하셨습니다.' 그러니 여기서 '율법 외에'라는 말은 '우
리가 율법을 지키고 안 지키고의 실상을 초월하여'란 의미입니다.

물론 '율법 외에'란 말이 '율법을 무시하고, 율법 자체와는 상관이 없이'
라는 의미는 아닙니다. 복음은 율법을 무시하지 않고 율법을 높이고 만족
시키고 굳게 합니다. 만일 복음이 율법을 무시한다는 식으로 해석하면, 복
음의 은혜에 대한 심각한 오류에 빠지게 됩니다. 그래서 사도는 복음이 율
법을 폐한 것이 아니라 굳게 하였음을 강조한 것입니다.

롬 3:31 그런즉 우리가 믿음으로 말미암아 율법을 파기하느냐 그럴 수 없느
니라 도리어 율법을 굳게 세우느니라

다만 '율법 외에 하나님의 한 의가 나타났다'는 것은 '우리가 율법을 지
켰는지의 여부에 상관없이 하나님께서 믿는 자의 것으로 여겨 주시기 위하

여 예비하신 의가 나타났다'는 말입니다.

믿는 자에게 전가되는 하나님의 의

사도 바울은 바로 그 '율법 외에 나타난 하나님의 한 의'가 무엇인지 설명합니다.

롬 3:22 곧 예수 그리스도를 믿음으로 말미암아 모든 믿는 자에게 미치는 하나님의 의니 차별이 없느니라

그 '하나님의 의'는 예수 그리스도를 믿는 모든 이들에게 전가되어 그들 자신의 의처럼 여겨집니다.

다시 강조하건대, 하나님께서는 우리 자신의 의와 선행의 공적을 쌓게 하시어 우리를 구원하사 영생 얻게 하시지 않습니다. 부패하고 죽은 심령 자체를 개량하여 하나님 앞에서 완전한 자로 세우시는 일은 하나님의 공의롭고 거룩한 성품이 허락하지 않습니다.

물론 하나님께서 구원하신 이들의 심령을 새롭게 하시어 죄와 부패의 본성에서 건지시어 의롭고 거룩하신 그리스도의 형상을 본받게 하시지요. 그래서 우리를 구원하시는 하나님의 일의 순서와 질서를 바르게 아는 일은 매우 중요합니다. 신학적으로 그 주제에 대한 논리적 체계를 가리켜 '구원의 서정(救援-序程, Order of Salvation, Ordo Salutis)'이라고 합니다. 필자의 Youtube 〈서문 강 목사 Always the Gospel〉에서 이 주제의 연속 강론을 '구원의 단계'라는 제하로 하였습니다. 그 내용을 책으로 내려고 합니다. 정말 우리를 구원하시는 하나님의 구원의 행사의 논리와 질서를 모르고 갈피를 잡지 못하는 분들이 너무 많아 보입니다. 서양속담에 앞뒤가 맞지 않아 일을 그르치는 사람을 빗대어 '마차를 말 앞에 두는 사람'이라

고 합니다. 말이 마차를 끄는 것이니 말을 앞에 두어야 하는데 말을 마차 뒤에 둔다면 마차는 전혀 움직일 수 없습니다.

하나님께서는 본질상 진노의 자식들인 우리의 인격을 직접 바로 개선하거나 개량하는 식으로 우리를 구원하시는 것이 아닙니다. 하나님께서 우리 구원을 위하여 가장 우선적으로 '우리 안에서'가 아니라 '우리 밖에서,' 곧 우리 '주 예수 그리스도 안에서' 우리 구원의 완전 충분한 조건이 될 의를 마련하셨습니다.

그리고 하나님께서 그 의를 우리에게 전가하시어 그것을 마치 우리 자신이 이룬 것 같이 하시어 의롭다 하십니다.

롬 3:23 모든 사람이 죄를 범하였으매 하나님의 영광에 이르지 못하더니

롬 3:24 그리스도 예수 안에 있는 속량으로 말미암아 하나님의 은혜로 값없이 의롭다 하심을 얻은 자 되었느니라

'복음에 나타난 하나님의 의'의 정체가 바로 여기에 나타나 있습니다. 우리 주 예수 그리스도 안에 있는 속량의 대업과 그 효력이 바로 '복음에 나타난 하나님의 의'입니다. 그래서 우리 주 예수님께서 십자가상에서 운명하시기 직전에 무어라 하셨습니까?

요 19:30 예수께서 신 포도주를 받으신 후에 이르시되 다 이루었다 하시고 머리를 숙이니 영혼이 떠나가시니라

또 이렇게 말할 수 있습니다. 하나님 아버지의 뜻을 따라 그리스도께서 이루신 의로운 속량의 대업과 그 효력을 적용하시어 죄인을 은혜로 구원하시는 하나님의 의로운 전 체계가 '하나님의 의'의 체계입니다.

성부의 법정적 칭의 선포

그래서 예수 그리스도를 구주로 믿는 이들을 향하여 성부 하나님께서 그 하나님의 의를 전가하시어 그들을 의롭다고 선포하십니다. 성부께서 하늘 법정에서 믿는 자를 향하여 그렇게 의롭다고 선포하시는 것입니다. 정말 죄 밖에 없는 사람을 아무 조건 없이 오직 은혜로 그리스도 안에서 완전한 의를 이룬 사람같이 하시어 의롭다 선고하시고 영생을 허락하십니다. 성부께서는 우리의 죄의 책임을 우리 주 예수님께 담당시키시어 그로 하여금 우리가 받을 영원한 진노를 받게 하셨습니다.

사 53:4 그는 실로 우리의 질고를 지고 우리의 슬픔을 당하였거늘 우리는 생각하기를 그는 징벌을 받아 하나님께 맞으며 고난을 당한다 하였노라

53:5 그가 찔림은 우리의 허물 때문이요 그가 상함은 우리의 죄악 때문이라 그가 징계를 받으므로 우리는 평화를 누리고 그가 채찍에 맞으므로 우리는 나음을 받았도다

53:6 우리는 다 양 같아서 그릇 행하여 각기 제 길로 갔거늘 여호와께서는 우리 모두의 죄악을 그에게 담당시키셨도다

그리스도의 탄생과 생애와 고난, 죽으심과 부활하심, 하나님 우편에 계심, 다시 오심의 대업이 다 바로 그 '하나님의 의'의 체계를 이루는 내용입니다. 성령께서 아버지의 뜻을 따라 그리스도께서 이루신 그 의를 가지고 일하시어 택한 백성들을 복음의 말씀으로 거듭나게 하시어 회심하여 예수님을 자신들의 구주로 믿게 역사하십니다. 성부께서는 그 하나님의 의를 예수님 믿는 자에게 전가하시고 죄밖에 없는 그 사람의 것으로 여겨 주십니다.

이것이 복음의 은혜의 대 진수입니다.

롬 3:23 모든 사람이 죄를 범하였으매 하나님의 영광에 이르지 못하더니

3:24 그리스도 예수 안에 있는 속량으로 말미암아 하나님의 은혜로 값 없이 의롭다 하심을 얻은 자 되었느니라

진실로, 우리의 구원과 우리의 영생의 영원한 보장인 그 '하나님의 의'를 위하여 성부와 성자와 성령께서 창세전부터 연합하시어 일해 오셨습니다.

요 5:17 예수께서 그들에게 이르시되 내 아버지께서 이제까지 일하시니 나도 일한다 하시매

그래서 사도 바울은 이 '율법 외에 나타난 하나님의 의'는 구약성경에서 줄기차게 증거되었음을 말한 것입니다.

롬 3:21 이제는 율법 외에 하나님의 한 의가 나타났으니 율법과 선지자들에게 증거를 받은 것이라

참 믿음의 사람이 집중할 주제

그래서 구원 신앙을 가진 참 성도들의 영적 시선은 오직 우리 주 예수 그리스도와 그 이루신 속량의 대업에 집중되어 있습니다. 예수 그리스도와 그 나심과 사심과 고난과 죽으심과 다시 사심, 그리고 하나님 우편에 앉아 우리 위하여 대언의 기도를 하심, 다시 오시어 하나님의 뜻을 완성하시어 우리를 영화롭게 하실 것 - 그것이 구원신앙을 가진 자가 집중할 대 주제입니다. 보혜사 성령께서 우리 안에서 바로 그 대 주제에 집중하도록 인도하십니다.

고전 1:30 너희는 하나님으로부터 나서 그리스도 예수 안에 있고 예수는 하나님으로부터 나와서 우리에게 지혜와 의로움과 거룩함과 구원함이 되셨으니

1:31 기록된 바 자랑하는 자는 주 안에서 자랑하라 함과 같게 하려 함이라

2:2 내가 너희 중에서 예수 그리스도와 그가 십자가에 못 박히신 것 외에는 아무것도 알지 아니하기로 작정하였음이라

오늘날 교회 강단의 위기

그런데 오늘날 교회 강단에서 하나님과 우리의 관계, 하나님의 복에 대하여 그렇게 강하게 말하면서도, 그리스도와 그 십자가의 도에 대하여는 말하지 않는 것은 정말 서글프고 나쁜 현상입니다. 그리스도 없는 하나님은 성경의 하나님이 아닙니다. 우리 모두 오늘날 교회의 강단에서 사도의 복음의 원형이 제대로 광포되길 위하여 기도해야 합니다. 참된 설교는 바로 그 사도의 방식을 이어받음입니다.

그런데 오늘날 그 이어짐의 바통을 놓친 이들이 적지 않습니다. 현실의 고통이 아무리 커도 교회가 모여 예배를 드리고 말씀을 증거하고 들을 때에는 오직 그리스도와 그 십자가의 도에 집중해야 합니다. 교회가 그것을 놓치면 하나님과 사람 사이에 서 계신 오직 유일한 중보자를 밀어내고 다른 중보자를 그 자리에 세워 '다른 복음'을 전하게 됩니다. 그러면 그 교회 안에서 무서운 영적 파국이 일어납니다.

갈 1:6 그리스도의 은혜로 너희를 부르신 이를 이같이 속히 떠나 다른 복음을 따르는 것을 내가 이상하게 여기노라

1:7 다른 복음은 없나니 다만 어떤 사람들이 너희를 교란하여 그리스도의 복음을 변하게 하려 함이라

1:8 그러나 우리나 혹은 하늘로부터 온 천사라도 우리가 너희에게 전한 복음 외에 다른 복음을 전하면 저주를 받을지어다

1:11 형제들아 내가 너희에게 알게 하노니 내가 전한 복음은 사람의 뜻을 따

라 된 것이 아니니라

1:12 이는 내가 사람에게서 받은 것도 아니요 배운 것도 아니요 오직 예수 그리스도의 계시로 말미암은 것이라

우리로 영생, 곧 하나님과의 영원한 생명의 교제의 회복과 이어짐은 오직 성경대로 우리 주 예수 그리스도와 그 대속(代贖)의 역사로 이룩된 '하나님의 의' 안에 있습니다.

요 5:39 너희가 성경에서 영생을 얻는 줄 생각하고 성경을 연구하거니와 이 성경이 곧 내게 대하여 증언하는 것이니라

그리스도의 영광에 대하여 더 집중적으로 배우고 싶은 분들에게 놀라운 책 한 권을 소개해 드립니다. 17세기 청교도의 대표라 할 수 있는 존 오웬(John Owen, 1616-1683) 목사님의 명작, 「그리스도 영광(The glory of Christ)」이란 책입니다. 부족한 이 사람이 하나님의 은혜로 번역하여 지평서원에서 출간하여 많은 분들에게 읽혀지고 있습니다.

어떤 분이 이 책을 처음 읽고 '실망하였다'고 제게 말했습니다. 그분의 말을 가만히 들어 보니, 그분이 신비주의적인 어떤 것을 기대하며 그 책을 읽었습니다. 그런 자기가 기대하는 수준의 그리스도의 영광을 맛보려고 그 책을 접근하였습니다.

그래서 제가 그분에게 말했습니다. "성경이 말하는 대로 그리스도의 영광을 배우려는 자세로 다시 읽어 보세요." 제 말을 듣고 그분이 다시 읽고 은혜를 받았습니다. 누구든지 성령님의 기름 부으심을 간구하면서 그 책을 읽으면 큰 은혜를 받을 것입니다.

이 장의 강론은 여기서 마무리합니다. 다음 7장에서는 칭의가 영생의 완전한 보장임을 강론하려 합니다. 또 은혜 주실 주님을 찬미합니다. 아멘.

(**chapter 7**)

'죄인을 의롭다 하심'으로 영생을 보장하시는
하나님의 방식

우리가 지금까지 계속 말씀을 들어온 것 같이, 성경이 말하는 영생은 창조주 우리 하나님 아버지와 그 아들 우리 주 예수 그리스도와의 영적인 교통이 끊어지지 않는 영원한 관계입니다.

요 17:3 영생은 곧 유일하신 참 하나님과 그가 보내신 자 예수 그리스도를 아는 것이니이다

요일 1:1 태초부터 있는 생명의 말씀에 관하여는 우리가 들은 바요 눈으로 본 바요 자세히 보고 우리의 손으로 만진 바라

1:2 이 생명이 나타내신 바 된지라 이 영원한 생명을 우리가 보았고 증언하여 너희에게 전하노니 이는 아버지와 함께 계시다가 우리에게 나타내신 바 된 이시니라

1:3 우리가 보고 들은 바를 너희에게도 전함은 너희로 우리와 사귐이 있게 하려 함이니 우리의 사귐은 아버지와 그의 아들 예수 그리스도와 더불어 누

림이라

성삼위 하나님께 집중된 관계

이 영생의 중심 요점을 아무리 자주 강조해도 지나칠 수 없습니다. 성령 하나님께서 감동하시어 기록하게 하시어 나온 성경은 처음부터 끝까지 우리의 시선을 오직 성부와 성자와 성령, 성삼위 하나님께 집중하게 합니다.

창 1:1 태초에 하나님이 천지를 창조하시니라

계 1:7 볼지어다 그가 구름을 타고 오시리라 각 사람의 눈이 그를 보겠고 그를 찌른 자들도 볼 것이요 땅에 있는 모든 족속이 그로 말미암아 애곡하리니 그러하리라 아멘

1:8 주 하나님이 이르시되 나는 알파와 오메가라 이제도 있고 전에도 있었고 장차 올 자요 전능한 자라 하시더라

2:7 귀 있는 자는 성령이 교회들에게 하시는 말씀을 들을지어다 이기는 그에게는 내가 하나님의 낙원에 있는 생명나무의 열매를 주어 먹게 하리라

22:20 이것들을 증언하신 이가 이르시되 내가 진실로 속히 오리라 하시거늘 아멘 주 예수여 오시옵소서

22:21 주 예수의 은혜가 모든 자들에게 있을지어다 아멘

이처럼 영생은 본질상 창조주시요 생명의 원천이신 하나님과의 관계의 문제입니다. 영생의 본질은 아무도 그 사이를 떼어낼 수 없는 하나님과의 친밀한 생명과 연합과 사랑의 교통에 있습니다.

우리가 남을 아는 정도의 차이

영생이 하나님과 예수님을 아는 것이라고 규정하신 예수님께서 어느 정

도 수준의 아는 것을 생각하고 계셨을까요?

정말 '안다'는 말 같이 다양한 색깔과 깊이와 넓이와 높이를 가진 말이 무엇입니까? 여러분이 어떤 이를 가리키며 '내가 저 사람을 안다'고 하면, 옆에 있는 친구는 궁금하여 '어떻게 저 사람을 아니?'라고 물을 것입니다. 대답에 따라 여러분이 그 사람을 아는 정도가 드러납니다.

- '아, 저분 우리 동네 분이고, 만나면 서로 인사하는 사이야.'
- '아, 저분 내가 학교 다닐 때 나의 담임 선생님이야.'
- '아, 저분 우리 5촌 아저씨야.'

그 대답을 듣는 이는 그 두 사람 사이의 앎의 정도를 가늠하게 됩니다.

- '아, 저분 우리 아버지시거든'이라고 말하면, '내가 저분 안다'는 것의 깊이가 아주 근본적으로 달라지게 됩니다.

그러므로 전지전능하시고 무한하시고 거룩하시고 완전하시고 의로우신 창조주 하나님을 우리가 아는 것보다 더 우선할 가치가 없습니다. 예수님께서 하나님을 알고 예수님 자신을 아는 것이 영생이라고 말씀하실 때, 바로 그 앎의 절대적인 가치를 제자들에게 항상 가르치셨습니다. 하나님과 예수님을 참으로 믿는 사람은 그 믿음을 다른 어느 누구와의 관계보다 앞세운다는 것입니다.

그래서 구원 신앙으로 말미암아 영생 얻은 사람은 가장 친밀하고 사랑하는 부모와 형제와의 관계보다 예수님과의 관계를 더 존중하기 마련입니다. 그래서 어떤 경우, 어떤 사정과 어떤 상황에 처하여도, 아니 극한 상황에 처하여도, 심지어 죽을 지경이 되어도, 그 믿음의 사람은 예수님을 믿고 사랑하는 것만은 포기하지 않습니다.

마 10:37 아버지나 어머니를 나보다 더 사랑하는 자는 내게 합당하지 아니하

고 아들이나 딸을 나보다 더 사랑하는 자도 내게 합당하지 아니하며

10:38 또 자기 십자가를 지고 나를 따르지 않는 자도 내게 합당하지 아니 하 니라

물론 예수님을 바르게 믿으려면 자기 부모님을 미워하라는 말이 아닙니다. 예수님을 바르게 믿는 사람은 어느 누구보다 부모님을 존중하기 마련입니다. 참 믿음의 사람은 믿지 않는 부모님이라도 존중하고 사랑하기 마련입니다. 왜냐하면 그는 하나님께서 자신을 태어나게 하시고 양육 받게 하시는 복과 은혜의 통로로 부모님을 주셨음을 알기 때문입니다.

그러나 부모님을 존중하는 것과 예수님을 믿는 것이 충돌될 때, 곧 예수님을 믿느냐 부모님의 뜻을 따르느냐가 서로 충돌할 경우 영생 얻은 사람은 예수님을 믿는 것을 앞세웁니다. 그가 부모님을 사랑하는 일은 변함이 없으나 예수님을 믿지 말라는 부모님의 말씀은 들을 수 없습니다. 그 정도로 예수님을 믿어야 참 믿음이라는 것입니다.

만일 그것이 무엇이든 그 사람으로 하여금 궁극적으로 예수님과의 생명 있는 교제에서 떼어낼 것이 있다면, 그 믿음의 진정성이 의심받습니다. 그 말은 그 사람이 아직 구원 신앙, 영생 얻기에 합당한 믿음에 이르지 못하였다는 의심을 받아야 한다는 말입니다.

물론 영생 얻은 사람이라도 연약하여 크게 시험을 받으면 처음에 흔들릴 수 있습니다. 그러나 영생의 사람은 다른 것은 다 버려도 예수님을 믿는 것은 끝까지 포기하지 않습니다.

세상은 예수님을 믿지 못하게 방해하는 것으로 가득 차 있습니다. 마귀는 세상에 속한 것들을 동원하여 믿는 자들을 유혹하고 갖은 수를 다 써서 예수님을 믿는 믿음을 버리게 하려 시험합니다. 마귀는 세상의 풍조

와 그 믿음의 사람과 연관된 사람들을 동원하여 그를 유혹하고 시험합니다. 그래서 마귀는 아주 상례적으로 신자의 가족들을 동원하여 믿는 자를 압박하고 괴롭힙니다. 그래서 가족 중에 가장 먼저 믿음을 가지는 자는 처음에 매우 힘든 가족의 박해를 당하기가 일쑤입니다. 그 경우를 내다보신 우리 주 예수님께서 그렇게 말씀하신 것입니다.

참 믿음의 사람

실로 성령님으로 말미암아 거듭나서 회개하고 예수님을 구주로 믿는 참 성도는 세상과 마귀가 총동원하여 위협하여도 그 믿음을 버리지 않습니다. 보혜사 성령께서 믿는 자 속에 계시어 그 믿음의 절대 가치를 알게 하시고 그 믿음을 견지할 능력을 주시기 때문입니다.

요일 5:4 무릇 하나님께로부터 난 자마다 세상을 이기느니라 세상을 이기는 승리는 이것이니 우리의 믿음이니라

5:5 예수께서 하나님의 아들이심을 믿는 자가 아니면 세상을 이기는 자가 누구냐

5:6 이는 물과 피로 임하신 이시니 곧 예수 그리스도시라 물로만 아니요 물과 피로 임하셨고 증언하는 이는 성령이시니 성령은 진리니라

고후 4:6 어두운 데에 빛이 비치라 말씀하셨던 그 하나님께서 예수 그리스도의 얼굴에 있는 하나님의 영광을 아는 빛을 우리 마음에 비추셨느니라

4:7 우리가 이 보배를 질그릇에 가졌으니 이는 심히 큰 능력은 하나님께 있고 우리에게 있지 아니함을 알게 하려 함이라

4:8 우리가 사방으로 우겨쌈을 당하여도 싸이지 아니하며 답답한 일을 당하여도 낙심하지 아니하며

4:9 박해를 받아도 버린 바 되지 아니하며 거꾸러뜨림을 당하여도 망하지 아니하고

4:10 우리가 항상 예수의 죽음을 몸에 짊어짐은 예수의 생명이 또한 우리 몸에 나타나게 하려 함이라

4:11 우리 살아 있는 자가 항상 예수를 위하여 죽음에 넘겨짐은 예수의 생명이 또한 우리 죽을 육체에 나타나게 하려 함이라

그렇습니다. 영생의 동력은 우리 자신에게 있는 것이 아닙니다. 오직 우리 주 예수 그리스도 안에 있는 하나님의 은혜 안에만 있습니다. 그래서 그 은혜를 가지고 우리 안에서 역사하시는 보혜사 성령님의 역사가 우리의 능력입니다.

은혜의 보장

그러니 우리 그리스도의 사람, 영생의 사람들은 은혜의 보장 아래 있습니다. 그러면 우리 주 예수님 안에 있는 하나님의 은혜가 어떤 경우에도 믿는 자에게서 거두어지지 않는 이치는 무엇입니까? 성경대로 예수님을 믿는 자들을 값없이 은혜로 의롭다 하신 성부 하나님의 선고 때문에 하나님의 은혜가 그들에게서 떠나지 않습니다.

아무리 강조하여도 지나치지 않는 요점은, 우리 편에서 우리 몸을 불사르게 내어 주어도 그것이 하나님께 감동을 주어 우리를 향하여 좋은 것으로 대신 주실 이유가 없습니다. 모든 인생은 나면서부터 허물과 죄로 죽어서 본질상 하나님의 진노의 자녀들입니다. 하나님께서 보실 때 우리 자신에게 선한 것이 하나도 없습니다. 오직 사람은 누구든지 본래 하나님의 공분을 살 것만 가지고 있습니다.

하나님께서는 모세로 하여금 이스라엘 백성들의 영도자로서 섬기면서 뼈저리게 그 진실을 학습하게 하셨습니다.

시 90:7 우리는 주의 노에 소멸되며 주의 분내심에 놀라나이다

90:8 주께서 우리의 죄악을 주의 앞에 놓으시며 우리의 은밀한 죄를 주의 얼굴 빛 가운데에 두셨사오니

90:9 우리의 모든 날이 주의 분노 중에 지나가며 우리의 평생이 순식간에 다 하였나이다

물론 모세는 인생을 불쌍하게 여기시어 은혜와 긍휼로 구원하시는 하나님의 거대한 뜻 안에서만 소망이 있음을 주님께 배웠습니다.

그래서 그는 하나님의 백성들을 위하여 은혜와 긍휼을 구하였습니다.

시 90:13 여호와여 돌아오소서 언제까지니이까 주의 종들을 불쌍히 여기소서

90:14 아침에 주의 인자하심이 우리를 만족하게 하사 우리를 일생 동안 즐겁고 기쁘게 하소서

창세 이후 하나님의 긍휼과 은혜는 오직 하나님의 아들 우리 주 예수 그리스도 안에만 있습니다. 그래서 모세는 구속주 그리스도를 믿고 아는 지식을 따라서 인내하며 소망 중에 백성들을 선도하였습니다.

히 11:24 믿음으로 모세는 장성하여 바로의 공주의 아들이라 칭함 받기를 거절하고

11:25 도리어 하나님의 백성과 함께 고난 받기를 잠시 죄악의 낙을 누리는 것보다 더 좋아하고

11:26 그리스도를 위하여 받는 수모를 애굽의 모든 보화보다 더 큰 재물로 여겼으니 이는 상 주심을 바라봄이라

11:27 믿음으로 애굽을 떠나 왕의 노함을 무서워하지 아니하고 곧 보이지

아니하는 자를 보는 것 같이 하여 참았으며

11:28 믿음으로 유월절과 피 뿌리는 예식을 정하였으니 이는 장자를 멸하는 자로 그들을 건드리지 않게 하려 한 것이며

하늘 법정에서의 칭의와 은혜

로마서에서 사도 바울이 '율법, 정죄, 하나님의 의, 의롭다 하심(이후 '칭의'로도 표기할 것임)' 등의 용어를 쓴 것을 보면, 그가 로마서를 기록할 때 하늘에 있는 '하나님의 법정(法廷)'을 염두에 두었음에 분명합니다. 그 용어들은 다 일상적인 회화의 언어가 아니고 법정적인 용어들입니다.

법정에서 재판장은 제소된 사람의 혐의 건의 사실성 여부를 정밀하게 심리합니다. 그리고 재판장은 그 피고가 행한 것이 현재 발효 중인 실정법에 의하여 어떻게 판단될지를 자세하게 검토하여 판단하고 선고합니다.

세상 일반 법정은 3심 제도가 있어 피고에게 항소와 상고의 기회를 허락합니다. 일반 법정의 3심 제도는 인간의 오류나 불의로 인한 오판의 가능성을 염두에 둔 제도입니다.

그러나 하나님의 법정은 단심 제도입니다. 하나님께는 오류나 불의가 있을 수 없습니다. 하나님께서는 전지전능하시어 오래 심리(審理)하실 필요가 없으십니다. 그리고 그 판결에 불의나 편벽됨이 있을 수 없습니다.

그리고 세상의 재판관은 피고의 혐의 사실을 입증할 증거를 발견하기까지 판결하지 않습니다. 자기의 심증만으로 피고의 혐의 사실을 추정하여 판결하는 재판관은 나쁜 재판관입니다. 그래서 신중한 재판관은 혐의 사실을 입증할 증거가 없으면 일단 무죄를 선고합니다.

이것이 인간의 한계입니다.

그러나 하나님께서는 그런 한계에 매이지 않으십니다. 하나님께서는 우리 각자의 날 때부터 죽을 때까지의 행실 전체를 다 소상하게 알고 계십니다.

시 139:2 주께서 내가 앉고 일어섬을 아시고 멀리서도 나의 생각을 밝히 아시오며

139:3 나의 모든 길과 내가 눕는 것을 살펴 보셨으므로 나의 모든 행위를 익히 아시오니

139:4 여호와여 내 혀의 말을 알지 못하시는 것이 하나도 없으시니이다

그래서 우리 주 예수 그리스도의 최후 심판석 앞에 각 사람의 행실이 기록된 책들이 펴져 있습니다.

계 20:12 또 내가 보니 죽은 자들이 큰 자나 작은 자나 그 보좌 앞에 서 있는데 책들이 펴 있고 또 다른 책이 펴졌으니 곧 생명책이라 죽은 자들이 자기 행위를 따라 책들에 기록된 대로 심판을 받으니

그런데도 불구하고 하나님께서는 오직 긍휼과 은혜로 우리 주 예수 그리스도와 그 이루신 속량의 효력에만 의존하여 믿는 우리를 의롭다 선고하신 것입니다. 우리의 율법의 준행 여부에 관계없이 오직 그리스도께서 이루신 대속의 효력과 그 의(義)만 가지고 우리를 의롭다 선고하신 것입니다. 그래서 그리스도로 말미암아 우리를 구원하시려고 하나님께서 마련하신 은혜 전체를 '율법 외에 나타난 하나님의 의'라고 사도는 표현한 것입니다.

롬 3:20 그러므로 율법의 행위로 그의 앞에 의롭다 하심을 얻을 육체가 없나니 율법으로는 죄를 깨달음이니라

3:21 이제는 율법 외에 하나님의 한 의가 나타났으니 율법과 선지자들에게

증거를 받은 것이라

3:22 곧 예수 그리스도를 믿음으로 말미암아 모든 믿는 자에게 미치는 하나님의 의니 차별이 없느니라

3:23 모든 사람이 죄를 범하였으매 하나님의 영광에 이르지 못하더니

3:24 그리스도 예수 안에 있는 속량으로 말미암아 하나님의 은혜로 값 없이 의롭다 하심을 얻은 자 되었느니라

정말 믿는 자를 의롭다 하시는 하나님의 선고는 오직 은혜입니다. 그러므로 믿는 자를 향하신 하나님의 칭의의 선고는 영생을 위한 영원한 은혜의 보장입니다. 그리하여 하나님과 믿는 우리 사이의 영원한 교제를 법적으로 못박아 영원히 확정하신 셈입니다. 그러므로 예수 그리스도를 믿는 이들은 영원히 정죄와 저주에서 단박에 해방되었습니다.

갈 3:13 그리스도께서 우리를 위하여 저주를 받은 바 되사 율법의 저주에서 우리를 속량하셨으니 기록된 바 나무에 달린 자마다 저주 아래에 있는 자라 하였음이라

우리 주 예수님께서 저주를 받으사 우리를 정죄하는 율법의 저주에서 우리를 영원히 건져 내셨습니다. 하나님께서 우리가 믿는 예수 그리스도의 피를 보시고 우리의 모든 죄를 사하셨습니다.

그리고 더 적극적으로 그리스도께서 우리의 중보자로서 우리를 위하여 이루신 의를 우리의 것으로 여기시고 의롭다 선고하셨습니다. 그러므로 누가 우리를 의롭다 하신 하나님을 대적하겠습니까?

칭의의 정당성

하나님께서 예수 그리스도를 믿는 자들을 의롭다 하신다고 판결하심은

영원까지 내다보신 하나님의 거룩한 행사입니다. 하나님께서 죄밖에 없는 죄인을 그냥 의롭다 하시면, 하나님의 공의의 법에 저촉이 됩니다. 하나님께서 그런 식으로 하여 당신 자신의 공의의 율법을 어길 수가 없으십니다.

그러나 우리는 여기서 한 가지 중요한 사항 하나를 짚어 보아야 합니다. 하나님께서 예수님을 성경에 기록된 대로 믿는 자들을 향하여 의롭다고 하늘 법정에서 선고하심이 효력이 있으려면, 하나님의 그 일에 정당성이 있어야 한다는 사실입니다.

그래서 성령께서는 사도 바울을 통하여 로마서 3장 24절에서 26절까지에서 그 요점을 소상하게 밝히셨습니다.

롬 3:24 그리스도 예수 안에 있는 속량으로 말미암아 하나님의 은혜로 값 없이 의롭다 하심을 얻은 자 되었느니라

3:25 이 예수를 하나님이 그의 피로써 믿음으로 말미암는 화목제물로 세우셨으니 이는 하나님께서 길이 참으시는 중에 전에 지은 죄를 간과하심으로 자기의 의로우심을 나타내려 하심이니

3:26 곧 이 때에 자기의 의로우심을 나타내사 자기도 의로우시며 또한 예수 믿는 자를 의롭다 하려 하심이라

그러므로 하나님께서 예수 그리스도를 믿는 자들에 대하여 값없이 은혜로 '의롭다'고 선언하심은 정말 천지가 변하여도 항상 효력 있는 판결입니다. 하늘에나 땅에나 그 어느 피조물도 예수님을 믿는 자들을 향하신 하나님의 칭의의 선고를 대항하여 이의를 달 수 없습니다.

롬 8:31 그런즉 이 일에 대하여 우리가 무슨 말 하리요 만일 하나님이 우리를 위하시면 누가 우리를 대적하리요

8:32 자기 아들을 아끼지 아니하시고 우리 모든 사람을 위하여 내주신 이가

어찌 그 아들과 함께 모든 것을 우리에게 주시지 아니하겠느냐

8:33 누가 능히 하나님께서 택하신 자들을 고발하리요 의롭다 하신 이는 하나님이시니

8:34 누가 정죄하리요 죽으실 뿐 아니라 다시 살아나신 이는 그리스도 예수시니 그는 하나님 우편에 계신 자요 우리를 위하여 간구하시는 자시니라

예수님께서는 당신 자신을 위하여 의가 필요하셨던 분이 아닙니다. 오직 구속주와 중보자로서 우리의 영생의 충분하고 완전한 보장으로서의 의를 이루기 위하여 그리하신 것입니다. 그래서 그리스도의 의를 믿는 우리의 것으로 여기신 하나님께서 그리스도를 믿는 우리를 향하여 선고하였습니다. "너희는 의롭도다."

실로 이 하나님의 선고의 내용은 이러합니다. "너희가 한 번도 내게 죄를 범하지 않고 오직 율법과 계명을 모두 지킨 자로 여기노라."

그리스도를 믿는 즉시 선포되는 칭의

그것도 우리가 예수님을 믿고 난 후 일정 기간이 지난 후에 그리하시는 것이 아닙니다. 우리가 예수님을 믿는 즉시 하나님께서 우리를 영원히 용서하시고 영원히 의롭다 하셨습니다. 십자가의 강도가 회개하고 예수님을 믿어 신앙고백을 하자마자 예수님께서 즉시로 그의 구원을 선포하신 이유가 바로 거기에 있습니다.

눅 23:39 달린 행악자 중 하나는 비방하여 이르되 네가 그리스도가 아니냐 너와 우리를 구원하라 하되

23:40 하나는 그 사람을 꾸짖어 이르되 네가 동일한 정죄를 받고서도 하나님을 두려워하지 아니하느냐

23:41 우리는 우리가 행한 일에 상당한 보응을 받는 것이니 이에 당연하거니와 이 사람이 행한 것은 옳지 않은 것이 없느니라 하고

23:42 이르되 예수여 당신의 나라에 임하실 때에 나를 기억하소서 하니

23:43 예수께서 이르시되 내가 진실로 네게 이르노니 오늘 네가 나와 함께 낙원에 있으리라 하시니라

나중에 사도 바울이 된 다소 출신의 청년 사울이 언제 구원을 받았습니까? 다메섹에 있는 예수님을 믿는 이들을 잡아 옥에 넣으려고 살기등등하여 가던 도중에 예수님께서 나타나 그를 부르신 그날 그가 구원받았습니다.

행 9:3 사울이 길을 가다가 다메섹에 가까이 이르더니 홀연히 하늘로부터 빛이 그를 둘러 비추는지라

9:4 땅에 엎드러져 들으매 소리가 있어 이르시되 사울아 사울아 네가 어찌하여 나를 박해하느냐 하시거늘

9:5 대답하되 주여 누구시니이까 이르시되 나는 네가 박해하는 예수라

9:6 너는 일어나 시내로 들어가라 네가 행할 것을 네게 이를 자가 있느니라 하시니

바울 사도는 예수님의 부르심을 받은 그날 예수님이 그리스도이심을 믿게 되었습니다. 바로 그 즉시 그가 하나님께 의롭다 하심을 받았습니다.

우리와 하나님 사이의 영원한 관계 변화

그래서 칭의는 하나님과 우리 사이에 영원한 관계 변화를 가져왔습니다. 사도 바울이 로마서 5장에서 우리 그리스도를 믿음으로 말미암아 의롭다 하심을 받은 자들의 영광을 선포하였습니다.

롬 5:1 그러므로 우리가 믿음으로 의롭다 하심을 받았으니 우리 주 예수 그

리스도로 말미암아 하나님과 화평을 누리자

5:2 또한 그로 말미암아 우리가 믿음으로 서 있는 이 은혜에 들어감을 얻었으며 하나님의 영광을 바라고 즐거워하느니라

그래서 구약시대의 사람 다윗은 그것을 미리 보고 노래하였습니다.

시 116:7 내 영혼아 네 평안함으로 돌아갈지어다 여호와께서 너를 후대하심이로다

116:8 주께서 내 영혼을 사망에서, 내 눈을 눈물에서, 내 발을 넘어짐에서 건지셨나이다

116:9 내가 생명이 있는 땅에서 여호와 앞에 행하리로다

그러므로 우리는 본질적으로 하나님과 화해하고 화목한 처지에 있습니다. 예수님께서 우리의 영원한 화목제물이십니다.

롬 3:25 이 예수를 하나님이 그의 피로써 믿음으로 말미암는 화목제물로 세우셨으니 이는 하나님께서 길이 참으시는 중에 전에 지은 죄를 간과하심으로 자기의 의로우심을 나타내려 하심이니

3:26 곧 이 때에 자기의 의로우심을 나타내사 자기도 의로우시며 또한 예수 믿는 자를 의롭다 하려 하심이라

요일 2:1 나의 자녀들아 내가 이것을 너희에게 씀은 너희로 죄를 범하지 않게 하려 함이라 만일 누가 죄를 범하여도 아버지 앞에서 우리에게 대언자가 있으니 곧 의로우신 예수 그리스도시라

2:2 그는 우리 죄를 위한 화목 제물이니 우리만 위할 뿐 아니요 온 세상의 죄를 위하심이라

4:9 하나님의 사랑이 우리에게 이렇게 나타난 바 되었으니 하나님이 자기의 독생자를 세상에 보내심은 그로 말미암아 우리를 살리려 하심이라

4:10 사랑은 여기 있으니 우리가 하나님을 사랑한 것이 아니요 하나님이 우리를 사랑하사 우리 죄를 속하기 위하여 화목 제물로 그 아들을 보내셨음이라

영원한 은혜 안에서 하나님의 영광을 바라고 즐거워하는 사람

사도 바울은 그리스도 예수님을 믿음으로 말미암아 의롭다 하심을 받은 우리가 하나님께 대하여 가진 지위 변화를 강력하게 증언합니다.

롬 5:1 그러므로 우리가 믿음으로 의롭다 하심을 받았으니 우리 주 예수 그리스도로 말미암아 하나님과 화평을 누리자

5:2 또한 그로 말미암아 우리가 믿음으로 서 있는 이 은혜에 들어감을 얻었으며 하나님의 영광을 바라고 즐거워하느니라

그러므로 우리가 어떤 자리에 있든지, 살거나 죽거나 어떤 경우에도 하나님의 은혜의 영역 안에서 하나님의 영광의 소망으로 즐거워할 입장에 있습니다. 그 하나님의 영광의 소망은 무엇입니까?

롬 8:29 하나님이 미리 아신 자들을 또한 그 아들의 형상을 본받게 하기 위하여 미리 정하셨으니 이는 그로 많은 형제 중에서 맏아들이 되게 하려 하심이니라

우리를 향하신 그 하나님의 목적 때문에 우리는 궁극적으로 죄와는 상관없는 그리스도의 형상을 완전하게 본받게 되는 영예를 누릴 것입니다.

하나님의 영원한 사랑의 보장 아래 있는 사람

그래서 사도 바울은 그리스도를 믿음으로 의롭다 하심을 받아 영생얻은 자들을 하나님의 손에서 빼앗아 낼 자가 없음을 증언하였습니다. 물론 그 증언은 우리 주님 예수님께서 하신 말씀과 일치합니다. 로마서 8장의

말씀과 요한복음 10장의 말씀을 함께 읽고 믿음으로 받으세요.

롬 8:29 하나님이 미리 아신 자들을 또한 그 아들의 형상을 본받게 하기 위하여 미리 정하셨으니 이는 그로 많은 형제 중에서 맏아들이 되게 하려 하심이니라

8:30 또 미리 정하신 그들을 또한 부르시고 부르신 그들을 또한 의롭다 하시고 의롭다 하신 그들을 또한 영화롭게 하셨느니라

8:31 그런즉 이 일에 대하여 우리가 무슨 말 하리요 만일 하나님이 우리를 위하시면 누가 우리를 대적하리요

8:32 자기 아들을 아끼지 아니하시고 우리 모든 사람을 위하여 내주신 이가 어찌 그 아들과 함께 모든 것을 우리에게 주시지 아니하겠느냐

8:33 누가 능히 하나님께서 택하신 자들을 고발하리요 의롭다 하신 이는 하나님이시니

8:34 누가 정죄하리요 죽으실 뿐 아니라 다시 살아나신 이는 그리스도 예수시니 그는 하나님 우편에 계신 자요 우리를 위하여 간구하시는 자시니라

8:35 누가 우리를 그리스도의 사랑에서 끊으리요 환난이나 곤고나 박해나 기근이나 적신이나 위험이나 칼이랴

8:36 기록된 바 우리가 종일 주를 위하여 죽임을 당하게 되며 도살 당할 양 같이 여김을 받았나이다 함과 같으니라

8:37 그러나 이 모든 일에 우리를 사랑하시는 이로 말미암아 우리가 넉넉히 이기느니라

8:38 내가 확신하노니 사망이나 생명이나 천사들이나 권세자들이나 현재 일이나 장래 일이나 능력이나

8:39 높음이나 깊음이나 다른 어떤 피조물이라도 우리를 우리 주 그리스도

예수 안에 있는 하나님의 사랑에서 끊을 수 없으리라

요 10:28 내가 그들에게 영생을 주노니 영원히 멸망하지 아니할 것이요 또 그들을 내 손에서 빼앗을 자가 없느니라

10:29 그들을 주신 내 아버지는 만물보다 크시매 아무도 아버지 손에서 빼앗을 수 없느니라

10:30 나와 아버지는 하나이니라 하신대

우리는 여전히 연약하고 우리 속에 하나님을 거스르는 죄의 본성, 곧 육체의 원리가 아직 남아 있습니다.

그것을 통하여 우리 믿음을 저해하려고 마귀가 기승을 부립니다.

그럼에도 불구하고 그 현실이 하나님과 우리 사이의 생명과 사랑의 교통을 내용으로 하는 영생을 앗아가지 못합니다.

우리로 하여금 그 하나님의 영원한 보장을 견고하게 붙잡게 하시는 보혜사 성령께서 우리 안에서 역사하고 계십니다.

그리스도 예수님 안에서 우리를 은혜로 의롭다 선고하신 하나님의 판결은 영생을 보장하는 영원한 법적 조처입니다.

영생은 그 거룩한 하나님의 보장의 요새 안에 우리로 안식하게 하며 약동하는 능력의 원리입니다. 아멘.

chapter 8

거듭남으로 시작된 생명

우리는 지금 계속하여 성경이 말하는 영생의 주요한 사항들을 살펴보고 있습니다. 영생과 관련하여 아무리 자주 반복하여 말해도 지나치지 않을 중요한 요점은 무엇입니까? 그것은 영생은 사람이 하나님과 정상적인 관계를 바탕으로 한 영원하고 친밀한 교제라는 사실입니다.

요 17:3 영생은 곧 유일하신 참 하나님과 그가 보내신 자 예수 그리스도를 아는 것이니이다

요일 1:1 태초부터 있는 생명의 말씀에 관하여는 우리가 들은 바요 눈으로 본 바요 자세히 보고 우리의 손으로 만진 바라

1:2 이 생명이 나타내신 바 된지라 이 영원한 생명을 우리가 보았고 증언하여 너희에게 전하노니 이는 아버지와 함께 계시다가 우리에게 나타내신 바 된 이시니라

1:3 우리가 보고 들은 바를 너희에게도 전함은 너희로 우리와 사귐이 있게

하려 함이니 우리의 사귐은 아버지와 그의 아들 예수 그리스도와 더불어 누림이라

그리스도 안에서 우리와 화해하신 하나님

본질상 우리는 죄로 말미암아 하나님과의 정상적인 교제가 불가능하였고, 오직 하나님의 영원한 진노의 대상으로 하나님과 원수관계에 있었습니다. 그러나 하나님께서는 우리를 위하여 그 아들 예수 그리스도 우리 주님을 중보자로 세우시어 우리와 화해하셨습니다.

고후 5:18 모든 것이 하나님께로서 났으며 그가 그리스도로 말미암아 우리를 자기와 화목하게 하시고 또 우리에게 화목하게 하는 직분을 주셨으니

5:21 하나님이 죄를 알지도 못하신 이를 우리를 대신하여 죄로 삼으신 것은 우리로 하여금 그 안에서 하나님의 의가 되게 하려 하심이라

우리가 지난 장에서 배웠듯이, 하나님께서는 그리스도의 의를 믿는 우리의 것으로 여기셨습니다. 실상은 죄밖에 없는데도 불구하고 우리에게 전가하신 그리스도의 속량의 효력과 그 의를 우리의 것으로 여기시고 우리를 의롭다 선포하셨습니다. 그 칭의의 선포는 죄로 인하여 단절되고 원수관계였던 하나님과 우리 사이를 영원히 회복시킨 하나님 편의 사법적인 조처였습니다.

하나님의 칭의의 선포는 예수님을 주와 그리스도로 영접하는 사람에게 즉시 주어집니다.

칭의의 효력과 영광의 소망

하나님께서는 그렇게 의롭다 선포하신 그 사람에게는 그 이후 영원토록

은혜로 대우하십니다. 그리고 말로 할 수 없는 영광의 소망을 허락하셨습니다.

롬 5:1 그러므로 우리가 믿음으로 의롭다 하심을 받았으니 우리 주 예수 그리스도로 말미암아 하나님과 화평을 누리자

5:2 또한 그로 말미암아 우리가 믿음으로 서 있는 이 은혜에 들어감을 얻었으며 하나님의 영광을 바라고 즐거워하느니라

그러면 우리 믿는 이들에게 하나님께서 주신 그 영광의 소망은 무엇입니까? 하나님께서 창세전에 우리를 위하여 작정하시고 예정하신 구원의 계획의 완성점에 우리를 세워 우리를 영화롭게 하시려 합니다. 그것이 사도가 말하는 '하나님의 영광의 소망'입니다.

엡 1:3 찬송하리로다 하나님 곧 우리 주 예수 그리스도의 아버지께서 그리스도 안에서 하늘에 속한 모든 신령한 복을 우리에게 주시되

1:4 곧 창세전에 그리스도 안에서 우리를 택하사 우리로 사랑 안에서 그 앞에 거룩하고 흠이 없게 하시려고

1:5 그 기쁘신 뜻대로 우리를 예정하사 예수 그리스도로 말미암아 자기의 아들들이 되게 하셨으니

1:6 이는 그가 사랑하시는 자 안에서 우리에게 거저 주시는 바 그의 은혜의 영광을 찬송하게 하려는 것이라

우리 하나님 아버지의 뜻은 그리스도 우리 주님 안에서 우리를 당신의 아들들로 받으시고 우리의 품격이 당신 보시기에 거룩하고 흠이 없게 하시는 것입니다. 진정 그리스도를 믿는 우리가 받은 이같은 복을 제대로 담아낼 말이 무엇이란 말입니까? 아니 누가 하나님께서 우리에게 주신 그 신령한 복의 깊이와 높이와 넓이와 길이를 다 헤아릴 수 있겠습니까? 그래서 사

도 바울은 말하였습니다.

고전 2:9 기록 된 바 하나님이 자기를 사랑하는 자들을 위하여 예비하신 모든 것은 눈으로 보지 못하고 귀로 듣지 못하고 사람의 마음으로 생각하지도 못하였다 함과 같으니라

다시 묻습니다. 하나님께서 예정하신 뜻대로 우리가 영화롭게 될 때 우리가 어떤 자가 될까요? 로마서 8장 29절의 말씀이 그 답입니다.

롬 8:29 하나님이 미리 아신 자들을 또한 그 아들의 형상을 본받게 하기 위하여 미리 정하셨으니 이는 그로 많은 형제 중에서 맏아들이 되게 하려 하심이니라

하나님의 아들 우리 주 예수 그리스도의 형상을 본받는 품격을 우리가 갖추게 되다니, 그 소망이 너무 크고 원대하고 영화로워 믿기지 않을 정도입니다.

성경이 말하는 영생얻기에 합당한 믿음의 차원

누가 이 하나님의 진리를 믿겠습니까? 그러니 우리의 믿음은 우리 마음과 생각을 극대화한 수준의 문제가 아닙니다. 많은 이들이 그런 식으로 생각하며 하나님을 믿고자 합니다. 도리어 성경이 말하는 참 믿음은 하나님의 완전하심에 우리 자신 전체를 위탁하는 것이라 할 수 있습니다. 그래서 참되게 믿는 자는 자신의 의식과 마음의 생각을 시작점으로 여기지 않고, 오직 하나님의 약속의 말씀을 시작과 마지막으로 여깁니다.

아브라함이 그러하였습니다. 아브라함이 자기의 처지와 상태와 조건에 자기 생각을 몰입시켰다면 그의 행로는 어떠하였겠습니까?

그는 70세에 하나님의 부르심을 받고 75세에 갈대아 우르를 떠나 하나

님의 지시하시는 가나안 땅으로 갔습니다. 그러나 그의 조건과 형편과 상황은 하나님의 약속이 이루어질 가망을 아주 부인하는 것 같았습니다. 그의 나이는 더하고 늙어갔습니다. 자기 나름으로 꾀를 내어 이리 저리 궁리해 보았지만, 그 일을 하나님은 지원하지 않으셨습니다. 그러므로 그가 자기의 조건과 상태만 착념하였다면, 그는 끝까지 믿음을 지키지 못하였을 것입니다.

그러나 하나님께서는 그로 하여금 눈에 보이는 현실에 매몰되지 않고 눈에 보이지 않으시나 영원하시고 전지전능하시고 신실하신 하나님 자신의 완전함을 믿는 마음을 주시었습니다. 그래서 하나님께 대한 그의 믿음은 확고하였습니다.

> **롬 4:17** 기록된 바 내가 너를 많은 민족의 조상으로 세웠다 하심과 같으니 그가 믿은 바 하나님은 죽은 자를 살리시며 없는 것을 있는 것으로 부르시는 이시니라
>
> **4:18** 아브라함이 바랄 수 없는 중에 바라고 믿었으니 이는 네 후손이 이같으리라 하신 말씀대로 많은 민족의 조상이 되게 하려 하심이라
>
> **4:19** 그가 백 세나 되어 자기 몸이 죽은 것 같고 사라의 태가 죽은 것 같음을 알고도 믿음이 약하여지지 아니하고
>
> **4:20** 믿음이 없어 하나님의 약속을 의심하지 않고 믿음으로 견고하여져서 하나님께 영광을 돌리며
>
> **4:21** 약속하신 그것을 또한 능히 이루실 줄을 확신하였으니
>
> **4:22** 그러므로 그것이 그에게 의로 여겨졌느니라

아브라함의 믿음의 기원

이런 아브라함의 믿음이 그 자신의 신실함으로 견지되었다 여기지 말아야 합니다. 도리어 하나님께서 아브라함을 붙드시어 그 믿음을 견지하게 하셨습니다. 그러므로 그의 믿음의 기원이 그 자신에게 있지 않았습니다. 그를 부르신 하나님께 그의 믿음이 기원이 있었습니다.

창 12:1 여호와께서 아브람에게 이르시되 너는 너의 고향과 친척과 아버지의 집을 떠나 내가 네게 보여 줄 땅으로 가라

12:2 내가 너로 큰 민족을 이루고 네게 복을 주어 네 이름을 창대하게 하리니 너는 복이 될지라

12:3 너를 축복하는 자에게는 내가 복을 내리고 너를 저주하는 자에게는 내가 저주하리니 땅의 모든 족속이 너로 말미암아 복을 얻을 것이라 하신지라

12:4 이에 아브람이 여호와의 말씀을 따라갔고 롯도 그와 함께 갔으며 아브람이 하란을 떠날 때에 칠십오 세였더라

물론 그의 믿음의 처음부터 끝까지 다 하나님의 은혜로 붙들어 주심 속에 있었습니다.

시 37:23 여호와께서 사람의 걸음을 정하시고 그의 길을 기뻐하시나니

37:24 그는 넘어지나 아주 엎드러지지 아니함은 여호와께서 그의 손으로 붙드심이로다

이 요점은 영생을 얻는 참된 믿음과 관련하여 매우 중요한 요점입니다. 우리가 하나님을 붙들지 않고 하나님께서 우리를 붙들어 주시어 우리 믿음이 떨어지지 않습니다. 이것이 성경의 줄기찬 교훈입니다.

73:22 내가 이같이 우매 무지함으로 주 앞에 짐승이오나

73:23 내가 항상 주와 함께 하니 주께서 내 오른손을 붙드셨나이다

믿음의 생성되는 경위

여기서 우리는 우리 믿음의 생성과 출처와 근원을 주목할 필요가 생깁니다. 성경이 요구하는 참 믿음이 우리 속에서 나올 리 없습니다. 우리는 나면서부터 죄와 허물로 영적으로 죽어 있었습니다. 그러므로 아무리 우리 자신을 연마하고 도야해도 하나님의 신실하심과 그 영광을 추구하는 마음이 나올 리 없습니다. 그러므로 믿음은 하나님의 선물이요, 하나님의 창조적인 행사의 결과입니다.

엡 2:8 너희는 그 은혜에 의하여 믿음으로 말미암아 구원을 받았으니 이것은 너희에게서 난 것이 아니요 하나님의 선물이라

고후 5:17 그런즉 누구든지 그리스도 안에 있으면 새로운 피조물이라 이전 것은 지나갔으니 보라 새 것이 되었도다

그러면 하나님과 예수님을 믿는 믿음이 우리에게 주어지는 경로는 무엇입니까? 이런 참 믿음의 사람들이 가진 지각은 어떻게 해서 생겨난 것입니까? 사람이 어떻게 성경이 요구하는 참 믿음에 이르는 참된 지각과 분별력을 갖출 수 있습니까? 사람이 어떻게 하나님과 그 아들 우리 주 예수 그리스도를 믿는 믿음에 이르게 되는지 그 경위가 무엇입니까? 이와 관련하여 성경은 통하여 우리에게 답을 줍니다.

롬 10:17 그러므로 믿음은 들음에서 나며 들음은 그리스도의 말씀으로 말미암았느니라

믿음은 전파되는 하나님의 복음의 말씀을 들음으로 생성된다는 것입니다. 말씀을 듣지 못한 이가 믿음을 가지는 경우는 없다는 말입니다. 그래서 사람이 믿음을 가지는 경로는 복음의 말씀이 제대로 증언되는 곳에 있습니다. 이점에서 예외가 없습니다. 복음 전도의 말씀을 듣지 않고 성경이

말하는 참 믿음을 가지는 경우는 없습니다.

그러면 우리는 이런 질문을 던질만 합니다. "복음의 말씀을 듣는 자 마다 다 믿음을 가지는가?" 성경이나 우리의 경험에 비추어 볼 때 그렇지는 않습니다. 예수님께서 전도하실 때에도 그 전도를 받는 이들이 다 예수님을 믿은 것이 아닙니다. 예수님을 믿는 이들도 있었으나 예수님을 돌로 치려는 자들도 있었습니다.

살후 3:2 또한 우리를 부당하고 악한 사람들에게서 건지시옵소서 하라 믿음은 모든 사람의 것이 아니니라

그러므로 여기에 '믿음은 들음에서 나는 것이라'는 진리를 전제하고 '말씀 듣는 자들 중에 믿는 자들이 생겨나는 이치가 무엇인가?'에 대한 의문이 생기게 되어 있습니다. 같은 말씀을 듣는 이들 중에 어떤 이들은 믿고 다른 이들은 믿지 않는데, 그 차이는 어디서 나는 것인가? 그 사람들 자체에서 나는 것인가? 물론 모든 사람들이 예수님의 복음의 말씀을 믿어야 합니다. 그것이 정당합니다. 그러므로 믿지 않은 데 대한 책임을 하나님과 예수님께 돌릴 수 없습니다. 믿음의 여부는 그 사람의 책임에 속한 것입니다. 그러나 믿음을 가지는 사람들이 '나는 저 믿지 않는 자보다 더 선하고 나아서 예수님을 믿는다'라고 대답할 수 없습니다. 왜냐하면 믿음은 그 사람 자신의 종교성이나 의지나 도덕적 결심으로 난 것이 아니기 때문입니다. 앞에서도 말한 것 같이 '믿음은 하나님의 은혜의 선물'입니다.

우리 주 예수님께서 밤에 찾아온 니고데모에게 하신 말씀 속에 그 이치에 대한 답이 있습니다.

요 3:1 그런데 바리새인 중에 니고데모라 하는 사람이 있으니 유대인의 지도자라

3:2 그가 밤에 예수께 와서 이르되 랍비여 우리가 당신은 하나님께로부터 오신 선생인 줄 아나이다 하나님이 함께 하시지 아니하시면 당신이 행하시는 이 표적을 아무도 할 수 없음이니이다

3:3 예수께서 대답하여 이르시되 진실로 진실로 네게 이르노니 사람이 거듭나지 아니하면 하나님의 나라를 볼 수 없느니라

3:4 니고데모가 이르되 사람이 늙으면 어떻게 날 수 있사옵나이까 두 번째 모태에 들어갔다가 날 수 있사옵나이까

3:5 예수께서 대답하시되 진실로 진실로 네게 이르노니 사람이 물과 성령으로 나지 아니하면 하나님의 나라에 들어갈 수 없느니라

3:6 육으로 난 것은 육이요 영으로 난 것은 영이니

3:7 내가 네게 거듭나야 하겠다 하는 말을 놀랍게 여기지 말라

3:8 바람이 임의로 불매 네가 그 소리는 들어도 어디서 와서 어디로 가는지 알지 못하나니 성령으로 난 사람도 다 그러하니라

여기서 예수님께서 말씀하신 대로 거듭난 자만 예수 그리스도를 영생의 구주로 믿게 됩니다. 그래서 같은 요한복음 3장에 기록된 말씀은 거듭남과 예수님을 믿는 믿음의 관계에 대하여 집중하고 있습니다.

3장 1-12절까지는 거듭남에 대하여 말하고 있습니다. 이 대목에서 거듭나지 않고는 하나님의 나라, 곧 구원의 진리를 믿을 이가 없다고 말합니다.

요 3:11 진실로 진실로 네게 이르노니 우리는 아는 것을 말하고 본 것을 증언하노라 그러나 너희가 우리의 증언을 받지 아니하는도다

3:12 내가 땅의 일을 말하여도 너희가 믿지 아니하거든 하물며 하늘의 일을 말하면 어떻게 믿겠느냐

그런 다음 요한복음 3장 13절 이후 마지막 36절까지 예수님을 믿음으로 말미암아 영생 얻는 이치에 대한 말씀이 기록되어 있습니다.

요 3:14 모세가 광야에서 뱀을 든 것 같이 인자도 들려야 하리니

3:15 이는 그를 믿는 자마다 영생을 얻게 하려 하심이니라

3:16 하나님이 세상을 이처럼 사랑하사 독생자를 주셨으니 이는 그를 믿는 자마다 멸망하지 않고 영생을 얻게 하려 하심이라

3:17 하나님이 그 아들을 세상에 보내신 것은 세상을 심판하려 하심이 아니요 그로 말미암아 세상이 구원을 받게 하려 하심이라

3:34 하나님이 보내신 이는 하나님의 말씀을 하나니 이는 하나님이 성령을 한량 없이 주심이니라

3:35 아버지께서 아들을 사랑하사 만물을 다 그의 손에 주셨으니

3:36 아들을 믿는 자에게는 영생이 있고 아들에게 순종하지 아니하는 자는 영생을 보지 못하고 도리어 하나님의 진노가 그 위에 머물러 있느니라

그리스도 예수님을 참으로 믿는 자만 영생을 얻습니다. 그리고 사람이 거듭나야 예수님을 구주로 믿습니다. 그래서 그렇게 거듭남으로 예수님을 믿어 영생에 이르게 되는 것입니다.

그러므로 영생은 거듭남으로 시작되어 영원까지 이어지는 생명이라 할 수 있습니다.

거듭남의 신비

거듭나는 일은 사람이 할 수 없는 일입니다. 그 일은 생명의 주이신 하나님만 하실 수 있는 일입니다. 거듭남은 죄와 허물로 죽어 사망의 깊은 잠에 빠진 영혼을 깨우시는 성령 하나님의 행사입니다.

요 3:3 예수께서 대답하여 이르시되 진실로 진실로 네게 이르노니 사람이 거듭나지 아니하면 하나님의 나라를 볼 수 없느니라

3:5 예수께서 대답하시되 진실로 진실로 네게 이르노니 사람이 물과 성령으로 나지 아니하면 하나님의 나라에 들어갈 수 없느니라

3:6 육으로 난 것은 육이요 영으로 난 것은 영이니

3:7 내가 네게 거듭나야 하겠다 하는 말을 놀랍게 여기지 말라

물론 성령께서 우리 주 예수 그리스도의 속량의 효력을 가지고 사람을 거듭나게 하십니다.

벧전 1:3 우리 주 예수 그리스도의 아버지 하나님을 찬송하리로다 그의 많으신 긍휼대로 예수 그리스도를 죽은 자 가운데서 부활하게 하심으로 말미암아 우리를 거듭나게 하사 산 소망이 있게 하시며

그러니 성령께서 복음의 말씀을 전하는 종을 그 사랑하시는 자에게 보내시어 그 말씀을 듣게 하십니다. 그 말씀을 들을 때에 성령께서 역사하시어 거듭나게 하시고 회개하고 예수님을 믿게 하시는 것입니다.

벧전 1:23 너희가 거듭난 것은 썩어질 씨로 된 것이 아니요 썩지 아니할 씨로 된 것이니 살아 있고 항상 있는 하나님의 말씀으로 되었느니라

1:24 그러므로 모든 육체는 풀과 같고 그 모든 영광은 풀의 꽃과 같으니 풀은 마르고 꽃은 떨어지되

1:25 오직 주의 말씀은 세세토록 있도다 하였으니 너희에게 전한 복음이 곧 이 말씀이니라

거듭난 자의 각성

그러니 그렇게 성령의 역사로 거듭난 자들이 사망의 잠에서 깨어나 하

나님을 보게 합니다.

물론 그 말은 무슨 신비로운 체험으로 하나님을 본다는 말이 아닙니다. 말씀으로 계시된 하나님의 영광에 대하여 눈을 뜨게 된다는 말입니다. 그리고 이후 그 거듭난 사람의 마음과 생각은 이전과는 전혀 딴판의 모양을 띠게 됩니다. 그 전에 그 사람은 하나님을 자기 마음과 생각의 영역에서 전혀 고려하지 않았습니다.

롬 1:28 또한 그들이 마음에 하나님 두기를 싫어하매 하나님께서 그들을 그 상실한 마음대로 내버려 두사 합당하지 못한 일을 하게 하셨으니

그러나 이제 성령님으로 말미암아 거듭난 자들은 그 마음과 생각의 중심에 하나님을 모시게 됩니다.

그래서 그의 사는 것과 죽는것, 아니 그의 지상 생애와 내세의 영원한 삶 전체를 그 생존하시는 하나님 아래 둡니다. 그러니 사실상 그는 거듭남으로 영생의 씨를 자신 속에 받은 사람입니다. 그래서 영생은 거듭남으로 시작된 생명이라고 말할 수 있는 것입니다.

그 사람은 비로소 성경에 따라 하나님을 아는 지각, 자신의 죄인됨과 그 하나님의 진노를 아는 지각, 그리스도의 오직 유일한 완전하고 충분한 구주이심을 아는 지각을 가진 자로 삶을 시작한 것입니다. 그러니 그리스도를 믿는 참 믿음은 처음부터 끝까지 우리를 거듭나게 하시고 우리 안에 보혜사로 영원히 거하시는 성령님의 역사의 소산입니다.

고전 2:9 기록된 바 하나님이 자기를 사랑하는 자들을 위하여 예비하신 모든 것은 눈으로 보지 못하고 귀로 듣지 못하고 사람의 마음으로 생각하지도 못하였다 함과 같으니라

2:10 오직 하나님이 성령으로 이것을 우리에게 보이셨으니 성령은 모든 것

곧 하나님의 깊은 것까지도 통달하시느니라

2:13 우리가 이것을 말하거니와 사람의 지혜가 가르친 말로 아니하고 오직 성령께서 가르치신 것으로 하니 영적인 일은 영적인 것으로 분별하느니라

2:14 육에 속한 사람은 하나님의 성령의 일들을 받지 아니하나니 이는 그것들이 그에게는 어리석게 보임이요, 또 그는 그것들을 알 수도 없나니 그러한 일은 영적으로 분별되기 때문이라

그러므로 영생은 유일하신 참 하나님과 그분의 보내신 구주 예수 그리스도를 믿고 알되, 성령님의 인도하심과 가르치심과 힘주심 속에서 진행되는 영원한 믿음의 행로입니다. 아멘.

chapter 9

영생 얻은 사람 하나님을 아버지로 불러

오늘 우리는 영생 얻은 사람은 필연 하나님을 아버지로 부르는 이치에 대하여 살펴 보려고 합니다.

우리는 계속하여 하나님께서 그리스도 안에서 믿는 우리에게 주신 영생의 주요 특성들을 성경 속에서 찾아 살펴보고 있습니다. 그럼으로써 우리는 그리스도 안에서 영생 얻은 우리의 믿음과 소망과 사랑의 터를 견고하게 하시는 성령님의 역사를 맛보고 있습니다.

영생은 모든 영광의 총합

우리가 그리스도 안에서 하나님께 받은 영생은 무엇입니까?

아무리 거듭하여 말하여도 지나칠 수 없는 사실은, 영생의 특질들 모두가 우리 예수님께서 규정하여 주신 말씀 속에 다 응축되어 있다는 것입니다.

요 17:3 영생은 곧 유일하신 참 하나님과 그가 보내신 자 예수 그리스도를 아

는 것이니이다

진실로 우리가 그리스도를 믿음으로 말미암아 받은 구원은 죄의 형벌을 면하게 하는데서 멈춘 것이 아닙니다. 사실 그 죄 사함의 선물만 은혜로 받았다 해도 우리는 영원히 하나님을 찬미할 이유를 가진 셈입니다.

그런데 하나님께서 그리스도 안에서 우리를 사랑하시어 주신 구원은 영생의 선물을 포함하는 것입니다. 그러니 우리 그리스도를 믿는 이들은 세상 전부를 가진 것보다 무한하게 더 큰 선물을 하나님께 은혜로 받았습니다.

롬 6:23 죄의 삯은 사망이요 하나님의 은사는 그리스도 예수 우리 주 안에 있는 영생이니라

세상에 속한 모든 좋은 것들이 다 하나님의 손에서 나는 것이기는 하나 여전히 그런 것들이 우리를 오래 복되게 하지 못합니다. 그러나 하나님께서 주신 그 영생, 곧 하나님과 우리 주 예수 그리스도를 알고 교제하며 그 영광을 누리는 일은 영원합니다.

그래서 성령께서 시편 기자로 하여금 그 영생의 영광을 깊이 숙고하게 하시고 다음과 같이 노래하게 하셨습니다.

시 102:26 천지는 없어지려니와 주는 영존하시겠고 그것들은 다 옷 같이 낡으리니 의복 같이 바꾸시면 바뀌려니와

102:27 주는 한결같으시고 주의 연대는 무궁하리이다

다른 모든 것과 우리의 관계는 한시적입니다. 이 세상에서 아무리 친밀한 사이라도, 심지어 자식과 부모의 끊을 수 없는 사이도, 없으면 죽고 못 살 정도로 친밀한 부부 사이도 한시적입니다. 그러나 하나님과 우리의 생명 있고 친밀하고 사랑하는 관계는 끝도 없이 영원히 이어집니다. 그 영광에 비할 것이 무엇이란 말입니까! 그 영원히 확정된 영광을 입은 우리의 행

복에 비할 것이 무엇인가요!

최고의 논리에서 나온 성도의 기쁨

그러므로 성도의 삶의 진수는 무엇입니까? 그 영생의 내용을 성경을 따라 확인하고 묵상하며 항상 기뻐하고 감사하는 것이 아니면 무엇이겠습니까? 그러므로 우리 믿음의 사람들은 항상 그 영광에 감격하여 살아야 마땅합니다. 하나님께서 사도 바울을 복음의 증인으로 세우셨을 뿐 아니라 모든 성도의 본으로 세우셨습니다. 성령께서 그 사도로 하여금 모든 세대의 참 성도들이 어떤 처지에서도 견지할 자세를 보이며 당부하게 하셨습니다.

빌 3:1 끝으로 나의 형제들아 주 안에서 기뻐하라 너희에게 같은 말을 쓰는 것이 내게는 수고로움이 없고 너희에게는 안전하니라

4:4 주 안에서 항상 기뻐하라 내가 다시 말하노니 기뻐하라

빌립보서에서 우리는 그리스도인의 기쁨과 관련한 말씀을 18번이나 발견합니다. 진정 그리스도인의 기쁨은 더 이상이 없는 최고의 논리에서 나온 정서입니다. 그리스도 우리 주 예수님 안에서 창조주 하나님과의 완전하고 영화로운 영원한 관계를 근거한 논리를 갖게 하시는 성령님의 기름 부으심으로 그런 기쁨이 용솟음쳐 나옵니다.

실로 그 기쁨의 논리는 우리 힘으로 지탱되지 않습니다. 우리는 본질상 하나님 앞에서 0점, 아니 하나님의 영원한 진노의 대상들이었습니다. 그렇게 하나님께서 우리의 그 연약과 허물의 실상을 다 아시면서도 우리를 위하여 영생의 조건과 근거를 친히 예비하셨습니다. 그러니 우리가 하나님께 받은 복을 인하여 기뻐할 충분하고 완전한 이유를 영원히 가지고 있습니다.

또 너무 놀라운 것은 우리의 그 복을 하나님께서 창세 이후 역사의 어느 시점에서 생각하시고 구상하신 것이 아니란 말입니다. 세상을 지으시기 전에 태초 이전에 성삼위 하나님께서 그 이름을 걸고 계획하시고 확정하셨습니다.

엡 1:3 찬송하리로다 하나님 곧 우리 주 예수 그리스도의 아버지께서 그리스도 안에서 하늘에 속한 모든 신령한 복을 우리에게 주시되

1:4 곧 창세 전에 그리스도 안에서 우리를 택하사 우리로 사랑 안에서 그 앞에 거룩하고 흠이 없게 하시려고

1:5 그 기쁘신 뜻대로 우리를 예정하사 예수 그리스도로 말미암아 자기의 아들들이 되게 하셨으니

1:6 이는 그가 사랑하시는 자 안에서 우리에게 거저 주시는 바 그의 은혜의 영광을 찬송하게 하려는 것이라

아버지와 아들

이같이 하나님께서 우리에게 주신 이 신령한 복, 곧 영생의 복은 하나님과의 사무적이고 법적 관계의 수준에 머무는 것이 아닙니다. 영생의 복은 하나님을 아버지로 알고 부르는 사랑과 친밀함의 대 극치입니다. 하나님께서 창조질서 속에 그 관계를 보석 같이 빛나고 아름답게 하셨습니다.

아버지와 아들의 관계는 생득적인 관계입니다. 아들은 아버지의 생명의 분신과 파생입니다. 그러므로 아버지와 아들의 관계는 생래적인 친밀함과 사랑의 관계입니다.

아버지의 최고의 관심사는 아들의 참된 행복과 존귀와 번영입니다. 그리고 아버지는 아들의 그 복됨을 위하여 자신이 가진 모든 것을 동원합니

다. 생명 있는 모든 동물들이 자신의 새끼를 낳고 기르는 광경은 가히 눈물 없이 볼 수 없을 정도입니다. 어미 새와 아비 새가 서로 짝짓기를 하여 알들을 낳고 그것들을 품어 부화시키어 기르는 모습을 보고 감탄하지 않을 이가 있겠습니까!

하나님께서 창조질서 속에 그런 생명들과 그 생명들의 번성의 법칙이 그렇게 아름다운 관계 속에서 작용하게 하셨습니다. 그래서 우리는 만물을 주목하면서 눈에 보이는 현상 너머 눈에 보이지 않는 하나님의 권능과 신실함을 보고 하나님을 찬미해야 마땅합니다.

그런데 인간의 실상은 어떠합니까? 사도 바울은 성령님의 인도하심을 받고 인간의 죄의 깊이와 악독에 대한 하나님의 진노의 실상을 증거하였습니다.

롬 1:18 하나님의 진노가 불의로 진리를 막는 사람들의 모든 경건하지 않음과 불의에 대하여 하늘로부터 나타나나니

1:19 이는 하나님을 알 만한 것이 그들 속에 보임이라 하나님께서 이를 그들에게 보이셨느니라

1:20 창세로부터 그의 보이지 아니하는 것들 곧 그의 영원하신 능력과 신성이 그가 만드신 만물에 분명히 보여 알려졌나니 그러므로 그들이 핑계하지 못할지니라

1:21 하나님을 알되 하나님을 영화롭게도 아니하며 감사하지도 아니하고 오히려 그 생각이 허망하여지며 미련한 마음이 어두워졌나니

1:22 스스로 지혜 있다 하나 어리석게 되어

1:23 썩어지지 아니하는 하나님의 영광을 썩어질 사람과 새와 짐승과 기어다니는 동물 모양의 우상으로 바꾸었느니라

죄는 그렇게 아름답고 고상하게 지음 받고 하나님께 감사하고 영화롭게 할 지각으로 충만한 인간을 하나님의 영원한 진노의 대상이 되게 만들었습니다. 그러나 하나님께서 우리를 죄에서 구원하시어 영원히 하나님을 알고 감사하며 영광을 돌리는 새롭고 영화로운 사람으로 만드실 뜻을 창세전에 확정하시어 그리스도 안에서 시행하셨습니다.

그리고 성령께서 그 하나님의 은혜의 복음의 말씀을 하나님의 택하신 백성들로 듣고 믿게 하시었습니다. 하나님 아버지께서는 그 믿는 자들에게 그리스도의 의와 속량을 전가하시어 그들의 것으로 여겨 은혜로 용서하시고 의롭다 하셨습니다.

아울러 하나님께서 성령님으로 말미암아 그들에게 하나님을 아버지로 알고 부르는 마음을 부어 주시었습니다.

요 1:12 영접하는 자 곧 그 이름을 믿는 자들에게는 하나님의 자녀가 되는 권세를 주셨으니

1:13 이는 혈통으로나 육정으로나 사람의 뜻으로 나지 아니하고 오직 하나님께로부터 난 자들이니라

롬 8:14 무릇 하나님의 영으로 인도함을 받는 사람은 곧 하나님의 아들이라

8:15 너희는 다시 무서워하는 종의 영을 받지 아니하고 양자의 영을 받았으므로 우리가 아빠 아버지라고 부르짖느니라

8:16 성령이 친히 우리의 영과 더불어 우리가 하나님의 자녀인 것을 증언하시나니

8:17 자녀이면 또한 상속자 곧 하나님의 상속자요 그리스도와 함께 한 상속자니 우리가 그와 함께 영광을 받기 위하여 고난도 함께 받아야 할 것이니라

하나님께서 우리의 구원을 위하여 당신의 독생자 예수 그리스도를 내어

주시고, 성령님을 우리의 보혜사로 내어 주시어 우리 안에 거하게 하시어 우리를 향하신 당신의 사랑을 확증하여 주셨습니다.

롬 5:5 소망이 우리를 부끄럽게 하지 아니함은 우리에게 주신 성령으로 말미암아 하나님의 사랑이 우리 마음에 부은 바 됨이니

5:6 우리가 아직 연약할 때에 기약대로 그리스도께서 경건하지 않은 자를 위하여 죽으셨도다

5:7 의인을 위하여 죽는 자가 쉽지 않고 선인을 위하여 용감히 죽는 자가 혹 있거니와

5:8 우리가 아직 죄인 되었을 때에 그리스도께서 우리를 위하여 죽으심으로 하나님께서 우리에 대한 자기의 사랑을 확증하셨느니라

그리고 하나님께서 우리를 아들들로 삼으심으로 말미암아 우리를 그렇게 사랑하심을 재확인하셨습니다.

엡 1:4 곧 창세 전에 그리스도 안에서 우리를 택하사 우리로 사랑 안에서 그 앞에 거룩하고 흠이 없게 하시려고

1:5 그 기쁘신 뜻대로 우리를 예정하사 예수 그리스도로 말미암아 자기의 아들들이 되게 하셨으니

영생의 표지로서 하나님의 자녀의식

그러므로 그 사람이 영생을 얻었다면 반드시 하나님을 아버지로 알고 부르게 되어 있습니다. 그래서 성령께서 사도 바울을 통하여 말하게 하셨습니다.

롬 8:15 너희는 다시 무서워하는 종의 영을 받지 아니하고 양자의 영을 받았으므로 우리가 아빠 아버지라고 부르짖느니라

8:16 성령이 친히 우리의 영과 더불어 우리가 하나님의 자녀인 것을 증언하시나니

실로 성령님으로 말미암아 거듭나 회개하고 예수님을 믿어 구원에 이르면 필연코 하나님을 아버지로 알고 부르는 데로 나아가게 됩니다. 누구나 그러하겠지만, 제가 20세의 나이에 예수님을 믿게 하시는 하나님의 은혜를 받기 이전에 하나님이 계시다고 믿는 이들이 제게는 참 허무맹랑한 자들로 보였습니다. 거기다가 그들이 하나님을 아버지로 부르다니 참 그들이야말로 세상에서 가장 미련한 짓을 한다고 여겼습니다. 그러나 말씀과 성령님의 역사로 말미암아 제가 예수님을 믿고 구원 받은 후에 하나님을 아버지로 알고 처음 부르던 날의 그 감격을 어찌 잊으리요! 지금도 예수님을 믿지 않는 이들은 겉으로는 내색하지 않으나 진실로 하나님을 아버지로 부르는 우리를 보고 속으로는 비웃고 있습니다.

그래서 그런 현실을 아시는 성령께서 사도 요한으로 하여금 성도들을 격려하게 하셨습니다.

요일 3:1 보라 아버지께서 어떠한 사랑을 우리에게 베푸사 하나님의 자녀라 일컬음을 받게 하셨는가, 우리가 그러하도다 그러므로 세상이 우리를 알지 못함은 그를 알지 못함이라

그러므로 성령께서 말씀을 통하여 거듭나게 하시어 진실로 예수님을 믿어 구원받게 하신 이들은 필연코 하나님을 아버지로 알고 부르게 되어 있습니다. 하나님께서 지으신 생명의 신비는 참 놀랍습니다.

아기들이 태어나자마자 엄마 젖을 빨며 젖을 먹습니다. 알에서 부화한 지 얼마 되지 않은 아기 새들은 아직 눈을 뜨지도 못하면서 어미 새와 아빠 새가 물어 오는 먹이를 노란 주둥이를 넓게 벌려 받아 먹습니다. 그들

에게 누가 먹이를 받아 먹는 법을 가르쳐 준 적이 없습니다. 그러나 그들은 자신의 생명을 위하여 하나님께서 부여하신 생래적인 본능의 성향을 따라서 노란 주둥이를 넓게 벌리고 먹이를 받아 먹습니다.

성령께서 구원받아 영생 얻은 우리의 영혼 속에 하나님을 아버지로 알고 부르는 성향을 넣어 주셨습니다. 그러므로 성경에 기록된 말씀대로 하나님을 아버지로 담대하게 부르는 것입니다.

'아빠 아버지로 부르짖는다'는 표현

로마서 8:15에서 사도 바울이 "너희는 다시 무서워하는 종의 영을 받지 안히하고 양자의 영을 받았으므로 우리가 아빠 아버지라고 부르짖느니라" 하였습니다. 우리는 여기서 그 '부르짖는다'는 표현에 대하여 잠시 숙고해야 합니다. 이 '부르짖는다'는 표현이 목청을 돋우어 크게 소리를 지른다는 것이 아니라 '일종의 당당한 권리' 개념을 내포하고 있습니다. 다시 말하여, 그 '부르짖는다'는 동사는 당당한 권리를 가진 자가 거침없이 담대하게 부르는 것을 의미합니다. 자녀가 자기 아버지를 나지막하게 불러도 그 부름 속에서는 매우 강력한 법적 권리와 당당함과 담대함이 서려 있습니다.

언젠가 우리 집 근처의 골목을 지나다가 초등학생이 대문을 연거푸 걸어차며 자기 엄마를 부르는 것을 보았습니다. 아마 그 집안에 어머니가 분명하게 계신 것을 알고는 있는데 다른 일을 하느라고 아들이 와서 문을 두드려도 못 들었던 모양입니다. 그래서 그 아들이 어머니 들으라고 크게 부르면서 그렇게 문을 두드리고 있었습니다. 그 초등학생은 당당하게 자기가 그 집 주인의 아들임을 광포하며 소리치고 있었습니다. 그 아들이 바로 자기 면전에 계신 아버지와 어머니를 부를 때에 그렇게 버럭 소리는 지르지 않을 것입니다. 나지막한 작은 소리로 '엄마, 아빠'라고 해도 거기에는 당당함과 담대함과 친밀함과 사랑과 확신이 서려 있기 마련입니다.

그와 같이, 성령께서 우리 안에 내주하시면서 우리에게 하나님의 자녀의식을 주시어 늘 그 사실을 확증하십니다. 그처럼 우리가 하나님의 자녀임을 의식하고 그에 합당하게 생각하고 행할 지각과 능력을 주시려고 성령께서 우리 안에서 역사하십니다.

아들은 아버지의 상속자

사도는 우리가 하나님의 자녀임을 확언한 뒤에 매우 자연스럽게 하나님 아버지의 기업을 물려 받을 상속자임을 천명합니다.

롬 8:16 성령이 친히 우리의 영과 더불어 우리가 하나님의 자녀인 것을 증언하시나니

8:17 자녀이면 또한 상속자 곧 하나님의 상속자요 그리스도와 함께 한 상속자니 우리가 그와 함께 영광을 받기 위하여 고난도 함께 받아야 할 것이니라

아들이면 아버지의 일을 자기 기업으로 알고 이어가게 하는 상속권이 주어져 있습니다. 이전에 아버지가 임금이면 그 아들은 아버지의 왕권을 이어받는 왕자였습니다. 아버지의 재산과 기업은 아들이 이어받게 되어 있습니다. 우리가 그리스도 안에서 영생을 얻게 되면, 우리는 하나님의 아들들이 되어 하나님의 영광의 기업을 이어받는 상속권을 가지게 된다는 것입니다.

하나님 아버지의 기업이 무엇입니까? 하나님 아버지의 기업은 그 아들 예수 그리스도로 말미암아 완성될 하나님의 나라입니다.

그래서 시편 2편에 그에 대한 하나님의 뜻이 계시되어 있습니다.

시 2:7 내가 여호와의 명령을 전하노라 여호와께서 내게 이르시되 너는 내 아들이라 오늘 내가 너를 낳았도다

2:8 내게 구하라 내가 이방 나라를 네 유업으로 주리니 네 소유가 땅 끝까지 이르리로다

2:9 네가 철장으로 그들을 깨뜨림이여 질그릇 같이 부수리라 하시도다

그래서 예수님께서 공중 앞에 처음 자신을 메시야로 드러내시면서 외치셨습니다.

마 4:17 이 때부터 예수께서 비로소 전파하여 이르시되 회개하라 천국이 가까이 왔느니라 하시더라

사도 바울은 고린도전서 15장에서 그리스도의 재림으로 말미암아 완성될 하나님의 나라에 대하여 증언합니다.

고전 15:21 사망이 한 사람으로 말미암았으니 죽은 자의 부활도 한 사람으로 말미암는도다

15:22 아담 안에서 모든 사람이 죽은 것 같이 그리스도 안에서 모든 사람이 삶을 얻으리라

15:23 그러나 각각 자기 차례대로 되리니 먼저는 첫 열매인 그리스도요 다음에는 그가 강림하실 때에 그리스도에게 속한 자요

15:24 그 후에는 마지막이니 그가 모든 통치와 모든 권세와 능력을 멸하시고 나라를 아버지 하나님께 바칠 때라

그러니 하나님의 나라는 택한 백성들의 구원의 완성과 맥을 같이합니다. 하나님의 기업은 하나님의 나라요 그 나라 백성들인 택한 백성들입니다. 그리스도 안에 있는 우리가 하나님의 영원한 기업입니다.

엡 1:18 너희 마음의 눈을 밝히사 그의 부르심의 소망이 무엇이며 성도 안에서 그 기업의 영광의 풍성함이 무엇이며

1:19 그의 힘의 위력으로 역사하심을 따라 믿는 우리에게 베푸신 능력의 지극히 크심이 어떠한 것을 너희로 알게 하시기를 구하노라

그리고 그리스도로 말미암아 완성될 하나님 나라가 요한계시록 21장에 묘사되어 있습니다.

계 21:1 또 내가 새 하늘과 새 땅을 보니 처음 하늘과 처음 땅이 없어졌고 바다도 다시 있지 않더라

21:2 또 내가 보매 거룩한 성 새 예루살렘이 하나님께로부터 하늘에서 내려오니 그 준비한 것이 신부가 남편을 위하여 단장한 것 같더라

21:3 내가 들으니 보좌에서 큰 음성이 나서 이르되 보라 하나님의 장막이 사람들과 함께 있으매 하나님이 그들과 함께 계시리니 그들은 하나님의 백성이 되고 하나님은 친히 그들과 함께 계셔서

21:4 모든 눈물을 그 눈에서 닦아 주시니 다시는 사망이 없고 애통하는 것이나 곡하는 것이나 아픈 것이 다시 있지 아니하리니 처음 것들이 다 지나갔음이러라

21:5 보좌에 앉으신 이가 이르시되 보라 내가 만물을 새롭게 하노라 하시고 또 이르시되 이 말은 신실하고 참되니 기록하라 하시고

21:6 또 내게 말씀하시되 이루었도다 나는 알파와 오메가요 처음과 마지막이라 내가 생명수 샘물을 목마른 자에게 값없이 주리니

21:7 이기는 자는 이것들을 상속으로 받으리라 나는 그의 하나님이 되고 그는 내 아들이 되리라

죄가 없고 다시는 죄짓는 일이나 죄의 유혹자가 없이 완전한 의가 왕

노릇하는 그 영원히 영화로울 하나님의 나라의 상속자들은 복이 있습니다. 그들만 복이 있습니다. 우리는 그리스도 안에서 구원받아 영생에 들어간 그 영광의 아버지의 기업입니다.

그리고 우리가 하나님 아버지의 나라를 기업으로 물려받고 참여할 상속자들입니다.

그래서 우리가 어떻게 해야 마땅하겠습니까? 사도 바울을 통하여 성령께서 그 질문에 대한 답을 주셨습니다.

롬 8:17 자녀이면 또한 상속자 곧 하나님의 상속자요 그리스도와 함께 한 상속자니 우리가 그와 함께 영광을 받기 위하여 고난도 함께 받아야 할 것이니라

8:18 생각하건대 현재의 고난은 장차 우리에게 나타날 영광과 비교할 수 없도다

그렇습니다.

이렇게 영생 얻은 성도의 행로는 하나님 아버지의 일에 영원히 참예하여 영광을 누리며 즐거워하는 것으로 이어집니다. 그 소망에 비추어 지상 행로에서 자기의 마음과 생각과 행동을 결정하는 사람이 바로 아버지의 자녀인 성도들입니다. 아멘.

chapter 10

영생 얻은 자의 두 현실

우리는 지난 시간에 영생 얻은 자는 하나님을 아버지로 알고 부르지 않을 수 없음을 알았습니다. 하나님께서 창세전에 예수 그리스도를 믿는 우리를 사랑 가운데서 택하시어 구원받게 하시었습니다. 그리고 하나님께서 그 예정하신 뜻대로 우리를 아들들로 받아 주셨습니다. 하나님께서는 당신의 외아들 예수 그리스도 우리 주님께 우리를 연합시키시어 양자로 받아 주셨습니다.

롬 8:17 자녀이면 또한 상속자 곧 하나님의 상속자요 그리스도와 함께 한 상속자니

8:29 하나님이 미리 아신 자들을 또한 그 아들의 형상을 본받게 하기 위하여 미리 정하셨으니 이는 그로 많은 형제 중에서 맏아들이 되게 하려 하심이라

8:30 또 미리 정하신 그들을 또한 부르시고 부르신 그들을 또한 의롭다 하시고 의롭다 하신 그들을 또한 영화롭게 하셨느니라

우리가 하나님의 아들들이 되어 하나님을 아버지로 부르고, 하나님의 영광의 기업에 참예하는 상속자가 되었습니다.

물론 하나님께서 우리의 영원한 분깃이십니다.

시 73:24 주의 교훈으로 나를 인도하시고 후에는 영광으로 나를 영접하시리니

73:25 하늘에서는 주 외에 누가 내게 있으리요 땅에서는 주 밖에 내가 사모할 이 없나이다

73:26 내 육체와 마음은 쇠약하나 하나님은 내 마음의 반석이시요 영원한 분깃이시라

벧전 1:3 우리 주 예수 그리스도의 아버지 하나님을 찬송하리로다 그의 많으신 긍휼대로 예수 그리스도를 죽은 자 가운데서 부활하게 하심으로 말미암아 우리를 거듭나게 하사 산 소망이 있게 하시며

1:4 썩지 않고 더럽지 않고 쇠하지 아니하는 유업을 잇게 하시나니 곧 너희를 위하여 하늘에 간직하신 것이라

그래서 사도 바울은 우리가 참예한 그 하나님의 영광의 기업의 풍성이 무엇인지 더 깨닫게 하시는 하나님 아버지의 은혜를 간구하였습니다.

엡 1:17 우리 주 예수 그리스도의 하나님, 영광의 아버지께서 지혜와 계시의 영을 너희에게 주사 하나님을 알게 하시고

1:18 너희 마음의 눈을 밝히사 그의 부르심의 소망이 무엇이며 성도 안에서 그 기업의 영광의 풍성함이 무엇이며

1:19 그의 힘의 위력으로 역사하심을 따라 믿는 우리에게 베푸신 능력의 지극히 크심이 어떠한 것을 너희로 알게 하시기를 구하노라

우리가 그리스도 안에서 하나님께 받은 구원, 우리가 받은 영생의 부요함과 영광의 깊이와 높이와 넓이와 길이를 측량할 자가 누구입니까? 이 땅

에서는 말할 필요도 없거니와 우리가 아버지의 집에 가서도 다 알 수 없을 것입니다.

하나님 보좌에서 하나님을 모시고 있는 천사들도 하나님의 영광의 면전에 있기는 하나 그 하나님의 뜻의 깊이와 높이를 다 알지 못합니다. 그저 그들은 성삼위 하나님의 영광과 거룩하심을 영원히 노래할 뿐입니다.

계 4:8 네 생물은 각각 여섯 날개를 가졌고 그 안과 주위에는 눈들이 가득하더라 그들이 밤낮 쉬지 않고 이르기를 거룩하다 거룩하다 거룩하다 주 하나님 곧 전능하신 이여 전에도 계셨고 이제도 계시고 장차 오실 이시라 하고

4:9 그 생물들이 보좌에 앉으사 세세토록 살아 계시는 이에게 영광과 존귀와 감사를 돌릴 때에

4:10 이십사 장로들이 보좌에 앉으신 이 앞에 엎드려 세세토록 살아 계시는 이에게 경배하고 자기의 관을 보좌 앞에 드리며 이르되

4:11 우리 주 하나님이여 영광과 존귀와 권능을 받으시는 것이 합당하오니 주께서 만물을 지으신지라 만물이 주의 뜻대로 있었고 또 지으심을 받았나이다 하더라

그 영광의 현실에 주목하는 즐거움

영생 얻은 우리는 그 영광의 현실을 바라보면서 진실로 기뻐하고 즐거워해야 마땅합니다. 물론 우리가 아직은 그 영광을 충만하게 실제로 누리는 위치에 있지는 않으나 그 소망은 확정된 것입니다. 그 현실을 지워낼 것이 하늘에도 없고 땅에도 없고, 현재에도 장래에도 없습니다. 그 현실을 무위로 돌릴 일이 전혀 없습니다.

그 현실은 바로 창세전부터 우리를 사랑하시어 택하신 아버지와 아들

과 성령님, 성삼위 하나님께서 시작하시고 완성하시고 영원히 보전하시는 확정된 것입니다.

그래서 사도 바울은 말하였습니다.

롬 8:35 누가 우리를 그리스도의 사랑에서 끊으리요 환난이나 곤고나 박해나 기근이나 적신이나 위험이나 칼이랴

8:36 기록된 바 우리가 종일 주를 위하여 죽임을 당하게 되며 도살당할 양 같이 여김을 받았나이다 함과 같으니라

8:37 그러나 이 모든 일에 우리를 사랑하시는 이로 말미암아 우리가 넉넉히 이기느니라

8:38 내가 확신하노니 사망이나 생명이나 천사들이나 권세자들이나 현재 일이나 장래 일이나 능력이나

8:39 높음이나 깊음이나 다른 어떤 피조물이라도 우리를 우리 주 그리스도 예수 안에 있는 하나님의 사랑에서 끊을 수 없으리라

우리의 지상 현실의 난제

사랑하시는 여러분,

그러나 우리는 지상에 있는 동안에 우리를 위협하는 지상 현실의 난제 앞에 늘 서 있습니다. 우리가 영생을 얻었다는 것은 우리 지상 현실의 난제에서 자유하게 되었다 함은 아닙니다. 지상에 있는 동안 우리가 맞아 싸워야 하는 만만치 않은 적수 앞에 늘 서 있습니다. 그 대적은 마치 이스라엘 군대 앞에서 자신을 뽐내며 위협하던 골리앗과 같습니다.

골리앗을 앞세운 블레셋 군대 앞에서 주눅이 들어 있던 사울 왕과 그 이스라엘 군대의 모습은 정말 처량하였습니다. 오늘날 우리의 지상 현실은

마치 그 정황과 매우 유사합니다. 우리의 지상 현실은 우리를 날마다 위협하며 주눅들게 합니다. 지상에 있는 우리는 먹고 사는 문제 때문에 항상 마음 졸입니다.

그리고 지상의 세계에서 들려오는 소식은 우리를 날마다 두렵게 합니다. 누가 말하였듯이 불확실성의 시대 속에 우리가 살고 있다는 생각을 하지 않으면 안 되는 형국이 늘 우리 앞에 벌어집니다.

그런 가운데서도 우리는 믿음을 지켜야 합니다. 우리의 믿음의 길을 방해하는 것이 우리 밖에도 있습니다. 세상과 사탄이 우리를 유혹하고 시험합니다. 그것들이 합세하여 우리 믿음을 저해하며 할 수만 있으면 믿음을 파괴하려 합니다. 그런데 더 심각하게 우리 믿음의 대적이 또 우리 안에도 있습니다. 그래서 극복할 수 없는 거대한 난제처럼 우리 앞에 버티고 서 있습니다. 그런 가운데서 마귀가 그런 세상의 형편을 가지고 우리 믿음을 유린하려 늘 벼르고 있습니다.

영생 얻은 우리 안에 남아 있는 죄성, 곧 육체의 본성을 따른 '육신의 생각'이 때마다 일마다 하나님의 아들들인 우리의 믿음의 진로를 가로막습니다. 다른 말로 하여, 우리의 육신의 정욕이 우리로 하나님의 순종하는 아들들이 되지 못하게 방해합니다. 사도 바울이 비명을 지른 것도 그 때문입니다.

롬 7:22 내 속사람으로는 하나님의 법을 즐거워하되

7:23 내 지체 속에서 한 다른 법이 내 마음의 법과 싸워 내 지체 속에 있는 죄의 법으로 나를 사로잡는 것을 보는도다

7:24 오호라 나는 곤고한 사람이로다 이 사망의 몸에서 누가 나를 건져내랴

그래서 우리는 신앙양심에 늘 상처를 받고 주눅이 들어 있습니다. 이런

모든 것들이 합하여 짙은 안개를 만들어 우리의 영적 시야를 가립니다. 그리고 죽을 몸을 입고 있는 우리는 각종 질병의 위협에 시달리고 있습니다. 우리의 날들이 그런 형국 속에서 신속하게 지나가고 있습니다. 그렇게 살다가 성도의 지상 행로도 결국 죽음으로 끝이 납니다.

시 90:10 우리의 연수가 칠십이요 강건하면 팔십이라도 그 연수의 자랑은 수고와 슬픔뿐이요 신속히 가니 우리가 날아가나이다

자, 여기서 우리는 그 지상 현실의 골리앗을 이기게 하시는 법을 배워야 합니다. 하나님께서 믿음의 소년 다윗을 보내어 이스라엘 군대로 하여금 블레셋 군대를 이기게 하신 은혜의 방식을 주목해야 합니다. 그 승리는 단순하게 다윗의 물맷돌의 실력의 과시가 아니었습니다. 그날 하나님께서 이스라엘로 하나님을 경외하고 믿는 믿음의 승리를 보게 하신 것입니다.

삼상 17:45 다윗이 블레셋 사람에게 이르되 너는 칼과 창과 단창으로 내게 나아 오거니와 나는 만군의 여호와의 이름 곧 네가 모욕하는 이스라엘 군대의 하나님의 이름으로 네게 나아가노라

17:46 오늘 여호와께서 너를 내 손에 넘기시리니 내가 너를 쳐서 네 목을 베고 블레셋 군대의 시체를 오늘 공중의 새와 땅의 들짐승에게 주어 온 땅으로 이스라엘에 하나님이 계신 줄 알게 하겠고

17:47 또 여호와의 구원하심이 칼과 창에 있지 아니함을 이 무리에게 알게 하리라 전쟁은 여호와께 속한 것인즉 그가 너희를 우리 손에 넘기시리라

그러합니다. 지상의 현실을 이기는 우리 하나님의 아들들의 비밀이 여기 있습니다.

요일 5:4 무릇 하나님께로부터 난 자마다 세상을 이기느니라 세상을 이기는 승리는 이것이니 우리의 믿음이니라

5:5 예수께서 하나님의 아들이심을 믿는 자가 아니면 세상을 이기는 자가 누구냐

그러니 성령께서 말씀을 따라 우리 안에서 역사하시어 영생 얻은 우리에게 확정된 그 영원한 영광의 현실을 주목하게 하십니다. 그렇게 함으로써 지상의 현실을 극복하고 이기는 지혜와 능력을 주시는 성령님을 의존해야 합니다. 성령께서는 성경을 통하여 그 지혜를 줄기차게 가르치십니다. 바로 그 믿음으로 세상을 이기게 하시는 하나님의 성령께서 오늘도 우리 안에서 역사하십니다.

사도 바울의 비밀

그래서 성령 충만한 사도 바울은 자기의 지상의 지나가는 현실을 영원하게 확정된 영광과 비교하는 비밀을 자신에게 늘 적용하였습니다.

롬 8:18 생각하건대 현재의 고난은 장차 우리에게 나타날 영광과 비교할 수 없도다

사도 바울이 당한 모진 박해와 환난의 무게를 측정하면 어느 정도일까요?

고후 11:23 그들이 그리스도의 일꾼이냐 정신 없는 말을 하거니와 나는 더욱 그러하도다 내가 수고를 넘치도록 하고 옥에 갇히기도 더 많이 하고 매도 수없이 맞고 여러 번 죽을 뻔하였으니

11:24 유대인들에게 사십에서 하나 감한 매를 다섯 번 맞았으며

11:25 세 번 태장으로 맞고 한 번 돌로 맞고 세 번 파선하고 일 주야를 깊은 바다에서 지냈으며

11:26 여러 번 여행하면서 강의 위험과 강도의 위험과 동족의 위험과 이방

인의 위험과 시내의 위험과 광야의 위험과 바다의 위험과 거짓 형제 중의 위험을 당하고

11:27 또 수고하며 애쓰고 여러 번 자지 못하고 주리며 목마르고 여러 번 굶고 춥고 헐벗었노라

11:28 이 외의 일은 고사하고 아직도 날마다 내 속에 눌리는 일이 있으니 곧 모든 교회를 위하여 염려하는 것이라

저나 여러분이나 사도 바울이 겪었던 일들 중에서 하나만 당했어도 아마 '사네, 죽네' 하면서 크게 놀라고 불행해 하였을 법하지 않습니까? 호주의 어느 정신의학자가 사람의 스트레스를 재는 현대의 측정 방식으로 사도 바울이 그 일들 속에서 받았을 스트레스의 분량을 계산하여 보았다 합니다. 그랬더니 그 스트레스의 분량이 한 사람을 세 번 거의 가루로 만들 정도의 무게였다고 합니다. 그런데도 불구하고 사도 바울이 어떻게 그 무게를 견디고 의연하게 그 복음의 사역을 위하여 정진할 수 있었습니까? 오직 하나님의 은혜로 말미암은 것이지요.

그러면 하나님의 은혜는 어떤 경로로 주어집니까? 말씀과 기도를 통하여 역사하시는 성령께서 그 마음과 생각을 주장하시어 바른 지혜로 주어진 현실을 극복하게 하시는 방식으로 은혜를 주시지 않습니까?

그런 은혜의 방식을 의존하던 사도 바울의 말을 들어 보세요.

고후 4:16 그러므로 우리가 낙심하지 아니하노니 우리의 겉 사람은 낡아지나 우리의 속사람은 날로 새로워지도다

4:17 우리가 잠시 받는 환난의 경한 것이 지극히 크고 영원한 영광의 중한 것을 우리에게 이루게 함이니

4:18 우리가 주목하는 것은 보이는 것이 아니요 보이지 않는 것이니 보이는

것은 잠깐이요 보이지 않는 것은 영원함이라

신령한 지혜의 극치

성령께서 솔로몬의 입을 통하여 지혜와 지식의 근본을 말씀하셨습니다.

잠 1:7 여호와를 경외하는 것이 지식의 근본이거늘 미련한 자는 지혜와 훈계를 멸시하느니라

구약성경에 언급된 '하나님을 경외함의 지혜'는 신약성경에서는 무엇으로 구체화되었습니까?

예수 그리스도를 믿음으로 말미암아 구원에 이른 자의 참된 경건으로 말미암아 그 하나님을 경외함의 지혜가 구체화되었습니다.

딤후 3:15 또 어려서부터 성경을 알았나니 성경은 능히 너로 하여금 그리스도 예수 안에 있는 믿음으로 말미암아 구원에 이르는 지혜가 있게 하느니라

딤전 3:16 크도다 경건의 비밀이여, 그렇지 않다 하는 이 없도다 그는 육신으로 나타난 바 되시고 영으로 의롭다 하심을 받으시고 천사들에게 보이시고 만국에서 전파되시고 세상에서 믿은 바 되시고 영광 가운데서 올려지셨느니라

구약성경에서 '참된 성도의 믿음을 하나님을 경외함'으로 표현하였습니다. 그런데 그것이 신약성경에서는 하나님의 보내신 자 예수 그리스도를 믿는 것으로 구체화되었습니다.

요 6:27 썩을 양식을 위하여 일하지 말고 영생하도록 있는 양식을 위하여 하라 이 양식은 인자가 너희에게 주리니 인자는 아버지 하나님께서 인치신 자니라

6:28 그들이 묻되 우리가 어떻게 하여야 하나님의 일을 하오리이까

6:29 예수께서 대답하여 이르시되 하나님께서 보내신 이를 믿는 것이 하나님의 일이니라 하시니

그러므로 영생 얻은 성도의 지상행로는 그리스도 예수님을 자신의 지혜와 능력의 샘으로 여기고 항상 그분을 주목하는 것입니다. 성령께서 우리로 하여금 우리 주 예수님의 얼굴에 있는 하나님의 영광을 아는 빛을 우리 마음에 기름 부으심으로 부어 주십니다.

고후 4:6 어두운 데에 빛이 비치라 말씀하셨던 그 하나님께서 예수 그리스도의 얼굴에 있는 하나님의 영광을 아는 빛을 우리 마음에 비추셨느니라

그러니 참된 구원신앙은 무엇으로 나타납니까? 지상의 모진 현실에도 불구하고 하나님을 경외하고 예수님을 믿음으로 말미암아 자기에게 주어진 하나님의 영광의 소망을 인하여 기뻐하며 하나님 아버지를 순종하는 것으로 나타납니다.

그것이 바로 우리 주 예수 그리스도를 본받아 가는 성화의 핵심입니다.

하박국의 기쁨

죄를 회개하라 촉구하시는 하나님의 경고를 듣지 않고 끝내 하나님의 징치를 당할 유다 왕국의 절박한 사정을 하박국 선지자는 알았습니다.

하나님의 계시로 말미암아 하박국은 바벨론 군대로 금방 초토화 될 예루살렘의 실상을 알고 있었습니다.

합 3:16 내가 들었으므로 내 창자가 흔들렸고 그 목소리로 말미암아 내 입술이 떨렸도다 무리가 우리를 치러 올라오는 환난 날을 내가 기다리므로 썩이는 것이 내 뼈에 들어왔으며 내 몸은 내 처소에서 떨리는도다

그것은 가상세계의 상상이 아니었습니다. 금방 수년 내에 당도할 그와

유다 왕국의 현실이었습니다.

그 현실 앞에 그는 무서워 떨었습니다. 그러나 이내 그것을 이기게 하시는 하나님의 은혜의 방식을 의지하였습니다. 그래서 그는 외쳤습니다.

합 3:17 비록 무화과나무가 무성하지 못하며 포도나무에 열매가 없으며 감람나무에 소출이 없으며 밭에 먹을 것이 없으며 우리에 양이 없으며 외양간에 소가 없을지라도

3:18 나는 여호와로 말미암아 즐거워하며 나의 구원의 하나님으로 말미암아 기뻐하리로다

3:19 주 여호와는 나의 힘이시라 나의 발을 사슴과 같게 하사 나를 나의 높은 곳으로 다니게 하시리로다

하박국과 당시 유다 백성들의 그 현실은 아주 오랜 동안 계속될 것입니다. 그러나 그럼에도 불구하고 그는 그 현실을 이기고 극복하는 법을 알고 있었습니다.

사도 바울도 그리스도 안에 있는 하나님의 구원의 은혜의 능력에 자신을 맡겼습니다.

딤후 1:9 하나님이 우리를 구원하사 거룩하신 소명으로 부르심은 우리의 행위대로 하심이 아니요 오직 자기의 뜻과 영원 전부터 그리스도 예수 안에서 우리에게 주신 은혜대로 하심이라

1:10 이제는 우리 구주 그리스도 예수의 나타나심으로 말미암아 나타났으니 그는 사망을 폐하시고 복음으로써 생명과 썩지 아니할 것을 드러내신지라

1:11 내가 이 복음을 위하여 선포자와 사도와 교사로 세우심을 입었노라

1:12 이로 말미암아 내가 또 이 고난을 받되 부끄러워하지 아니함은 내가 믿는 자를 내가 알고 또한 내가 의탁한 것을 그 날까지 그가 능히 지키실 줄을

확신함이라

성령께서는 영생 얻은 하나님의 자녀들로 하여금 처음부터 끝까지 그리스도 안에 뿌리를 박고 서도록 우리를 붙드시고 지혜와 능력을 공급하십니다. 그러니 우리가 성령께서 성경대로 우리를 견지하시고 능력주시는 은혜를 의존할 때만 이기는 자로 나타납니다. 그러므로 우리는 언제나 우리 삶 전체가 그 은혜 안에 있게 해야 합니다. 아니 이미 우리를 그렇게 되게 하신 하나님 아버지의 사랑을 높이고 찬미해야 합니다.

롬 5:1 그러므로 우리가 믿음으로 의롭다 하심을 받았으니 우리 주 예수 그리스도로 말미암아 하나님과 화평을 누리자

5:2 또한 그로 말미암아 우리가 믿음으로 서 있는 이 은혜에 들어감을 얻었으며 하나님의 영광을 바라고 즐거워하느니라

5:3 다만 이뿐 아니라 우리가 환난 중에도 즐거워하나니 이는 환난은 인내를,

5:4 인내는 연단을, 연단은 소망을 이루는 줄 앎이로다

5:5 소망이 우리를 부끄럽게 하지 아니함은 우리에게 주신 성령으로 말미암아 하나님의 사랑이 우리 마음에 부은 바 됨이니

그러므로 우리가 개인적으로나 교회로 모일 때에 항상 그 복음의 은혜의 말씀에 우리 마음과 생각을 집중해야 합니다. 그것이 성경을 통하여 우리에게 항시 말씀하시는 성령님의 음성입니다.

현실에 매몰된 교회 강단들이여

그런데 오늘날 너무나 놀랄 일은 교회 강단들이 성경이 말하는 대로의 복음을 선명하게 말하지 않는 아주 나쁜 경향을 드러내고 있습니다. 교회 강단의 메시지가 성도들의 현안에 집중하여 그 현안의 해법을 풀어주는 데

열심 내고 있습니다.

이런 현상은 마귀의 고등 전술에 넘어간 형국입니다. 마귀는 에덴동산에서 아담과 하와를 꾀어 하나님을 오해하여 불순종하게 만들었습니다. 마귀는 오늘날 성도들을 꾀어 현안에 집중하게 하여 하나님을 바라보는 시선을 가리는 간계를 벌이고 있습니다. 하나님께서 교회를 세우시는 것은 교회로 하여금 그 교회 지체들의 현안을 풀어주는 해법을 주라 하심이 아니었습니다.

눅 12:13 무리 중에 한 사람이 이르되 선생님 내 형을 명하여 유산을 나와 나누게 하소서 하니

12:14 이르시되 이 사람아 누가 나를 너희의 재판장이나 물건 나누는 자로 세웠느냐 하시고

12:15 그들에게 이르시되 삼가 모든 탐심을 물리치라 사람의 생명이 그 소유의 넉넉한 데 있지 아니하니라 하시고

그 사람의 현안은 정말 시급하고 중요하였습니다.

그러나 우리 주님께서는 그 사람과 주위의 제자들로 하여금 더 크고 영원한 현안을 주목하게 하셨습니다. 그래서 성공시대에 소개될 만한 어느 부자의 미련함을 비유로 말씀하셨습니다. 그 부자가 새로운 창고를 지을 정도로 소출이 풍성한 일을 예수님께서 정죄하지 않으셨습니다. 예수님께서 그를 정죄하신 이유는 하나님께 부요하지 못한 것 때문입니다. 곧 하나님과의 영원한 관계의 현안에는 관심이 전혀 없이 영원한 파멸로 들어갔기 때문입니다.

그래서 예수님께서는 어느 부자를 예로 들어 참된 지혜를 반증적으로 가르치셨습니다.

눅 12:19 또 내가 내 영혼에게 이르되 영혼아 여러 해 쓸 물건을 많이 쌓아 두었으니 평안히 쉬고 먹고 마시고 즐거워하자 하리라 하되

12:20 하나님은 이르시되 어리석은 자여 오늘 밤에 네 영혼을 도로 찾으리니 그러면 네 준비한 것이 누구의 것이 되겠느냐 하셨으니

12:21 자기를 위하여 재물을 쌓아 두고 하나님께 대하여 부요하지 못한 자가 이와 같으니라

예를 들어, 사업하다 부도나서 크게 곤비하게 된 성도에게 교회가 줄 수 있는 메시지는 무엇입니까?

그에게 진정 필요한 것이 무엇이겠습니까? 돈이라고 대답하고 싶으시지요? 그러면 교회가 돈의 문제를 해결할 해법을 제시하겠습니까? 아닙니다. 교회의 설교자는 항상 그리스도 안에 있는 하나님의 영원한 생명과 그 은혜를 설교해야 합니다. 부도난 그 성도에게 목사가 들려줄 메시지는 앞으로 하나님께서 은혜를 주시면 다시 사업에 성공하게 될 것이라는 것이 아닙니다. 오직 "그리스도께 집중하시고 묵상하시고, 그리스도 안에서 받은 구원의 은혜를 다시 불일으키며 성령님을 의존하여 말씀과 기도를 통하여 은혜를 받으라"고 그에게 권해야 합니다.

정말 그 부도난 성도가 그 환난 중에서 그리스도께 집중하여 은혜를 받아 심령이 새롭게 되면, 언제인가는 모르나 그는 그렇게 고백할 날을 하나님께로부터 받을 것입니다.

시 119:67 고난당하기 전에는 내가 그릇 행하였더니 이제는 주의 말씀을 지키나이다

119:71 고난당한 것이 내게 유익이라 이로 말미암아 내가 주의 율례들을 배우게 되었나이다

119:72 주의 입의 법이 내게는 천천 금은보다 좋으니이다

이 말이 무슨 말인지 모르는 자라면, 그는 설교하지 말아야 합니다.

교회의 강단에 선 자들이나 교회 회중석에 앉은 자들이 어떤 현안 속에 있더라도, 설령 전쟁이 일어나 생명의 기약이 없을 때에도 그 현안에 매몰되지 말아야 합니다. 오직 어느 환경에서도 그리스도와 십자가의 영생의 복음을 통하여 은혜를 주시는 하나님 아버지께 집중해야 합니다.

고전 2:1 형제들아 내가 너희에게 나아가 하나님의 증거를 전할 때에 말과 지혜의 아름다운 것으로 아니하였나니

2:2 내가 너희 중에서 예수 그리스도와 그의 십자가에 못 박히신 것 외에는 아무것도 알지 아니하기로 작정하였음이라

이것이 지상의 현실을 영원한 영광의 현실로 극복하게 하시는 성령님의 은혜의 방식입니다. 아멘.

chapter 11

영생 얻은 자의 과제

그리스도를 믿음으로 말미암아 영생 얻은 하나님의 자녀의 놀라운 현실은 창세전에 하나님께서 그들을 위하여 예정하신 뜻의 실현입니다. 그 현실은 우리에게서 난 것이 아니라 성삼위 하나님께서 시작하시고 완성하시는 현실입니다. 그러므로 우리가 그리스도 안에서 받은 영생은 바로 그 현실을 영원히 누리는 것이라고 말할 수 있습니다.

요 17:3 영생은 곧 유일하신 참 하나님과 그가 보내신 자 예수 그리스도를 아는 것이니이다

성삼위 하나님께서 죄로 인한 우리의 연약과 허물을 죄다 아시면서도 우리를 그렇게 사랑하시어 영생을 주신 것이기 때문에, 그 현실은 우리의 실상으로 말미암아 무너질 수 없습니다.

롬 11:29 하나님의 은사와 부르심에는 후회하심이 없느니라

성도의 과제

그렇게 영생 얻은 우리가 그렇게 이기는 자로 자신을 드러내기 위하여 주님께서 허락하신 우리의 지상 행로 속에서 반드시 감당할 과제가 있기 마련입니다. 영생 얻은 하나님의 자녀들 중에 지상에 있는 동안에 아무 의미도 없이 흐느적거리며 세월과 시간을 보낼 수 없는 이유가 거기에 있습니다. 영생 얻은 하나님의 자녀들 각자는 지상에 있는 동안에 하나님의 부르심을 따라서 주어진 과제를 감당하게 되어 있습니다. 여러분이 어떤 처지, 어떤 환경, 어떤 조건에 있든지 하나님께서 우리 각자에게 주신 과제에서 손을 떼고 있을 수 없습니다. 하나님께서 허락하신 우리의 날들이 다하는 날까지 우리는 그 거룩한 주님이 주신 과제를 하고 있어야 합니다.

그런 의미에서 성도의 생애와 죽음은 사람들이 일반적으로 생각하는 의미와 차원을 훨씬 뛰어 넘는 것입니다. 그러면 우리 성도 각자에게 하나님께서 주신 과제가 무엇입니까?

성령께서는 성경을 통하여 우리로 하여금 그 과제를 둘로 나누어 생각하게 만드셨습니다.

하나는 '선한 싸움'이요, 다른 하나는 '선한 일에 동참하는 것'입니다.

물론 그 둘은 서로 별개로 떨어진 일이 아닙니다. 그 둘은 하나입니다. 그 거룩한 두 과제는 그리스도 안에 있는 아버지 하나님의 은혜로 말미암아 보혜사 성령님의 역사 속에서 성도의 생애 속에서 하나로 나타납니다. 다만 우리의 이해를 돕기 위하여 성령께서는 사도로 하여금 어떤 경우에는 둘로 나누어 표현하게도 하셨습니다. 그러면서 또 다른 경우에는 성령께서 하나로 응축시켜 표현하게도 하셨습니다. '선한 싸움'과 '하나님의 선한 일에 동참하는 것'은 한 손의 바닥과 등에 비유할 수 있습니다. 사도가 그 둘을 하나로 묶어 표현한 말씀을 들어 보십시오.

빌 1:20 나의 간절한 기대와 소망을 따라 아무 일에든지 부끄러워하지 아니하고 지금도 전과 같이 온전히 담대하여 살든지 죽든지 내 몸에서 그리스도가 존귀하게 되게 하려 하나니

1:21 이는 내게 사는 것이 그리스도니 죽는 것도 유익함이라

1장 29절 이하에서 사도는 그 요점을 아주 구체적으로 표현하고 있습니다.

빌 1:29 그리스도를 위하여 너희에게 은혜를 주신 것은 다만 그를 믿을 뿐 아니라 또한 그를 위하여 고난도 받게 하려 하심이라

1:30 너희에게도 그와 같은 싸움이 있으니 너희가 내 안에서 본 바요 이제도 내 안에서 듣는 바니라

여기서 사도는 우리가 그리스도 안에서 성령님으로 말미암아 하나님의 은혜로 구원은 받은 자로서 지상에서 감당할 과제를 감당하면서 겪는 일을 - 고난, 싸움 - 이라는 말로 표현하였습니다. 물론 그 과제는 우리 자신의 힘으로 감당되지 않고 오직 성령님의 은혜의 방식을 따라 감당할 일입니다. 바울 사도는 그 은혜의 방식을 그의 서신들에서 제시합니다.

빌 2:13 너희 안에서 행하시는 이는 하나님이시니 자기의 기쁘신 뜻을 위하여 너희에게 소원을 두고 행하게 하시나니

골 1:29 이를 위하여 나도 내 속에서 능력으로 역사하시는 이의 역사를 따라 힘을 다하여 수고하노라

고전 15:10 그러나 내가 나 된 것은 하나님의 은혜로 된 것이니 내게 주신 그의 은혜가 헛되지 아니하여 내가 모든 사도보다 더 많이 수고하였으나 내가

한 것이 아니요 오직 나와 함께 하신 하나님의 은혜로라

그리스도를 본받기

사도 바울은 그 일이 아버지의 뜻에 자신을 드리시어 백성들의 구속을 완성하시고 아버지의 영광을 나타내신 그리스도를 본받는 것에 비유하였습니다. 다른 말하여, 사도 바울은 아버지 하나님의 뜻에 자신을 드려 십자가에 달리시어 피 흘려 죽으시고 장사한 지 제 삼일에 다시 사신 우리 주님의 고난과 영광에 동참하는 것으로 이해하였습니다

빌립보서 3장 8절 이하에서 사도는 말하였습니다.

빌 3:8 또한 모든 것을 해로 여김은 내 주 그리스도 예수를 아는 지식이 가장 고상하기 때문이라 내가 그를 위하여 모든 것을 잃어버리고 배설물로 여김 은 그리스도를 얻고

3:9 그 안에서 발견되려 함이니 내가 가진 의는 율법에서 난 것이 아니요 오 직 그리스도를 믿음으로 말미암은 것이니 곧 믿음으로 하나님께로부터 난 의라

3:10 내가 그리스도와 그 부활의 권능과 그 고난에 참여함을 알고자 하여 그 의 죽으심을 본받아

3:11 어떻게 해서든지 죽은 자 가운데서 부활에 이르려 하노니

그러면서 사도는 그러한 자기 삶을 운동장에서 상 얻기 위하여 경주하는 선수의 모습에 빗대어 말하였습니다.

빌 3:12 내가 이미 얻었다 함도 아니요 온전히 이루었다 함도 아니라 오직 내 가 그리스도 예수께 잡힌 바 된 그것을 잡으려고 달려가노라

3:13 형제들아 나는 아직 내가 잡은 줄로 여기지 아니하고 오직 한 일 즉 뒤

에 있는 것은 잊어버리고 앞에 있는 것을 잡으려고

3:14 푯대를 향하여 그리스도 예수 안에서 하나님이 위에서 부르신 부름의 상을 위하여 달려가노라

그렇게 영위해 온 사도는 하나님께서 정하신 자기 생애의 끝이 임박하였음을 의식하면서 다음과 같이 말하였습니다.

디모데후서 4장 6절 이하에서 이렇게 말합니다.

딤후 4:6 전제와 같이 내가 벌써 부어지고 나의 떠날 시각이 가까웠도다

4:7 나는 선한 싸움을 싸우고 나의 달려갈 길을 마치고 믿음을 지켰으니

4:8 이제 후로는 나를 위하여 의의 면류관이 예비되었으므로 주 곧 의로우신 재판장이 그 날에 내게 주실 것이며 내게만 아니라 주의 나타나심을 사모하는 모든 자에게도니라

선한 싸움은 대항하여 이겨야 할 상대가 있는 것입니다.

선한 일에 동참한다 함은 하나님께서 이루시는 일에 동참하는 것이니, 우리를 부르시어 섬기게 하신 사역과 사명에 관한 것입니다.

성도의 성화 생활과 사명 감당

앞에서 언급해 온 성도의 두 과제, 곧 '선한 싸움'과 '하나님의 선한 일에 동참하는 것'을 신학적인 용어로 말하라면 어떻게 표현할 수 있을까요? 그런 질문에 대하여 저는 성도의 '성화 생활'과 '주신 사명 감당'이라고 표현할 수 있다고 봅니다. 물론 앞에서도 언급하였지만 성도의 성화 생활과 사명 감당은 별개로 떨어진 둘이 아닙니다.

그러나 우리의 이해를 위하여 나누어 설명할 수 있을 뿐입니다. 주님의 은혜 안에 있는 성도의 성화 생활에 충실한 사람만 주님께서 주신 사명에

충실할 수 있습니다.

그래서 요한계시록 2장 10절에서 우리 주님께서는 그 둘을 하나로 합쳐 성도의 충성을 요구하셨습니다.

계 2:10 너는 장차 받을 고난을 두려워하지 말라 볼지어다 마귀가 장차 너희 가운데에서 몇 사람을 옥에 던져 시험을 받게 하리니 너희가 십 일 동안 환난을 받으리라 네가 죽도록 충성하라 그리하면 내가 생명의 관을 네게 주리라

그리스도 안에서 영생 얻고 하나님의 아들들이 된 성도의 존재와 삶의 목적은 창조주시요 구원의 주이신 성삼위 하나님께 충성하여 자신을 온전하게 드리는 데 있습니다. 다음의 성구들이 말하는 바를 유심히 들으시고 묵상하세요.

고후 5:14 그리스도의 사랑이 우리를 강권하시는도다 우리가 생각하건대 한 사람이 모든 사람을 대신하여 죽었은즉 모든 사람이 죽은 것이라

5:15 그가 모든 사람을 대신하여 죽으심은 살아 있는 자들로 하여금 다시는 그들 자신을 위하여 살지 않고 오직 그들을 대신하여 죽었다가 다시 살아나신 이를 위하여 살게 하려 함이라

롬 14:8 우리가 살아도 주를 위하여 살고 죽어도 주를 위하여 죽나니 그러므로 사나 죽으나 우리가 주의 것이로다

14:9 이를 위하여 그리스도께서 죽었다가 다시 살아나셨으니 곧 죽은 자와 산 자의 주가 되려 하심이라

갈 2:20 내가 그리스도와 함께 십자가에 못 박혔나니 그런즉 이제는 내가 사는 것이 아니요 오직 내 안에 그리스도께서 사시는 것이라 이제 내가 육체 가운데 사는 것은 나를 사랑하사 나를 위하여 자기 자신을 버리신 하나님의 아들을 믿는 믿음 안에서 사는 것이라

고전 10:31 그런즉 너희가 먹든지 마시든지 무엇을 하든지 다 하나님의 영광을 위하여 하라

하나님께 거룩한 순종

그러기 위하여 우리 성도의 지상 행로는 그 하나님 아버지께 순종하는 거룩함입니다. 창세전에 우리를 택하시고 그리스도 안에서 구원하시고 성령님으로 인치시어 아들들로 삼으신 아버지 하나님께 순종함이 성도의 최고의 가치입니다.

그것이 바로 그리스도의 형상에까지 자라 그를 온전하게 본받게 하시려는 아버지의 뜻입니다.

엡 1:4 곧 창세 전에 그리스도 안에서 우리를 택하사 우리로 사랑 안에서 그 앞에 거룩하고 흠이 없게 하시려고

1:5 그 기쁘신 뜻대로 우리를 예정하사 예수 그리스도로 말미암아 자기의 아들들이 되게 하셨으니

롬 8:29 하나님이 미리 아신 자들을 또한 그 아들의 형상을 본받게 하기 위하여 미리 정하셨으니 이는 그로 많은 형제 중에서 맏아들이 되게 하려 하심이니라

8:30 또 미리 정하신 그들을 또한 부르시고 부르신 그들을 또한 의롭다 하시고 의롭다 하신 그들을 또한 영화롭게 하셨느니라

그리스도의 형상의 진수는 바로 성부 하나님께 대하여 완전한 순종으로 나타났습니다. 그래서 사도가 그렇게 말한 것입니다.

빌 2:5 너희 안에 이 마음을 품으라 곧 그리스도 예수의 마음이니

2:6 그는 근본 하나님의 본체시나 하나님과 동등됨을 취할 것으로 여기지

아니하시고

2:7 오히려 자기를 비워 종의 형체를 가지사 사람들과 같이 되셨고

2:8 사람의 모양으로 나타나사 자기를 낮추시고 죽기까지 복종하셨으니 곧 십자가에 죽으심이라

우리 주님께서 하나님 아버지와 본체로는 동등이시니 당신 자신을 위하셨다면, 성육신 하실 필요가 없었습니다.

그러나 아버지 하나님의 선하신 뜻과 목적에 완전 일치하고 순종하시어 택한 백성들을 구속하시기 위하여 성육신 하시어 그 모든 대업을 이루셨습니다. 그래서 우리 주님께서는 자신을 율법과 계명 아래 두시어 율법과 계명을 온전하게 순종하시어 우리에게 필요한 의를 완성하셨습니다.

롬 10:4 그리스도는 모든 믿는 자에게 의를 이루기 위하여 율법의 마침이 되시니라

고후 5:21 하나님이 죄를 알지도 못하신 이를 우리를 대신하여 죄로 삼으신 것은 우리로 하여금 그 안에서 하나님의 의가 되게 하려 하심이라

성화는 영생의 조건이 아니고 영생의 열매

우리가 성화 생활과 연관하여 한 가지 짚고 넘어가야 할 것이 있습니다. 그것은 성도의 성화 생활은 '그리스도 안에서 의롭다 하심으로 받은 자의 구원과 영생을 보존하는 조건이 아니라'는 점입니다.

오늘날 이 점을 매우 강하게 자주 강조할 필요가 있습니다. 성도의 구원과 영생은 예수님을 주님으로 믿는 순간에 그에게 주어졌습니다. 그러면 성도가 예수님을 믿음으로 말미암아 값없이 은혜로 받은 구원과 영생을 처음 받을 때에는 부분적으로 받은 것입니까? 그렇게 부분적으로 받았

으니 성화 생활을 통하여 모자란 부분을 보충해야 합니까?

절대 아닙니다.

만일 복음이 우리에게 그렇게 말하고 요구한다면, 그것은 전혀 복음이 아닙니다. 왜냐하면 우리의 성화 생활을 통하여 맺는 의의 열매도 하나님의 완전하고 절대적인 의의 표준인 율법과 계명의 척도로 보면 모자랍니다.

이와 관련하여 칼빈 목사님의 말을 참조하는 것이 좋습니다. "성도의 성화의 열매 속에도 하나님의 절대적인 척도에 비추면 여전히 죄의 오염이 존재한다."

성화 생활은 처음 믿을 때에 받은 영생이 모자라서 보충한다거나 또 영생을 견지하는 밧줄과 같은 것이 아닙니다.

성도가 처음 예수님을 믿음으로 말미암아 하나님 아버지께 은혜로 의롭다 하심을 받은 것은 오직 한 근거 때문입니다. 곧 그리스도의 완전한 속량, 곧 그리스도의 완전한 순종의 의가 그에게 전가되어 그의 것으로 여기시는 하나님 아버지의 행사가 바로 그것입니다.

롬 3:23 모든 사람이 죄를 범하였으매 하나님의 영광에 이르지 못하더니

3:24 그리스도 예수 안에 있는 속량으로 말미암아 하나님의 은혜로 값 없이 의롭다 하심을 얻은 자 되었느니라

사도 바울은 바로 그리스도의 완전한 순종과 십자가의 죽으심과 부활로 말미암은 완전한 대속의 체계와 그 완전하고 충분한 효력을 '하나님의 의(義)'라고 표현한 것입니다.

롬 3:21 이제는 율법 외에 하나님의 한 의가 나타났으니 율법과 선지자들에게 증거를 받은 것이라

3:22 곧 예수 그리스도를 믿음으로 말미암아 모든 믿는 자에게 미치는 하나

님의 의니 차별이 없느니라

그러므로 처음 그리스도를 믿을 때에 죄사함과 영생 전부가 한꺼번에 완전하게 주어진 것입니다. 그것이 바로 그리스도 안에 있는 하나님의 은혜요, 그 은혜가 왕노릇 하여 우리에게 주어진 영생이 영원히 보전이 되는 것입니다.

롬 5:21 이는 죄가 사망 안에서 왕 노릇 한 것 같이 은혜도 또한 의로 말미암아 왕 노릇 하여 우리 주 예수 그리스도로 말미암아 영생에 이르게 하려 함이라

그러므로 성도의 성화 생활은 성도가 예수님을 처음 믿음으로 말미암아 의롭다 하심을 받은 것에 무언가를 더하기 위함이 아닙니다.

칭의와 성화를 하나로 보아야 한다는 말을 조심해서 들어야 합니다. 우리를 구원하시는 하나님의 은혜의 한 경륜 안에 둘이 다 들어 있고, 둘이 서로 유기적인 연관을 가지고 있습니다. 우리 몸의 각 지체들이 한 생명을 공유하며 유기적으로 연합되어 있듯이 말입니다.

그러나 그 말을 할 때에는 반드시 단서를 달아야 성도들이 혼란에 빠지지 않습니다.

칭의로 말미암아 영생이 우리에게 즉시 주어졌습니다. 이미 우리는 앞의 여러 장들 속에서 거듭 칭의가 영생의 영원한 근거요 보장임을 확인한 바 있습니다. 하나님께서 당신의 하늘 법정에서 우리를 그리스도 안에서 의롭다 하실 때에 우리의 옛 본성이 우리 안에 남아 있게 하셨습니다. 물론 이전 같이 그것이 우리 안에서 왕 노릇하는 지위를 가지게 하지는 않으셨습니다. 그러나 우리 인격의 여러 요소에 걸쳐 죄의 본성의 잔재가 남아 있습

니다.

하나님께서는 우리에게 그리스도 안에서 성령으로 말미암아 주신 새 생명, 영생의 원리로 그것을 제어하고 이기게 하신 것입니다. 우리가 이전에는 죄의 본성만 있었는데, 이제는 그리스도를 믿음으로 말미암은 새 생명의 원리, 영생을 단번에 얻었습니다. 성령께서 우리 안에 보혜사로 계시면서 바로 그 원리를 주장하시어 믿음을 견지하며 이기게 하십니다. 바로 성화가 거기에 해당합니다. 그러나 성화가 우리 구원의 조건은 아니고 필연적인 열매입니다. 성화를 구원의 조건으로 말하면 '행위구원', 또는 '율법주의'가 되는 것입니다. 오늘날 강단에서 이 구분이 흐릿하여 많은 성도들을 혼란케 하고 있습니다. 그것을 고치는 길은 '칭의가 단회적으로 완성된 것'과 '성화가 점진적이고 반복적으로 성장하고 있다'는 것을 제대로 아는 것입니다. 이 요점은 앞으로도 자주 강조될 것입니다.

방종을 대항하여 이기게 하는 영생의 원리

사도는 로마서 6장에서 그리스도 안에서 우리가 죄에 대하여 죽고 하나님께 대하여 산 자로서의 새 사람으로서의 신분을 견지하며 죄를 대항할 것을 권고합니다.

6:8 만일 우리가 그리스도와 함께 죽었으면 또한 그와 함께 살 줄을 믿노니

6:9 이는 그리스도께서 죽은 자 가운데서 살아나셨으매 다시 죽지 아니하시고 사망이 다시 그를 주장하지 못할 줄을 앎이로라

6:10 그가 죽으심은 죄에 대하여 단번에 죽으심이요 그가 살아 계심은 하나님께 대하여 살아 계심이니

6:11 이와 같이 너희도 너희 자신을 죄에 대하여는 죽은 자요 그리스도 예수

안에서 하나님께 대하여는 살아 있는 자로 여길지어다

6:12 그러므로 너희는 죄가 너희 죽을 몸을 지배하지 못하게 하여 몸의 사욕에 순종하지 말고

6:13 또한 너희 지체를 불의의 무기로 죄에게 내주지 말고 오직 너희 자신을 죽은 자 가운데서 다시 살아난 자 같이 하나님께 드리며 너희 지체를 의의 무기로 하나님께 드리라

그래서 지상의 성도는 육체의 원리, 곧 죄의 본성과 새 생명, 영생의 원리를 함께 가지고 있습니다.

그래서 성도에게 성화의 삶은 옛 사람의 본성인 육체의 원리를 새 사람의 본성인 영생의 원리로 이기는 과정입니다.

성화의 삶에서는 필연적으로 우리의 연약과 허물로 넘어지고 실수할 수 있습니다. 그렇다고 우리가 받은 그리스도 안에 있는 새 생명, 영생을 박탈당하지 않습니다. 이 말을 하면 성도의 방종을 부추긴다고 덤비는 이들이 있습니다.

그러나 칭의로 말미암아 영생 얻은 자는 방종 생활을 할 수 없습니다. 사람의 삶이란 그 내면의 원리에서 나는 열매와 같은 것입니다.

사람의 삶이란 먹고 사는 것 자체가 아닙니다. 그런 것을 가리켜 몸을 위한 생활이라고 합니다. 그러나 우리의 삶은 우리의 내면의 가치관과 의식과 사고방식의 표현으로서의 전인격적인 활동을 가리킵니다. 그러므로 삶은 그 사람됨의 열매입니다. 나무의 성질에 따라서 열매가 나오는 것입니다.

마 7:18 좋은 나무가 나쁜 열매를 맺을 수 없고 못된 나무가 아름다운 열매를 맺을 수 없느니라

사람이 영생을 얻으면 영혼, 곧 그 사람의 인격의 사령탑인 영혼의 성향이 바뀌었으니 이전 죄를 먹고 마시던 삶을 계속 이어갈 수 없습니다. 믿음으로 그리스도와 연합한 사람은 그 속에 내주하시는 성령님의 역사로 말미암아 방종주의, 방탕한 도덕 폐기론의 삶을 살 수 없습니다.

경건에 이르기를 연습하라

물론 영생 얻은 우리가 넘어질 수 있습니다. 그래서 성화의 삶은 필연적으로 경건에 이르는 부단한 반복 훈련과 연습으로 나타나기 마련입니다.

딤전 4:7 망령되고 허탄한 신화를 버리고 경건에 이르도록 네 자신을 연단하라

4:8 육체의 연단은 약간의 유익이 있으나 경건은 범사에 유익하니 금생과 내생에 약속이 있느니라

이전 개역한글은 이 부분의 동사를 '연단하다'로 하지 않고 '연습하다'로 번역하였습니다. 둘이 같은 개념입니다.

연습은 부단한 연단으로 이어지고, 연단의 과정은 부단한 연습이기 때문입니다.

우리가 예수님을 처음 믿을 때에, 하나님께서 그리스도의 완전한 순종의 의와 속량의 피의 효력을 한꺼번에 우리에게 전가하셨습니다. 그리하여 하나님 아버지께서 우리를 단번에 용서하시고 의롭다 하셨습니다.

그러므로 칭의는 단회적이고 완성적인 하나님의 법정적 선고 행위입니다. 그리고 동시적으로 믿는 성도에게 단번에 영생이 주어집니다. 그런 성도를 하나님께서는 즉시 아들로 받아 주시고, 그의 이름을 생명책에 기록하시는 것입니다.

그런 성도는 우리를 향하신 하나님의 목적 대로 '그리스도의 형상을 본받기'를 위한 성화 생활의 부단한 연습과 연단에 힘써야 합니다. 앞에서도 언급한 것 같이 '우리 혼자'가 아니고 '우리 안에서 역사하시는 보혜사 성령님을 힘입어' 말씀과 기도를 통하여 부단하게 부어지는 하나님의 은혜를 의존하여 하는 일입니다.

영생의 발휘

성화는 이렇게 영생 얻은 하나님의 아들들인 성도들이 자기 속에 있는 영생의 특성을 발휘하는 것이라고 할 수 있습니다. 그래서 사도 바울은 영생 얻은 성도들의 삶의 진로를 강하게 표현하였습니다.

살전 4:1 그러므로 형제들아 우리가 끝으로 주 예수 안에서 너희에게 구하고 권면하노니 너희가 마땅히 어떻게 행하며 하나님을 기쁘시게 할 수 있는지를 우리에게 배웠으니 곧 너희가 행하는 바라 더욱 많이 힘쓰라
4:7 하나님이 우리를 부르심은 부정하게 하심이 아니요 거룩하게 하심이니
4:8 그러므로 저버리는 자는 사람을 저버림이 아니요 너희에게 그의 성령을 주신 하나님을 저버림이니라,

다시 말씀드리지만, 우리가 받은 영생은 부분적으로 받은 영생이 아니라 통째로 받은 영생입니다.

다만 그것을 나무에 비유하자면, 우리가 받은 영생은 나무로 받지 않고 그 씨로 받았다 할 수 있습니다.

나무의 씨 속에 그 나무 전체가 원리로 들어 있고, 씨가 싹이 나고 자라서 나중에 큰 나무로 자라고 거기서 열매가 풍성하게 맺히는 것입니다.

우리가 받은 영생은 우리로 하여금 그리스도의 날에 영화롭게 되어 영원

히 하나님의 영광의 아들들로 하나님 나라의 기업을 이어 누리게 합니다.

지상의 성도는 영생을 씨로 얻는 자로서 하나님의 아들들로 영원히 영화롭게 될 확실한 소양을 가지고 있습니다.

로마서 8장 17절 이하에서 사도는 말하였습니다.

롬 8:17 자녀이면 또한 상속자 곧 하나님의 상속자요 그리스도와 함께 한 상속자니 우리가 그와 함께 영광을 받기 위하여 고난도 함께 받아야 할 것이니라

8:18 생각하건대 현재의 고난은 장차 우리에게 나타날 영광과 비교할 수 없도다

8:10 피조물이 고대하는 바는 하나님의 아들들이 나타나는 것이니

8 :22 피조물이 다 이제까지 함께 탄식하며 함께 고통을 겪고 있는 것을 우리가 아느니라

8:23 그뿐 아니라 또한 우리 곧 성령의 처음 익은 열매를 받은 우리까지도 속으로 탄식하여 양자 될 것 곧 우리 몸의 속량을 기다리느니라

8:24 우리가 소망으로 구원을 얻었으매 보이는 소망이 소망이 아니니 보는 것을 누가 바라리요

8:25 만일 우리가 보지 못하는 것을 바라면 참참으로 기다리느니라.

그러므로 성화는 영생 얻은 하나님의 자녀가 인내로 하나님을 불순종하는 죄를 이기고 하나님의 거룩한 뜻에 순종하며 자라는 과정입니다. 그래서 영생 얻은 성도는 필연적으로 죄와 싸우는 자로 자신을 드러냅니다.

적극적으로는 그는 그리스도의 본을 따라서 순종하는 하나님의 자녀로 자신을 드러냅니다. 그 일을 위하여 보혜사 성령께서 우리 안에 내주하시면서 역사하십니다. 그 성화 생활을 통하여 성도는 하나님 아버지의 영광

을 위하며, 우리 주님 예수 그리스도의 이름을 존귀하게 높이게 됩니다.

뒤에 가서 성화 생활에 대하여 더 자세하게 알아 보려 합니다. 지금은 정상적인 성화 생활을 통하여 하나님의 영광을 나타내기를 원해야 할 우리의 입장만 천명하는 바입니다.

마 5:13 너희는 세상의 소금이니

5:16 이같이 너희 빛이 사람 앞에 비치게 하여 그들로 너희 착한 행실을 보고 하늘에 계신 너희 아버지께 영광을 돌리게 하라.

아멘.

chapter 12

영생 얻은 자의 거처

우리가 '거처'라고 할 때 우리가 사는 집, 또는 몸을 입고 있는 우리의 생명과 그 활동을 위하여 필요한 조건과 보호를 제공하는 데를 가리킵니다. 하나님의 말씀인 성경은 하나님을 경외하고 예수님을 믿음으로 말미암아 영생을 얻은 자녀들의 거처에 대하여 많이 말합니다. 성경에서 사람의 거처를 가리키는 '집'이라는 단어가 무려 2,000여 번 나온다는 통계가 있습니다. '거처'라는 단어는 약 50회 정도입니다.

사람이 몸을 입고 있기에 그 가정의 식구들이 거하는 주택, 또는 거처가 있어야 합니다. 그래서 성경에서나 일반 상식에서도 '집'이라는 말이 그 주택과 그 주택에서 살고 있는 식구들의 거처라는 의미로 쓰이고 있습니다. 누가 '우리 집에 오세요'라고 할 때, '우리 식구들이 거처로 삼고 있는 주택으로 오세요'라는 말도 되지만, 더 집중적으로는 '우리 가정을 방문하시어 우리와 교제하다'는 의미가 됩니다.

그러니 사람이 살지 않는 빈집은 사실 '집'이라고 할 수 없습니다.

거처는 사람들이 살고 기거하면서 활동하는 보호 공간입니다. 주택은 그 가정의 식구들이 함께 공동으로 거하며 교제하며 쉬며 힘을 다시 얻어 활동하는 보호막입니다. 그래서 들새들과 산의 짐승들도 자기들의 거처가 있습니다. 새들도 자기 둥주리에서 알을 낳고 그 알들을 품어 부화하고 먹이를 물어 새끼들을 먹입니다. 새들도 자기 둥주리에서 밤새 쉬고 아침에 거기서 힘 있게 날아 나옵니다. 그렇게 낮에 활동하다가 날이 기울어 어두워지면 그리로 들어갑니다.

사람들도 집에서 쉬고 자고 다시 아침에 깨어 일어나 새 힘으로 하루를 시작하고 나가 일하고 활동하다 다시 밤에 자기 집으로 돌아옵니다. 우리의 지상 행로는 매일 우리의 집에서 나갔다 다시 그리로 돌아와 쉬고 먹고 자고 또 다음 날 아침에 일어나 일하러 나감의 연속입니다. 그것이 모든 인생의 반복되는 지상행로입니다.

그런 방식 속에서 사람들이 살아가면서 인류의 역사가 이어지게 하신 분이 하나님이십니다.

악인의 길과 의인의 길

그런데 동일한 지상행로의 방식을 견지하면서도 어떤 이는 의인으로, 또 다른 이는 악인으로 지칭됩니다.

그래서 성경은 의인의 집과 악인의 장막에 대한 진술이 여럿 있습니다.

욥 8:22 너를 미워하는 자는 부끄러움을 입을 것이라 악인의 장막은 없어지니라

잠 12:7 악인은 엎드러져서 소멸되려니와 의인의 집은 서 있으리라

여기 성경이 '의인'과 '악인'의 구분하는 방식은 세상 사람들이 하는 것과는 다릅니다. 성경에서 의인은 회개하고 '그리스도를 믿음으로 말미암아 영생 얻은 자'를 가리킵니다. 악인은 그 마음에 하나님이 없다 하는 불신앙자들을 가리킵니다.

시편 1편은 그리스도 안에서 영생 얻은 이들을 가리켜 복 있는 자라고 말합니다. 반면에 불신앙자들을 가리켜 악인이라고 칭합니다.

> 시 1:1 복 있는 사람은 악인들의 꾀를 따르지 아니하며 죄인들의 길에 서지 아니하며 오만한 자들의 자리에 앉지 아니하고
>
> 1:2 오직 여호와의 율법을 즐거워하여 그의 율법을 주야로 묵상하는도다
>
> 1:3 그는 시냇가에 심은 나무가 철을 따라 열매를 맺으며 그 잎사귀가 마르지 아니함 같으니 그가 하는 모든 일이 다 형통하리로다
>
> 1:4 악인들은 그렇지 아니함이여 오직 바람에 나는 겨와 같도다
>
> 1:5 그러므로 악인들은 심판을 견디지 못하며 죄인들이 의인들의 모임에 들지 못하리로다
>
> 1:6 무릇 의인들의 길은 여호와께서 인정하시나 악인들의 길은 망하리로다

우리의 영적 거처

하여간 성령께서는 성경 기자들로 하여금 그리스도를 믿음으로 말미암아 영생을 얻은 지상의 성도들의 영적 거처에 대하여 매우 자주 언급합니다. 하나님께서 성경을 읽고 듣는 우리로 하여금 의인의 집과 악인의 집의 식구들이 그 내면의 중심이 어디에 있어야 하는지를 늘 강조하십니다.

의인은 자기 집에 있거나 사회관계 속에서, 아니면 어떤 환경과 조건에 있을지라도 그 마음의 중심을 어디에 두어야 합니까? 다른 말로 하여, 영

생을 얻은 우리가 하나님의 아들들로서 지상에 있는 동안 우리의 영적인 거처는 어디입니까?

이러한 질문에 대하여 우리 예수님은 아주 선명한 답을 주셨습니다.

요 15:4 내 안에 거하라 나도 너희 안에 거하리라

우리의 지상 행로 중 영적 거처

그렇습니다. 우리의 지상 행로 속에서 영적 거처는 우리 주님 자신입니다. 우리 주님께서 성육신 하시어 이 땅에 오신 것은 그 택한 백성들을 구속하시어 죄를 속하고 영생 얻게 하시기 위함입니다. 다른 말로 하여, 우리 주 예수님께서는 영생 얻은 우리 모든 성도들의 영원한 거처로 자신을 내어 주셨습니다.

예수님 지상에 계실 때의 처소

그러시기 위하여 주님께서는 영생 얻은 우리를 당신의 거처로 정하셨습니다.

요 1:14 말씀이 육신이 되어 우리 가운데 거하시매 우리가 그의 영광을 보니 아버지의 독생자의 영광이요 은혜와 진리가 충만하더라

'말씀이 육신이 되어 우리 가운데 거하셨다'는 말이 단순하게 사람이 되셨다는 뜻만 가진 것이 아닙니다. 하나님이신 그분이 사람이 되시어 구원의 주가 되셨습니다. 아울러 그분은 '말씀이신 그분이 우리, 곧 그분을 믿어 영생 얻은 자들 속에 자신의 영원한 거처'로 정하셨습니다.

우리 주 예수님은 하나님 아버지와 동등되신 본체의 하나님이십니다. 그러나 우리의 중보와 대속주로서 영원히 우리를 위하여 하나님 아버지 우

편에 앉으시어 대언의 기도를 드리십니다.

그래서 우리 주 예수님을 가리켜 하나님의 어린 양으로 일컬음 받으시는 것입니다. 그분은 어린 양으로 구속받아 영생 얻은 하나님의 아들들 가운데 함께 계십니다.

요한계시록 4장과 5장에서 우리는 성부 하나님의 보좌와 그 앞에서 부복하여 성부 하나님을 경배하며 찬미하는 네 생물과 24장로들을 만납니다. 그런데 요한계시록 5장 6절이 이렇게 말합니다.

계 5:6 내가 또 보니 보좌와 네 생물과 장로들 사이에 한 어린 양이 서 있는데 일찍이 죽임을 당한 것 같더라 그에게 일곱 뿔과 일곱 눈이 있으니 이 눈들은 온 땅에 보내심을 받은 하나님의 일곱 영이더라

여기 네 생물들은 전체 피조물을 대표하여 하나님께 영광을 돌리는 천사들입니다. 그리고 24장로는 창세전에 성부께 택하심을 받아 어린 양의 피로써 죄 씻음 받고 영생 얻은 모든 이들을 대표하는 이들입니다.

우리는 한 가지 의문이 생깁니다.

그 감히 성부 하나님의 영광의 보좌 앞에서 섬기고 있는 네 생물들과 24장로들이 어떻게 그 성부의 영광의 빛에 소멸되지 않고 있을 수 있는가?

오직 한 대답만 있을 뿐입니다. 어린 양 되신 우리 주 예수 그리스도께서 그들 중에 서 계시기 때문입니다.

계 5:6 내가 또 보니 보좌와 네 생물과 장로들 사이에 한 어린 양이 서 있는데 일찍이 죽임을 당한 것 같더라

그러니 우리 주 예수님께서는 당신의 피로 사시어 영생 얻게 하신 그들 백성들을 당신이 거하실 영원한 거처로 삼으신 모습을 띠고 계십니다.

정말 그 일은 놀랍고 놀라운 사실입니다.

우리가 예수님을 믿음으로 말미암아 예수님과 연합됨으로 예수님이 우리의 영원한 거처가 되셨습니다. 아울러 예수님께서 친히 우리를 당신의 영원한 거처로 삼으신 임마누엘의 하나님이십니다.

그래서 요한계시록 21장이 말하듯이 우리의 영생의 극치는 하나님의 장막이 우리와 영원히 함께 하는 것입니다.

계 21:1 또 내가 새 하늘과 새 땅을 보니 처음 하늘과 처음 땅이 없어졌고 바다도 다시 있지 않더라

21:2 또 내가 보매 거룩한 성 새 예루살렘이 하나님께로부터 하늘에서 내려오니 그 준비한 것이 신부가 남편을 위하여 단장한 것 같더라

21:3 내가 들으니 보좌에서 큰 음성이 나서 이르되 보라 하나님의 장막이 사람들과 함께 있으매 하나님이 그들과 함께 계시리니 그들은 하나님의 백성이 되고 하나님은 친히 그들과 함께 계셔서

21:4 모든 눈물을 그 눈에서 닦아 주시니 다시는 사망이 없고 애통하는 것이나 곡하는 것이나 아픈 것이 다시 있지 아니하리니 처음 것들이 다 지나갔음이러라

그런 극치를 내다보시면서 예수님께서 말씀하셨습니다.

요 15:4 내 안에 거하라 나도 너희 안에 거하리라

다시 강조하여 드립니다.

우리 주님께서 창세전부터 성부 하나님과 함께 누리셨던 영광으로 복귀하신 후에도 우리의 영원한 보증자로 서 계시기 위하여 어린 양으로 계십니다. 그래서 그분은 하나님 아버지 앞에서 우리의 영원한 거처가 되십니다.

모세가 이해한 우리의 영원한 거처

성령 하나님께서 구약시대의 성도들에게 그 비밀을 미리 알게 하시었습니다.

시 90:1 주여 주는 대대에 우리의 거처가 되셨나이다

90:2 산이 생기기 전, 땅과 세계도 주께서 조성하시기 전 곧 영원부터 영원까지 주는 하나님이시니이다

이 시편 90편은 모세의 시편입니다.

모세가 과거형으로 '주는 영원히 우리의 거처가 되셨다' 한 표현은 지나가 버린 과거의 일을 추억하고자 함이 아닙니다. 도리어 모세는 자기의 과거와 현재와 미래의 영원한 내세 전부가 바로 주 하나님의 품 안에 있음을 광포한 것입니다.

시간 세계에 사는 우리가 볼 때에 지난 세월은 우리와 아무 관계가 없고 오직 현재와 오는 세월만 우리에게 의미 있다고 생각하기 쉽습니다. 그러나 사실은 시간 세계와 영원을 주장하시는 하나님께는 우리의 모든 지난 날들도 마치 현재처럼 보입니다. 그러므로 모세는 자기의 태어난 날부터 이 시편을 쓸 때까지의 세월에 갇히어 하나님의 은혜를 생각하지 않았습니다. 도리어 창세 이후 대대로 하나님께서 그를 경외하는 이들의 거처가 되셨다고 하였습니다. 모세 이전에 태어나 살던 이들이나 모세 때의 백성들이나 그 후의 모든 백성들 전체를 '우리'라는 인칭 대명사로 표현하고 있습니다. 그러면서 어느 시대에 태어나 살든지 간에 누구든지 창조주시요 구원의 주로서의 하나님과의 관계에 대하여 동일선상에 있습니다.

시간적인 차이는 지상에 있는 우리에게는 크게 보이나 어느 시대의 성도들도 하나님과의 관계에 있어서는 동등합니다. 어떤 이들이 그리스도의 재

림의 약속이 더디다고 할 때 베드로 사도는 성령님께 이끌리어 때에 관하여 의미심장하게 이렇게 진술하였습니다.

벧후 3:8 사랑하는 자들아 주께는 하루가 천 년 같고 천 년이 하루 같다는 이 한 가지를 잊지 말라

3:9 주의 약속은 어떤 이들이 더디다고 생각하는 것 같이 더딘 것이 아니라 오직 주께서는 너희를 대하여 오래 참으사 아무도 멸망하지 아니하고 다 회개하기에 이르기를 원하시느니라

지상에서나 하늘에서 우리의 거처는 오직 성삼위 하나님

우리가 지상의 행로를 다 마치고 하나님 아버지 집에 갑니다.

요 14:1 너희는 마음에 근심하지 말라 하나님을 믿으니 또 나를 믿으라

14:2 내 아버지 집에 거할 곳이 많도다 그렇지 않으면 너희에게 일렀으리라 내가 너희를 위하여 거처를 예비하러 가노니

14:3 가서 너희를 위하여 거처를 예비하면 내가 다시 와서 너희를 내게로 영접하여 나 있는 곳에 너희도 있게 하리라

아버지의 집의 개념을 지상에 있던 우리의 조건과 같은 개념으로 생각하지 말아야 합니다. 아버지의 집의 개념은 하나님께서 우리를 창세전에 예정하시고 실행하시어 완성하신 모든 완전한 희락과 복락과 영광에 들어가 영원히 참된 안식을 누리며 하나님을 영화롭게 하는 개념입니다.

고전 2:9 기록된 바 하나님이 자기를 사랑하는 자들을 위하여 예비하신 모든 것은 눈으로 보지 못하고 귀로 듣지 못하고 사람의 마음으로 생각하지도 못하였다 함과 같으니라

그 하나님 아버지께서 영생 얻은 그 백성, 우리를 위하여 예비하신 모든

것이 바로 우리 주 예수 그리스도 안에 있습니다.

그러므로 아버지 집은 '우리가 그리스도와 연합하여 그리스도를 완전하게 본받아 성삼위 하나님의 충만을 기뻐하여 그를 영화롭게 하는 하늘에 예비된 처소'를 가리킵니다.

그러므로 지상에서나 하늘에서나 우리의 영원한 거처는 성부와 성자와 성령, 성삼위 하나님이십니다. 그래서 예수님께서는 최후의 만찬석에서 바로 그 요점을 강조하신 것입니다.

요 14:1 너희는 마음에 근심하지 말라 하나님을 믿으니 또 나를 믿으라

14:2 내 아버지 집에 거할 곳이 많도다 그렇지 않으면 너희에게 일렀으리라 내가 너희를 위하여 거처를 예비하러 가노니

14:3 가서 너희를 위하여 거처를 예비하면 내가 다시 와서 너희를 내게로 영접하여 나 있는 곳에 너희도 있게 하리라

그리스도 안에 거하는 것의 실상

우리 주 예수님께서는 당신 자신과 우리의 신비로운 연합의 관계를 이렇게 표현하셨습니다.

요 15:1 나는 참포도 나무요 내 아버지는 농부라

15:2 무릇 내게 붙어 있어 열매를 맺지 아니하는 가지는 아버지께서 그것을 제거해 버리시고 무릇 열매를 맺는 가지는 더 열매를 맺게 하려 하여 그것을 깨끗하게 하시느니라

15:3 너희는 내가 일러준 말로 이미 깨끗하여졌으니

15:4 내 안에 거하라 나도 너희 안에 거하리라 가지가 포도나무에 붙어 있지 아니하면 스스로 열매를 맺을 수 없음 같이 너희도 내 안에 있지 아니하면

그러하리라

15:5 나는 포도나무요 너희는 가지라 그가 내 안에, 내가 그 안에 거하면 사람이 열매를 많이 맺나니 나를 떠나서는 너희가 아무것도 할 수 없음이라

15:6 사람이 내 안에 거하지 아니하면 가지처럼 밖에 버려져 마르나니 사람들이 그것을 모아다가 불에 던져 사르느니라

15:7 너희가 내 안에 거하고 내 말이 너희 안에 거하면 무엇이든지 원하는 대로 구하라 그리하면 이루리라

우리는 이 예수님의 말씀 속에서 우리의 영원한 거처이신 그리스도 안에 거한다는 것이 구체적으로 무엇을 의미함인지 배웁니다. 우리가 그리스도 안에 거한다는 것은 바로 우리가 아버지 하나님의 뜻에 순종하여 의의 열매를 맺어가는 것을 의미합니다.

하나님 아버지께서 우리를 사랑하시어 창세전에 택하시고 아들들로 삼으시려 뜻을 정하실 때 우리가 그리스도를 완전하게 본받아 거룩하고 흠이 없게 하시려 하셨습니다.

마지막 아담이신 그리스도의 형상의 진수

그리스도의 형상의 진수는 바로 아버지 하나님의 뜻에 완전하게 순종하신 데 있습니다. 그것이 바로 성경에서 말하는 '의'입니다.

구약성경에서는 하나님께서 모세를 통하여 주신 율법과 계명을 완전하게 순종하는 것을 의로 규정하셨습니다. 그러므로 본질상 모든 인생은 하나님의 율법과 계명에 완전하게 순종하여 하나님 앞에 제출할 '의'를 마련해야 하는 입장에 있습니다. 그러나 우리는 아담의 후손으로 원죄를 가지고 태어나, 그 죄성에서 스스로 자유로울 수 없습니다. 그래서 우리가 필

연 하나님의 진노를 받을 위치에 있었습니다. 그러나 하나님께서는 그런 우리를 위하여 당신 자신의 아들 예수 그리스도를 보내셨습니다.

우리 주 예수님께서는 성령님으로 잉태되시어 동정녀 마리아에게 나심으로 말미암아 아담의 원죄에서 자유로우셨습니다. 예수님은 아담의 자손이 아닙니다. 사도 바울은 예수님을 가리켜 마지막 아담이라고 하였습니다.

고전 15:45 기록된 바 첫 사람 아담은 생령이 되었다 함과 같이 마지막 아담은 살려 주는 영이 되었나니

아담이 하나님 앞에서 그의 모든 자손을 대표하여 하나님의 언약의 상대였듯이, 그리스도께서 택한 백성들 전체를 대표하여 하나님의 언약의 상대로 하나님 앞에 서셨습니다.

아담이 본래 원의를 가진 자로 창조되었어도 하나님의 금령을 어김으로 죄를 짓고 죽게 되었고 하나님의 진노 아래 떨어지게 되었습니다.

그러나 예수님께서 성령님으로 말미암아 잉태되시어 동정녀 마리아에게서 나심으로 원의를 가지고 계셨습니다. 예수님께서 여자에게서 나심으로 말미암아 자신을 율법을 지킬 의무 아래 두신 것입니다. 예수님께서 죄를 한 번도 짓지 않으셨습니다.

그 말은 예수님께서 율법과 계명을 한 번도 어기신 적이 없었고 적극적으로 율법이 요구하는 의를 완전하게 이루셨다는 말입니다. 그렇게 하심으로써 예수님께서는 완전하시고 충분하신 대속주, 흠 없는 어린 양으로서의 자격을 완전하게 입증하신 것입니다.

아울러 예수님께서는 우리의 대속주로서 우리와 신비롭게 연합하심과 동시에 우리가 영원히 본받을 모델이 되신 셈입니다. 율법이 요구하는 의 (義)는 '전심을 다하여 하나님을 사랑하고 자기 이웃을 자기 같이 사랑하

는 것'입니다. 다음의 마가복음의 대목을 들어 보십시오.

막 12:28 서기관 중 한 사람이 그들이 변론하는 것을 듣고 예수께서 잘 대답
하신 줄을 알고 나아와 묻되 모든 계명 중에 첫째가 무엇이니이까

12:29 예수께서 대답하시되 첫째는 이것이니 이스라엘아 들으라 주 곧 우리
하나님은 유일한 주시라

12:30 네 마음을 다하고 목숨을 다하고 뜻을 다하고 힘을 다하여 주 너의 하
나님을 사랑하라 하신 것이요

12:31 둘째는 이것이니 네 이웃을 네 자신과 같이 사랑하라 하신 것이라 이
보다 더 큰 계명이 없느니라

순종하는 자녀의 행로

예수님께서는 하나님의 흠 없는 어린 양으로서 백성들의 죄를 지고 십자
가에서 피 흘리시고 죽으시고 제 삼일에 다시 살아나셨습니다. 그리하여
예수님을 믿는 자는 값없이 은혜로 죄 용서와 의롭다 하심을 받은 것입니
다. 그렇게 영생 얻은 우리 성도들은 즉시로 아버지께 순종하여 그리스도
의 형상을 본받아 가는 자의 행로를 시작합니다.

그러므로 우리가 지상에 사는 삶의 진정한 가치는 그리스도 안에서 아
버지 하나님의 뜻과 말씀과 계명을 지키는 데 있습니다.

거듭 강조한 바 있지만, 그렇게 하는 것은 우리의 영생을 더 견고하게
하려는 것이 아니라 영생의 본질을 발휘하려는 것입니다. 그래서 예수님께
서 자신을 믿음으로 말미암아 영생 얻은 자들의 지상 행로의 요지를 아버
지 하나님의 뜻대로 행하는 것임을 말씀하신 것입니다.

요 15:8 너희가 열매를 많이 맺으면 내 아버지께서 영광을 받으실 것이요 너

희는 내 제자가 되리라

15:9 아버지께서 나를 사랑하신 것 같이 나도 너희를 사랑하였으니 나의 사랑 안에 거하라

15:10 내가 아버지의 계명을 지켜 그의 사랑 안에 거하는 것 같이 너희도 내 계명을 지키면 내 사랑 안에 거하리라

15:11 내가 이것을 너희에게 이름은 내 기쁨이 너희 안에 있어 너희 기쁨을 충만하게 하려 함이라

15:12 내 계명은 곧 내가 너희를 사랑한 것 같이 너희도 서로 사랑하라 하는 이것이니라

우리가 하나님을 전심으로 사랑하여 계명을 온전하게 지키며 우리가 우리의 이웃을 우리 자신 같이 사랑해야 합니다.

성령님과 말씀과 기도

우리는 요한복음 14-16장에 이르는 예수님의 최후의 만찬석 강론 속에서 그리스도를 거처로 삼는 우리에게 부어지는 은혜의 통로가 무엇인지 발견하게 됩니다. 그것은 영생 얻은 이들에게 보혜사로 내주하시는 성령님께서 말씀과 기도를 통하여 역사하신다는 사실입니다. 우리 주 예수 그리스도를 거처로 삼는 지상의 성도들이 먹고 마실 신령한 양식과 음료도 그분 자신입니다.

요 6:54 내 살을 먹고 내 피를 마시는 자는 영생을 가졌고 마지막 날에 내가 그를 다시 살리리니

6:55 내 살은 참된 양식이요 내 피는 참된 음료로다

6:56 내 살을 먹고 내 피를 마시는 자는 내 안에 거하고 나도 그의 안에 거하

나니

6:57 살아 계신 아버지께서 나를 보내시매 내가 아버지로 말미암아 사는 것 같이 나를 먹는 그 사람도 나로 말미암아 살리라

그것이 바로 그리스도 안에 있는 이들이 누리는 하나님의 은혜의 정체입니다. 그리고 그 은혜를 우리 안에 적용하시며 역사하시는 분이 보혜사 성령님이십니다. 그래서 이 만찬석에서의 마지막 강화의 말씀을 하신 예수님께서 성령님을 계속 언급하셨습니다. 아울러 예수님께서는 '성령님과 말씀과 계명과 기도'를 한 대목 속에서 포괄적으로 말씀하신 것입니다.

요 14:13 너희가 내 이름으로 무엇을 구하든지 내가 행하리니 이는 아버지로 하여금 아들로 말미암아 영광을 받으시게 하려 함이라

14:14 내 이름으로 무엇이든지 내게 구하면 내가 행하리라

14:15 너희가 나를 사랑하면 나의 계명을 지키리라

14:16 내가 아버지께 구하겠으니 그가 또 다른 보혜사를 너희에게 주사 영원토록 너희와 함께 있게 하리니

14:17 그는 진리의 영이라 세상은 능히 그를 받지 못하나니 이는 그를 보지도 못하고 알지도 못함이라 그러나 너희는 그를 아나니 그는 너희와 함께 거하심이요 또 너희 속에 계시겠음이라

14:18 내가 너희를 고아와 같이 버려두지 아니하고 너희에게로 오리라

그러므로 그리스도께서는 영생 얻은 이들의 영원한 거처요, 영원한 본이시요, 말씀과 기도를 통하여 역사하시는 성령님을 아버지 하나님께 구하여 우리에게 보내신 장본인이십니다.

오, 우리의 영원한 거처가 그리스도라는 사실 속에 우리의 영원한 안식과 만족과 행복이 충만하게 녹아 있습니다.

다윗과 바울의 영원한 거처

그래서 사도 바울은 옥중에서 그렇게 말할 수 있었던 것입니다.

빌 1:20 나의 간절한 기대와 소망을 따라 아무 일에든지 부끄러워하지 아니하고 지금도 전과 같이 온전히 담대하여 살든지 죽든지 내 몸에서 그리스도가 존귀하게 되게 하려 하나니

1:21 이는 내게 사는 것이 그리스도니 죽는 것도 유익함이라

사도 바울은 자기 서신에서 '그리스도 안에서'라는 말을 41회, '주 안에서'는 33회, '예수 안에서'라는 말은 34회 썼습니다. 거기다가 예수님을 3인칭으로 하여 '그 안에서'는 12회, '그로 인하여,' 또는 '그로 말미암아'까지 합하면 그 수가 더 많아집니다.

그러니 사도 바울은 그리스도 우리 주님 안에 자기의 존재와 자기의 인격 활동 전부, 자기의 마음의 생각과 행동 전체를 넣고 보았습니다.

사도 바울만 아니라 구약의 모세와 선지자들도 마찬가지였습니다.

다윗은 죄로 인하여 본질상 하나님의 진노 아래 있는 자기 백성을 용서하시고 구원하시어 영생을 주시는 하나님의 사랑 전체가 다 그리스도와 그 속량 안에 있음을 알았습니다.

시 130:3 여호와여 주께서 죄악을 지켜보실진대 주여 누가 서리이까

130:4 그러나 사유하심이 주께 있음은 주를 경외하게 하심이니이다

130:7 이스라엘아 여호와를 바랄지어다 여호와께서는 인자하심과 풍성한 속량이 있음이라

130:8 그가 이스라엘을 그의 모든 죄악에서 속량하시리로다

우리가 이 세상에 있을 때나 영원한 내세에나 우리의 거처는 오직 하나님의 아들 우리 주 예수 그리스도 안입니다. 성부 하나님께서 우리를 그리

스도 안에서 택하시고 그리스도 안에서 속량하시어 아들로 받아 주셨습니다. 성령 하나님께서 우리 안에서 보혜사로 계시면서 우리 주 예수님의 그 속량의 효력을 끼치시며 그리스도를 힘입어 하나님을 아버지로 부르게 하십니다. 아멘.

chapter 13

영생과 바른 교훈

이 장에서는 영생 얻은 우리가 하나님의 말씀의 바른 교훈을 따를 절대 필요에 대하여 성경에서 배우려 합니다.

영생 얻은 자의 양식

교회사의 어느 시대도 그랬으나 이 요점은 정말 이 시대에 절실하게 강조되어야 합니다. 지금 이 시대는 교회사에 나타난 각종 교훈들이 다 함께 어울려 있습니다.

그러나 성령께서는 오직 성경에 합당한 바른 말씀, 곧 바른 교훈 속에서만 그 사랑하시는 자들을 구원하시고 양육하십니다. 성령께서는 말씀으로 그 사랑하시는 이들을 거듭나게 하시어 회개하여 예수님을 믿게 하십니다. 그리고 그렇게 믿음으로 말미암아 영생 얻은 자들을 바른 말씀으로 양육하십니다.

바른 말씀, 바른 교훈은 영생 얻은 사람들에게 독이 없는 순전한 음식과 같습니다. 바르지 못한 교훈은 사탄과 사람의 죄성과 세상의 풍조의 합작품으로 독과 같습니다. 영생 얻은 우리가 아버지의 집에 당도하기까지의 지상 행로에서 사도의 복음에 합당한 증거, 신령한 양식을 항상 먹어야 합니다.

우리 주 예수님께서 친히 자신의 살과 피를 가리켜 영생 얻은 자들의 참된 양식과 참된 음료라 하셨습니다.

> 요 6:54 내 살을 먹고 내 피를 마시는 자는 영생을 가졌고 마지막 날에 내가 그를 다시 살리리니
>
> 6:55 내 살은 참된 양식이요 내 피는 참된 음료로다
>
> 6:56 내 살을 먹고 내 피를 마시는 자는 내 안에 거하고 나도 그의 안에 거하나니
>
> 6:57 살아 계신 아버지께서 나를 보내시매 내가 아버지로 말미암아 사는 것 같이 나를 먹는 그 사람도 나로 말미암아 살리라

영생 얻은 자와 바른 교훈

그러면 주님의 살과 피는 무엇입니까? 실제로 주님의 살과 피를 먹고 마신다는 것입니까?

아닙니다. 그리스도의 십자가의 바른 도리를 듣고 믿고 그에 따라 순종하여 행하는 영생 얻은 자의 믿음의 행사를 생각하시면서 예수님께서 그리 말씀하신 것입니다.

> 고전 1:18 십자가의 도가 멸망하는 자들에게는 미련한 것이요 구원을 받는 우리에게는 하나님의 능력이라

1:22 유대인은 표적을 구하고 헬라인은 지혜를 찾으나

1:23 우리는 십자가에 못 박힌 그리스도를 전하니 유대인에게는 거리끼는 것이요 이방인에게는 미련한 것이로되

1:24 오직 부르심을 받은 자들에게는 유대인이나 헬라인이나 그리스도는 하나님의 능력이요 하나님의 지혜니라

1:25 하나님의 어리석음이 사람보다 지혜롭고 하나님의 약하심이 사람보다 강하니라

그래서 사도는 유언과 같은 디모데후서 4장에서 디모데에게 경계하며 더할 수 없을 정도로 강하게 권하였습니다.

딤후 4:1 하나님 앞과 살아 있는 자와 죽은 자를 심판하실 그리스도 예수 앞에서 그가 나타나실 것과 그의 나라를 두고 엄히 명하노니

4:2 너는 말씀을 전파하라 때를 얻든지 못 얻든지 항상 힘쓰라 범사에 오래 참음과 가르침으로 경책하며 경계하며 권하라

4:3 때가 이르리니 사람이 바른 교훈을 받지 아니하며 귀가 가려워서 자기의 사욕을 따를 스승을 많이 두고

4:4 또 그 귀를 진리에서 돌이켜 허탄한 이야기를 따르리라

4:5 그러나 너는 모든 일에 신중하여 고난을 받으며 전도자의 일을 하며 네 직무를 다하라

十원받은 사람, 영생 얻은 사람은 진리에 속한 사람입니다. 실로 영생 얻은 그리스도의 양들은 목자이신 주님의 음성을 듣습니다.

요 10:27 내 양은 내 음성을 들으며 나는 그들을 알며 그들은 나를 따르느니라

10:28 내가 그들에게 영생을 주노니 영원히 멸망하지 아니할 것이요 또 그들을 내 손에서 빼앗을 자가 없느니라

주님의 음성은 무엇입니까? 무슨 우리 귀에 신비롭게 들려오는 음성입니까?

아닙니다. 성경이 주님의 음성이요, 성경의 바른 강론, 성경이 말하는 바를 바르게 증거한 교훈 체계입니다.

그런 의미에서 사도 바울은 "말씀을 전파하라" 한 것입니다. 주님의 양 된 성도들을 양육하고 기른다는 것은 바로 성경의 바른 복음 진리의 말씀, 곧 바른 교훈을 따라 주님을 순종하게 하는 것입니다.

제자들이 디베랴 바다에서 밤새도록 고기를 잡았으나 하나도 잡지 못한 날 아침에 부활하신 예수님께서 제자들에게 나타나셨습니다. 그리고 그들이 주님의 명하심에 따라서 한 번 그물을 내려 153마리의 고기를 잡았습니다. 예수님께서 친히 제자들과 조반을 드신 후에 베드로에게 말씀하셨습니다.

요 21:15 그들이 조반 먹은 후에 예수께서 시몬 베드로에게 이르시되 요한의 아들 시몬아 네가 이 사람들보다 나를 더 사랑하느냐 하시니 이르되 주님 그러하나이다 내가 주님을 사랑하는 줄 주님께서 아시나이다 이르시되 내 어린 양을 먹이라 하시고

우리 주님께서 베드로에게 그런 당부를 세 번이나 반복하셨습니다. 그렇게 하심으로써 그들 사도들과 복음 사역자들이 '내 양'이라고 표현된 주님의 영생 얻은 백성들을 기르고 먹이고 쳐야 함을 강조하신 것입니다. 그것이 바로 하나님께서 세우신 복음 사역자들의 사역의 본질입니다.

그런데 그 사역은 바른 말씀과 바른 교훈으로 그들을 먹이고 양육하여야 합니다. 그래서 그들을 택하시고 구원하시고 영생을 주신 하나님 아버지의 목적에 순응하여 그들을 교훈하고 기르고 감독해야 합니다.

목양의 본질과 목표

바로 그것이 목양입니다. 그래서 사도 바울은 그 목양의 본질과 목표를 이렇게 묘사하였습니다.

엡 4:11 그가 어떤 사람은 사도로, 어떤 사람은 선지자로, 어떤 사람은 복음 전하는 자로, 어떤 사람은 목사와 교사로 삼으셨으니

4:12 이는 성도를 온전하게 하여 봉사의 일을 하게 하며 그리스도의 몸을 세우려 하심이라

4:13 우리가 다 하나님의 아들을 믿는 것과 아는 일에 하나가 되어 온전한 사람을 이루어 그리스도의 장성한 분량이 충만한 데까지 이르리니

4:14 이는 우리가 이제부터 어린 아이가 되지 아니하여 사람의 속임수와 간사한 유혹에 빠져 온갖 교훈의 풍조에 밀려 요동하지 않게 하려 함이라

4:15 오직 사랑 안에서 참된 것을 하여 범사에 그에게까지 자랄지라 그는 머리니 곧 그리스도라

그래서 사도 바울은 에베소교회 3년의 목회 전도 사역을 결산하면서 그 교회 장로들에게 한 고별 설교에서 말하였습니다.

행 20:20 유익한 것은 무엇이든지 공중 앞에서나 각 집에서나 거리낌이 없이 여러분에게 전하여 가르치고

20:21 유대인과 헬라인들에게 하나님께 대한 회개와 우리 주 예수 그리스도께 대한 믿음을 증언한 것이라

20:22 보라 이제 나는 성령에 매여 예루살렘으로 가는데 거기서 무슨 일을 당할지 알지 못하노라

20:23 오직 성령이 각 성에서 내게 증언하여 결박과 환난이 나를 기다린다 하시나

20:24 내가 달려갈 길과 주 예수께 받은 사명 곧 하나님의 은혜의 복음을 증언하는 일을 마치려 함에는 나의 생명조차 조금도 귀한 것으로 여기지 아니하노라

20:25 그러므로 오늘 여러분에게 증언하거니와 모든 사람의 피에 대하여 내가 깨끗하니 이는 내가 꺼리지 않고 하나님의 뜻을 다 여러분에게 전하였음이라

20:26 지금 내가 여러분을 주와 및 그 은혜의 말씀에 부탁하노니 그 말씀이 여러분을 능히 든든히 세우사 거룩하게 하심을 입은 모든 자 가운데 기업이 있게 하시리라

양들을 해치는 이리들을 삼가라

그러면서 사도 바울은 경계하였습니다. 사도는 그들 가운데 가만히 들어와 주님의 양들을 해할 거짓 선생들을 이리로 비유하였습니다.

행 20:29 내가 떠난 후에 사나운 이리가 여러분에게 들어와서 그 양 떼를 아끼지 아니하며

20:30 또한 여러분 중에서도 제자들을 끌어 자기를 따르게 하려고 어그러진 말을 하는 사람들이 일어날 줄을 내가 아노라

그래서 교회에서 증거되는 교훈이 무엇이냐가 그렇게 중요한 것입니다. 실로 그 교회가 주님의 교회인지의 여부는 그 교회에서 전해지는 설교가 사도의 복음대로인가에 달려 있습니다. 그래서 사도 요한은 요한일서에서 이렇게 말한 것입니다.

요일 2:18 아이들아 지금은 마지막 때라 적그리스도가 오리라는 말을 너희가 들은 것과 같이 지금도 많은 적그리스도가 일어났으니 그러므로 우리가 마

지막 때인 줄 아노라

20:19 그들이 우리에게서 나갔으나 우리에게 속하지 아니하였나니 만일 우리에게 속하였더라면 우리와 함께 거하였으려니와 그들이 나간 것은 다 우리에게 속하지 아니함을 나타내려 함이라

2:20 너희는 거룩하신 자에게서 기름 부음을 받고 모든 것을 아느니라

2:21 내가 너희에게 쓰는 것은 너희가 진리를 알지 못하기 때문이 아니라 알기 때문이요 또 모든 거짓은 진리에서 나지 않기 때문이라

영생 얻은 자의 논리

우리가 영생을 얻은 것은 바른 복음의 말씀의 교훈을 들음으로 말미암았습니다.

롬 10:17 그러므로 믿음은 들음에서 나며 들음은 그리스도의 말씀으로 말미암았느니라

그리스도의 말씀이란 무엇입니까?

사도들을 통하여 증거된 바른 복음 진리의 체계를 가리킵니다. 성경은 아무렇게나 무질서하게 던져진 여러 교훈들의 파편들의 모음집이 아닙니다. 성령께서 성경기자들로 하여금 하나님의 계시의 말씀을 일관성 있고 통일성 있고 조화 있게 증언하고 기록하게 하신 책이 바로 성경입니다. 그래서 우리 믿음은 맹목적인 종교성의 표현이 아닙니다. 그 어떤 반대 이론이나 논리도 성경의 논리로 대응하는 완전한 논리 체계가 바로 우리의 믿음입니다.

고후 10:3 우리가 육신으로 행하나 육신에 따라 싸우지 아니하노니

10:4 우리의 싸우는 무기는 육신에 속한 것이 아니요 오직 어떤 견고한 진도

무너뜨리는 하나님의 능력이라 모든 이론을 무너뜨리며

10:5 하나님 아는 것을 대적하여 높아진 것을 다 무너뜨리고 모든 생각을 사로잡아 그리스도에게 복종하게 하니

10:6 너희의 복종이 온전하게 될 때에 모든 복종하지 않는 것을 벌하려고 준비하는 중에 있노라

이런 말을 하면 어떤 이는 이렇게 반문할지 모릅니다. "그러면 그런 탄탄한 논리가 없는 사람은 아직 구원에 이르지 못하였다는 말입니까?" 물론 사람이 구원, 곧 영생을 얻는 것은 복음의 말씀대로 예수님을 구주로 믿음을 인하여 하나님의 은혜로 말미암습니다. 그런데 그렇게 받은 구원, 그렇게 얻은 영생은 그 속에 나중에 거룩한 논리로 자랄 씨눈을 가지고 있습니다.

그러므로 진정한 의미의 목회 사역은 하나님의 사랑하심을 받고 영생 얻은 이들을 그리스도 안에 견고하게 세우되, 그 거룩한 논리에서 자라며 열매 맺게 하시는 성령님의 도구로 섬기는 것입니다.

사도 바울이 이해한 목회 사역이 바로 그것이었습니다.

골 1:28 우리가 그를 전파하여 각 사람을 권하고 모든 지혜로 각 사람을 가르침은 각 사람을 그리스도 안에서 완전한 자로 세우려 함이니

1:29 이를 위하여 나도 내 속에서 능력으로 역사하시는 이의 역사를 따라 힘을 다하여 수고하노라

고후 11:2 내가 하나님의 열심으로 너희를 위하여 열심을 내노니 내가 너희를 정결한 처녀로 한 남편인 그리스도께 드리려고 중매함이로다

딛 1:9 미쁜 말씀의 가르침을 그대로 지켜야 하리니 이는 능히 바른 교훈으로 권면하고 거스려 말하는 자들을 책망하게 하려 함이라

딛 2:1 오직 너는 바른 교훈에 합한 것을 말하여

영생 얻은 사람의 신앙고백

다시 묻습니다. 누가 영생 얻은 사람입니까?

하나님의 아들 예수 그리스도를 성경이 말하는 대로 구주로 믿는 그 사람이 영생을 얻었습니다.

요일 5:11 또 증거는 이것이니 하나님이 우리에게 영생을 주신 것과 이 생명이 그의 아들 안에 있는 그것이니라

5:12 아들이 있는 자에게는 생명이 있고 하나님의 아들이 없는 자에게는 생명이 없느니라

누가 우리에게 영생 얻은 확실한 표지를 제시하라고 하면 우리는 서슴없이 이 말씀을 제시하면 됩니다. 우리가 주일에 교회로 모여 하나님께 예배할 때 사도신경으로 그 믿음을 고백합니다. 진정 그 고백이 진실이라면 우리가 영생을 얻은 것이 분명합니다.

사도신경이야말로 구원신앙(saving faith)을 가진 자가 마땅하게 고백할 내용을 참으로 놀랍게 응축하여 놓았습니다. 간혹 어떤 이들은 사도신경이 성경에 나와 있지 않으니 공신력에 의문이 간다고 합니다. 물론 성경에 사도신경의 문구가 있는 것은 아닙니다. 그러나 성경이 말하는 복음 신앙의 진수를 나타낸 것이 바로 사도신경입니다.

신약시대 이후 교회사의 초기부터 교회는 하나님께서 구원하신 택한 백성들이 가진 동일한 믿음을 고백하고 표현할 표준의 필요를 알았습니다. 물론 그 믿음의 표준은 신약성경에 나타난 사도들의 믿음이었습니다. 우리 예수님께서 친히 참된 믿음의 표준을 확인하여 주셨습니다.

마 16:13 예수께서 빌립보 가이사랴 지방에 이르러 제자들에게 물어 이르시되 사람들이 인자를 누구라 하느냐

16:14 이르되 더러는 세례 요한, 더러는 엘리야, 어떤 이는 예레미야나 선지자 중의 하나라 하나이다

16:15 이르시되 너희는 나를 누구라 하느냐

16:16 시몬 베드로가 대답하여 이르되 주는 그리스도시요 살아 계신 하나님의 아들이시니이다

제자들을 대표하여 사도 베드로가 주님 자신을 믿은 믿음을 고백하였습니다. 그 때 주님께서 그 믿음의 고백에 대하여 무어라 하셨습니까?

마 16:17 예수께서 대답하여 이르시되 바요나 시몬아 네가 복이 있도다 이를 네게 알게 한 이는 혈육이 아니요 하늘에 계신 내 아버지시니라

주님께서 세우시는 교회

그리고 주님께서 세우실 교회의 비전을 말씀하셨습니다.

마 16:18 또 내가 네게 이르노니 너는 베드로라 내가 이 반석 위에 내 교회를 세우리니 음부의 권세가 이기지 못하리라

16:19 내가 천국 열쇠를 네게 주리니 네가 땅에서 무엇이든지 매면 하늘에서도 매일 것이요 네가 땅에서 무엇이든지 풀면 하늘에서도 풀리리라 하시고

그러니 교회는 사도적인 신앙의 반석 위에 세워진 하나님의 집입니다. 그래서 그 요점을 기념하시느라 예수님께서는 요나의 아들 시몬의 이름을 '베드로, 곧 반석'이라고 지어 주셨습니다. 물론 베드로 개인의 인격을 가리켜 반석이라고 한 것이 아니라 베드로의 믿음을 반석이라고 하신 것입니다. 베드로가 예수님을 그렇게 믿은 것은 베드로 자신이나 다른 사람의

권유에 의한 것이 아니었습니다.

그의 믿음이 그런 경로로 생긴 것이라면 결코 반석이 될 수 없습니다. 누구든지 섰다고 안심하고 있다가 금방 넘어지는 것이 사람이기 때문입니다.

그래서 사도 바울은 그 점을 성도들에게 유념하게 하였습니다.

고전 10:12 그런즉 선 줄로 생각하는 자는 넘어질까 조심하라

베드로가 예수님을 그리스도와 살아계신 하나님의 아들로 믿게 된 것은 하늘에 계신 하나님 아버지께서 주신 은혜로 말미암은 것입니다. 그래서 그의 믿음을 반석이라고 하신 것입니다.

그러므로 주님의 교회는 그런 사도적인 믿음을 가진 자들, 아버지 하나님의 주권적인 은혜를 받아 예수님을 그리스도와 살아계신 하나님의 아들로 믿고 고백하는 자들로 이루어진 주님의 몸입니다. 그들이 바로 영생 얻은 이들입니다.

그러므로 교회로 모여 하나님께 예배드릴 때 항시 동일한 믿음을 가진 지체들이 신앙을 고백하는 것은 매우 중요합니다.

교회사의 유산, 신앙고백들

교회사는 영생 얻은 우리의 참된 구원신앙을 돕고 더욱 견고하게 할 필요성을 여실히 보여줍니다.

앞에서도 말한 것 같이 구원신앙을 대적하는 음부의 세력, 곧 사탄이 불신앙자들의 사상과 정신을 주장하여 만들어내는 각종 거짓 교훈들 때문에 그것이 필요합니다. 그런 도전과 대적을 대처하여 구원신앙을 견고하게 하며 하나님의 성소로서의 교회를 순결하게 지키기 위하여 구원신앙을

더 섬세하게 규정할 필요가 생겼습니다.

그래서 교회사의 흐름 속에서 주후 325년에 그리스도의 신성을 부인하는 아리우스를 배격하고 사도신경을 기본으로 하여 그리스도의 신성을 강조한 니케아신경이 수립됩니다. 주후 381년에는 콘스탄티노플에서 니케아신경에 더하여 삼위일체론을 확립한 아다나시우스 신조가 나옵니다.

그리고 1천 년간의 중세교회의 성경을 떠난 잘못된 신학과 신앙을 타파하고 성경의 권위 아래로 지상 교회를 서게 한 종교개혁이 1517년에 일어납니다.

그리고 그 후 오직 성경의 절대 권위를 중심한 종교개혁의 정신을 구현하여 신앙을 위한 여러 조항들을 규정한 웨스트민스터 신앙고백이 1643-1647년 사이에 수립됩니다.

1561년에 귀도 드 브레(Guido de Bres)에 의해 작성되어 여러 교회 대회나 총회에서 개혁교회 신앙고백으로 받은 벨직 신앙고백(Belgic Con-fession)이 있습니다.

1563년에는 독일의 칼빈주의를 표방하는 개혁교회가 우르시누스와 올레비아누스에 의하여 작성된 요리문답을 공식적인 교회의 신앙고백서로 채택하였습니다.

그리고 1648년에는 웨스트민스터 신앙고백과 대소요리문답이 스코틀랜드 교회 총에서 교회의 표준문서로 승인 반포하였습니다.

이 밖에도 구원신앙을 규정하기 위하여 작성된 여러 신앙고백서들이 있습니다. 다만 앞에서 언급된 신앙고백서들은 대표적인 것들로서 다른 여러 신앙고백서들이 담고 있는 내용을 거의 포괄하고 있습니다.

이런 성경적인 견실한 신앙고백서들은 당신의 교회, 당신의 백성들을 그리스도 안에 순결하게 보존하시려는 성령님의 가르치심의 산물입니다. 진정 성경을 어떻게 해석하고 어떻게 이해하고 받아야 하는지의 문제는 그리 간단하지 않습니다. 이런 성경적인 신앙고백서들이 나오기 위하여 치열한 교리적인 논쟁과 쟁투가 있었습니다. 아니 성령님의 인도하심 속에서 그 신앙고백서들을 작성하는데 헌신한 종들 중에 순교의 피를 흘린 이들도 적지 않았습니다.

오늘날 이단적인 주장을 하는 이들도 자기들이야말로 성경적이라고 강변합니다. 그런데 문제는 그들이 교회사를 통하여 성령께서 가르쳐주신 교훈의 산물인 이런 신앙고백서들을 무시하고 있습니다. 그들은 자기들 나름의 시각으로 성경을 접근하여 새 것을 만든다 하는데 성령님으로 말미암은 것이 아닙니다.

그들이 가시적인 지역 교회의 일원이었던 적이 있었으나 그들은 그 교회의 바르고 정상적인 복음의 교리를 외면하고 나가서 자기들의 다른 교훈을 체계화하고 사람들을 미혹하였습니다.

요일 2:19 그들이 우리에게서 나갔으나 우리에게 속하지 아니하였나니 만일 우리에게 속하였더라면 우리와 함께 거하였으려니와 그들이 나간 것은 다 우리에게 속하지 아니함을 나타내려 함이니라

2:20 너희는 거룩하신 자에게서 기름 부음을 받고 모든 것을 아느니라

이같이 교회사의 맨 조기, 사도시대에도 사도들이 증거한 복음과는 다른 교훈들을 전하는 적그리스도와 이단들이 일어났습니다. 물론 그들도 자기들의 주장을 펴기 위하여 구약성경, 특히 모세의 율법을 들먹거리며 사람들을 오도하였습니다.

참된 믿음은 성경 말씀에 대한 바른 해석과 그로 인하여 나온 참된 교

리, 교훈을 따르는 믿음입니다.

유대인들과 예수님의 논쟁

예수님의 공생애 기간 중의 바리새인들과 서기관들은 당시 백성들 중에서 성경을 읽고 해석할 수 있는 역량을 가진 매우 적은 수에 속하였습니다. 그런데 문제는 그들의 성경해석과 교훈이 성경의 진리를 제대로 바르게 제시하였느냐 하는 것입니다.

우리 주 예수님의 가르침은 그들의 가르침과 아주 달랐습니다. 예수님의 가르침은 당시 유대인 사회를 주도하던 산헤드린 공회의 공식 입장과 아주 달랐습니다.

당시 산헤드린 공회는 71인으로 구성된 유대사회를 주장하는 최고 높은 기관이었습니다. 그 공회원이 되려면 구약성경, 곧 율법과 선지자들에 대한 전문적 식견을 가져야 했습니다. 그런 의미에서 소위 유대인의 선생의 반열에 있는 랍비들, 율법사들, 바리새파, 사두개파, 대제사장들이 그 공회원들이었습니다.

그 공회가 사실은 예수님을 빌라도에게 고소하여 십자가에 못 박도록 압력을 가한 것입니다. 신약시대의 최초의 순교자 스테반을 죽인 것도 바로 그 유대인 공회였습니다.

그래서 요한복음에 '유대인들'로 표기된 곳이 40회 나오는데 다 이들 산헤드린 공회원들을 가리키는 것입니다. 예를 들어, 요한복음 5장에 나오는 베데스다의 38년 된 병자를 치료하신 예수님의 일을 생각해 보세요.

그들 유대인들은 예수님이 안식일을 범한 것이라고 주장하였습니다.

요 5:10 유대인들이 병 나은 사람에게 이르되 안식일인데 네가 자리를 들고

가는 것이 옳지 아니하니라

5:11 그러므로 안식일에 이러한 일을 행하신다 하여 유대인들이 예수를 박해하게 된지라

그들의 처사에 대하여 예수님께서 당신 자신의 정체를 드러내시며 당신 자신의 일이 바로 하나님 아버지의 일이라고 강하게 말씀하셨습니다.

요 5:17 예수께서 그들에게 이르시되 내 아버지께서 이제까지 일하시니 나도 일한다 하시매

예수님의 이 말씀을 들은 유대인들은 예수님을 죽여야 한다는 확고한 결심을 하게 됩니다.

요 5:18 유대인들이 이로 말미암아 더욱 예수를 죽이고자 하니 이는 안식일을 범할 뿐만 아니라 하나님을 자기의 친아버지라 하여 자기를 하나님과 동등으로 삼으심이러라

그 기회를 타서 예수님께서는 그들과 여러 제자들 앞에서 예수님과 아버지의 하나되심을 증언하셨습니다. 그리고 예수님을 믿음으로 말미암아 영생을 얻는 이치를 논증하셨습니다.

요 5:24 내가 진실로 진실로 너희에게 이르노니 내 말을 듣고 또 나 보내신 이를 믿는 자는 영생을 얻었고 심판에 이르지 아니하나니 사망에서 생명으로 옮겼느니라

그러시면서 예수님께서 이런 결론을 내리십니다.

요 5:45 내가 너희를 아버지께 고발할까 생각하지 말라 너희를 고발하는 이가 있으니 곧 너희가 바라는 자 모세니라

5:46 모세를 믿었더라면 또 나를 믿었으리니 이는 그가 내게 대하여 기록하였음이라

5:47 그러나 그의 글도 믿지 아니하거든 어찌 내 말을 믿겠느냐 하시니라

사도 바울의 권계(勸誡)

사도 바울은 적극적으로는 그리스도 예수님을 믿음으로 말미암아 구원을 주시는 하나님의 은혜의 복음을 증거하였습니다. 아울러 그 복음을 거스르는 각종 이단과 철학과 거짓 선생들의 교훈을 매우 경계하였습니다.

골 2:6 그러므로 너희가 그리스도 예수를 주로 받았으니 그 안에서 행하되

2:7 그 안에 뿌리를 박으며 세움을 받아 교훈을 받은 대로 믿음에 굳게 서서 감사함을 넘치게 하라

2:7 누가 철학과 헛된 속임수로 너희를 사로잡을까 주의하라 이것은 사람의 전통과 세상의 초등학문을 따름이요 그리스도를 따름이 아니니라

우리가 너무나 잘 알듯이, 갈라디아서는 갈라디아 지방의 교회들에 침투한 할례파 유대인들의 거짓된 교훈을 대응하기 위해 사도 바울이 기록하여 보냈던 서신입니다.

갈 1:7 다른 복음은 없나니 다만 어떤 사람들이 너희를 교란하여 그리스도의 복음을 변하게 하려 함이라

1:8 그러나 우리나 혹은 하늘로부터 온 천사라도 우리가 너희에게 전한 복음 외에 다른 복음을 전하면 저주를 받을지어다

사랑하시는 성도 여러분,

여러분이 영생을 얻었다면, 자의적으로 자기 믿음 생활을 영위하려는 것을 버리고 바른 교훈, 참된 말씀 증거를 따라 나아가야 합니다. 그 속에 성령님의 인도하심이 있습니다.

그래서 우리가 교회사를 통하여 성령께서 주신 거룩한 유산인 기독교 고전들, 성령께서 쓰시어 성경 말씀을 제대로 풀어 증언하게 하신 이들의 책들을 읽어야 합니다. 여러분이 그리하시면, 성경 말씀이 제대로 들리고 읽혀지게 될 것입니다. 이런 은혜가 여러분에게 넘치게 하시기를 주님께 기원합니다. 아멘.

chapter 14

영생 얻은 자의 기도

이 장에서는 영생 얻은 하나님의 자녀의 기도 생활에 대하여 성경이 무엇을 말하고 있는지를 듣고자 합니다. 성령님께서 우리 모두를 인도하시어 기도에 대한 바른 도리를 배우게 하시기를 바랍니다.

영적 생명의 호흡으로서의 기도

누가 여러분에게 그리스도를 믿음으로 말미암아 의롭다 하심을 받아 영생에 들어간 사람이 보이는 가장 뚜렷한 표지 하나를 제시하라면, 무어라 답하시겠습니까? 그 질문에 대하여 여러 대답이 나올 수 있습니다. 마치 죽었다고 여겨지던 자가 깨어나면 그 살아남을 보여주는 여러 가지 표징이 있듯이 말입니다. 누구든지 성경이 말하는 대로 예수님을 진실로 믿는다면, 그가 전에는 죄와 허물로 죽었었으나 이제 살아났다는 말입니다.

엡 2:1 그는 허물과 죄로 죽었던 너희를 살리셨도다

2:2 그 때에 너희는 그 가운데서 행하여 이 세상 풍조를 따르고 공중의 권세 잡은 자를 따랐으니 곧 지금 불순종의 아들들 가운데서 역사하는 영이라

2:3 전에는 우리도 다 그 가운데서 우리 육체의 욕심을 따라 지내며 육체와 마음의 원하는 것을 하여 다른 이들과 같이 본질상 진노의 자녀이었더니

2:4 긍휼에 풍성하신 하나님이 우리를 사랑하신 그 큰 사랑을 인하여

2:5 허물로 죽은 우리를 그리스도 예수 안에서 살리셨고 (너희가 은혜로 구원을 얻은 것이라)

2:6 또 함께 일으키사 그리스도 예수 안에서 함께 하늘에 앉히시니

2:7 이는 그리스도 예수 안에서 우리에게 자비하심으로써 그 은혜의 지극히 풍성함을 오는 여러 세대에 나타내려 하심이니라

누구든지 그리스도를 믿지 않고 있으면 영적으로 하나님께 대하여 죽고 하나님의 의로운 진노 아래 있다는 말입니다. 그 하나님의 의로운 진노가 온전하게 영원히 시행되는 곳이 바로 지옥입니다.

이 세상에 있는 동안은 그리스도를 믿지 않아도 생활에 필요한 모든 좋은 것들이 제공됩니다. 하나님께서는 의인과 악인에게 해와 비를 골고루 주십니다.

마 5:45 ⋯ 하나님이 그 해를 악인과 선인에게 비추시며 비를 의로운 자와 불의한 자에게 내려주심이라

그러나 세상에서 온갖 좋은 것을 다 누리고 있어도 그리스도를 믿지 않고 있는 상태는 영적으로 죽어 지옥, 곧 무저갱의 입구에 걸터앉아 있는 형국입니다. 그러나 하나님의 전폭적인 은혜로 말미암아 예수님을 성경대로 믿게 되면, 그 사람은 사망에서 생명으로 옮겨진 사람입니다.

요 5:24 내가 진실로 진실로 너희에게 이르노니 내 말을 듣고 또 나 보내신

이를 믿는 자는 영생을 얻었고 심판에 이르지 아니하나니 사망에서 생명으로 옮겼느니라

요 11:25 예수께서 이르시되 나는 부활이요 생명이니 나를 믿는 자는 죽어도 살겠고

11:26 무릇 살아서 나를 믿는 자는 영원히 죽지 아니하리니 이것을 네가 믿느냐

그렇게 영생을 얻은 사람은 그 생명의 동작을 반드시 보이게 되어 있습니다. 사람이 죽으면 호흡이 끊어지고 살아 있는 한 호흡을 계속합니다.

그와 같이, 영적으로 죽었던 자가 영생을 얻었으면 반드시 영적 호흡을 시작합니다. 그 영적인 호흡이 무엇입니까? 교회사의 믿음의 선진들은 '성도의 참된 기도'를 '영혼의 호흡'이라고 이름 붙였습니다.

실로 사람이 그리스도 안에서 구원받아 영생을 얻으면 처음에는 미숙하게 보이더라도 영혼의 호흡, 곧 기도를 하나님께 드리게 되어 있습니다. 이 요점은 가히 절대적이라고 할 수 있습니다. 진정한 의미로 하나님께 기도한 적이 없는 사람은 아직 죽어 있습니다.

영적 지각의 표현으로서의 기도

육체적으로라도 사람이 죽으면 모든 감각기관이 정지됩니다. 환자의 상태를 체크하려고 병원 측에서 달아놓은 각종 기기의 모니터를 우리는 보았습니다. 환자가 살아 있으면 그 모니터는 몸의 동작을 실시간으로 보여줍니다. 그러나 그 환자가 운명하는 즉시 그에게 매달아 놓은 각종 기기의 모니터들의 굴곡선 흐름이 멈추고 수치가 0이 됩니다.

영적으로 죽었던 사람이 살아나면, 그의 영적 생명의 동작이 무엇으로

나타납니까? 성경에 기록된 하나님의 말씀을 듣는 지각이 열리는 일로 나타납니다. 그리고 그 말씀에 반응하여 하나님을 부르며 기도하는 것으로 나타납니다. 그러니 참된 기도는 영적 지각의 놀라운 표징입니다.

자, 그러니 우리가 기도에 대하여 배우고자 할 때, 기도 행위 자체만 집중하면 안 됩니다. 흔히 우리가 그런 실수를 범하곤 합니다. 그렇게 하면, 성경이 말하는 대로의 기도는 못 배웁니다. 기도가 하나님께 우리의 마음의 생각과 소원을 아뢰는 것임에는 분명합니다. 그러나 단순하게 기도를 그런 범주로만 보면, 우리가 이전 믿지 않을 때에 하던 미신적인 방식의 기도 습관에서 크게 벗어나지 못합니다.

만일 기도가 그런 수준이라면, 그런 기도는 정말 의미 없습니다. 그런 기도는 하나님이 듣지 않으십니다.

아무리 미숙하더라도 하나님께서 들으시는 기도는 그런 차원을 훨씬 뛰어 넘는 것입니다. 어린 아이가 말을 배우려고 옹알이를 합니다. 그 어린 아이의 일이 결코 작은 일이 아닙니다. 그 어린 아이가 아버지와 어머니를 알아보고 자기 의사를 나타내고 싶어함이 그런 옹알이로 나타납니다. 그래서 그런 옹알이를 하는 아기를 보고 부모와 식구들이 함께 기뻐하는 것입니다.

그 사람이 하나님께 기도하기 시작하였다 함은 그의 영혼이 새 생명의 호흡을 시작하였다는 말입니다. 그것이 기도입니다.

영생 얻은 즉시 기도하기 시작한다

그렇습니다. 그리스도를 믿음으로 영생 얻은 사람은 즉시 기도함으로 자기의 영적 실상을 나타냅니다. 사도 바울의 회심의 일을 다루는 사도행전 9장이 그것을 말해줍니다.

행 9:3 사울이 행하여 다메섹에 가까이 가더니 홀연히 하늘로서 빛이 저를 둘러 비추는지라

9:4 땅에 엎드러져 들으매 소리 있어 가라사대 사울아 사울아 네가 어찌하여 나를 핍박하느냐 하시거늘

9:5 대답하되 주여 뉘시오니이까 가라사대 나는 네가 핍박하는 예수라

9:6 네가 일어나 성으로 들어가라 행할 것을 네게 이를 자가 있느니라 하시니

9:7 같이 가던 사람들은 소리만 듣고 아무도 보지 못하여 말을 못하고 섰더라

사울은 예수님이 죽고 만 사람이 아니라 다시 사시어 백성들을 구원하신 오직 유일한 구주심을 알고 믿게 되었습니다. 그 날 그가 구원을 받았습니다. 그 가 영생을 그날 얻었습니다. 그리고 영생 얻은 그가 하나님께 가장 먼저 보인 생명의 몸짓이 무엇이었습니까? 들어 보세요.

행 9:10 그 때에 다메섹에 아나니아라 하는 제자가 있더니 주께서 환상 중에 불러 가라사대 아나니아야 하시거늘 대답하되 주여 내가 여기 있나이다 하니

9:11 주께서 가라사대 일어나 직가라 하는 거리로 가서 유다 집에서 다소 사람 사울이라 하는 자를 찾으라 저가 기도하는 중이다

사울이 예수님을 믿어 영생을 얻은 즉시 기도하기 시작한 사람으로 나타났습니다. 물론 전에는 그가 바리새인으로서 사람들이 들으라고 큰 소리로 큰 길 어귀에서 하나님께 기도하는 모습을 보였을 것입니다. 그러나 그가 살아계신 예수 그리스도의 이름으로 하나님 아버지께 참된 기도를 드리기 시작한 것은 그 날, 그리스도를 믿음으로 구원받은 그 날이었습니

다.

십자가에 못박혀 죽어가면서 회개하여 예수님을 믿어 구원받은 한 강도도 그 날 구원받은 자로서 기도하였습니다.

눅 23:42 가로되 예수여 당신의 나라에 임하실 때에 나를 생각하소서 하니

23:43 예수께서 이르시되 내가 진실로 네게 이르노니 오늘 네가 나와 함께 낙원에 있으리라 하시니라

하나님 아버지께서 우리 안에 보혜사로 거하게 하시는 성령님께서 친히 우리를 위하여 간구하십니다.

롬 8:26 이와 같이 성령도 우리 연약함을 도우시나니 우리가 마땅히 빌 바를 알지 못하나 오직 성령이 말할 수 없는 탄식으로 우리를 위하여 친히 간구하시느니라

8:27 마음을 감찰하시는 이가 성령의 생각을 아시나니 이는 성령이 하나님의 뜻대로 성도를 위하여 간구하심이니라

그렇게 간구하시는 성령님의 역사가 말씀에 따라 바른 기도를 드리는 우리의 기도 생활 속에 있습니다.

기도하기 전에 말씀을 먼저 들은 사람

영적인 지각을 가지게 되어 하나님을 향해 생명 있는 동작을 나타내기 시작한 것입니다. 그가 전에는 듣지 않았던 하나님의 말씀이 들리고 믿어지게 되었습니다. 그래서 아무리 미숙하여도 진실로 기도하기 시작한 사람은 말씀을 듣고 믿는 사람입니다.

롬 10:17 그러므로 믿음은 들음에서 나며 들음은 그리스도의 말씀으로 말미암았느니라

그러므로 논리적으로 기도하는 것보다 말씀을 듣는 것이 우선입니다. 그러니 기도는 하나님의 말씀을 들은 데 대한 반응입니다. 먼저 말씀을 청종하고 그 다음에 그 말씀에 따라 하나님께 반응하는 것입니다.

정리하여 말하자면, 그가 하나님께 진정한 의미로 기도하기 시작하였다 함은 하나님의 말씀을 통하여 하나님을 알고 그리스도를 아는 지식이 그 중심을 주장하고 있다는 말입니다. 그리고 그가 기도하기 시작하였다는 것은 보혜사 성령께서 그에게 기도의 영을 부어주고 계심을 보여줍니다. 그래서 그가 복음의 말씀을 따라 그리스도를 믿음으로 말미암아 영생을 얻었습니다. 그리고 그가 자기 안에 계신 보혜사 성령님의 인도하심을 받아 하나님께 상달하는 기도를 시작한 것입니다.

이와 관련하여 우리 주 예수님의 말씀은 정말 요긴합니다.

요 15:7 너희가 내 안에 거하고 내 말이 너희 안에 거하면 무엇이든지 원하는 대로 구하라 그리하면 이루리라

이 주님의 말씀은 기도와 관련하여 매우 큰 빛을 줍니다.

진실로 기도하는 사람은 그 속에 하나님의 말씀이 역사하는 사람입니다. 다른 말로 하여, 진실로 기도하는 사람은 논리적인 순서로 주님의 말씀을 받아 그 말씀 안에 거하는 일을 이미 시작한 사람입니다. 그러니 하나님 아버지의 말씀, 우리 주 예수 그리스도의 복음의 말씀을 믿음으로 받고 영생 얻은 사람은 그렇게 기도로 자신의 영적 생명의 동작을 보이고 있는 셈입니다.

성도의 믿음, 성삼위 하나님의 역사의 결과

늘 하는 말 같지만 아무리 반복적으로 말해도 지나치지 않을 것은, 한

사람이 성경대로 예수님을 믿어 구원받게 하신 성삼위 하나님의 은혜의 영광이 성도의 삶의 전 국면에서 드러납니다.

기도 생활에도 예외가 아닙니다. 기도의 문제도 우리를 구원하신 성삼위 하나님의 은혜의 영광의 빛 안에서 풀어야 합니다.

한 사람이 복음의 말씀을 듣고 회개하고 예수 그리스도를 믿는다는 것은 천지가 개벽하는 것보다 더 큰 일입니다. 말씀으로 거듭나게 하시는 성령님의 역사가 없으면 아무도 예수님을 믿을 수 없습니다. 그래서 사도 베드로는 믿음의 성도들을 거듭난 자들로 전제하였습니다.

벧전 1:23 너희가 거듭난 것이 썩어질 씨로 된 것이 아니요 썩지 아니할 씨로 된 것이니 하나님의 살아 있고 항상 있는 말씀으로 되었느니라

그러면 성령께서 누구를 거듭나게 하십니까? 예수님께서 그 질문에 대한 답을 말씀하셨습니다.

요 6:37 아버지께서 내게 주시는 자는 다 내게로 올 것이요 내게 오는 자는 내가 결코 내어 쫓지 아니하리라

6:44 나를 보내신 아버지께서 이끌지 아니하면 아무라도 내게 올 수 없으니 오는 그를 내가 마지막 날에 다시 살리리라

6:65 또 가라사대 이러하므로 전에 너희에게 말하기를 내 아버지께서 오게 하여 주지 아니하시면 누구든지 내게 올 수 없다 하였노라 하시니라

이 말씀을 고린도전서 12장 3절의 말씀과 연결하여 보십시오.

고전 12:3 그러므로 내가 너희에게 알게 하노니 하나님의 영으로 말하는 자는 누구든지 예수를 저주할 자라 하지 않고 또 성령으로 아니하고는 누구든지 예수를 주시라 할 수 없느니라

아버지 하나님께서 이끌어 예수님을 믿게 하시는 일이 바로 성령님의 거

듭나게 하시는 일입니다.

요 3:3 예수께서 대답하여 가라사대 진실로 진실로 네게 이르노니 사람이 거듭나지 아니하면 하나님 나라를 볼 수 없느니라

3:5 예수께서 대답하시되 진실로 진실로 네게 이르노니 사람이 물과 성령으로 나지 아니하면 하나님 나라에 들어갈 수 없느니라

그러므로 한 사람이 예수님을 믿는 일은 그 사람 개인의 종교성의 분발로 말미암은 것이 아닙니다. 오직 죄와 허물로 죽은 자 편에서 자신을 분발하는 일은 논리적으로 가당치가 않습니다.

참된 믿음은 그 사람을 살리시는 성삼위 하나님의 주권적인 은혜의 역사로 말미암은 것입니다. 오직 그 사람의 구원, 그의 영생 얻은 그 놀라운 일은 창세전에 성삼위 하나님의 도모 안에서 예정된 일입니다.

이 일은 천기(天機), 비밀 중의 비밀입니다. 우리의 구원을 위하여 성삼위 간에 협약하시고 언약하셨습니다. 그것을 가리켜 교회사에서 신학자들은 구속의 언약(Covenant of Redemption)이라고 이름 붙였습니다.

사도 바울은 성령님의 감동하심 속에서 그 놀라운 비밀을 계시로 받아 기록하였습니다. 사도 바울은 에베소에 있는 성도들, 곧 예수님을 믿음으로 말미암아 구원을 받아 영생을 얻은 성도들에게 말하였습니다.

엡 1:1 하나님의 뜻으로 말미암아 그리스도 예수의 사도 된 바울은 에베소에 있는 성도들과 그리스도 예수 안에 신실한 자들에게 편지하노니

1:2 하나님 우리 아버지와 주 예수 그리스도로 좇아 은혜와 평강이 너희에게 있을지어다

1:3 찬송하리로다 하나님 곧 우리 주 예수 그리스도의 아버지께서 그리스도 안에서 하늘에 속한 모든 신령한 복으로 우리에게 복 주시되

1:4 곧 창세 전에 그리스도 안에서 우리를 택하사 우리로 사랑 안에서 그 앞에 거룩하고 흠이 없게 하시려고

1:5 그 기쁘신 뜻대로 우리를 예정하사 예수 그리스도로 말미암아 자기의 아들들이 되게 하셨으니

1:6 이는 그의 사랑하시는 자 안에서 우리에게 거저 주시는 바 그의 은혜의 영광을 찬미하게 하려는 것이라

1:7 우리가 그리스도 안에서 그의 은혜의 풍성함을 따라 그의 피로 말미암아 구속 곧 죄 사함을 받았으니

1:8 이는 그가 모든 지혜와 총명으로 우리에게 넘치게 하사

1:9 그 뜻의 비밀을 우리에게 알리셨으니 곧 그 기쁘심을 따라 그리스도 안에서 때가 찬 경륜을 위하여 예정하신 것이니

1:10 하늘에 있는 것이나 땅에 있는 것이 다 그리스도 안에서 통일되게 하려 하심이라

1:11 모든 일을 그 마음의 원대로 역사하시는 자의 뜻을 따라 우리가 예정을 입어 그 안에서 기업이 되었으니

1:12 이는 그리스도 안에서 전부터 바라던 우리로 그의 영광의 찬송이 되게 하려 하심이라

1:13 그 안에서 너희도 진리의 말씀 곧 너희의 구원의 복음을 듣고 그 안에서 또한 믿어 약속의 성령으로 인치심을 받았으니

1:14 이는 우리의 기업에 보증이 되사 그 얻으신 것을 구속하시고 그의 영광을 찬미하게 하려 하심이라

하나님과의 영속적인 교통

사랑하시는 성도 여러분,

영생은 그처럼 성삼위 하나님의 은혜의 역사의 결과입니다. 그렇게 영생 얻은 자의 하나님과 예수님을 아는 지식은 백과사전에 수록된 정지된 개념의 지식이나 정보 정도가 아닙니다.

성경이 말하는 대로 하나님을 아는 지식, 그리스도를 아는 지식은 그리스도 안에서 하나님과 살아있는 인격적인 교통을 그 중심에 두고 있습니다. 그것이 없는 하나님을 아는 참 지식은 없습니다.

철학자들이 논리적인 입장에서 하나님이 계신 것을 논증하려 하였습니다. 그것을 가리켜 유신론증(theism)이라 합니다. 그들 철학자들도 논증적으로 절대자, 또는 창조주의 존재를 인정하지 않으면 안 된다는 결론에 이르기는 하였습니다. 그러나 그들 철학자들이 살아 역사하시는 하나님, 성경으로 자신을 계시하신 하나님을 알지 못하였습니다.

철학의 메카라 불리는 아덴에 갔던 사도 바울이 크게 놀란 것은 무엇 때문이었습니까?

행 17:16 바울이 아덴에서 저희를 기다리다가 온 성에 우상이 가득한 것을 보고 마음에 분하여

17:17 회당에서는 유대인과 경건한 사람들과 또 저자에서는 날마다 만나는 사람들과 변론하니

17:18 어떤 에비구레오와 스도이고 철학자들도 바울과 쟁론할새 혹은 이르되 이 말장이가 무슨 말을 하고자 하느뇨 하고 혹은 이르되 이방신들을 전하는 사람인가보다 하니 이는 바울이 예수와 또 몸의 부활 전함을 인함이러라

사도 바울이 그리스도를 아는 지식이 가장 고상하다고 말하는 방식을

들어 보십시오.

빌 3:8 또한 모든 것을 해로 여김은 내 주 그리스도 예수를 아는 지식이 가장 고상함을 인함이라 내가 그를 위하여 모든 것을 잃어버리고 배설물로 여김은 그리스도를 얻고

3:9 그 안에서 발견되려 함이니 내가 가진 의는 율법에서 난 것이 아니요 오직 그리스도를 믿음으로 말미암은 것이니 곧 믿음으로 하나님께로서 난 의라

3:10 내가 그리스도와 그 부활의 권능과 그 고난에 참예함을 알려 하여 그의 죽으심을 본받아

3:11 어찌하든지 죽은 자 가운데서 부활에 이르려 하노니

3:12 내가 이미 얻었다 함도 아니요 온전히 이루었다 함도 아니라 오직 내가 그리스도 예수께 잡힌 바 된 그것을 잡으려고 좇아가노라

갈 2:20 내가 그리스도와 함께 십자가에 못 박혔나니 그런즉 이제는 내가 산 것이 아니요 오직 내 안에 그리스도께서 사신 것이라 이제 내가 육체 가운데 사는 것은 나를 사랑하사 나를 위하여 자기 몸을 버리신 하나님의 아들을 믿는 믿음 안에서 사는 것이라

그와 같이, 사도 바울은 영생을 그리스도를 믿음으로 말미암아 연합하고 하나님과 화목하여 영원히 하나님과 교제하는 것으로 이해하였습니다. 사도 요한도 성령님께 이끄심을 받아 동일하게 말하고 있습니다.

요일 1:1 태초부터 있는 생명의 말씀에 관하여는 우리가 들은 바요 눈으로 본 바요 주목하고 우리 손으로 만진 바라

1:2 이 생명이 나타내신 바 된지라 이 영원한 생명을 우리가 보았고 증거하여 너희에게 전하노니 이는 아버지와 함께 계시다가 우리에게 나타내신 바 된 자니라

1:3 우리가 보고 들은 바를 너희에게도 전함은 너희로 우리와 사귐이 있게 하려 함이니 우리의 사귐은 아버지와 그 아들 예수 그리스도와 함께 함이라

1:4 우리가 이것을 씀은 우리의 기쁨이 충만케 하려 함이로라

인격적 교제의 기본인 대화

사람들 간의 인격적 교제의 기본은 대화입니다. 대화는 상대방을 신뢰하고 존중하면서 듣고 자기의 의사를 표명하는 것으로 이루어집니다. 그래서 서로 사랑하고 신뢰하는 사람들 간의 대화를 통하여 둘 간의 사랑이 서로에게 전달됩니다. 그래서 사랑하는 사람들 간의 교제와 대화로 인하여 그들의 사랑이 더욱 더 커지고 깊어지고 높아지고 넓어집니다. 그래서 사도 바울이 에베소서 3장에서 그렇게 말한 것입니다.

엡 3:14 이러하므로 내가 하늘과 땅에 있는 각 족속에게

3:15 이름을 주신 아버지 앞에 무릎을 꿇고 비노니

그는 이미 그 하나님 아버지께서 우리 주 예수 그리스도 안에서 자기를 포함한 모든 믿는 자들을 향한 구속적인 사랑을 알고 들었습니다. 그 안에서 역사하시는 성령께서 그 진실을 그로 하여금 믿고 확실하게 알게 하셨습니다. 그래서 그는 그 하나님의 말씀을 듣고 믿어 하나님 아버지께 담대하게 기도드린 것입니다.

엡 3:16 그 영광의 풍성을 따라 그의 성령으로 말미암아 너희 속 사람을 능력으로 강건하게 하옵시며

3:17 믿음으로 말미암아 그리스도께서 너희 마음에 계시게 하옵시고 너희가 사랑 가운데서 뿌리가 박히고 터가 굳어져서

3:18 능히 모든 성도와 함께 지식에 넘치는 그리스도의 사랑을 알아

3:19 그 넓이와 길이와 높이와 깊이가 어떠함을 깨달아 하나님의 모든 충만하신 것으로 너희에게 충만하게 하시기를 구하노라

은혜의 방편들

그러므로 우리가 진실로 하나님께 기도한다면, 그것은 우리가 하나님과 교제하고 있음을 보여주는 셈입니다. 그것도 사무적인 관계로 하나님께 무엇을 요청하여 얻어내려는 것이 아닙니다. 우리 주 예수 그리스도와 연합하여 하나님 아버지의 기업에 동참한 자녀가 아버지의 말씀을 듣고 그에 대하여 아버지께 반응하기 마련입니다. 기도가 그 반응의 중요한 사항입니다.

실로 그리스도 안에서 영생 얻은 하나님의 자녀들은 하나님 아버지의 말씀을 청종하여 은혜를 받는 특권을 가졌습니다. 그리고 그 말씀에 합당하게 하나님 아버지께 기도함으로 아버지의 은혜를 입는 큰 특권을 가졌습니다.

사 55:3 너희는 귀를 기울이고 내게 나아와 들으라 그리하면 너희 영혼이 살리라 내가 너희에게 영원한 언약을 세우리니 곧 다윗에게 허락한 확실한 은혜니라

히 4:12 하나님의 말씀은 살았고 운동력이 있어 좌우에 날선 어떤 검보다도 예리하여 혼과 영과 및 관절과 골수를 찔러 쪼개기까지 하며 또 마음의 생각과 뜻을 감찰하나니

4:13 지으신 것이 하나라도 그 앞에 나타나지 않음이 없고 오직 만물이 우리를 상관하시는 자의 눈 앞에 벌거벗은 것 같이 드러나느니라

4:14 그러므로 우리에게 큰 대제사장이 있으니 승천하신 자 곧 하나님 아들

예수시라 우리가 믿는 도리를 굳게 잡을지어다

4:15 우리에게 있는 대제사장은 우리 연약함을 체휼하지 아니하는 자가 아니요 모든 일에 우리와 한결 같이 시험을 받은 자로되 죄는 없으시니라

4:16 그러므로 우리가 긍휼하심을 받고 때를 따라 돕는 은혜를 얻기 위하여 은혜의 보좌 앞에 담대히 나아갈 것이니라

그래서 교회사에서 신학자들은 '말씀과 기도'를 하나님 아버지와 지상에 있는 자녀들 사이의 교통의 통로와 은혜의 방편으로 규정하였습니다.

그렇습니다. 영생 얻은 하나님의 자녀들은 늘 그 귀를 하나님 아버지의 말씀에 기울입니다. 그리고 하나님 아버지께서는 그 말씀을 듣고 믿어 간구하는 자녀들의 기도에 귀를 기울이십니다. 그래서 우리가 하나님의 은혜 충만, 성령 충만, 그리스도 예수님 안에 견고하게 서려면, 말씀과 기도의 통로를 통하여 늘 하나님과 교제해야 합니다.

실로 성경은 하나님 아버지의 말씀입니다. 그리고 성경은 오직 그리스도 안에 있는 하나님의 은혜로 구원받은 자들이 하나님 아버지의 말씀을 듣고 기뻐하며 간구하는 기도가 무엇인지를 충만하게 증거합니다.

그리고 성경은 그 성도들의 기도에 응답하시는 하나님 아버지의 베풀어 주시는 은혜가 무엇인지를 풍성하게 증거합니다. 실로 성도의 기도가 하나님의 권능의 통로입니다. 하나님께서 예정하신 뜻을 따라서 일하시되, 말씀을 따라 일하십니다.

그런데 하나님께서 성도의 기도에 대한 응답의 형식으로 일하시기도 합니다. 그러므로 우리의 기도가 세상의 허탄한 이방 종교를 믿는 자들과는 얼마나 달라야겠습니까!

주님 가르쳐 주신 기도의 품격

그리고 우리 주님 가르쳐 주신 기도가 우리 기도의 대 모델입니다. 성경에 기록된 모든 참된 기도들은 다 우리 주님께서 가르쳐주신 기도의 정신을 따른 것입니다.

마 6:9 그러므로 너희는 이렇게 기도하라 하늘에 계신 우리 아버지여 이름이 거룩히 여김을 받으시오며

6:10 나라이 임하옵시며 뜻이 하늘에서 이룬 것 같이 땅에서도 이루어지이다

6:11 오늘날 우리에게 일용할 양식을 주옵시고

6:12 우리가 우리에게 죄 지은 자를 사하여 준 것 같이 우리 죄를 사하여 주옵시고

6:13 우리를 시험에 들게 하지 마옵시고 다만 악에서 구하옵소서 (나라와 권세와 영광이 아버지께 영원히 있사옵나이다 아멘).

주기도문의 내용은 아버지 하나님의 이름과 나라와 영광의 뜻의 성취를 앞세웠습니다. 그 다음에 우리의 삶에 대한 필요와, 죄의 용서와, 사탄과 죄의 유혹을 이기게 해주십사는 내용입니다. 이는 영생 얻은 하나님의 자녀가 추구하는 가치를 위하여 필요한 은혜를 아버지의 은혜의 보좌에 나아가 구하는 기도의 모범입니다. 성경에 있는 기도는 다 이 내용과 일치합니다.

히 4:16 그러므로 우리는 긍휼하심을 받고 때를 따라 돕는 은혜를 얻기 위하여 은혜의 보좌 앞에 담대히 나아갈 것이니라.

아멘.

chapter 15

영생 얻은 자의 위로

이 장에서는 영생 얻은 자가 이 세상에 있을 동안에 누리도록 하나님께서 주시는 위로가 무엇인지를 살펴보려고 합니다.

예수님을 믿음으로 말미암아 영생 얻은 사람은 영생 그 자체만으로도 늘 행복하고 감사하고 기쁨에 겨워야 마땅합니다. 자주 말씀드린 것처럼, 영생 얻은 사람은 온 주 전체를 자기 소유로 삼은 사람보다 더 큰 기업을 받았습니다. 하나님을 아버지로, 예수님을 자기의 영원한 중보자로 모시고 있고, 보혜사 성령의 내주하심을 받는 것 그 자체만으로 충분한 위로가 됩니다.

천지 우주 만물은 다 결국 때가 되면 뜨거운 불에 녹아지고 풀어져 소멸될 것입니다. 그러나 영생 얻은 이들은 오직 새 하늘과 새 땅을 물려받게 되어 있습니다. 그러니 영생 얻은 자는 그 자체만으로도 충분하고 완전한 위로의 샘을 가지고 있습니다.

그러나 영생 얻은 자가 지상에 있는 동안에는 아직 자기에게 주어진 권리를 충분하고 완전하게 쓰지 못한 상태에 있습니다. 그리고 여러 가지의 환난과 곤고의 깊은 늪지대를 건널 처지에 있습니다. 그 사실을 너무나 잘 아시는 하나님께서 자기 자녀를 위로하는 방식을 아는 것은 우리에게 매우 유익합니다.

예수님의 위로 방식

예수님과 최후의 만찬을 들던 제자들은 예수님의 말씀을 통하여 선명하지는 않으나 금방 큰 일이 자기들 앞에 벌어질 것을 예감하며 크게 근심하고 있었습니다. 그 때 우리 주 예수님께서 최후의 만찬석에서 제자들에게 하신 강화의 말씀 속에서 우리는 예수님의 위로의 방식을 발견합니다.

예수님께서 최후의 만찬석의 강론 중에서 제자들 앞에 제시된 위로의 두 큰 요점이 있습니다. 그것이 무엇이겠습니까?

그 하나는 아버지의 영원한 집이 그들을 위하여 예비되어 있다는 사실입니다.

우리는 이미 우리의 영원한 거처에 대하여 말씀을 살펴 보면서 알았지만 다시 강조합니다.

요 14:1 너희는 마음에 근심하지 말라 하나님을 믿으니 또 나를 믿으라

14:2 내 아버지 집에 거할 곳이 많도다 그렇지 않으면 너희에게 일렀으리라 내가 너희를 위하여 거처를 예비하러 가노니

14:3 가서 너희를 위하여 거처를 예비하면 내가 다시 와서 너희를 내게로 영접하여 나 있는 곳에 너희도 있게 하리라

다른 하나는 성령께서 그들 안에 보혜사로 일하신다는 것입니다. 요한

복음 14장 16절 이하에 보혜사에 대한 예수님의 약속이 있습니다.

요 14:16 내가 아버지께 구하겠으니 그가 또 다른 보혜사를 너희에게 주사 영원토록 너희와 함께 있게 하리니

14:17 그는 진리의 영이라 세상은 능히 그를 받지 못하나니 이는 그를 보지도 못하고 알지도 못함이라 그러나 너희는 그를 아나니 그는 너희와 함께 거하심이요 또 너희 속에 계시겠음이라

실로 예수님께서 제자들을 위로하려고 제시하신 그 두 큰 요점은 영생 얻은 성도에게 큰 위로의 샘입니다. 그러므로 이 예수님의 방식을 주목하며 두 큰 요점을 놓치지 않는 것이 성도만 가질 수 있는 지혜입니다.

아버지의 영원한 집

성령께서는 이미 구약 시대의 성도들에게 그런 소망의 위로를 계시하셨습니다. 다윗은 시편 23편을 통하여 지상에 있는 성도들의 행로의 궁극적인 종착지를 무엇으로 보았습니까?

시 23:6 내 평생에 선하심과 인자하심이 반드시 나를 따르리니 내가 여호와의 집에 영원히 살리로다

히브리서 11장 13절 이하에서는 이렇게 말합니다.

히 11:13 이 사람들은 다 믿음을 따라 죽었으며 약속을 받지 못하였으되 그것들을 멀리서 보고 환영하며 또 땅에서는 외국인과 나그네임을 증언하였으니

11:14 그들이 이같이 말하는 것은 자기들이 본향 찾는 자임을 나타냄이라

11:15 그들이 나온 바 본향을 생각하였더라면 돌아갈 기회가 있었으려니와

11:16 그들이 이제는 더 나은 본향을 사모하니 곧 하늘에 있는 것이라 이러

므로 하나님이 그들의 하나님이라 일컬음 받으심을 부끄러워하지 아니하시고 그들을 위하여 한 성을 예비하셨느니라

우리 주님께서는 백성들의 속량의 대 역사를 하루 앞둔 날 밤, 최후의 만찬을 마치시고 그들 제자들로 하여금 하늘의 아버지의 집을 바라보게 하셨습니다. 그것이 지상 순례길 위에 있는 성도의 위로의 비밀입니다. 지상의 시간 세계 속에서 여러 가지 조건과 굴레에 매여 있으면서 하늘을 보며 영원을 사모한다? 참으로 기이한 일이 아닐 수 없습니다.

그러나 우리로 그런 사람이 되게 하신 성삼위 하나님을 찬미합니다. 영생 얻은 사람은 지상의 한시적인 조건 속에서도 늘 하늘에 계신 아버지의 영원한 집을 사모하는 것으로 자신을 드러내는 사람입니다.

여러분,

그러나 지상의 시간 세계에서 수고하는 인생의 현안 자체만 바라보는 것으로는 우리를 향하신 하나님의 뜻을 이해할 수 없습니다.

솔로몬은 전도서 3:9 이하에서 이렇게 말하였습니다.

전 3:9 일하는 자가 그의 수고로 말미암아 무슨 이익이 있으랴

3:10 하나님이 인생들에게 노고를 주사 애쓰게 하신 것을 내가 보았노라

그러나 성령 하나님께서는 우리의 시간 세계의 조건과 그 안에 있는 우리의 현안을 초월하여 높고 높은 것을 바라보게 하셨습니다.

전 3:11 하나님이 모든 것을 지으시되 때를 따라 아름답게 하셨고 또 사람들에게는 영원을 사모하는 마음을 주셨느니라 그러나 하나님이 하시는 일의 시종을 사람으로 측량할 수 없게 하셨도다

'하나님께서 사람들에게 영원을 사모하는 마음을 주셨다'는 것은 무엇을 가리킵니까? 사람의 본성 속에 그런 마음을 넣어 주셨다는 말로 이해될

수도 있습니다. 그러나 사람이 죄를 짓고 타락하고 부패하여 영원을 사모하지 못하고 지상의 현안에만 급급하며 그 이상을 생각하지 못합니다. 그래서 지상에 있는 사람들 거의가 현세의 조건에만 관심을 둡니다.

그런데 솔로몬은 '하나님께서 사람들에게 영원을 사모하는 마음을 주셨다' 하였으니, 무엇을 가리키며 그리 말한 것인가요? 하나님께서 죄에서 구원하여 영원히 하나님과 교제하며 존재하는 영생의 사람이 된 이들이 가지는 영광의 소망이 아니면 무엇이겠습니까? 그래서 그들은 지상의 시간의 굴레 가운데 갇혀 있으나 영적 눈을 들어 하늘에 계신 아버지의 영원한 집과 그 나라를 소망하게 되었습니다.

그런 영생 얻은 사람은 이 세상에 사는 날 동안 하나님의 주시는 은혜 속에서 먹고 마시고 일하면서 하늘에 계신 아버지 하나님의 영원한 집을 사모합니다.

전 3:12 사람들이 사는 동안에 기뻐하며 선을 행하는 것보다 더 나은 것이 없는 줄을 내가 알았고

3:13 사람마다 먹고 마시는 것과 수고함으로 낙을 누리는 그것이 하나님의 선물인 줄도 또한 알았도다

3:14 하나님께서 행하시는 모든 것은 영원히 있을 것이라 그 위에 더 할 수도 없고 그것에서 덜 할 수도 없나니 하나님이 이같이 행하심은 사람들이 그의 앞에서 경외하게 하려 하심인 줄을 내가 알았도다

하나님께서 창세전에 택하신 백성들이 그리스도 안에서 구원받고 영생을 얻었습니다. 그들이 아버지의 집, 아버지의 나라에 거하면서 영원히 하나님을 찬미하고 영화롭게 할 백성들입니다.

엡 1:3 찬송하리로다 하나님 곧 우리 주 예수 그리스도의 아버지께서 그리스

도 안에서 하늘에 속한 모든 신령한 복을 우리에게 주시되

1:4 곧 창세 전에 그리스도 안에서 우리를 택하사 우리로 사랑 안에서 그 앞에 거룩하고 흠이 없게 하시려고

1:5 그 기쁘신 뜻대로 우리를 예정하사 예수 그리스도로 말미암아 자기의 아들들이 되게 하셨으니

1:6 이는 그가 사랑하시는 자 안에서 우리에게 거저 주시는 바 그의 은혜의 영광을 찬송하게 하려는 것이라

1:7 우리는 그리스도 안에서 그의 은혜의 풍성함을 따라 그의 피로 말미암아 속량 곧 죄 사함을 받았느니라

그래서 사도 바울은 그 아버지의 영원한 목적을 염두에 두면서 모든 만난을 극복하며 기뻐하고 기뻐하였습니다. 그래서 그는 고린도후서 4장 16절 이하에서 말합니다.

고후 4:16 그러므로 우리가 낙심하지 아니하노니 우리의 겉사람은 낡아지나 우리의 속사람은 날로 새로워지도다

4:17 우리가 잠시 받는 환난의 경한 것이 지극히 크고 영원한 영광의 중한 것을 우리에게 이루게 함이니

4:18 우리가 주목하는 것은 보이는 것이 아니요 보이지 않는 것이니 보이는 것은 잠깐이요 보이지 않는 것은 영원함이라

고린도후서 5:1-2에서 사도는 구체적으로 말합니다.

고후 5:1 만일 땅에 있는 우리의 장막 집이 무너지면 하나님께서 지으신 집 곧 손으로 지은 것이 아니요 하늘에 있는 영원한 집이 우리에게 있는 줄 아느니라

5:2 참으로 우리가 여기 있어 탄식하며 하늘로부터 오는 우리 처소로 덧입

기를 간절히 사모하노라

지상 행로의 성도를 도우시는 하나님

물론 우리가 지상에 있는 동안에 우리를 압박하는 여러 현안들에 대하여 우리 주님께서는 모른 척하시지 않으십니다. 그래서 성경은 환난 날에 주님의 도우심을 구하는 성도들의 기도와 그에 대한 하나님의 응답을 보여줍니다.

다윗은 죽음의 위협 앞에 선 것이 한두 번이 아니었습니다. 사울 왕이 그를 죽이려고 군사들을 푼 적이 한두 번이 아니었습니다. 그리고 왕이 된 뒤에도 아들 압살롬의 반역과 여러 가지의 현안으로 크게 고통을 당하였습니다.

우리 성도들이 이 땅에 태어나 자라고 어른이 되어 걸어온 순례길을 되돌아보면 우리를 위협하며 압박하던 일들이 한둘이 아니었습니다. 아니 우리의 걸어갈 남은 순례길 속에서도 우리가 감당할 여러 난제들이 있을 것입니다. 우리가 하나님 아버지의 집에까지 당도하기까지 우리의 길을 막아서는 여러 종류의 환난과 어려움이 있을 것입니다. 그리고 사탄과 세상이 그런 것들을 통하여 우리를 흔들어 시험합니다. 그리고 영생 얻은 우리 자신 속에도 하나님을 거스르는 육체의 본성이 아직 남아 있습니다.

그러니 우리의 현안 속에서 믿음을 지킨다는 것은 그리 간단한 일이 아닙니다. 하나님 아버지께서 그런 어려움에 처한 당신의 자녀들의 형편을 나몰라라 하시겠습니까? 다윗은 사울의 박해로부터 벗어난 후에 하나님의 영광을 찬미하며 이렇게 고백하였습니다.

시 18:1 나의 힘이신 여호와여 내가 주를 사랑하나이다

18:4 사망의 줄이 나를 얽고 불의의 창수가 나를 두렵게 하였으며

18:5 스올의 줄이 나를 두르고 사망의 올무가 내게 이르렀도다

18:6 내가 환난 중에서 여호와께 아뢰며 나의 하나님께 부르짖었더니

18:7 그가 그의 성전에서 내 소리를 들으심이여 그의 앞에서 나의 부르짖음이 그의 귀에 들렸도다

성령께서는 이사야로 하여금 이렇게 증언하게 하셨습니다.

사 49:14 오직 시온이 이르기를 여호와께서 나를 버리시며 주께서 나를 잊으셨다 하였거니와

49:5 여인이 어찌 그 젖 먹는 자식을 잊겠으며 자기 태에서 난 아들을 긍휼히 여기지 않겠느냐 그들은 혹시 잊을지라도 나는 너를 잊지 아니할 것이라

49:6 내가 너를 내 손바닥에 새겼고 너의 성벽이 항상 내 앞에 있나니

시편 50:15에서 다윗은 성령의 음성을 이렇게 전합니다.

시 50:15 환난 날에 나를 부르라 내가 너를 건지리니 네가 나를 영화롭게 하리로다

그러므로 오늘날 우리가 처한 현실 속에서 주 하나님의 도우심을 구하는 것은 잘못이 아닙니다.

히 4:14 그러므로 우리에게 큰 대제사장이 계시니 승천하신 이 곧 하나님의 아들 예수시라 우리가 믿는 도리를 굳게 잡을지어다

4:15 우리에게 있는 대제사장은 우리의 연약함을 동정하지 못하실 이가 아니요 모든 일에 우리와 똑같이 시험을 받으신 이로되 죄는 없으시니라

4:16 그러므로 우리는 긍휼하심을 받고 때를 따라 돕는 은혜를 얻기 위하여 은혜의 보좌 앞에 담대히 나아갈 것이니라

우리가 현안에 매몰되어 영적 시야가 흐리지 않게 항상 믿음으로 주님

을 바라 보아야 합니다. 그것이 바로 하나님의 은혜의 보좌 앞에 나아가는 성도의 행보입니다.

환난 중에도 우리가 견지할 가치

그래서 환난 중에서 우리의 기도가 하나님 없는 이방인들의 기도와는 사뭇 다릅니다. 왜냐하면 우리 하나님 아버지께서는 우리에게 일어나는 모든 일들을 합하여 우리의 참된 유익을 도모하시기 때문입니다.

롬 8:28 우리가 알거니와 하나님을 사랑하는 자 곧 그의 뜻대로 부르심을 입은 자들에게는 모든 것이 합력하여 선을 이루느니라

여기서 말하는 '선'은 단순하게 우리가 생각하는 수준의 선이 아닙니다. 로마서 8장의 문맥에서 그 선은 우리를 향하신 아버지 하나님의 영원한 목적입니다. 그래서 사도 바울은 로마서 8장 29절 이하에서 이렇게 말하였습니다.

롬 8:29 하나님이 미리 아신 자들을 또한 그 아들의 형상을 본받게 하기 위하여 미리 정하셨으니 이는 그로 많은 형제 중에서 맏아들이 되게 하려 하심이니라

8:30 또 미리 정하신 그들을 또한 부르시고 부르신 그들을 또한 의롭다 하시고 의롭다 하신 그들을 또한 영화롭게 하셨느니라

그래서 우리에게 일어나는 모든 것들을 합하여 우리를 향하신 영원한 목적을 따라 한 치의 오차도 없이 이루어 가시는 하나님 우리 아버지의 섭리와 통치를 인하여 우리는 어떤 처지에서도 절망하지 않습니다.

그래서 우리는 어떤 경우, 어떤 처지에서도 하나님 우리 아버지와 우리 주 예수 그리스도의 이름과 나라와 그 영광이 우리 삶의 우선순위에서 맨

앞에 있습니다.

그러니 우리의 현안 속에서 우리를 도우시는 하나님의 은혜 자체로만 하나님의 사랑의 실체를 확인하려 하는 것은 합당하지 못합니다. 만일 우리의 믿음이 거기서 머문다면, 이방인들이 자기들이 섬기는 신이나 우상을 의지하여 도움을 받으려는 수준에서 더 나아가지 못한 것입니다. 그래서 우리 주 예수님께서 그리 말씀하신 것입니다.

마 6:31 그러므로 염려하여 이르기를 무엇을 먹을까 무엇을 마실까 무엇을 입을까 하지 말라

6:32 이는 다 이방인들이 구하는 것이라 너희 하늘 아버지께서 이 모든 것이 너희에게 있어야 할 줄을 아시느니라

6:33 그런즉 너희는 먼저 그의 나라와 그의 의를 구하라 그리하면 이 모든 것을 너희에게 더하시리라

우리의 현안은 대체로 몸을 가진 우리의 조건과 관련된 것입니다. 먹고 마시고 입는 것과 관련된 것이 우리 현안의 주를 이룹니다. 그러나 주님께서는 우리가 그 현안 자체에 매여 있기를 원하지 않으십니다. 우리가 그리스도 우리 주님 안에서 구원받아 영생 얻은 하나님의 자녀이므로, 어떤 현안 속에서도 우리는 하나님 아버지의 나라와 의를 추구하고 있어야 한다는 것입니다. 그러면 우리의 현안에 필요한 것을 아시는 하나님 아버지께서 우리에게 있어야 할 것을 더하여 주실 것이라고 우리 수님께서 약속하셨습니다.

우리의 보혜사 성령님

자, 여기서 우리는 이런 질문을 던져 봄직합니다.

영생 얻은 우리가 지상 행로의 여러 난관을 거쳐 안전하게 아버지의 집에 당도하게 하신 하나님의 조처는 무엇입니까? 하나님 아버지의 최상의 위로의 선물은 무엇입니까? 우리 스스로 내버려 두면 우리의 종교적 열심과 의지만으로 아버지의 집에 당도하지 못할 것은 너무나 뻔합니다. 그것을 아시는 아버지께서 우리에게 주신 최고 최상의 선물은 무엇입니까?

사도 베드로가 성령 충만을 입은 후 처음으로 설교한 내용을 우리는 사도행전 2장에서 읽습니다. 그 설교의 결론에서 사도 베드로는 말하였습니다.

행 2:28 베드로가 이르되 너희가 회개하여 각각 예수 그리스도의 이름으로 세례를 받고 죄 사함을 받으라 그리하면 성령의 선물을 받으리니

2:29 이 약속은 너희와 너희 자녀와 모든 먼 데 사람 곧 주 우리 하나님이 얼마든지 부르시는 자들에게 하신 것이라 하고

2:30 또 여러 말로 확증하며 권하여 이르되 너희가 이 패역한 세대에서 구원을 받으라 하니

2:31 그 말을 받은 사람들은 세례를 받으매 이 날에 신도의 수가 삼천이나 더하더라

우리 주 예수님께서 최후의 만찬석에서 제자들에게 말씀하신 대로입니다.

요 14:18 내가 너희를 고아와 같이 버려두지 아니하고 너희에게로 오리라

이 말씀은 두 문장이 합성된 것입니다. 그러니 두 문장을 끊어 각각 보면 뜻이 더 확실해 집니다.

"내가 너희를 고아와 같이 버려두지 않을 것이다. 내가 너희에게 반드시 오겠다."

이 두 문장은 지상에 있는 우리 영생 얻은 하나님의 자녀들을 다루시는 하나님 아버지의 방식 둘을 표현하고 있습니다.

"내가 너희를 고아와 같이 버려 두지 아니하고"

이 말씀 속에 너희 혼자 믿음을 지키어 너희 순례길을 가게 하지 않겠다는 주님의 강력한 의지가 담겨 있습니다.

"내가 너희에게로 오리라." 이 말씀은 주님의 재림의 약속의 확고함을 드러냅니다. 우리 주님께서 세상에 오신 목적을 말씀하시면서 무어라 하셨습니까?

요 6:38 내가 하늘에서 내려온 것은 내 뜻을 행하려 함이 아니요 나를 보내신 이의 뜻을 행하려 함이니라

6:39 나를 보내신 이의 뜻은 내게 주신 자 중에 내가 하나도 잃어버리지 아니하고 마지막 날에 다시 살리는 이것이니라

6:40 내 아버지의 뜻은 아들을 보고 믿는 자마다 영생을 얻는 이것이니 마지막 날에 내가 이를 다시 살리리라 하시니라

이 말씀으로 우리 주님께서는 강력한 의지를 천명하신 것입니다. "내가 하나님 아버지께서 사랑하시는 택한 백성들을 속량할 것이다. 내가 다시 오는 날에 그들 중 한 사람도 잃어버리지 않고 반드시 영화로운 몸으로 다시 살릴 것이다." 주님을 믿는 사람이 바로 하나님 아버지의 택하심을 받아 은혜로 영생 얻어 하나님의 자녀가 되었습니다. 그런데 우리 주님께서 내가 너희를 고아 같이 내 버려두지 않겠다고 하신 말씀의 주요 요점이 무엇입니까?

우리 주님께서 그 말씀을 하신 앞 뒤 문맥이 그 점을 확인해 줍니다.

요 14:6 내가 아버지께 구하겠으니 그가 또 다른 보혜사를 너희에게 주사 영원토록 너희와 함께 있게 하리니

14:7 그는 진리의 영이라 세상은 능히 그를 받지 못하나니 이는 그를 보지도

못하고 알지도 못함이라 그러나 너희는 그를 아나니 그는 너희와 함께 거하심이요 또 너희 속에 계시겠음이라

14:8 내가 너희를 고아와 같이 버려두지 아니하고 너희에게로 오리라

보혜사란 말은 파라크레토스(Parakletos)라는 헬라어인데, 그 말은 어떤 사람을 보호하고 위로하고 각성하고 가르치고 필요한 것을 공급하기 위하여 항상 그와 동행하는 후견인을 가리키는 말이었습니다. 그래서 영어 성경 역본들에서는 그 보혜사를 선생(Teacher), 위로자(Comforter), 상담자(Councilor), 돕는 자(Helper)라는 식으로 다양하게 표기하고 있습니다.

이같이 주님의 최후 만찬석에서 제자들에게 주신 위로의 약속의 진수가 바로 그것입니다. 믿는 자들이 아버지의 집에까지 지상 순례길을 가기까지 그들 각자 안에 내주하시면서 보혜사로 일하시는 성령님의 인도하심이 영생 얻은 자들에게 최상의 위로의 샘입니다.

예수님과 성령님

성자 예수님께서는 아버지 하나님의 뜻을 따라서 사람이 되시어 우리의 구속을 완성하셨습니다. 그리고 우리 주님께서 하나님 우편에서 우리의 중보자로서 그 속량의 피의 효력을 제시하시며 하나님 아버지께 우리를 위하여 대언의 기도를 하고 계십니다.

요일 2:1 나의 자녀들아 내가 이것을 너희에게 씀은 너희로 죄를 범하지 않게 하려 함이라 만일 누가 죄를 범하여도 아버지 앞에서 우리에게 대언자가 있으니 곧 의로우신 예수 그리스도시라

성령 하나님께서는 아버지의 뜻과 예수님의 속량의 효력을 가지고 우리 안에 보혜사로 내주하시기 위하여 하늘에서 강림하셨습니다.

성삼위의 각 위께서 우리 구원을 완전하게 위하여 경륜적 질서를 가지고 일하십니다. 창세전에 성부와 성자와 성령 각 위께서 합동하여 우리의 구원을 위하여 도모하시고 협약하셨습니다. 그래서 그것을 가리켜 신학적으로 구속의 언약(Covenant of Redemption)이라고 부릅니다. 그리고 각 위께서 주어진 역할을 감당하실 뜻을 정하셨습니다.

그래서 아버지 하나님의 뜻을 성자 그리스도께서 이루시고, 성령께서 아버지와 성자 예수님의 뜻을 따라 일하십니다. 그래서 성령님을 가리켜 '하나님의 영', 또는 '그리스도의 영'이라 하는 것입니다.

그래서 구약성경과 신약성경의 모든 말씀이 아버지의 입에서 나온 말씀이고, 우리 주님 예수님께서 그 말씀과 함께 그 말씀 속에서 일하십니다. 성령께서는 사도 요한으로 하여금 예수님을 가리켜 말씀 자체로 표현하게도 하셨습니다.

요 1:1 태초에 말씀이 계시니라 이 말씀이 하나님과 함께 계셨으니 이 말씀은 곧 하나님이시니라

1:14 말씀이 육신이 되어 우리 가운데 거하시매 우리가 그의 영광을 보니 아버지의 독생자의 영광이요 은혜와 진리가 충만하더라

예수님은 아버지의 말씀으로서 창조와 통치와 섭리와 심판과 구원의 전 과정 속에서 주도적인 역할을 하십니다.

요 5:17 예수께서 그들에게 이르시되 내 아버지께서 이제까지 일하시니 나도 일한다 하시매

성령 하나님께서는 아버지 하나님의 영과 그리스도 예수님의 영으로서 창조와 통치와 심판과 구원의 전 과정 속에서 일하십니다.

우리 주 예수님께서 여자의 후손으로 오시어 하나님의 택한 백성들을 구

원하시는 전 과정 속에서 성령께서 일하셨습니다. 성령께서 예수님 오시기 전의 구약성경의 모든 예언과 약속 전체를 위하여 일하셨고 그것들이 기록되게 하셨습니다.

성령님을 빼놓고는 예수님의 성육신과 예수님의 전 생애와 그 속량의 대업을 바르게 이해할 수 없습니다. 그래서 예수님께서는 성령님을 당신 자신과 동격으로 놓으시고 - 다른 보혜사 - 라고 하셨습니다.

예수님과 그 하신 일을 가르치시는 성령님

예수님께서 승천하신 뒤에 약속하신 대로 오순절에 강림하시어 하나님 아버지와 예수님의 일을 계속 하시는 분이 성령님이십니다.

성령께서 구약과 신약의 성경시대의 전체, 교회사 시대 전체를 통괄하시며 일하십니다. 성경전서가 성령님의 감동으로 기록된 하나님의 말씀입니다. 제자들이 예수님과 그 하신 모든 일들을 바르고 원만하게 이해하여 예수님을 증거할 능력을 갖춘 것은 바로 오순절 성령님의 강림 이후였습니다.

> 행 1:8 오직 성령이 너희에게 임하시면 너희가 권능을 받고 예루살렘과 온 유대와 사마리아와 땅 끝까지 이르러 내 증인이 되리라 하시니라
>
> 2:1 오순절 날이 이미 이르매 그들이 다같이 한 곳에 모였더니
>
> 2:2 홀연히 하늘로부터 급하고 강한 바람 같은 소리가 있어 그들이 앉은 온 집에 가득하며
>
> 2:3 마치 불의 혀처럼 갈라지는 것들이 그들에게 보여 각 사람 위에 하나씩 임하여 있더니
>
> 2:4 그들이 다 성령의 충만함을 받고 성령이 말하게 하심을 따라 다른 언어

들로 말하기를 시작하니라

여기서 다른 언어들로 말하기를 시작하였다고 하였는데, 무엇을 말하였다는 말입니까?

바로 복음의 말씀을 증거하기 시작하였다는 말입니다. 다른 말로 하여, 성부 하나님의 뜻대로 성자 예수 그리스도께서 죽으시고 다시 사시고 승천하시어 백성들을 구원하시는 이치를 증거하기 시작하였다는 말입니다.

성령께서 오순절 강림 이전에도 사도들은 이 예수님의 그리스도와 살아 계신 하나님의 아들 되심을 믿고 있었습니다. 그러나 그런 상태에서는 예수님의 그 행하신 일들, 그 겪으신 일들의 유기적인 연관성과 이치에 대한 이해가 부족하였습니다. "예수님이 하나님의 아들이신데 어떻게 하나님이 죽으실 수 있는가? 그런데 다시 사신 그 분이 또 하늘로 올라가셨네." 이와같은 예수님의 일들을 원만하게 이해하기 전에, 그들 제자들이 예수님의 증인 역할을 할 수 없었습니다.

성령께서 오순절에 강림하시어 그들 안에 내주하시기 시작하셨을 때, 그들이 비로소 예수님의 증인이 될 정도로 예수님께 대한 초월적인 이해를 하게 되었습니다.

이는 사도들에게만 해당되는 것이 아닙니다. 한 사람이 예수님에 대한 참 믿음을 가지는 시작점부터 영원까지 보혜사 성령님의 일하심 속에 있습니다.

구원신앙은 바로 성령님의 인도하심을 따라 성경대로 믿는 믿음입니다. 아멘.

chapter 16

영생 얻은 자와 성경

우리는 연이어 우리가 그리스도를 믿음으로 말미암아 받은 '영생'과 관련하여 성경이 말하고 있는 바를 듣고 있습니다. 그래서 이 장의 제목을 '영생 얻은 자와 성경'이라고 정하였습니다. 성경만이 영생에 관하여 정확하고 오류 없는 진리를 우리에게 제시합니다. 이와 관련하여 예수님께서 분명하게 말씀하셨습니다.

요 5:39 너희가 성경에서 영생을 얻는 줄 생각하고 성경을 연구하거니와 이 성경이 곧 내게 대하여 증언하는 것이로다

5:40 그러나 너희가 영생을 얻기 위하여 내게 오기를 원하지 아니하는도다

영생을 말하는 성경

영생의 구주 예수님은 성경의 예수님이십니다. 예수님께서 아버지 하나님의 보내신 구주십니다. 아버지 하나님께서는 구약시대에 모세와 선지자

들을 통하여 오실 메시야이신 하나님의 아들에 관하여 약속하셨습니다. 그 약속대로 오시어 구약성경에 약속되고 예언된 아버지 하나님의 뜻대로 아버지의 사랑하시는 백성들을 속량하셨습니다. 예수님께서 자신이 하나님의 보내심을 받은 자로서의 소임을 감당하려 하심을 분명하게 밝히셨습니다.

> 요 6:38 내가 하늘에서 내려온 것은 내 뜻을 행하려 함이 아니요 나를 보내신 이의 뜻을 행하려 함이니라
>
> 6:39 나를 보내신 이의 뜻은 내게 주신 자 중에 내가 하나도 잃어버리지 아니하고 마지막 날에 다시 살리는 이것이니라
>
> 6:40 내 아버지의 뜻은 아들을 보고 믿는 자마다 영생을 얻는 이것이니 마지막 날에 내가 이를 다시 살리리라 하시니라

성경을 백안시 하는 사조(思潮)의 속임수

교회사 중에, 너무나 자명한 이 진리를 오늘날 같이 강조할 필요가 있던 세대가 있었습니까? 성경대로 하면 마치 모자라고 유치하다는 인식이 오늘날 교회 강단이나 회중석에 크게 작용하고 있다는 인상을 제 자신만 받는 것일까요? 그렇지 않다고 저는 확신합니다.

오늘날 설교에 인문학적 요소를 도입해야 한다느니, 설교의 스타일을 현대인의 의식 구조에 맞추어야 한다고들 합니다. 거기다 한 발 더 나아가, 교회가 현대의 지성인들을 얻기 위하여 무슨 시도를 해야 한다는 강박관념에 사로잡혀 있는 형국입니다. 그런 주장들이 마치 무슨 새로운 종교개혁적인 획기적인 발상으로 교회를 깨우치는 것 같다는 식으로 행세하고 있습니다.

그런 형세 속에서 설교가 성경을 곧이곧대로 강해하는 것은 지루하여 사람들을 잃는 지름길이라는 식의 정서가 설교자와 회중석을 지배하고 있습니다. 그러나 교회사의 교훈은 그런 발상이 얼마나 빗나간 것인지를 단박에 보여줍니다. 다른 말로 하여, 그런 사조가 새로운 것이 아니란 말입니다.

자, 들어 보십시오. 교회사 속에서 영적으로 가장 찬란하던 시대들 속의 설교자와 성도들이 증언하고 들었던 설교들을 보십시오. 그 설교들이 다 하나님의 말씀인 성경을 곧이곧대로 강론하는 것들이었습니다.

1-4세기의 초대교회와, 16세기의 종교개혁 시대, 뒤이어 16,17세기의 청교도시대, 18세기의 영적 각성 시대의 설교들을 읽어 보세요. 그러면 그 시대의 교회 지체들이 다 지나치다 싶을 정도로 성경에 집중했음을 알 것입니다.

반성경적인 교회사의 사조들

교회가 18세기 이후 반성경적인 지성주의라 할 수 있는 계몽주의와 함께 일어난 합리주의에 제대로 맞서지 못하였을 때에 깊은 영적 침체에 빠졌습니다. 그리고 뒤이어 19세기와 20세기 중엽까지, 합리주의와 과학주의를 기반에 두고 비평적인 사고방식으로 성경을 연구하는 이들이 일어났습니다. 그들이 문서비평, 역사비평의 미명 아래서 성경을 자기들 나름으로 평가하고 난도질하였습니다.

그들은 하나님의 권능과 영광을 계시하는 성경의 여러 기록들, 곧 여러 이적과 권능의 역사적 기록들이 실제 있었던 일이 아니라고 주장하였습니다. 그들은 그런 것들이 그저 사람들에게 종교적 교훈을 주기 위하여 만들어낸 신화(神話)에 불과하다고 말하며 사람들을 회유하였습니다. 그들은 창세기 1장에서 3장도 역사적 사실의 기록이 아니라 바벨론이나 중동의 고대 신화들에서 따온 것이라고 강변하였습니다. 그래서 그들은 창세기 1장에서 3장까지의 대목을 E 문서, J 문서 등으로 구분하였습니다. 그래서 그런 이들의 주장을 신학계에서는 문서설(文書說)이라고 합니다.

오늘날 그런 문서설을 대단한 학문적 업적으로 받아들여 가르치는 정신 나간 신학교들도 있습니다. 혹여 우리나라에 그런 신학들을 가르치는 신학교들이 있다면, 주님께서 그들로 자기들의 미련함을 깨우쳐 주시기를 주님께 간구하는 바입니다.

십오륙 년 전에 영국판 진리의 깃발(Banner of Truth)지에 그런 신학의 옹호자로 학생들을 가르쳤던 어떤 신학자의 회심과 회개의 고백이 실렸던 적이 있었습니다. 그는 자기의 글 속에서 말하였습니다. "정말 내가 모르고 가르쳤던 내용들이 들어있는 책들을 다 모아 불사르고 싶다."

불트만(Rudolf Bultmann, 1884-1976) 같은 학자는 구약성경이나 신약성경에 있는 하나님과 예수님의 각종 이적 기사들을 신화들로 보았습니다. 예수님의 동정녀 탄생도 신화로 보았고, 예수님의 이적들도 다 신화로 보았습니다. 그래서 성경을 제대로 읽으려면 그런 신화적 요소를 제거하고 보아야 한다고 하며 비신화화 운동을 주장하기도 하였습니다. 예수님의 부활도 육체적 실제 부활이 아니라 정신적 부활이라는 식의 해괴한 논리로 사람들을 오도하였습니다.

이들을 가리켜 자유주의 신학자라고 한 것은 종교개혁을 이끈 정확하고 오류 없는 하나님의 말씀으로서의 성경의 절대 권위에 복종하기를 거부하고 자유롭게 자기의 사고방식을 따라서 신학화 작업을 수행하였기 때문입니다. 또 그들을 신신학자(新神學者)들로 규정합니다. 그것은 그들이 교회사를 통하여 면면히 계승되어 내려온 정당한 성경의 교리 체계와의 단절을 선언하고 자기들 나름의 새로운 신학 체계를 제시하였기 때문입니다.

교회사의 과정 속에서 등장한 이런 모든 사조들은 다 하나님의 말씀으로서의 성경의 절대적 권위에 복종하기를 거부한 인간주의, 또는 인본주의의 산물들입니다. 그 저변에는 하나님을 미워하고 마음에 두기를 싫어하는 죄악적인 인간 본성의 악이 깔려 있습니다. 그리고 그 배후에 인간의 악한 본성을 통하여 자기 일을 하는 악한 사탄의 흉계가 숨어 있습니다. 실로 부패한 사람에게서 난 것은 선하고 거룩하고 의로울 수 없습니다.

렘 17:9 만물보다 거짓되고 심히 부패한 것은 마음이라 누가 능히 이를 알리요마는

17:20 나 여호와는 심장을 살피며 폐부를 시험하고 각각 그의 행위와 그의 행실대로 보응하나니

성경 말고 다른 대안 없다

그런 모든 인본주의적 사조를 이기는 오직 유일한 대안은 성경에 더욱 집중하는 것입니다. 그 일에 다른 대안은 없습니다. 사람의 일은 사람을 지으신 하나님만 적확하고 완전하게 아십니다.

그처럼 성경이 하나님의 말씀이므로 성경에 집중해야 합니다. 각종 철학과 여러 교훈들은 하나님으로부터 난 것이 아니라 사람에게서 난 것입니다. 그래서 플라톤과 아리스토텔레스와 스토아 학파(Stoics)와 에피큐레스 학파(Epicurean)의 교훈들을 다 꿰고 있던 사도 바울이 그렇게 말한 것입니다.

골 2:6 그러므로 너희가 그리스도 예수를 주로 받았으니 그 안에서 행하되

2:7 그 안에 뿌리를 박으며 세움을 받아 교훈을 받은 대로 믿음에 굳게 서서

감사함을 넘치게 하라

2:8 누가 철학과 헛된 속임수로 너희를 사로잡을까 주의하라 이것은 사람의 전통과 세상의 초등학문을 따름이요 그리스도를 따름이 아니니라

교회사를 통하여 우리는 당신의 사랑하시는 백성들, 곧 주님의 피로 사신 교회를 새롭게 하시는 성령님의 방식을 주목해야 합니다. 성령께서는 교회사 속에서 항상 하나님의 말씀으로서의 성경으로 다시 돌이키게 하시는 것이었습니다. 그래서 성경에 집중하며 그 말씀에 귀를 기울일 때에 그 영혼을 살리시는 하나님의 살아있는 역사가 일어났습니다.

그래서 영적 각성과 참된 영적 부흥의 역사에는 사람의 이성에 호소하는 것이 아니고 영적으로 죽은 사람의 영혼을 거듭나게 하시는 성령님의 역사가 있었습니다. 그때에 비로소 성경대로 하나님께 대한 참된 회개와 예수님께 대한 참된 믿음을 보이는 사람들이 일어나기 시작하였습니다. 곧 사도 시대에 일었던 그런 참된 구원의 역사가 재현되었던 것입니다.

행 2:36 그런즉 이스라엘 온 집은 확실히 알지니 너희가 십자가에 못 박은 이 예수를 하나님이 주와 그리스도가 되게 하셨느니라 하니라

2:37 그들이 이 말을 듣고 마음에 찔려 베드로와 다른 사도들에게 물어 이르되 형제들아 우리가 어찌할꼬 하거늘

2:38 베드로가 이르되 너희가 회개하여 각각 예수 그리스도의 이름으로 세례를 받고 죄 사함을 받으라 그리하면 성령의 선물을 받으리니

2:39 이 약속은 너희와 너희 자녀와 모든 먼 데 사람 곧 주 우리 하나님이 얼마든지 부르시는 자들에게 하신 것이라 하고

2:40 또 여러 말로 확증하며 권하여 이르되 너희가 이 패역한 세대에서 구원을 받으라 하니

2:41 그 말을 받은 사람들은 세례를 받으매 이 날에 신도의 수가 삼천이나 더하더라

교회사 중에서 영적으로 찬란하였던 시대의 교회들에서 일어난 일들은 다 하나님의 일을 확증합니다. 마치 히브리서 기자가 말한 바와 같이 말입니다.

히 12:1 이러므로 우리에게 구름 같이 둘러싼 허다한 증인들이 있으니

1-4세기의 초대교회의 영적 박해를 받은 성도들, 16세기의 종교개혁의 근본정신, 그 뒤에 일어난 16,17세기의 청교도 운동으로 성경적인 신학과 신앙의 실천을 보여주었던 청교도들, 18세기 조나단 에드워즈(Jonathan Edwards, 1703-1758)와 휫필드(George Whitefield, 1714-1770)와 웨슬리 (John Wesley, 1703-1791)를 통한 영적 각성, 19세기의 존 라일(John C. Ryle, 1816-1900)과 스펄전(Charles Spurgeon, 1834-1892)을 통한 영적 부흥, 그리고 20세기의 로이드 존스(D. M. Lloyd-Jones,1899-1981)의 성경 강해설교의 권능으로 영적 회심과 교회 갱신. 이 일들 전체가 성경이 하나님의 살아있는 권능의 말씀임을 증언합니다.

다시 강조하거니와, 이 모든 교회사의 영적 거사들은 다 사도들과 함께 하시어 그 사랑하시는 백성들을 말씀을 따라 구원하셨던 성령 하나님의 역사였습니다.

구약 성도들의 체험

그런 일은 신약시대에 와서 처음 있었던 일은 아니었습니다. 3천 년 전에 다윗은 사람을 성경 말씀을 통하여 영적으로 새롭게 하시고 살리시는 하나님의 역사를 맛보았습니다.

시 19:7 여호와의 율법은 완전하여 영혼을 소성시키며 여호와의 증거는 확실하여 우둔한 자를 지혜롭게 하며

19:8 여호와의 교훈은 정직하여 마음을 기쁘게 하고 여호와의 계명은 순결하여 눈을 밝게 하시도다

19:9 여호와를 경외하는 도는 정결하여 영원까지 이르고 여호와의 법도 진실하여 다 의로우니

19:10 금 곧 많은 순금보다 더 사모할 것이며 꿀과 송이꿀보다 더 달도다

19:11 또 주의 종이 이것으로 경고를 받고 이것을 지킴으로 상이 크니이다

19:20 자기 허물을 능히 깨달을 자 누구리요 나를 숨은 허물에서 벗어나게 하소서

19:21 또 주의 종에게 고의로 죄를 짓지 말게 하사 그 죄가 나를 주장하지 못하게 하소서 그리하면 내가 정직하여 큰 죄과에서 벗어나겠나이다

19:22 나의 반석이시요 나의 구속자이신 여호와여 내 입의 말과 마음의 묵상이 주님 앞에 열납되기를 원하나이다

주전 450여 년 전, 지금으로부터 2500여 년 전에 느헤미야의 지도 아래 에스라의 말씀 증언을 듣던 당시 유다 백성들의 일은 어떠하였습니까?

느 8:1 이스라엘 자손이 그 본성에 거하였더니 칠월에 이르러는 모든 백성이 일제히 수문 앞 광장에 모여 학사 에스라에게 여호와께서 이스라엘에게 명하신 모세의 율법책을 가지고 오기를 청하매

8:2 칠월 일일에 제사장 에스라가 율법책을 가지고 남자, 여자 무릇 알아들을 만한 회중 앞에 이르러

8:3 수문 앞 광장에서 새벽부터 오정까지 남자, 여자 무릇 알아들을 만한 자의 앞에서 읽으매 뭇 백성이 그 율법책에 귀를 기울였는데

8:4 학사 에스라가 모든 백성 위에 서서 저희 목전에 책을 펴니 책을 펼 때에 모든 백성이 일어서니라

8:11 에스라가 광대하신 하나님 여호와를 송축하매 모든 백성이 손을 들고 아멘 아멘 응답하고 몸을 굽혀 얼굴을 땅에 대고 여호와께 경배하였느니라

8:12 예수아와 바니와 세레뱌와 야민과 악굽과 사브대와 호디야와 마아세야와 그리다와 아사랴와 요사밧과 하난과 블라야와 레위 사람들이 다 그 처소에 섰는 백성에게 율법을 깨닫게 하는데

8:13 하나님의 율법책을 낭독하고 그 뜻을 해석하여 백성으로 그 낭독하는 것을 다 깨닫게 하매

8:14 백성이 율법의 말씀을 듣고 다 우는지라 총독 느헤미야와 제사장 겸 학사 에스라와 백성을 가르치는 레위 사람들이 모든 백성에게 이르기를 오늘은 너희 하나님 여호와의 성일이니 슬퍼하지 말며 울지 말라 하고

8:15 느헤미야가 또 이르기를 너희는 가서 살진 것을 먹고 단 것을 마시되 예비치 못한 자에게는 너희가 나누어 주라 이 날은 우리 주의 성일이니 근심하지 말라 여호와를 기뻐하는 것이 너희의 힘이니라 하고

8:16 레위 사람들도 모든 백성을 정숙케 하여 이르기를 오늘은 성일이니 마땅히 종용하고 근심하지 말라 하매

8:17 모든 백성이 곧 가서 먹고 마시며 나누어 주고 크게 즐거워하였으니 이는 그 읽어 들린 말을 밝히 앎이니라

사람으로부터 나고 마귀의 입김이 서려 있는 그 반성경적인 모든 사조를 능히 이기게 하시는 성령님의 검이 바로 성경입니다.

시 119:96 내가 보니 모든 완전한 것이 다 끝이 있어도 주의 계명들은 심히 넓으니이다

119:97 내가 주의 법을 어찌 그리 사랑하는지요 내가 그것을 종일 작은 소리로 읊조리나이다

119:98 주의 계명들이 항상 나와 함께 하므로 그것들이 나를 원수보다 지혜롭게 하나이다

119:99 내가 주의 증거들을 늘 읊조리므로 나의 명철함이 나의 모든 스승보다 나으며

119:100 주의 법도들을 지키므로 나의 명철함이 노인보다 나으니이다

현대인의 기만적인 자긍심

우리가 제 1세기인 사도시대가 문명이 미개하였으니 당시의 사람들이 깊은 미몽에 잠겨 있었을 것이라 여기면 큰 착각을 하고 있는 것입니다. 물론 그런 시대들이 오늘날 우리가 누리고 있는 문명의 이기들을 허락받지 못하였습니다. 우리가 누리고 쓰고 있는 IT 첨단 장비들, 첨단 통신수단, 교통수단이나 컴퓨터나 의식주의 방편이나 도구들을 우리 이전 시대들은 누리지 못하였습니다.

그러나 우리는 물어야 합니다.

우리가 지금 다루고 있는 영생의 문제, 하나님과의 영원한 관계의 문제에 대하여 우리가 우리의 이전 시대들보다 더 진보하였습니까? 생활의 외적인 방편들과 문명의 이기의 발달과 함께 영적인 진보도 상승되었느냐는 말입니다. 천만에요.

3천 년 전에 다윗이 기록한 시편들이 오늘 이 시대를 사는 우리에게 무의미합니까? 우리의 영적인 진보가 대단한 경지에 있으니 그런 시편들이 너무 초라하고 차원이 낮습니까?

농경과 목축의 제1차 산업시대였던 1세기의 사도들의 증언과 교훈이 오늘 최첨단 생활 장비를 구비한 우리에게는 유치하게 들립니까?

이렇게 생각해 보세요.

아주 비싼 옷을 입으면 허름하고 싼 옷을 입고 있을 때보다 우리의 생각이 더 높아지고 고상해지던가요? 최고급 첨단장치가 되어 있는 세단을 타고 다니는 사람이 마차를 타고 다니는 사람보다 그만큼 더 고상하나요?

날마다 호화롭게 연락하여 잔치할 정도로 부자가 자기 문 앞에 아파 누워서 그의 상에서 떨어지는 부스러기를 애타게 기다리던 거지 나사로보다 더 신령하고 높은 생각을 가졌습니까? 그 부자는 죽어 자기의 영원한 거처인 지옥불로 들어갔습니다.

거지는 죽어 그 영혼이 천사들에게 받들려 아브라함이 거하는 아버지 하나님의 영원한 집에 당도하였습니다.

모든 일을 성경대로 이루신 예수님

예수님께서 성경대로 오시어 성경대로 그 사랑하시는 백성들을 속량하셨습니다. 사도 바울이 그 점을 확증하였습니다.

고전 15:3 내가 받은 것을 먼저 너희에게 전하였노니 이는 성경대로 그리스도께서 우리 죄를 위하여 죽으시고

15:4 장사 지낸 바 되셨다가 성경대로 사흘 만에 다시 살아나사

그러므로 우리의 구원과 관련하여 적확한 지식을 얻으려 하면 성경을 들어야 합니다. 아니 누가 오늘날 하나님의 말씀을 듣고 싶다면, 성경이 말하는 바에 귀를 기울이면 됩니다.

성경은 지금으로부터 3천 5백여 년으로부터 1천 9백 30여 년 전에 기록

되었습니다. 모세가 창세기부터 신명기에 이르는 성경의 처음 다섯 권을 기록하였습니다. 학자들마다 차이가 있으나, 성경의 마지막 책인 요한계시록이 주후 90년에서 100년 사이에 기록되었다는 것이 정설입니다. 그렇게 오래 전에 기록된 성경이 어떻게 현재 우리 세대에도 여전히 유효한 하나님의 말씀으로서의 권위를 가지고 있는 이유가 무엇입니까?

그것은 하나님께서 완전하시고 불변하시기 때문입니다.

그럴 리 없지만 가상하여 만일 하나님께서 불완전하시다면 필연 변하시기 마련입니다. 그러면 하나님께서 과거에 무엇을 말씀하셨다 할지라도 그것이 지금 현재나 미래에도 유효하다고 말할 수 없을 것입니다. 이전에는 그리 말씀하셨으나 생각이 달라지시어 오늘은 그전과는 다른 말씀을 하신다면, 이전에 하신 말씀은 현재에 아무 의미가 없을 것입니다.

사람들의 세계에서는 그런 경우가 아주 다반사입니다. 그것은 사람들의 불완전하고 변하기 쉬운 특성을 보여주는 것입니다. 그러나 하나님께서는 그 속성과 성품이 스스로 완전하시어 영원부터 영원까지 변하지 않습니다. 그리고 하나님의 영광을 위하여 창세전에 예정하신 계획과 목적을 세우셨다면, 하나님의 창조와 통치와 섭리의 전 과정이 바로 그 하나님의 목적에 걸려 있는 셈입니다.

하나님께서 친히 바로 창세전에 예정하신 계획과 목적을 그 사랑하시는 백성들에게 알게 하셨으니, 바로 그 계시의 기록이 성경입니다.

그러니 진실로 지혜로운 사람은 누구입니까? 하나님께서 창세전에 예정하시고 계시로 사람들로 알게 하시고 이루어 가시는 그 하나님의 목적과 계획의 계시인 성경을 따라 하나님을 믿는 사람입니다.

성령께서는 솔로몬을 통하여 성경대로 하나님을 경외하는 지혜의 진수를 우리에게 가르치십니다.

잠 1:7 여호와를 경외하는 것이 지식의 근본이거늘 미련한 자는 지혜와 훈계
를 멸시하느니라

하나님을 경외한다 함은 무엇입니까? 하나님 자신의 영광을 위하여 뜻
을 정하시고 그에 따라 창조하시고 통치하시고 섭리하시고 심판하시고
구원하시는 하나님을 마음으로 믿고 복종하고 사랑하고 섬기는 것을 가
리킵니다.

다시 묻습니다.

그 하나님의 뜻은 무엇입니까? 바로 하나님께서 자신을 경외하고 믿고
경배하고 섬길 자들을 위하여 바로 그 뜻을 성경으로 계시하여 주셨습니다.

지금 하나님의 입에서 나오는 말씀

성경은 예나 지금이나 앞으로 예수님께서 다시 오실 때까지 그 백성에게
항상 말씀하시는 하나님의 입에서 나오는 말씀입니다. 온 우주와 만물과
모든 인생들의 존재가 바로 성경에 기록된 대로 하나님의 창조와 통치와
섭리와 판단 아래 있는 것입니다.

그러므로 "하나님께서 지금 성경으로 말씀하고 계시다"는 진술이 모든
시대, 모든 처지와 조건과 환경에도 유효합니다. 우리가 성경을 항상 살아
역사하시는 하나님의 말씀으로 믿어야 함을 누구에게서 배웁니까? 성삼위
하나님께 배워야 합니다. 성경에 등장하는 여러 인물들, 모세와 선지자들
과 사도들이 그러하였습니다.

벧후 1:20 먼저 알 것은 성경의 모든 예언은 사사로이 풀 것이 아니니

1:21 예언은 언제든지 사람의 뜻으로 낸 것이 아니요 오직 성령의 감동하심

을 받은 사람들이 하나님께 받아 말한 것임이라

우리 주 예수님께서 친히 성령님의 이끌리심을 받아 40일 주야 금식하신 후에 광야에서 마귀에게 시험을 당하셨습니다. 그 때 마귀를 이기신 우리 주님께서 보여주신 방식은 무엇입니까? 우리 주님께서는 당신의 신적 권능으로 마귀를 단번에 짓눌러 버리실 수 있었습니다. 그러나 우리 주님께서는 완력으로 마귀를 위협하고 윽박지르지 않으셨습니다. 대신 기록된 말씀인 성경으로 마귀를 대항하시어 그의 불화살을 소멸하셨습니다. 예수님께서 40주야를 금식하시어 주리고 목마르셨을 때 마귀의 시험을 어떻게 이기셨습니까?

마 4:3 시험하는 자가 예수께 나아와서 이르되 네가 만일 하나님의 아들이어든 명하여 이 돌들로 떡덩이가 되게 하라

4:4 예수께서 대답하여 이르시되 기록되었으되 사람이 떡으로만 살 것이 아니요 하나님의 입으로부터 나오는 모든 말씀으로 살 것이라 하였느니라 하시니

예수님께서는 마귀의 계속되는 공격을 오직 기록된 말씀인 성경으로 막아내셨습니다.

마 4:7 예수께서 이르시되 또 기록되었으되 주 너의 하나님을 시험하지 말라 하였느니라 하시니

4:10 이에 예수께서 말씀하시되 사탄아 물러가라 기록되었으되 주 너의 하나님께 경배하고 다만 그를 섬기라 하였느니라

예수님께서 계속 신명기의 말씀을 인용하시어 마귀를 대응하셨습니다. 그것은 예수님께서 성경을 "하나님의 입으로부터 지금 나오는 말씀"으로 여기셨음을 보여줍니다. 여기서 "입으로부터 나온다"는 동사형의 시제가

현재입니다. 신약성경의 원어인 헬라어에서 동사의 현재형은 현재진행형과 같은 뉘앙스를 가지고 있습니다. 그러므로 예수님께서 "하나님의 입으로부터 나오고 있는 모든 말씀"이라고 하시어 그 성경의 항시적인 효력을 확증하신 셈입니다.

그러므로 우리가 성경이 말하는 바를 따라서 영생이 무엇인지를 배우고 확신하는 일은 절대로 중요합니다. 물론 영생과 관련하여 우리의 마음에 여러 가지의 상념이 떠오를 수 있습니다. 앞으로 우리가 이 세상에서 살다가 하나님의 부르심을 받아 아버지의 집에 가게 될 때 우리가 구체적으로 어떤 영광에 처하게 될 것인가? 그런 문제들에 대하여 생각할 때, 하나님께서 성경으로 알게 하신 바 이상을 넘어가지 않는 것이 지혜입니다.

하나님께서는 우리의 상태를 완전하게 아시고 우리가 지상에 있는 동안 믿음의 행로를 위해 필요하고 충분한 지식을 갖게 하시려고 성경을 주셨습니다. 성경은 하나님의 완전한 지혜로 우리를 위하여 꼭 맞게 주어진 말씀입니다. 그러니 성경 이상을 넘어가지 말아야 합니다. 그래서 바울 사도가 증언하는 복음이 성경에 절대 근거하고 있음을 확증한 것입니다.

고전 4:6 형제들아 내가 너희를 위하여 이 일에 나와 아볼로를 들어서 본을 보였으니 이는 너희로 하여금 기록한 말씀 밖으로 넘어가지 말라 한 것을 우리에게서 배워 서로 대적하여 교만한 마음을 가지지 말게 하려 함이라

오늘날 흔히 지옥이나 천국을 보고 왔다하며 자기 체험을 간증형식으로 말하는 이들이 더러 있습니다. 그리고 적지 않은 이들이 그들의 말에 크게 관심을 둡니다. 심지어 신학자들 중에서 성도들에게 그들의 간증들이 좋은 영향을 줄 수 있다 하여 추천하는 이들도 더러 있습니다. "물론 그분들이 하는 말에 신학적으로 문제가 없지 않으나 여전히 그들의 간증을 듣

고 하나님께 열심을 내는 이들이 많으니 추천할 만하다."

외람되게 들릴 수 있으나, 그런 신학자들이 그런 이들과 합세하여 성도들에게 매우 큰 해를 끼치고 있다고 저는 생각합니다. 그러면 대번에 이렇게 반문하고 싶겠지요? "그들의 간증을 듣고 열심을 내는 이들이 많으면 그것으로 좋은 것 아닙니까? 그런데 목사님은 그런 이들이 무슨 해를 성도에게 입힌다는 말입니까?"

저는 단호하게 답변합니다. 그런 방식은 성경만으로는 모자라다는 의식을 은연중에 성도들에게 끼치고 있어 성경 이외의 다른 계시나 체험을 기대하게 만듭니다. 그런 간증으로 마음이 잠시 뜨거워질 수 있고, 열심을 크게 낼 수 있습니다. 그러나 성도들이 성경 말씀에 철저하게 의존하는 것을 버리면, 그것보다 큰 해가 없습니다. 앞에서 우리가 들었듯이, 극히 어려운 조건 속에서 마귀를 대항할 때 철저하게 기록된 말씀인 성경을 의존하시던 예수님을 주목하십시오.

사도들도 예수님을 증거할 때 당시 성경, 지금의 구약성경을 풀어 예수님을 증거하는 방식을 고수하였습니다.

행 17:2 바울이 자기의 관례대로 그들에게로 들어가서 세 안식일에 성경을 가지고 강론하며

17:3 뜻을 풀어 그리스도가 해를 받고 죽은 자 가운데서 다시 살아나야 할 것을 증언하고 이르되 내가 너희에게 전하는 이 예수가 곧 그리스도라 하니

판에 명백하게 새기어 공고된 말씀

이와 관련하여 제 부끄러운 일 하나를 예로 들어 보겠습니다. 제가 대학교 1학년 1학기 성적표를 받아 보고 장학금을 신청해야겠다는 생각이

들었습니다. 제 친한 친구에게도 장학금 신청을 하자고 권하였습니다. 이미 게시판에 장학금 신청과 관련한 공고문이 게시되어 있었습니다. 그러나 제 생각에는 그 공고문보다 장학금을 관리하는 장학 담당 직원에게 가서 물어보면 구체적인 정보를 얻을 수 있을 것이라 여긴 것이지요. 그래서 제가 그 친구에게 권하니 친구도 좋다고 하여 함께 교무처에 가서 장학 담당 직원분을 찾았습니다. 제 아버지와 비슷한 연령대의 그 직원분이 '학생들 왜 왔느냐'고 묻기에 장학금에 대하여 알아보려 왔다고 대답하였습니다. 그랬더니 그 직원분이 우리 둘을 빤히 쳐다보더니 '자네들 몇 학년이야?'라고 퉁명스럽게 물었습니다. "예, 저희 1학년입니다." 그러더니 그분 아직도 고등학교 티를 벗지 못한 우리의 허물을 질책하며 호되게 꾸짖기 시작하였습니다. "우리 학교 4천명이 되는 학생들이 자네들 같이 다 나에게 와서 장학금에 대하여 물어보면 어떻게 그 일을 감당하겠는가? 고등학교 때는 담임 선생님이 종례 때에 모든 것을 친절하게 가르쳐 주시지만 대학 생활은 그게 아니네. 대학교의 학생들과 관련된 모든 사항들은 게시판에 총장 이름의 공고문으로 공시되는 거야." 그 말을 우리 둘이 들으면서 얼마나 부끄러웠는지 얼굴이 홍당무가 되었습니다. 그러나 그분 그렇게 호되게 우리를 질책하고 나서 안 되었다 싶었는지, 장학금 신청에 관하여 친절하게 안내해 주었습니다. 그런데 그날 우리가 교무과에 가서 그 직원에게 받은 장학금 신청에 관한 정보를 받은 후 실제로 장학금을 신청해야 하니 기억이 가물거렸습니다. 그래서 결국 총장님과 교무처장님의 이름으로 게시된 그 공고문을 철저하게 읽었습니다. 그러니 장학 담당 직원으로부터 받은 교육은 학교 게시판에 총장님의 이름으로 공고된 게시문의 권위와 중요성을 더 인식하게 하였습니다. 그 게시된 공고문은 당시 우리 학교 장학금 신청에 관하여 총장님과 교무처장님의 권위 있는 말씀이었습니다.

게시판에 공적으로 붙여 놓은 공고문 같이, 성경도 영생에 관하여 하나님과 우리 주 예수 그리스도께서 오늘 말씀하시는 권위의 책입니다. 이와 관련하여 우리를 명백하게 가르치는 말씀이 있습니다. 하박국의 말씀입니다.

합 2:2 여호와께서 내게 대답하여 이르시되 너는 이 묵시를 기록하여 판에 명백히 새기되 달려가면서도 읽을 수 있게 하라

2:3 이 묵시는 정한 때가 있나니 그 종말이 속히 이르겠고 결코 거짓되지 아니하리라 비록 더딜지라도 기다리라 지체되지 않고 반드시 응하리라

2:4 보라 그의 마음은 교만하며 그 속에서 정직하지 못하나 의인은 그의 믿음으로 말미암아 살리라

그러므로 저는 성경에 입각하여 담대하게 증언합니다. 성경대로 믿는 그 사람이 복음의 은혜로 구원받고 영생 얻은 하나님의 사람입니다. 그러므로 성경대로 믿지 않는 사람은 결코 영생 얻은 자일 수 없습니다.

그러므로 성경대로 믿게 하시어 영생을 주신 하나님의 은혜에 따라 항상 성경으로 오늘 지금 말씀하시는 하나님의 음성을 들어야 합니다.

사 55:3 너희는 귀를 기울이고 내게로 나아와 들으라 그리하면 너희의 영혼이 살리라 내가 너희를 위하여 영원한 언약을 맺으리니 곧 다윗에게 허락한 확실한 은혜니라

여기에 웨스트민스터소요리문답 제 2문답을 소개합니다.

▷ 제 2문

우리가 하나님을 영화롭게 하고 하나님을 영원토록 즐거워하려 할 때 따를 규칙으로 하나님께서 무엇을 주셨는가?

▷ 답변

신구약 성경에 기록된 하나님의 말씀이 바로 그 일을 위한 유일한 규칙
이다.

오늘도 성경으로 말씀하시며 우리 영혼을 먹이시고 기르시는 성삼위 하
나님을 찬미하는 바입니다. 아멘.

chapter 17

영생 얻은 자와 성령의 각성

우리는 계속하여 성경을 따라서 그리스도를 믿음으로 말미암아 '영생 얻은 자'와 관련된 주요한 사항들을 살펴보고 있습니다. 우리는 이미 영생 얻은 자와 성령님의 관계에 대하여 여기저기서 간헐적으로 언급한 바 있습니다. 그러나 이 장에서는 그 문제에 대하여 더 집중적으로 살펴 보려고 합니다. 이에 대한 바른 이해가 없이는 영생 얻은 자의 바른 삶이 어렵기 때문입니다.

사람의 이성을 뛰어넘는 구원 신앙의 세계

성경으로 자신을 계시하신 하나님의 본체와 그 존재 양식은 우리 사람의 지각을 훨씬 뛰어넘는다고 말해야 합니다. 사람의 이성으로 관찰하고 미루어 짐작하고 나름으로 판단하여 참된 지혜와 진리에 이르려는 노력의 산물이 무엇입니까? 바로 인간의 철학입니다. 인간의 철학은 하나님 앞에 있는 우리의 영원한 행로에 대하여 아무것도 말해주지 못합니다.

물론 사람의 철학적인 노력 자체를 정죄할 수는 없습니다. 모든 피조물 중에 철학적 노력을 보이는 것은 인간뿐입니다. 다른 어떤 일들에는 사람보다 더 탁월한 기능을 보이는 동물들이 많습니다. 사람이 말이나 치타보다 더 잘 달릴 수 있습니까? 사람이 스스로 독수리처럼 높이 날아다닐 수 있습니까? 사람이 스스로 코끼리처럼 몸집이 크고 힘이 셉니까?

그러나 사람은 자동차로 말미암아 말이나 치타보다 더 빠르게 이동할 수 있습니다. 사람은 비행기로 독수리보다 훨씬 높이 빠르게 공중을 날아갈 수 있습니다. 사람은 여러 기계들을 통하여 코끼리보다 수천, 수만 배 더 무거운 것을 들어올릴 수 있습니다. 이것들은 다 사람이 하나님으로부터 부여받은 이성과 지혜의 힘을 활용하여 연구한 결과로 얻은 것들입니다.

그러므로 성경은 학자적인 정신과 노력을 결코 정죄하지 않습니다.

그래서 이사야 50장 4절의 말씀을 우리에게 주셨습니다.

사 50:4 주 여호와께서 학자들의 혀를 내게 주사 나로 곤고한 자를 말로 어떻게 도와 줄 줄을 알게 하시고 아침마다 깨우치시되 나의 귀를 깨우치사 학자들 같이 알아듣게 하시도다

성경은 우리에게 바르게, 지혜롭게 생각하라고 줄기차게 권면하고 있습니다. 그래서 전도서 7장 27절에 전도자의 소임이 무엇인지를 그런 차원에서 말하고 있습니다.

전 7:27 전도자가 이르되 보라 내가 낱낱이 살펴 그 이치를 연구하여 이것을 깨달았노라

그러므로 우리가 믿음을 가진다 함은 우리의 연구심을 버리고 맹목적으로 기계처럼 주님을 따른다는 것이 아닙니다. 하나님께서 우리를 기계

로 만들지 않으셨습니다. 사람은 인격적인 하나님의 형상을 따라 지음 받은 인격을 가진 존재입니다. 다른 말로 하여, 하나님께서 사람을 만드시되, 자기의 인격 활동을 통하여 자기의 의사를 결정하고 행동하는 존재로 지으셨습니다. 우리가 하나님을 믿는다 할 때에 여전히 우리의 생각과 정서와 의지 활동을 접는다는 의미가 아닙니다. 하나님을 믿는 참된 믿음은 사람이 가질 수 있는 최상의 논리를 기반으로 한 것입니다. 그래서 하나님께 대한 우리의 믿음을 대항하며 무너뜨리려는 어떤 논리도 우리를 돌이켜 이전 불신앙의 자리로 되돌아가게 할 만큼 강할 수 없습니다.

그래서 사도 바울은 고린도후서 10장 3절 이하에서 그렇게 말한 것입니다.

고후 10:3 우리가 육신으로 행하나 육신에 따라 싸우지 아니하노니

10:4 우리의 싸우는 무기는 육신에 속한 것이 아니요 오직 어떤 견고한 진도 무너뜨리는 하나님의 능력이라 모든 이론을 무너뜨리며

10:5 하나님 아는 것을 대적하여 높아진 것을 다 무너뜨리고 모든 생각을 사로잡아 그리스도에게 복종하게 하니

만일 어떤 사람이 주님을 믿는 모습을 보이다가 돌이켜 다시 불신앙으로 아예 돌아가 버렸다면, 그는 전에 참 믿음의 경지에 오른 적이 없었음을 드러낸 것입니다. 참 믿음을 가진 자는 그 어떤 논리로도 무너뜨릴 수 없는 높은 논리를 가지고 있다는 말입니다.

그러면 사람이 어떻게 하여 참 믿음의 논리를 가지게 되었는가? 그 사람이 본래 다른 사람보다 더 탁월한 지식이나 지혜를 가졌거나 다른 이들보다 연구심이 더 많아 그렇게 된 것입니까? 이에 대하여 성경은 무어라 대답합니까? 고린도전서 2장 2절 이하의 말씀을 들어 보세요.

고전 2:2 내가 너희 중에서 예수 그리스도와 그가 십자가에 못 박히신 것 외에는 아무것도 알지 아니하기로 작정하였음이라

2:3 내가 너희 가운데 거할 때에 약하고 두려워하고 심히 떨었노라

2:4 내 말과 내 전도함이 설득력 있는 지혜의 말로 하지 아니하고 다만 성령의 나타나심과 능력으로 하여

2:5 너희 믿음이 사람의 지혜에 있지 아니하고 다만 하나님의 능력에 있게 하려 하였노라

2:6 그러나 우리가 온전한 자들 중에서는 지혜를 말하노니 이는 이 세상의 지혜가 아니요 또 이 세상에서 없어질 통치자들의 지혜도 아니요

2:7 오직 은밀한 가운데 있는 하나님의 지혜를 말하는 것으로서 곧 감추어졌던 것인데 하나님이 우리의 영광을 위하여 만세 전에 미리 정하신 것이라

2:8 이 지혜는 이 세대의 통치자들이 한 사람도 알지 못하였나니 만일 알았더라면 영광의 주를 십자가에 못 박지 아니하였으리라

만일 사람의 지혜로 하나님과 그리스도를 알아내고 그를 믿음으로 말미암은 구원을 알게 된다면, 사람들 중에 지혜자로 추앙받는 이들이 가장 좋은 믿음을 드러낼 것입니다.

사도는 그런 차원에서 이렇게 말합니다.

고전 2:9 기록된 바 하나님이 자기를 사랑하는 자들을 위하여 예비하신 모든 것은 눈으로 보지 못하고 귀로 듣지 못하고 사람의 마음으로 생각하지도 못하였다 함과 같으니라

그러니 참 유일하신 하나님과 그 보내신 자 예수 그리스도를 아는 영생에 이르는 믿음의 세계는 사람의 철학적 노력만으로 오를 수 없는 높은 경지입니다. 우리로 그 믿음의 경지에 이르게 한 동인(動因)은 오직 하나입니다.

고전 2:10 오직 하나님이 성령으로 이것을 우리에게 보이셨으니 성령은 모든 것 곧 하나님의 깊은 것까지도 통달하시느니라

2:11 사람의 일을 사람의 속에 있는 영 외에 누가 알리요 이와 같이 하나님의 일도 하나님의 영 외에는 아무도 알지 못하느니라

2:12 우리가 세상의 영을 받지 아니하고 오직 하나님으로부터 온 영을 받았으니 이는 우리로 하여금 하나님께서 우리에게 은혜로 주신 것들을 알게 하려 하심이라

2:13 우리가 이것을 말하거니와 사람의 지혜가 가르친 말로 아니하고 오직 성령께서 가르치신 것으로 하니 영적인 일은 영적인 것으로 분별하느니라

2:14 육에 속한 사람은 하나님의 성령의 일들을 받지 아니하나니 이는 그것들이 그에게는 어리석게 보임이요, 또 그는 그것들을 알 수도 없나니 그러한 일은 영적으로 분별되기 때문이라

우리 믿음과 성삼위일체

우리 믿음에 대하여 우리는 이런 질문을 던져 봄직합니다. 그러면 성령께서 누구에게 그런 구원 신앙을 주시는 것입니까?

요한복음 17장 3절에 기록된 대로, 영생은 참 유일하신 하나님과 그 보내신 자 예수 그리스도를 아는 것이라고 예수님께서 말씀하셨습니다. 그 믿음을 가지기 위하여 성령님의 역사가 절대적입니다. 그러면 성령께서 누구에게 그런 믿음을 주시는 것입니까? 말씀 듣는 모든 이들에게 성령께서 그런 믿음을 다 주시는 것입니까? 성경이나 우리 경험에 비추어 볼 때, 말씀을 들으면 누구나 그런 믿음을 다 가지게 되던가요? 결코 아닙니다.

만일 말씀을 들으면 누구나 믿음을 가지게 된다면, 복음을 전하는 이가

박해를 받는 일은 없어야 했습니다. 그래서 사도 바울은 믿음을 가지는 것과 관련하여 매우 중요한 요점을 지적합니다.

살후 3:1 끝으로 형제들아 너희는 우리를 위하여 기도하기를 주의 말씀이 너희 가운데서와 같이 퍼져 나가 영광스럽게 되고

3:2 또한 우리를 부당하고 악한 사람들에게서 건지시옵소서 하라 믿음은 모든 사람의 것이 아니니라

사도행전에서 그 요점이 더 구체적으로 실증됩니다.

행 13:46 바울과 바나바가 담대히 말하여 이르되 하나님의 말씀을 마땅히 먼저 너희에게 전할 것이로되 너희가 그것을 버리고 영생을 얻기에 합당하지 않은 자로 자처하기로 우리가 이방인에게로 향하노라

13:47 주께서 이같이 우리에게 명하시되 내가 너를 이방의 빛으로 삼아 너로 땅 끝까지 구원하게 하리라 하셨느니라 하니

13:48 이방인들이 듣고 기뻐하여 하나님의 말씀을 찬송하며 영생을 주시기로 작정된 자는 다 믿더라

성경에 따르면, 예수님을 진실로 믿어 구원에 이르는 사람은 오직 영생을 주시기로 작정하신 하나님의 택한 백성입니다. 그래서 사도 바울은 에베소서 1장에서 그 요점을 못 박아 말하였습니다.

엡 1:1 하나님의 뜻으로 말미암아 그리스도 예수의 사도 된 바울은 에베소에 있는 성도들과 그리스도 예수 안에 있는 신실한 자들에게 편지하노니

1:2 하나님 우리 아버지와 주 예수 그리스도로부터 은혜와 평강이 너희에게 있을지어다

1:3 찬송하리로다 하나님 곧 우리 주 예수 그리스도의 아버지께서 그리스도 안에서 하늘에 속한 모든 신령한 복을 우리에게 주시되

1:4 곧 창세 전에 그리스도 안에서 우리를 택하사 우리로 사랑 안에서 그 앞에 거룩하고 흠이 없게 하시려고

1:5 그 기쁘신 뜻대로 우리를 예정하사 예수 그리스도로 말미암아 자기의 아들들이 되게 하셨으니

1:6 이는 그가 사랑하시는 자 안에서 우리에게 거저 주시는 바 그의 은혜의 영광을 찬송하게 하려는 것이라

우리 주님께서는 말세에 일어날 일을 말씀하실 때, 이 요점과 관련하여 매우 의미심장한 비유를 들으셨습니다.

마 24:40 그 때에 두 사람이 밭에 있으매 한 사람은 데려감을 당하고 한 사람은 버려둠을 당할 것이요

24:41 두 여자가 맷돌질을 하고 있으매 한 사람은 데려감을 당하고 한 사람은 버려둠을 당할 것이니라

24:42 그러므로 깨어 있으라 어느 날에 너희 주가 임할는지 너희가 알지 못함이니라

이 주님의 말씀은 주님 재림의 날에 있을 일에 관한 것이면서 여전히 그 이전의 모든 시대에 일어날 영적인 일을 상징적으로 나타내고 있습니다.

주님께서 재림하실 때에 땅에서 생존해 있을 참 신앙인들은 영화롭게 되어 주님을 맞이하기 위하여 공중으로 끌어 올림을 받을 것입니다.

살전 4:16 주께서 호령과 천사장의 소리와 하나님의 나팔 소리로 친히 하늘로부터 강림하시리니 그리스도 안에서 죽은 자들이 먼저 일어나고

4:17 그 후에 우리 살아남은 자들도 그들과 함께 구름 속으로 끌어 올려 공중에서 주를 영접하게 하시리니 그리하여 우리가 항상 주와 함께 있으리라

그래서 우리 주님의 재림의 날에 같은 자리에서 함께 무슨 일을 하던 자

들 중에 주님을 영접하기 위하여, 영화롭게 되기 위하여 부르심을 받을 것입니다. 다른 이들은 버려둠을 당하여 우리 주 예수 그리스도의 최후 심판을 받아 영원한 지옥 불못에 던져질 것입니다.

그런데 그 날에 그렇게 영화롭게 될 자들은 누구입니까? 그들은 이미 창세전에 성부 하나님께 택하심을 받아 주 예수님께 대한 구원신앙을 가졌던 자들이었습니다. 그들은 복음을 듣고 복음대로 믿은 자들이었습니다. 곧, 그들은 말씀을 듣고 믿음을 가지게 되었고, 그리스도께서 자신을 위하여 십자가에서 죽으시고 다시 사셨음을 믿었습니다. 그래서 그들은 그 믿음으로 말미암아 값없이 은혜로 죄 용서를 받고 의롭다 하심을 이미 받았던 자들입니다.

롬 4:25 예수는 우리가 범죄한 것 때문에 내줌이 되고 또한 우리를 의롭다 하시기 위하여 살아나셨느니라

오늘도 복음이 전파되는 곳에 함께 있는 이들 중에서 어떤 이들은 버려둠을 당하고 다른 이들은 성령의 감동하심으로 복음을 믿고 은혜를 받아 구원에 이릅니다. 이로 보건대, 구원신앙을 가진 우리는 성부 하나님과 성자 예수님과 성령 하나님 각 위께 대하여 절대적인 관계를 가졌습니다. 구원신앙을 가진 우리는 성부 하나님께 택하심을 받았고, 성자 예수님에 의하여 속량함을 받았고, 성령 하나님께 인치심을 받았습니다.

엡 1:7 우리는 그리스도 안에서 그의 은혜의 풍성함을 따라 그의 피로 말미암아 속량 곧 죄 사함을 받았느니라

1:11 모든 일을 그의 뜻의 결정대로 일하시는 이의 계획을 따라 우리가 예정을 입어 그 안에서 기업이 되었으니

1:12 이는 우리가 그리스도 안에서 전부터 바라던 그의 영광의 찬송이 되게

하려 하심이라

1:13 그 안에서 너희도 진리의 말씀 곧 너희의 구원의 복음을 듣고 그 안에서 또한 믿어 약속의 성령으로 인치심을 받았으니

1:14 이는 우리 기업의 보증이 되사 그 얻으신 것을 속량하시고 그의 영광을 찬송하게 하려 하심이라

우리로 믿음을 가지도록 각성케 하시는 성령님

그러면 성령께서 우리로 하여금 구원신앙을 가지게 하시어 영생을 얻게 하시는 방식은 무엇입니까?

먼저 이와 관련하여 놀라운 책 한 권을 소개해 드립니다. 청교도 대 설교자 중 한 분이신 존 플라벨(John Flavel, 1627-1691) 목사님의 「은혜의 방식(The Method of Grace)」입니다. 이 책은 부족한 제가 번역하여 청교도신앙사를 통하여 발간되어 많은 분들에게 읽혀지고 있습니다. 이 책에서, 저자는 성령께서 성부 하나님의 뜻을 따라서 그리스도의 속량의 효력을 어떻게 그 택하신 백성들에게 적용하시는지를 세밀하게 강론하고 있습니다.

이 책은 전자책으로도 발매되어 읽혀지고 있습니다. 교보문고나 리디북스나 예스24 등의 전자책 코너에서 구매하실 수 있습니다. 참으로 우리 마음을 뜨겁게 하는 놀라운 책입니다. 영생 얻은 우리에 대하여 성령님께서 행하시는 일을 아주 면밀하게 풀어낸 책입니다.

이제 우리는 성령께서 우리에게 역사하시어 그리스도 예수님을 믿는 믿음의 절대적 필요와 그 구원신앙의 이치를 우리로 어떻게 깨닫게 하시는지를 알아보려 합니다. 이와 관련하여 요한복음 16장 7절 이하에 기록된 우리 주 예수님의 말씀을 주목하는 것이 좋습니다. 예수님께서 최후의 만찬

석에서 제자들에게 마지막 강화로 하신 말씀입니다.

요 16:7 그러나 내가 너희에게 실상을 말하노니 내가 떠나가는 것이 너희에게 유익이라 내가 떠나가지 아니하면 보혜사가 너희에게로 오시지 아니할 것이요 가면 내가 그를 너희에게로 보내리니

16:8 그가 와서 죄에 대하여, 의에 대하여, 심판에 대하여 세상을 책망하시리라

여기서 "성령께서 세상을 책망하신다"는 표현은 '인생들이 무엇을 잘못하고 있는지를 깨닫게 하신다'는 의미입니다. 우리가 예수님을 믿는다 함은 단순하게 우리의 종교성을 고양시킨 결과로 예수님께 호감을 가지는 정도로 이해하면 안 됩니다. 만일 누가 그런 수준에서 예수님을 믿게 되면, 그는 아직 영생에 이른 믿음을 가진 것이 아닙니다.

성령께서는 우리로 하여금 예수님을 믿을 절대적이고 절박한 필요를 인식하게 하십니다. 우리 안에 보혜사로 계시면서 우리를 가르치시고 인도하시고 보호하시고 능력을 주시는 성령께서 예수님을 믿을 절대적인 필요를 깨닫게 하십니다. 성령께서 그것을 위하여 우리로 하여금 그리스도 예수님 밖에 있는 세상, 곧 인생들의 실상이 어떠함을 깨닫게 하십니다. 그런데 그 깨닫게 하시는 성령님의 일을 가리켜 예수님께서는 '책망하신다'고 하신 것입니다.

책망은 죄와 잘못과 허물의 실상을 지적하여 그 곤고함에서 벗어나라는 다그침입니다. 그 성령님의 책망하심에 반응을 나타내는 사람은 복이 있습니다. 반응을 나타낸다 함은 죽었던 자리에서 살아났다는 신호입니다.

그러니 "성령께서 세상을 책망하시는 역사"에 우리가 반응하는 것이 무엇일까요? 죄를 미워하고 뉘우치고 자기의 죄인됨에 대한 뼈아픈 인식, 그

리고 자기가 하나님의 무서운 형벌 아래 있다는 두려움이 바로 그 반응입니다. 그것을 가리켜 청교도들은 '죄의 각성(conviction of sin)'이라고 표현하였습니다.

그런 '죄의 각성'이 없는 자가 하나님께 대하여 참된 회개와 예수님께 대한 참된 믿음을 가질 수 없습니다. 성령의 역사로 말미암아 그런 죄의 각성을 가진 자가 진정한 의미로 하나님께 회개하며 긍휼을 구합니다. 그 연장선상에 예수님을 오직 유일한 구주로 믿는 믿음이 있습니다.

그러므로 영생에 이르는 참된 '구원신앙(saving faith)'은 종교성을 연마하고 분발시킨 결과가 아닙니다. 성령의 역사로 말미암아 영적으로 거듭난 자가 자기의 죄인됨과 하나님의 진노의 실상을 알고 절대적인 의미에서 예수님을 믿는 믿음이 참 믿음입니다. 그런 절대성이 없는 믿음은 구원신앙이 아닙니다.

회개는 성령께서 살리신 영혼, 거듭나게 하신 영혼이 보이는 필연적인 반응입니다. 성령님의 각성과 책망을 받고도 우두커니 그냥 아무 반응도 없는 이는 없습니다. 성령님의 거듭나게 하심과 이 각성케 하심의 은혜를 받은 자가 복이 있습니다. 그래서 사도 바울은 고린도후서 3:17에서 그렇게 말한 것입니다.

고후 3:17 주는 영이시니 주의 영이 계신 곳에는 자유가 있느니라

성령의 각성의 세 요점

앞에서 말한 것을 염두에 두고 '세상을 책망하시는 성령님의 역사'에 대하여 예수님의 말씀을 더 들어 봅시다.

요 16:8 그가 와서 죄에 대하여, 의에 대하여, 심판에 대하여 세상을 책망하시

리라

16:9 죄에 대하여라 함은 그들이 나를 믿지 아니함이요

16:10 의에 대하여라 함은 내가 아버지께로 가니 너희가 다시 나를 보지 못함이요

16:11 심판에 대하여라 함은 이 세상 임금이 심판을 받았음이라

그리스도 안에 있는 참된 구원신앙은 바로 성령님의 각성의 세 요점을 기반으로 하여 서 있습니다. 그것이 없으면 구원신앙은 생겨나지 않습니다.

죄에 대한 각성

성령의 책망과 각성하게 하심의 첫 번째 요점으로 예수님께서는 '죄에 대한 책망'을 언급하십니다. 하나님께 불순종하는 것이 죄인데, 죄는 사람을 하나님의 영원한 진노 아래 들어가게 하였습니다. 그것이 죄 가운데 있는 모든 인생의 비극이요, 그것이 바로 성경에서 말하는 사람의 멸망입니다.

멸망은 소멸을 의미하지 않습니다. 사람이 복되게 존재하게 하는 모든 조건을 빼앗긴 채 존재하는 상태가 바로 멸망의 실상입니다.

누가복음 16장에 기록되어 있는 예수님의 비유에서 나오는 거지 나사로와 부자를 다시 생각해 보세요. 그들은 다 죽었으나, 그 죽음 이후의 영원한 행로가 판이하게 달랐습니다.

누가복음 16장 22절 이하에 예수님께서 그 사람의 영원한 행로에 대하여 무어라 하는지 들어 보세요.

눅 16:22 이에 그 거지가 죽어 천사들에게 받들려 아브라함의 품에 들어가고 부자도 죽어 장사되매

16:23 그가 음부에서 고통중에 눈을 들어 멀리 아브라함과 그의 품에 있는

나사로를 보고

16:24 불러 이르되 아버지 아브라함이여 나를 긍휼히 여기사 나사로를 보내어 그 손가락 끝에 물을 찍어 내 혀를 서늘하게 하소서 내가 이 불꽃 가운데서 괴로워하나이다

16:25 아브라함이 이르되 얘 너는 살았을 때에 좋은 것을 받았고 나사로는 고난을 받았으니 이것을 기억하라 이제 그는 여기서 위로를 받고 너는 괴로움을 받느니라

16:26 그뿐 아니라 너희와 우리 사이에 큰 구렁텅이가 놓여 있어 여기서 너희에게 건너가고자 하되 갈 수 없고 거기서 우리에게 건너올 수도 없게 하였느니라

멸망한 부자는 혀를 서늘하게 할 물 한 방울도 허락되지 않은 채 지옥의 불꽃 속에서 괴로워합니다. 거지 나사로는 아브라함의 품, 곧 하나님 아버지의 영원한 집에 거합니다. 우리는 그 두 사람을 통하여 멸망과 영생의 차이를 봅니다. 그렇다면, 죄 가운데 있는 인생에게 있어서 멸망과 영생의 문제보다 더 크고 시급하고 더 절실한 문제가 무엇입니까?

누구나 본질상 죄와 허물로 죽어 있고 하나님의 진노 아래 있어 지옥에 들어가 영원히 거하게 되어 있습니다. 그런데 하나님께서 그런 인생을 불쌍하게 여기시어 그 아들 우리 주 예수님을 보내시어 멸망하지 않고 영생을 얻게 하셨습니다.

요 3:16 하나님이 세상을 이처럼 사랑하사 독생자를 주셨으니 이는 그를 믿는 자마다 멸망하지 않고 영생을 얻게 하려 하심이라

그러므로 죄 가운데 있는 사람이 영원한 장래를 위하여 멸망에서 영생으로 이동할 수 있는 오직 유일한 방도는 예수님을 믿는 일입니다. 그런데

사람들이 자기 힘으로는 예수님을 믿지 못합니다. 성령님께서 그 사랑하시는 자로 하여금 예수님을 믿지 않는 미련함과 악독이 얼마나 크고 용서받을 수 없는 악인지를 깨닫게 하십니다. 그래야 예수님을 믿게 됩니다.

요 16:9 죄에 대하여라 함은 그들이 나를 믿지 아니함이요

의에 대한 각성

그런 다음에 예수님께서는 예수님 자신을 믿어야 할 절대 필요를 '의(義)'의 차원에서 깨닫게 하시는 성령님의 일을 말씀하십니다.

요 16:10 의에 대하여라 함은 내가 아버지께로 가니 너희가 다시 나를 보지 못함이요

성경에서 '의(義)'는 하나님 아버지께 완전하게 순종함으로 형성됩니다.

하나님 아버지의 뜻에 완전하게 순종하시고, 하나님의 율법과 계명에 완전하게 순종하신 분이 누구입니까? 예수님이십니다.

그래서 예수님께서 "내가 아버지 하나님께 간다"하심은 하나님의 보내신 일을 완전하게 이루시어 완전한 의를 아버지 앞에 제출하실 것을 이름입니다.

예수님의 지상생애 전체의 목표가 바로 그것이었습니다.

요 4:34 예수께서 이르시되 나의 양식은 나를 보내신 이의 뜻을 행하며 그의 일을 온전히 이루는 이것이니라

우리 예수님께서 최후의 만찬을 마치시고 하나님 아버지께 드린 대제사장적인 기도에서 무어라 기도하셨습니까?

요 17:1 예수께서 이 말씀을 하시고 눈을 들어 하늘을 우러러 이르시되 아버지여 때가 이르렀사오니 아들을 영화롭게 하사 아들로 아버지를 영화롭게

하게 하옵소서

17:4 아버지께서 내게 하라고 주신 일을 내가 이루어 아버지를 이 세상에서 영화롭게 하였사오니

17:5 아버지여 창세전에 내가 아버지와 함께 가졌던 영화로써 지금도 아버지와 함께 나를 영화롭게 하옵소서

예수님께서 아버지의 맡기신 자들을 위하여 속량의 대업을 완성하셨습니다. 그리고 아버지와 함께 영광을 누리기 위하여 하나님 우편에 앉으시기 위하여 승천하셨습니다. 예수님의 탄생과 생애와 고난과 죽으심과 부활과 승천과 하나님 우편에 앉으심은 무엇을 말합니까? 그것은 예수님의 순종이 완전하고 그의 의의 효력이 영원함을 온 우주와 천지에 광포한 것입니다.

성령께서는 바로 예수님의 속량의 의와 그 효력의 영광을 보게 하시는 일을 그 사랑하시는 백성들 속에서 하십니다.

요 16:10 의에 대하여라 함은 내가 아버지께로 가니 너희가 다시 나를 보지 못함이요

그래서 예수님의 제자들이 성령께서 그들에게 임하시어 보혜사로 임하신 후에 그리스도의 그 완전한 의가 복음의 진수임을 더욱 확신하게 되었습니다.

사도 바울은 로마서에서 자기가 주님께 받아 전하는 복음의 핵심이 '하나님의 의, 곧 예수님께서 이루신 의(義)'에 있음을 논증합니다.

롬 1:16 내가 복음을 부끄러워하지 아니하노니 이 복음은 모든 믿는 자에게 구원을 주시는 하나님의 능력이 됨이라 먼저는 유대인에게요 그리고 헬라인에게로다

1:17 복음에는 하나님의 의가 나타나서 믿음으로 믿음에 이르게 하나니 기록된 바 오직 의인은 믿음으로 말미암아 살리라 함과 같으니라

그리스도를 믿는 우리는 자신의 죄인됨을 항시 인식하며 '예수님의 완전한 속량의 의(義)'의 효력을 무한 신뢰합니다.

세상 임금이 심판받은 실상에 대한 각성

예수님께서는 요한복음 16장 11절에서 세상 임금 마귀에 대한 심판을 언급하십니다.

요 16:11 심판에 대하여라 함은 이 세상 임금이 심판을 받았음이라

예수님께서 십자가에서 처참하게 피를 흘려 죽으셨을 때 마귀와 그에 속한 세상 사람들은 예수님과 그의 나라의 완전한 패망이라고 여겼습니다. 그러나 예수님의 십자가 죽으심은 세상 임금, 마귀와 그에 속한 불순종하는 모든 세력의 심판과 파멸과, 예수님을 믿는 자들의 영원한 구원을 확증한 사건이었습니다.

히 2:13 또 다시 내가 그를 의지하리라 하시고 또 다시 볼지어다 나와 및 하나님께서 내게 주신 자녀라 하셨으니

2:14 자녀들은 혈과 육에 속하였으매 그도 또한 같은 모양으로 혈과 육을 함께 지니심은 죽음을 통하여 죽음의 세력을 잡은 자 곧 마귀를 멸하시며

2:15 또 죽기를 무서워하므로 한평생 매여 종 노릇 하는 모든 자들을 놓아 주려 하심이니

2:16 이는 확실히 천사들을 붙들어 주려 하심이 아니요 오직 아브라함의 자손을 붙들어 주려 하심이라

예수님의 십자가상의 죽으심은 창세기 3장 15절의 예언의 완성이었습

니다.

창 3:15 내가 너로 여자와 원수가 되게 하고 네 후손도 여자의 후손과 원수가 되게 하리니 여자의 후손은 네 머리를 상하게 할 것이요 너는 그의 발꿈치를 상하게 할 것이니라 하시고

그러니 예수님을 믿지 않고 있으면 세상 임금과 같이 반드시 멸망당하게 되어 있습니다. 예수님을 믿을 절대 필요를 심판의 차원에서 각성하여 주시는 분이 보혜사 성령님이십니다.

오순절 성령 강림의 대사건

오순절 성령님의 강림은 앞에서 우리가 들은 성령님의 그 각성의 일을 웅변적으로 증언합니다.

행 2:1 오순절 날이 이미 이르매 그들이 다같이 한 곳에 모였더니

2:2 홀연히 하늘로부터 급하고 강한 바람 같은 소리가 있어 그들이 앉은 온 집에 가득하며

2:3 마치 불의 혀처럼 갈라지는 것들이 그들에게 보여 각 사람 위에 하나씩 임하여 있더니

2:4 그들이 다 성령의 충만함을 받고 성령이 말하게 하심을 따라 다른 언어들로 말하기를 시작하니라

행 2:14 베드로가 열한 사도와 함께 서서 소리를 높여 이르되 유대인들과 예루살렘에 사는 모든 사람들아 이 일을 너희로 알게 할 것이니 내 말에 귀를 기울이라

2:15 때가 제 삼 시니 너희 생각과 같이 이 사람들이 취한 것이 아니라

2:16 이는 곧 선지자 요엘을 통하여 말씀하신 것이니 일렀으되

2:17 하나님이 말씀하시기를 말세에 내가 내 영을 모든 육체에 부어 주리니 너희의 자녀들은 예언할 것이요 너희의 젊은이들은 환상을 보고 너희의 늙은이들은 꿈을 꾸리라

2:18 그 때에 내가 내 영을 내 남종과 여종들에게 부어 주리니 그들이 예언할 것이요

2:19 또 내가 위로 하늘에서는 기사를 아래로 땅에서는 징조를 베풀리니 곧 피와 불과 연기로다

2:20 주의 크고 영화로운 날이 이르기 전에 해가 변하여 어두워지고 달이 변하여 피가 되리라

2:21 누구든지 주의 이름을 부르는 자는 구원을 받으리라 하였느니라

사도행전 2:36 이하에 보면, 사도 베드로는 자기 설교를 듣는 이들에게 결론적으로 호소합니다.

2:36 그런즉 이스라엘 온 집은 확실히 알지니 너희가 십자가에 못 박은 이 예수를 하나님이 주와 그리스도가 되게 하셨느니라 하니라

2:37 그들이 이 말을 듣고 마음에 찔려 베드로와 다른 사도들에게 물어 이르되 형제들아 우리가 어찌할꼬 하거늘

2:38 베드로가 이르되 너희가 회개하여 각각 예수 그리스도의 이름으로 세례를 받고 죄 사함을 받으라 그리하면 성령의 선물을 받으리니

2:39 이 약속은 너희와 너희 자녀와 모든 먼 데 사람 곧 주 우리 하나님이 얼마든지 부르시는 자들에게 하신 것이라 하고

2:40 또 여러 말로 확증하며 권하여 이르되 너희가 이 패역한 세대에서 구원을 받으라 하니

2:41 그 말을 받은 사람들은 세례를 받으매 이 날에 신도의 수가 삼천이나

더하더라

그들이 성령의 감동하심을 받아 하나님께 회개하고 예수님을 믿지 않으면 안 됨을 인식하여 그런 믿음을 갖게 된 것입니다. 다시 말하여, 예수님을 믿은 그들의 일은 바로 그 성령님의 각성케 하심의 결과였습니다. 그래서 사도 바울은 고린도전서 12:1 이하에서 그렇게 말한 것입니다.

고전 12:1 형제들아 신령한 것에 대하여 나는 너희가 알지 못하기를 원하지 아니하노니

12:2 너희도 알거니와 너희가 이방인으로 있을 때에 말 못하는 우상에게로 끄는 그대로 끌려 갔느니라

12:3 그러므로 내가 너희에게 알리노니 하나님의 영으로 말하는 자는 누구든지 예수를 저주할 자라 하지 아니하고 또 성령으로 아니하고는 누구든지 예수를 주시라 할 수 없느니라

지금도 보혜사 성령님께서 우리 안에서 그런 각성을 계속 주시니 주님을 믿는 믿음이 떨어지지 않는 것입니다. 성경은 그리스도 밖에 있는 세상의 실상과 그리스도 안에 있는 우리의 영광과 복락을 깨우쳐 주시어 깨어 있게 하시는 성령님의 말씀입니다. 사도 요한은 그 성령님의 역사를 가리켜 성령님의 기름 부으심으로 표현하였습니다.

요일 2:20 너희는 거룩하신 자에게서 기름 부음을 받고 모든 것을 아느니라

2:21 내가 너희에게 쓰는 것은 너희가 진리를 알지 못하기 때문이 아니라 알기 때문이요 또 모든 거짓은 진리에서 나지 않기 때문이라

우리로 하나님 아버지를 경외하게 하시는 영이시요 그리스도를 믿는 믿음을 영원히 견지하게 하시는 그리스도의 영이신 성령님을 찬미합니다. 성령 충만한 사람은 영생의 복락의 실상으로 감격하며 늘 아버지께 순종하

는 자녀로 나타납니다. 이런 성령 충만을 항상 구하는 자들이 되어야 합니다.

엡 5:15 그런즉 너희가 어떻게 행할지를 자세히 주의하여 지혜 없는 자 같이 하지 말고 오직 지혜 있는 자 같이 하여

5:16 세월을 아끼라 때가 악하니라

5:17 그러므로 어리석은 자가 되지 말고 오직 주의 뜻이 무엇인가 이해하라

5:18 술 취하지 말라 이는 방탕한 것이니 오직 성령으로 충만함을 받으라

5:19 시와 찬송과 신령한 노래들로 서로 화답하며 너희의 마음으로 주께 노래하며 찬송하며

5:20 범사에 우리 주 예수 그리스도의 이름으로 항상 아버지 하나님께 감사하며

5:21 그리스도를 경외함으로 피차 복종하라

chapter 18

영생 얻은 자의 마음 쓰기

영생 얻은 '그리스도인의 마음'과 그 '생각의 영적 방식(spiritual minded-ness)'을 알아보는 것이 매우 중요합니다. 성경은 그 점에 관하여 많은 것을 말하고 있기 때문입니다.

그 사람의 모든 소행의 근원

하나님의 말씀인 성경은 우리로 하여금 항상 우리 모든 소행을 뿜어내는 샘인 우리 마음을 가장 먼저 주목하도록 합니다. 이와 관련하여 주님께서 하신 말씀을 들어 보십시오.

눅 6:43 못된 열매 맺는 좋은 나무가 없고 또 좋은 열매 맺는 못된 나무가 없느니라

6:44 나무는 각각 그 열매로 아나니 가시나무에서 무화과를, 또는 찔레에서 포도를 따지 못하느니라

6:45 선한 사람은 마음의 쌓은 선에서 선을 내고 악한 자는 그 쌓은 악에서 악을 내나니 이는 마음에 가득한 것을 입으로 말함이니라

그러므로 한 사람의 마음은 그 사람의 사람됨을 드러내는 모니터와 같고, 그 사람의 모든 소행을 결정하는 사령탑과도 같습니다. 그 사람이 그런 마음을 먹으면 그런 행동이 나오게 되어 있습니다.

잠 23:7 대저 그 마음의 생각이 어떠하면 그 위인도 그러한즉 그가 네게 먹고 마시라 할지라도 그의 마음은 너와 함께 하지 아니함이라

물론 어떤 경우에는 마음은 그렇지 않은데 외양은 매우 선하고 경건해 보일 수 있습니다. 우리 주 예수님께서 그것을 가리켜 외식, 또는 위선이라고 지적하시며 매우 신랄하게 꾸짖으셨습니다.

마 23:15 화 있을진저 외식하는 서기관들과 바리새인들이여 너희는 천국 문을 사람들 앞에서 닫고 너희도 들어가지 않고 들어가려 하는 자도 들어가지 못하게 하는도다

23:15 화 있을진저 외식하는 서기관들과 바리새인들이여 잔과 대접의 겉은 깨끗이 하되 그 안에는 탐욕과 방탕으로 가득하게 하는도다

23:16 눈 먼 바리새인이여 너는 먼저 안을 깨끗이 하라 그리하면 겉도 깨끗하리라

23:17 화 있을진저 외식하는 서기관들과 바리새인들이여 회칠한 무덤 같으니 겉으로는 아름답게 보이나 그 안에는 죽은 사람의 뼈와 모든 더러운 것이 가득하도다

23:18 이와같이 너희도 겉으로는 사람에게 옳게 보이되 안으로는 외식과 불법이 가득하도다

그러므로 속마음은 그 사람의 사람됨을 보여주는 모니터입니다. 그러

므로 하나님께서 그 사람의 나타난 소행 이전에 먼저 그 사람의 마음을 판단하십니다. 그래서 하나님의 계명은 그 계명이 문자적으로 요구하는 외적 행동의 뿌리가 되는 마음을 먼저 요구합니다. 우리 주님께서 하나님의 모든 계명의 강령을 그런 차원에서 말씀하셨습니다.

막 12:28 서기관 중 한 사람이 그들이 변론하는 것을 듣고 예수께서 잘 대답하신 줄을 알고 나아와 묻되 모든 계명 중에 첫째가 무엇이니이까

12:29 예수께서 대답하시되 첫째는 이것이니 이스라엘아 들으라 주 곧 우리 하나님은 유일한 주시라

12:30 네 마음을 다하고 목숨을 다하고 뜻을 다하고 힘을 다하여 주 너의 하나님을 사랑하라 하신 것이요

12:31 둘째는 이것이니 네 이웃을 네 자신과 같이 사랑하라 하신 것이라 이보다 더 큰 계명이 없느니라

영생 얻은 자의 마음 가누기

그리스도 예수님 안에서 영생 얻은 자의 마음과 그 생각은 그리스도 밖에 있는 이들과 달라야 합니다. 아니 다르기 마련입니다. 왜냐하면 영생의 본질상 그럴 수 밖에 없습니다. 우리 주 예수님께서 규정하신 영생은 무엇입니까?

요 17:3 영생은 곧 유일하신 참 하나님과 그가 보내신 자 예수 그리스도를 아는 것이니이다

"하나님을 안다, 그리스도를 안다"는 것은 하나님과 그리스도에 대한 정보나 지식을 그저 백과사전적으로 갖춘다는 의미가 아닙니다. 하나님과 그리스도를 안다는 것은 그 엄위하시고 전지전능하시고 거룩하신 하

나님의 속성과 성품을 알고 하나님을 경외하며 그에 합당하게 반응하는 것으로 나타납니다. 다른 말로 하여, 하나님과 그리스도와 인격적인 교제를 이어가는 것, 그것이 바로 영생입니다. 그래서 사도 요한은 영생 얻은 자의 삶은 하나님과 그리스도와의 교제로 표현하고 있습니다.

> **요일 1:3** 우리가 보고 들은 바를 너희에게도 전함은 너희로 우리와 사귐이 있게 하려 함이니 우리의 사귐은 아버지와 그의 아들 예수 그리스도와 더불어 누림이라

이 교제는 이미 그 안에 영생의 원리가 있는 사람에게만 가능합니다. 그래서 사도 요한은 그 점을 재확인합니다.

> **요일 5:12** 아들이 있는 자에게는 생명이 있고 하나님의 아들이 없는 자에게는 생명이 없느니라
>
> **5:13** 내가 하나님의 아들의 이름을 믿는 너희에게 이것을 쓰는 것은 너희로 하여금 너희에게 영생이 있음을 알게 하려 함이라

그런데 여기서 한 가지 짚고 넘어가야 하는 바가 있습니다. 그것은 영생 얻은 자는 이제 더 이상 힘쓰지 않아도 저절로 마음이 선하고 그 생각하는 것이 옳게 돌아가는가? 막연하게 그런 식으로 생각하는 쪽으로 기울어지기 쉽습니다. 그래서 그 교제의 실상을 위하여 이렇게 명하고 가르치십니다.

> **요 15:5** 나는 포도나무요 너희는 가지라 그가 내 안에, 내가 그 안에 거하면 사람이 열매를 많이 맺나니 나를 떠나서는 너희가 아무것도 할 수 없음이라

"너희가 내 안에 거하라"고 명하신 것은 무엇을 의미합니까? 이 말씀은 그리스도를 믿는 이들은 그리스도께 붙어 있으니 자동적으로 그 마음과 생각이 불신자들과 달라 행실도 바를 것이라고 여기면 안 된다는 것입니다. "내 안에 거하라"는 것은 적극적인 인격의 힘씀을 내포한 말씀입니다.

물론 영생 얻은 우리는 불신자들과 본질적으로 다른 원리를 가지고 있는 것만은 확실합니다. 그리스도를 믿는 이들은 자기 속에 하나님으로 난 새로운 영적 생명을 가졌습니다. 보혜사 성령께서 그리스도 안에서 영생 얻은 믿는 자들 속에 내주하고 계십니다. 그래서 그 자체만으로도 믿지 않는 이들과 우리 믿는 자들의 마음과 그 생각이 다르게 되어 있다는 결론을 내릴 만합니다.

그러나 마음 씀의 문제는 우리의 인격 작용을 필연적으로 수반하는 일입니다. 그 문제를 자동적으로, 또는 기계적으로 다루는 것은 금물입니다. 우리가 이전에 말씀드린 바와 같이, 우리가 예수님을 믿는다 함은 고도의 인격 작용과 무너지지 않는 반석 같은 논리의 열매입니다. 다시 말하건대, 성삼위 하나님께 대한 우리의 믿음은 우리와 하나님 사이의 인격적인 교제의 연속입니다. 그래서 그 인격적 교제가 예수님을 처음 믿을 때부터 영원까지 이어지는 것, 그것이 바로 영생의 본질입니다.

우리 안에 있는 육체의 본성

우리 안에 우리가 그리스도 안에서 성령님으로 말미암아 하나님께 받은 영생이 있음에도 불구하고, 여전히 우리 안에는 그 영생의 원리를 대적하고 거스르는 육체의 원리, 죄의 본성이 있습니다. 그리고 우리 밖에도 우리의 영생의 성질을 훼방하는 세상의 풍조와 그것을 통하여 우리를 시험하고 우리 믿음을 혼란하게 하려는 사탄의 시험이 항시 우리를 겨냥하며 도사리고 있습니다. 그러므로 영생을 얻은 우리도 저절로 선하고 의롭고 거룩한 마음의 상태를 항시 유지하지 못합니다. 그 실상을 너무나 잘 아시는 성령께서 성경에 그 요점을 너무나 확연하게 보여 주셨습니다. 그래서 성령께서 믿음의 위인들의 용맹스러운 믿음의 모습을 우리의 본으로 세워 놓아 우리로 용기를 갖게 하시면서도 여전히 그 믿음의 위인들의 연약도 그대로 기록하게 하시어 우리로 경계를 삼게 하셨습니다.

저나 여러분이나 예수님을 처음 믿고 성경을 하나님의 말씀으로 그대로 받아 읽고 듣던 중에 다윗의 일을 통하여 큰 힘을 얻었습니다. 그 다윗 같이 은혜 받아 하나님께 순전한 사람이 어디 있습니까! 그런데 그렇게 거룩한 다윗을 통하여 큰 믿음의 용기와 위로를 받은 우리 앞에 성경은 다윗의 악독한 행사를 그대로 노출시켰습니다(사무엘하 11장 참조).

하나님의 은혜를 의지한 전인적 믿음의 행사

이것은 우리로 무엇을 생각하게 합니까? 그리스도를 믿음으로 말미암아 은혜로 구원받은 우리, 영생을 소유한 우리, 내주하시는 보혜사 성령님을 모신 우리가 가만히 있어도 저절로 우리 마음이 착해지고 거룩해지는 것은 아님을 알게 됩니다.

칼빈주의가 하나님의 은혜를 강조한다고 해서 영생 얻은 우리가 그 은혜를 의지하고 반응하는 믿음의 인격적인 작용은 불필요함을 말한다고 여기면 큰 오해입니다. 칼빈주의가 성경대로 하나님의 주권적이고 불가항력적인 은혜를 강조하는 것은 사실입니다. 그렇다고 성경이 하나님의 은혜로 영생 얻은 우리가 이제부터 아무 일도 하지 않고 가만히 손을 놓고 있어도 하나님께서 은혜로 우리 대신 모든 것을 다 해주신다는 식으로 말하지는 않습니다.

성경은 우리의 회심에서 영화롭게 되기까지의 전 과정이 오직 하나님의 주권적이고 불가항력적이고 견인적인 은혜에 붙들려 있음을 언제나 상기시킵니다. 그렇다고, 성경은 영생 얻은 우리가 하나님과 교제할 때 우리는 마치 가만히 손을 놓고 있어야 한다고 말하지는 않습니다. 그래서 사도들은 우리 영생 얻은 이들이 우리 마음과 생각을 하나님 앞에서 의롭고 거룩하게 가짐에 있어서 하나님의 은혜를 전적으로 의존하여 전인적으로 힘써야 함을 강조합니다.

골 1:28 우리가 그를 전파하여 각 사람을 권하고 모든 지혜로 각 사람을 가르침은 각 사람을 그리스도 안에서 완전한 자로 세우려 함이니

1:29 이를 위하여 나도 내 속에서 능력으로 역사하시는 이의 역사를 따라 힘을 다하여 수고하노라

빌 2:12 그러므로 나의 사랑하는 자들아 너희가 나 있을 때뿐 아니라 더욱 지금 나 없을 때에도 항상 복종하여 두렵고 떨림으로 너희 구원을 이루라

2:13 너희 안에서 행하시는 이는 하나님이시니 자기의 기쁘신 뜻을 위하여 너희에게 소원을 두고 행하게 하시나니

2:14 모든 일을 원망과 시비가 없이 하라

2:15 이는 너희가 흠이 없고 순전하여 어그러지고 거스르는 세대 가운데서 하나님의 흠 없는 자녀로 세상에서 그들 가운데 빛들로 나타내며

2:16 생명의 말씀을 밝혀 나의 달음질이 헛되지 아니하고 수고도 헛되지 아니함으로 그리스도의 날에 내가 자랑할 것이 있게 하려 함이라

롬 12:1 그러므로 형제들아 내가 하나님의 모든 자비하심으로 너희를 권하노니 너희 몸을 하나님이 기뻐하시는 거룩한 산 제물로 드리라 이는 너희가 드릴 영적 예배니라

1:2 너희는 이 세대를 본받지 말고 오직 마음을 새롭게 함으로 변화를 받아 하나님의 선하시고 기뻐하시고 온전하신 뜻이 무엇인지 분별하도록 하라

신인협력설(synergism)의 오류

그런데 이런 말씀을 들으면서 꼭 짚고 넘어가야 할 그릇된 교훈이 있습니다. 우리가 예수님을 믿어 구원에 이르고 그 구원이 떨어지지 않고 하나님 나라에 당도하기까지의 전 과정이 하나님의 전적인 은혜에 속한 것입니다.

고전 15:10 그러나 내가 나 된 것은 하나님의 은혜로 된 것이니 내게 주신 그의 은혜가 헛되지 아니하여 내가 모든 사도보다 더 많이 수고하였으나 내가 한 것이 아니요 오직 나와 함께 하신 하나님의 은혜로라

롬 8:30 또 미리 정하신 그들을 또한 부르시고 부르신 그들을 또한 의롭다 하시고 의롭다 하신 그들을 또한 영화롭게 하셨느니라

우리 믿음의 처음부터 끝까지 그리스도 안에 있는 하나님의 은혜의 경륜 속에 있습니다. 그래서 사도 요한의 요한계시록을 통하여 하나님께서 그리 말씀하신 것입니다.

계 1:8 주 하나님이 이르시되 나는 알파와 오메가라 이제도 있고 전에도 있었고 장차 올 자요 전능한 자라 하시더라

그런데 교회사적으로 '신인협력설(神人協力說)'이라는 비성경적인 교훈이 있습니다. 회심으로부터 시작하여 믿음의 전 과정이 전적으로 하나님의 은혜에만 달린 것이 아니라 인간의 협력을 필요로 한다는 사상이 그것입니다. 하나님의 은혜에 협력하는 인간의 소행이 더해져야 성화가 이루어지는 것 같이 하면, 벌써 하나님의 은혜라는 말이 무색해집니다. 하나님의 은혜와 인간의 선행을 더함으로 하나님의 구원이 이루어진다는 식의 교훈은 교회사적으로 이미 정죄 받았습니다. 신인협력설은 성경이 말하는 인간론을 그대로 받지 않고 사람에게 하나님을 향하여 선을 행할 능력이 아직도 남아있다는 전제를 깔고 있습니다.

이런 발상은 4세기의 펠라기우스주의(Pelagianism), 아르미니우스 (Jacobus Arminius, 1560-1609) 등에 의하여 수용되는 인간론입니다. 이런 신학사상은 사람이 죄와 허물로 죽어 하나님을 향하여 아무런 선이나 의를 위하여 자신을 분발시킬 의지가 없다는 성경의 선명한 가르침을 받지 않습니다. 성경이 말하는 대로 받지 않고 무언가 더하거나 빼고서는 성경이 말하는 복음의 진수에 이르지 못합니다.

시 14:2 여호와께서 하늘에서 인생을 굽어 살피사 지각이 있어 하나님을 찾는 자가 있는가 보려 하신즉

시 14:3 다 치우쳐 함께 더러운 자가 되고 선을 행하는 자가 없으니 하나도 없도다

롬 3:10 기록된 바 의인은 없나니 하나도 없으며

엡 2:1 그는 허물과 죄로 죽었던 너희를 살리셨도다

4:17 그러므로 내가 이것을 말하며 주 안에서 증언하노니 이제부터 너희는 이방인이 그 마음의 허망한 것으로 행함 같이 행하지 말라

4:18 그들의 총명이 어두워지고 그들 가운데 있는 무지함과 그들의 마음이 굳어짐으로 말미암아 하나님의 생명에서 떠나 있도다

4:19 그들이 감각 없는 자가 되어 자신을 방탕에 방임하여 모든 더러운 것을 욕심으로 행하되

렘 17:9 만물보다 거짓되고 심히 부패한 것은 마음이라 누가 능히 이를 알리요마는

17:10 나 여호와는 심장을 살피며 폐부를 시험하고 각각 그의 행위와 그의 행실대로 보응하나니

이렇게 성령께서는 거듭나지 않은 자연인의 상태에서는 그 자체로 영적

으로 죽어 있어 하나님을 향하여 자유의지를 발하여 선을 행할 능력이 전혀 없음을 성경에서 확증하셨습니다. 그래서 사람이 회심하여 예수님을 믿어 구원, 곧 영생에 이르기 위해 반드시 하나님의 주권적인 은혜로 그 사람의 영혼을 살리시는 일이 있어야 합니다.

롬 8:30 또 미리 정하신 그들을 또한 부르시고 부르신 그들을 또한 의롭다 하시고 의롭다 하신 그들을 또한 영화롭게 하셨느니라

하나님의 주권적인 은혜로 성령님으로 말미암아 부르심을 받아 거듭난 사람만이 영적으로 눈을 떠서 성경이 말하는 대로 예수님과 그 행하심을 믿음으로 말미암아 영생에 이르게 되는 것입니다. 그 거듭난 사람은 성경이 말하는 대로 하나님의 위엄과 자신의 실상을 알아 믿음의 시초부터 끝까지 하나님의 은혜를 의존하는 사람이 됩니다.

그런데 신인협력설자들은 성경이 말하는 인간론을 받지 않고, 아직도 인간에게는 하나님을 향하여 선을 행할 능력이 남아 있다는 식의 발상을 버리지 못합니다.

존 칼빈(John Calvin, 1509-1564)은 자신의 「기독교 강요」 제 2권 제5장 9항에서 신인협력설을 주장하는 그릇된 자들의 오류를 강하게 지적하며 참 믿음의 성도들을 경계시켰습니다.

"우리의 주장을 반대하며 인간의 자유의지를 옹호하는 자들은 우리가 연약하여도 하나님의 은혜가 우리를 도우시니 우리가 하나님과 협력할 수 있다고 한다. 여기서 우리가 주목해야 할 사항은 그들이 사람이 본래 죄와 허물로 전적으로 죽어 있다고 보지 않고 연약에 머물러 있다고 주장한다는 사실이다."

그런 다음에 그는 계속 이렇게 말합니다.

"그들은 스가랴 1:3의 말씀을 들어 그 사람의 회심을 위하여 그 사람의 협력이 필요하다고 말씀하신다고 우기고 있다. 스가랴 1장 3절은 이렇게 말한다. '그러므로 너는 그들에게 말하기를 만군의 여호와께서 이처럼 이르시되 너희는 내게로 돌아오라 그리하면 내가 너희에게로 돌아가리라 만군의 여호와의 말이니라.' 그들은 이 말씀을 해석하기를, '그들이 자원하여 하나님께로 돌아오면 하나님께서 그들에게 거룩한 삶을 살 새 마음의 은혜를 주실 것이라는 말이다.' 그러나 스가랴 1:3의 말씀에서 '너희가 내게 돌아오라'는 말씀은 그들 속에 하나님께서 공급하셨던 은혜를 전제하여 명하신 것이다."

자, 여러분, 칼빈이 말하는 요지는 무엇입니까?

스가랴의 1:3의 말씀이 마치 그들 백성들 자신들 속에 본래 있었던 무슨 능력을 발휘하라는 것으로 이해하면 안 된다는 것입니다. 칼빈은 말합니다.

"하나님께서는 우리가 하나님의 모든 계명의 성취를 위하여 은혜가 필요함을 아시고, 또 우리에게 율법을 주실 것을 약속하셨다는 사실이 명백하게 드러났다. 하나님께서 우리에게 요구하시는 수준은 우리의 능력을 훨씬 능가하는 것이 분명하다. 예레미야 선지자를 통하여 명백하게 말씀하신 바를 누가 아니라 하겠는가? 옛 백성들과 하나님께서 언약하셨지만 그 언약은 문자에 매인 것이었다. 그러므로 성령께서 그들의 마음에 순종할 마음을 일으키지 않으시면 옛 언약은 그들에게 아무 효력이 없었다."

새 언약의 효력

그래서 우리는 이와 관련하여 예레미야를 통하여 말씀하신 새 언약에 관한 말씀을 들어 보아야 합니다.

렘 31:31 여호와의 말씀이니라 보라 날이 이르리니 내가 이스라엘 집과 유다 집에 새 언약을 맺으리라

31:32 이 언약은 내가 그들의 조상들의 손을 잡고 애굽 땅에서 인도하여 내던 날에 맺은 것과 같지 아니할 것은 내가 그들의 남편이 되었어도 그들이 내 언약을 깨뜨렸음이라 여호와의 말씀이니라

31:33 그러나 그 날 후에 내가 이스라엘 집과 맺을 언약은 이러하니 곧 내가 나의 법을 그들의 속에 두며 그들의 마음에 기록하여 나는 그들의 하나님이 되고 그들은 내 백성이 될 것이라 여호와의 말씀이니라

여러분,

그러니 스가랴 1장 3절의 말씀은 백성들이 돌아오면 하나님께서 그들에게 돌이키시겠다 하시며 인간의 협력을 요구하시는 말씀이 아니라는 것입니다. 도리어 그 말씀은 하나님의 은혜를 버린 백성들로 하여금 하나님의 은혜를 의존하여 회개하고 용서받으라는 각성의 말씀입니다. 그러니 오직 하나님의 은혜를 의존하여 힘을 다하여 하나님 앞에서 거룩하고 바른 마음을 가지고 바른 생각을 하는 것이 성경적입니다.

하나님의 은혜만 전적으로 의존하는 능동인

그러므로 우리가 영생 얻은 자로서 마음을 새롭게 하여 하나님 앞에서 바른 생각을 하는 인격 활동은 하나님의 은혜의 방식을 전적으로 의존하는 것입니다.

갈 2:20 내가 그리스도와 함께 십자가에 못 박혔나니 그런즉 이제는 내가 사는 것이 아니요 오직 내 안에 그리스도께서 사시는 것이라 이제 내가 육체

가운데 사는 것은 나를 사랑하사 나를 위하여 자기 자신을 버리신 하나님의 아들을 믿는 믿음 안에서 사는 것이라

고전 15:10 그러나 내가 나 된 것은 하나님의 은혜로 된 것이니 내게 주신 그의 은혜가 헛되지 아니하여 내가 모든 사도보다 더 많이 수고하였으나 내가 한 것이 아니요 오직 나와 함께 하신 하나님의 은혜로라

그러니 영생 얻은 하나님의 사람들 같이 담대하고 확신에 찬 능동적인 사람이 어디 있습니까? 시편 18편 28절 이하의 말씀을 들어 보십시오. 하나님의 사람 다윗처럼 능동적인 사람이 어디 있습니까?

시 18:28 주께서 나의 등불을 켜심이여 여호와 내 하나님이 내 흑암을 밝히시리이다

18:29 내가 주를 의뢰하고 적군을 향해 달리며 내 하나님을 의지하고 담을 뛰어넘나이다

그리스도 안에 있는 생명의 성령의 법

우리는 지금 구원의 서정으로 말하면, 믿음으로 말미암아 의롭다 하심을 받아 영생 얻은 자로서 하나님의 거룩한 부르심에 합하게 자신을 거룩하게 하는 성화(聖化) 생활에 힘쓰는 문제를 다루고 있습니다. 구원의 서정에서, 부르심, 거듭남, 회개, 믿음, 의롭다 하심을 받음, 하나님의 아들들로 받아주심, 성도의 견인, 영화롭게 하심의 전 과정이 전적으로 하나님의 은혜 안에 있습니다.

영생 얻은 우리 하나님의 자녀들의 지상 생애 전체가 성화 생활의 연속이라고 할 수 있습니다. 물론 하늘에 계신 우리 아버지의 집의 소망과 그리스도의 재림의 날에 몸까지도 그리스도의 형상을 따라 영화롭게 될 것을

바라보면서 나아가는 순례길의 싸움 - 그것이 바로 성도의 성화의 실체입니다. 우리 안에 보혜사로 계신 성령님의 주장을 따라 그리스도를 믿음으로 말미암아 베풀어주시는 하나님의 은혜가 우리 안에서 왕 노릇합니다.

롬 5:20 율법이 들어온 것은 범죄를 더하게 하려 함이라 그러나 죄가 더한 곳에 은혜가 더욱 넘쳤나니

5:21 이는 죄가 사망 안에서 왕 노릇 한 것 같이 은혜도 또한 의로 말미암아 왕 노릇 하여 우리 주 예수 그리스도로 말미암아 영생에 이르게 하려 함이라

사도 바울은 그리스도 안에 있는 영생 얻은 자들은 연약과 허물이 있어도 받은 영생이 취소되지 않음을 로마서 8장 1절에서 재확인하고 있습니다.

롬 8:1 그러므로 이제 그리스도 예수 안에 있는 자에게는 결코 정죄함이 없나니

우리의 영생을 받치고 있는 영원한 반석이요 보장은 바로 우리 주 예수 그리스도의 의(義)입니다. 그래서 영생 얻은 우리 속에 여전히 남아있는 허물과 연약이 우리로 정죄 받게 하지는 않습니다. 그런 우리의 연약을 이기고 아버지 하나님 앞에 합당하여 계명을 온전하게 순종하는 마음과 생각의 능력을 갖추려면 어떻게 해야 하는가? 보혜사 성령님을 의존해야 할 절대 필요를 로마서 7-8장에서 말합니다. 7장에서 사도 바울은 성령님의 역사를 의존하지 않으면 필연적으로 실패할 수밖에 없는 우리의 입장을 논합니다.

롬 7:22 내 속사람으로는 하나님의 법을 즐거워하되

7:23 내 지체 속에서 한 다른 법이 내 마음의 법과 싸워 내 지체 속에 있는 죄의 법으로 나를 사로잡는 것을 보는도다

7:24 오호라 나는 곤고한 사람이로다 이 사망의 몸에서 누가 나를 건져내랴

그러나 사도 바울은 그 일로 절망의 늪에 자신을 내어 버려두지 않고 일어나서 그리스도 안에서 하나님 아버지께서 주시는 은혜의 방식을 인하여 감사하며 기뻐하고 떨쳐 일어납니다.

롬 7:25 우리 주 예수 그리스도로 말미암아 하나님께 감사하리로다 그런즉 내 자신이 마음으로는 하나님의 법을 육신으로는 죄의 법을 섬기노라

8:1 그러므로 이제 그리스도 예수 안에 있는 자에게는 결코 정죄함이 없나니

8:2 이는 그리스도 예수 안에 있는 생명의 성령의 법이 죄와 사망의 법에서 너를 해방하였음이라

영의 생각, 육신의 생각

로마서 8장에서, 사도는 오직 성령님을 의존함으로 죄성을 이기고 거룩한 마음과 생각으로 하나님께 순종할 능력을 갖추는 이치를 논증합니다.

이와 관련하여 탁월한 영적 고전 한 권을 소개합니다. 부족한 제가 번역하여 청교도신앙사에서 출간되어 애독되고 있는 청교도 대 신학자요 설교자인 존 오웬(John Owen, 1616-1683)의 「영의 생각, 육신의 생각(Spiritual Mindedness)」입니다. 이 책은 로마서 8:4-6을 기초 본문으로 하여 그리스도인의 영적 사고방식의 이치를 깊고 상세하게 강론한 영적 고전입니다. 독자 여러분의 일독을 강권하는 바입니다. 그는 저자의 머리말에서 이렇게 말하였습니다.

"그리스도인이 영적으로 생각하는 것과 그것을 위해 하나님께서 베푸시는 놀라운 은혜가 무엇인지 아는 것은 성도들에게 매우 필요합니다."

롬 8:3 율법이 육신으로 말미암아 연약하여 할 수 없는 그것을 하나님은 하시나니 곧 죄로 말미암아 자기 아들을 죄 있는 육신의 모양으로 보내어 육

신에 죄를 정하사

8:4 육신을 따르지 않고 그 영을 따라 행하는 우리에게 율법의 요구가 이루어지게 하려 하심이니라

8:5 육신을 따르는 자는 육신의 일을, 영을 따르는 자는 영의 일을 생각하나니

8:6 육신의 생각은 사망이요 영의 생각은 생명과 평안이니라

이 대목에서 사도는 서로 대칭되며 거스르는 두 요점을 제시하고 있습니다. 곧, '육신의 생각'과 '영의 생각'입니다. '육신의 생각'은 우리가 나면서부터 가지고 나온 죄의 본성을 따라 마음과 생각을 이어가는 것을 말합니다.

'영의 생각'은 성령님의 인도를 받아 하나님을 우러르며 그리스도 중심으로 마음과 생각을 이어가는 것을 가리킵니다.

존 오웬은 영생 얻은 우리는 그 두 성향을 다 가지고 있다고 말합니다. 그리스도를 믿지 않는 이들은 오직 한 성향, 곧 육신의 본성을 따라서만 마음과 생각을 이어가는 성향만 있습니다. 그래서 그들은 하나님께 순종하는 일을 할 수 없습니다.

그러나 우리 영생 얻은 이들은 믿음으로 말미암아 그리스도와 연합하게 하신 보혜사 성령님의 인도하심 속에서 '영의 생각'을 이어갈 성향을 가지고 있습니다. 그런데 우리가 지상에 있는 동안에는 그 '영의 생각'만 아니라 '육신의 생각'도 드러냅니다. 그래서 영생 얻은 우리라도 육신의 생각에 빠져 죄를 지을 수 있는 것입니다.

물론 그 둘이 동시에 우리를 주장하지는 못합니다. 하나가 우리를 주장하는 동안에 다른 것은 우리를 주장하는 일을 멈춥니다. 사도 바울은 갈라디아서 5장에서 그 요점을 자세하게 말합니다.

갈 5:17 육체의 소욕은 성령을 거스르고 성령은 육체를 거스르나니 이 둘이 서로 대적함으로 너희가 원하는 것을 하지 못하게 하려 함이니라

5:18 너희가 만일 성령의 인도하시는 바가 되면 율법 아래에 있지 아니하리라

5:19 육체의 일은 분명하니 곧 음행과 더러운 것과 호색과

5:20 우상 숭배와 주술과 원수 맺는 것과 분쟁과 시기와 분냄과 당 짓는 것과 분열함과 이단과

5:21 투기와 술 취함과 방탕함과 또 그와 같은 것들이라 전에 너희에게 경계한 것 같이 경계하노니 이런 일을 하는 자들은 하나님의 나라를 유업으로 받지 못할 것이요

5:22 오직 성령의 열매는 사랑과 희락과 화평과 오래 참음과 자비와 양선과 충성과

5:23 온유와 절제니 이같은 것을 금지할 법이 없느니라

5:24 그리스도 예수의 사람들은 육체와 함께 그 정욕과 탐심을 십자가에 못 박았느니라

영생 얻은 성도의 죄는 육신의 생각의 열매입니다. 성도가 하나님께 순종하는 것은 영의 생각의 열매입니다. 그래서 믿음의 선한 싸움, 성화 생활은 성령님을 의지하여 육신의 생각을 이기고 '영의 생각'을 따르려는 거룩한 싸움입니다.

우리아의 아내 밧세바와 우리아에 대한 다윗의 악독은 자기의 죄악적인 본성을 따른 육체의 소욕의 분출이었습니다. 그래서 그는 나중에 회개하며 자기 죄를 통회하며 울부짖었습니다. 그 울부짖음은 단순하게 자신의 도덕적 의지의 결연함을 표현한 것이 아니었습니다. 그리스도의 대속의 은택 속에서 아버지께서 예비하신 긍휼을 구한 것입니다. 곧, 그리스도의 피

로써 마음을 정결하게 하시고 새롭게 하시어 아버지 하나님을 단 마음으로 순종하게 하시는 성령의 능력을 구한 것입니다. 그리하여 이제 죄의 사람이 아니라 의의 사람으로 그 거룩함과 선함과 의의 열매를 맺게 하시기를 구한 것입니다. 우리도 항상 이런 은택을 구해야 합니다. 그리하여 우리가 그리스도를 아는 지식과 그 은혜 안에서 자라기를 바라야 합니다(벤후 3:18). 그런 의식으로 다윗의 기도를 살펴보세요.

시 51:5 내가 죄악 중에서 출생하였음이여 어머니가 죄 중에서 나를 잉태하였나이다

51:6 보소서 주께서는 중심이 진실함을 원하시오니 내게 지혜를 은밀히 가르치시리이다

51:7 우슬초로 나를 정결하게 하소서 내가 정하리이다 나의 죄를 씻어 주소서 내가 눈보다 희리이다

51:8 하나님이여 내 속에 정한 마음을 창조하시고 내 안에 정직한 영을 새롭게 하소서

51:9 나를 주 앞에서 쫓아내지 마시며 주의 성령을 내게서 거두지 마소서

51:10 주의 구원의 즐거움을 내게 회복시켜 주시고 자원하는 심령을 주사 나를 붙드소서

51:11 나를 주 앞에서 쫓아내지 마시며 주의 성령을 내게서 거두지 마소서

51:12 주의 구원의 즐거움을 내게 회복시켜 주시고 자원하는 심령을 주사 나를 붙드소서

51:13 그리하면 내가 범죄자에게 주의 도를 가르치리니 죄인들이 주께 돌아오리이다

51:14 하나님이여 나의 구원의 하나님이여 피 흘린 죄에서 나를 건지소서

내 혀가 주의 의를 높이 노래하리이다

이 다윗의 기도와 같이, 우리도 항상 성령님을 의존하여 그리스도의 피로 정결함을 입은 마음과 생각으로 하나님을 순종하는 자녀로 나타나기를 기도해야 합니다. 하나님 아버지께서는 그리스도 안에서 성령으로 말미암아 육신의 생각과 그 죄의 정욕을 이기고 순종할 은혜를 늘 예비하고 계십니다. 신약시대 이후의 우리는 히브리서의 말씀대로 은혜의 보좌 앞에 나아가야 합니다.

히 4:14 그러므로 우리에게 큰 대제사장이 계시니 승천하신 이 곧 하나님의 아들 예수시라 우리가 믿는 도리를 굳게 잡을지어다

4:15 우리에게 있는 대제사장은 우리의 연약함을 동정하지 못하실 이가 아니요 모든 일에 우리와 똑같이 시험을 받으신 이로되 죄는 없으시니라.

아멘.

영생 얻은 자의 성화 생활 (1)

영생 얻은 이가 죄를 짓는가? 이 질문에 대하여 성경은 '그렇다'고 대답합니다. 객관적으로 보면, '영생'과 '죄'는 양립할 수 없는 서로 대적하는 두 별개의 실체임에 분명합니다. 우리가 앞에서 "영생은 곧 유일하신 참 하나님과 그가 보내신 자 예수 그리스도를 아는 것이라"(요 17:3)는 우리 주님의 정의를 누누히 반복 강조하여 왔습니다. '하나님을 안다, 그리스도를 안다'는 것은 하나님을 경외하고 믿고 신뢰하고 순종하는 생명의 교통을 의미합니다. 반면에 죄는 그 하나님과 그리스도를 불순종하고 거스르는 악독입니다. 그런 차원에서 보면, 영생 얻은 자가 죄를 짓는다는 것은 세상에서 가장 누추해 보이는 것이라 해도 과언이 아닐 것입니다.

양립할 수 없는 두 실상을 안고 있는 우리

그럼에도 불구하고, 성경과 우리의 실제는 동일하게 영생 얻은 우리가 여전히 연약하여 죄와 허물에 빠지는 누추한 실상을 보여줍니다. 우리는 말할 것도 없고, 성경에 등장하는 믿음의 위인들도 그리스도 안에서 영생 얻은 자들임에도 불구하고 실족하여 넘어졌습니다. 그런 실족으로 인하여 성경의 위인들이 영혼에 큰 상처를 받았습니다. 그 뿐 아니라 그 일로 인하여 더 심각하게 하나님의 이름이 사람들 중에서 누추하게 여겨지기도 하였습니다. 우리 영생 얻은 자들의 죄는 창세전에 우리를 사랑 안에서 택하시고 그리스도로 말미암아 구속하시어 자녀 삼으신 하나님의 목적을 거스르는 행위입니다. 그런데도 불구하고 지상에 있는 동안 우리의 영적 상태는 죄의 정욕에서 완전하게 자유하지 못합니다. 다른 말로 하여, 그 실상은 그리스도의 피로써 죄 용서함 받고 의롭다 하심을 받은 우리 안에 여전히 죄의 정욕을 일으키는 옛 사람의 원리가 있음을 드러냅니다.

그래서 사도 바울은 그 괴로움을 토로하였습니다.

롬 7:21 그러므로 내가 한 법을 깨달았노니 곧 선을 행하기 원하는 나에게 악이 함께 있는 것이로다

7:22 내 속사람으로는 하나님의 법을 즐거워하되

7:23 내 지체 속에서 한 다른 법이 내 마음의 법과 싸워 내 지체 속에 있는 죄의 법으로 나를 사로잡는 것을 보는도다

7:24 오호라 나는 곤고한 사람이로다 이 사망의 몸에서 누가 나를 건져내랴

우리의 대 목표

영생 얻은 우리의 영적 목표는 무엇입니까? 영생 얻은 우리 하나님의 자녀들의 목표는 분명합니다. 사도 바울이 하나님의 명하심에 따라서 하나님의 사람들을 어떻게 세우려고 했습니까?

엡 4:13 우리가 다 하나님의 아들을 믿는 것과 아는 일에 하나가 되어 온전한 사람을 이루어 그리스도의 장성한 분량이 충만한 데까지 이르리니

4:14 이는 우리가 이제부터 어린 아이가 되지 아니하여 사람의 속임수와 간사한 유혹에 빠져 온갖 교훈의 풍조에 밀려 요동하지 않게 하려 함이라

4:15 오직 사랑 안에서 참된 것을 하여 범사에 그에게까지 자랄지라 그는 머리니 곧 그리스도라

베드로후서 3장 18절에서는 무어라 합니까?

벧후 3:18 오직 우리 주 곧 구주 예수 그리스도의 은혜와 그를 아는 지식에서 자라 가라 영광이 이제와 영원한 날까지 그에게 있을지어다

성령께서 사도 바울을 통하여 데살로니가전서 4장에서 무어라 하셨습니까?

살전 4:1 그러므로 형제들아 우리가 끝으로 주 예수 안에서 너희에게 구하고 권면하노니 너희가 마땅히 어떻게 행하며 하나님을 기쁘시게 할 수 있는지를 우리에게 배웠으니 곧 너희가 행하는 바라 더욱 많이 힘쓰라

4:2 우리가 주 예수로 말미암아 너희에게 무슨 명령으로 준 것을 너희가 아느니라

4:3 하나님의 뜻은 이것이니 너희의 거룩함이라

그러므로 그 목표에 따라 우리의 영적 싸움의 대상이 정해졌습니다. 우리 자신의 옛 사람의 본성과 그것을 통하여 일어나는 죄의 정욕, 그리고 그것을 빌미로 시험하는 사탄과 하나님을 부인하는 세상의 풍조와 교훈들이 우리의 선한 싸움의 상대들입니다. 이것이 영생 얻은 성도의 성화생활의 실제입니다.

영생 얻은 우리의 견고한 지위

우리는 영생 얻은 자와 죄의 문제를 접근함에 있어서 한 가지 질문을 먼저 던져놓고 그에 답하는 형식을 취해 보고자 합니다. 먼저 영생 얻은 자가 죄를 지으면 어떻게 되나요? 영생 얻은 자가 죄를 지으면 그가 받은 그 구원, 곧 영생에 어떤 영향을 미치는가요? 결론부터 말씀드리면, 영생 얻은 자가 죄를 지어도 그가 받은 구원, 영생에서 떨어지지 않습니다. 이미 그 이치를 여러번 반복 강조하였으나 다시 상기합니다.

우리가 이미 알아보았듯이, 우리의 영생의 영원한 보장은 사도가 로마서 3장에서 말한 '복음에 나타난 하나님의 의'입니다. 다시 말하면, 우리 예수 그리스도의 완전한 의와 속량의 완전 충분한 효력이 우리의 영생의 근거입니다. 우리의 행실에 따라서 우리의 받은 구원이 취소될 수 있다면, 그것은 더 이상 복음일 수 없습니다. 앞에서 말한 것 같이, 우리가 예수님을 믿기 이전이나 이후 우리 자신들은 여전히 죄를 지을 소양을 갖추고 있습니다.

그러므로 성부 하나님께서 우리의 행실을 염두에 두시고 우리를 의롭다 하시려 하셨다면, 아무도 하나님께 의롭다 하심을 받을 자가 없습니다. 아니 가상하여 그런 식으로 믿는 사람 누구를 기대하시고 하나님께서 의롭다 하셨다면, 그 하나님의 칭의의 행사가 결국 아무 소용이 없게 되었을 것입니다. 하나님께서는 그런 일을 하실 분이 아닙니다. 하나님께서는 영원부터 영원까지 다 아시는 분이시며, 우리가 모태에서 지으심을 받기 전, 우리 형질이 이루기 전에 우리를 아셨습니다

시 139:16 내 형질이 이루어지기 전에 주의 눈이 보셨으며 나를 위하여 정한 날이 하루도 되기 전에 주의 책에 다 기록이 되었나이다

그러하신 하나님께서 우리 자신의 무엇을 근거하시거나 기대하시고 '의

롭다'고 선고해 주셨습니까? 제 힘으로 하나님께 의롭다는 선고를 받아낼 자가 있습니까? 의롭다는 선고의 취지는 무엇입니까? "나는 네가 나의 모든 율법과 계명을 어긴 적이 없고 모든 요구를 이룬 자로 여기노라." 이것이 바로 하나님께서 하늘 법정에서 의롭다고 선고하시는 내용입니다. 누가 스스로 그런 칭의의 선고를 받을 수 있습니까?

예수님 외에 자신의 행실로 '칭의'의 선고를 받을 이가 아무도 없습니다. 그러므로 성부께서 우리를 의롭다 하실 때, 우리의 구주시오 우리의 언약적 머리이신 그리스도의 충분하고 완전한 속량(하나님의 의)에만 근거하셨습니다. 새 언약의 중보시요 우리의 머리이신 그리스도와 그 의를 근거로 우리가 하나님께 죄 용서와 의롭다 하심을 받았습니다. 다른 말로 하여, 성부께서 그리스도의 완전한 의를 믿는 우리에게 전가하시어 그 의를 우리 것으로 여기셨습니다. 그래서 우리가 예수님을 진실로 믿자마자 성부께서 하늘 법정에서 믿는 우리를 향하여 의롭다고 선고하셨습니다.

롬 3:20 그러므로 율법의 행위로 그의 앞에 의롭다 하심을 얻을 육체가 없나니 율법으로는 죄를 깨달음이니라

3:21 이제는 율법 외에 하나님의 한 의가 나타났으니 율법과 선지자들에게 증거를 받은 것이라

3:22 곧 예수 그리스도를 믿음으로 말미암아 모든 믿는 자에게 미치는 하나님의 의니 차별이 없느니라

3:23 모든 사람이 죄를 범하였으매 하나님의 영광에 이르지 못하더니

3:24 그리스도 예수 안에 있는 속량으로 말미암아 하나님의 은혜로 값 없이 의롭다 하심을 얻은 자 되었느니라

그래서 사도 바울은 믿음의 조상 아브라함이 의롭다 하심을 받고 구원

받은 것도 오직 그 방식을 통해서였음을 확증합니다.

롬 4:1 그런즉 육신으로 우리 조상인 아브라함이 무엇을 얻었다 하리요

4:2 만일 아브라함이 행위로써 의롭다 하심을 받았으면 자랑할 것이 있으려니와 하나님 앞에서는 없느니라

4:3 성경이 무엇을 말하느냐 아브라함이 하나님을 믿으매 그것이 그에게 의로 여겨진 바 되었느니라

예수님을 구주로 믿어 성부께 의롭다 하심을 받은 사람이 그 후에 죄를 짓더라도, 그 사람을 정죄할 법이 하나님의 법정에는 없습니다.

롬 8:1 그러므로 이제 그리스도 예수 안에 있는 자에게는 결코 정죄함이 없나니

8:30 또 미리 정하신 그들을 또한 부르시고 부르신 그들을 또한 의롭다 하시고 의롭다 하신 그들을 또한 영화롭게 하셨느니라

8:31 그런즉 이 일에 대하여 우리가 무슨 말 하리요 만일 하나님이 우리를 위하시면 누가 우리를 대적하리요

8:32 자기 아들을 아끼지 아니하시고 우리 모든 사람을 위하여 내주신 이가 어찌 그 아들과 함께 모든 것을 우리에게 주시지 아니하겠느냐

8:33 누가 능히 하나님께서 택하신 자들을 고발하리요 의롭다 하신 이는 하나님이시니

8:34 누가 정죄하리요 죽으실 뿐 아니라 다시 살아나신 이는 그리스도 예수시니 그는 하나님 우편에 계신 자요 우리를 위하여 간구하시는 자시니라

하나님께서는 우리 스스로는 예수님 믿기 이전이나 이후나 하나님께 인정받을 의를 행할 능력이 전혀 없다는 것을 아십니다. 그래서 사도 바울은

로마서 3장 23절에서 "모든 사람이 죄를 범하였으매 하나님의 영광에 이르지 못하더니"라고 말하였습니다.

성화의 열매가 칭의의 효력을 좌우하지 않는다

성화의 열매가 칭의의 효력에 영향을 미치지 못합니다. 바울의 새관점주의자들은 이 점에 있어서 크게 실수하고 있습니다. 그들은 성화의 열매를 강조하다 못해 성화의 열매가 칭의의 효력에 영향을 미치는 것처럼 말합니다. 그들은 그렇게 해야 신자의 도덕적 해이를 방지할 수 있다는 논리를 제기합니다. 사람의 행실이나 사람 편에서의 어떤 의무 이행이 그 사람의 구원에 어떤 방식으로든 영향을 미친다고 하는 발상이 모든 비복음적인 율법주의의 그릇된 교훈의 뿌리입니다.

바울의 새관점주의자들의 주장은 새것이 아닙니다. 사실 그들이 갈라디아 지방의 교회들에 가만히 침투하여 들어와 성도들을 유혹하던 할례파 유대인들과 같은 방식의 접근을 하고 있습니다. 갈라디아 교회에 들어온 이단들은 예수님을 믿어도 할례를 받아야 구원받는다고 주장하였습니다. 다시 말하거니와, 성부께서 예수님을 믿는 사람의 이전이나 이후의 악하고 선한 행위에 상관없이 오직 그가 믿는 그리스도만을 보시고 그를 의롭다 하신 것입니다.

로마서 3장 21절 이하에 명시된 복음의 대 헌장을 다시 음미하십시요.

롬 3:21 이제는 율법 외에 하나님의 한 의가 나타났으니 율법과 선지자들에게 증거를 받은 것이라

3:22 곧 예수 그리스도를 믿음으로 말미암아 모든 믿는 자에게 미치는 하나님의 의니 차별이 없느니라

3:23 모든 사람이 죄를 범하였으매 하나님의 영광에 이르지 못하더니

3:24 그리스도 예수 안에 있는 속량으로 말미암아 하나님의 은혜로 값 없이 의롭다 하심을 얻은 자 되었느니라

'율법 외에 나타난 그 하나님의 한 의'는 율법을 지켰느냐 아니냐에 상관없이 예수님을 믿는 모든 이에게 차별 없이 전가됨을 이 본문은 외치고 있습니다. 그러므로 하나님 아버지께서 그 아들 안에서 예비하신 의, 곧 그 아들 우리 주 예수님께서 완전하게 다 이루신 의를 믿는 자에게 값없이 은혜로 전가하시어 그를 의롭다 하시는 것입니다. 이것이 바로 사랑하시는 백성들을 구원하시는 하나님의 은혜의 복음의 진수입니다.

롬 6:23 죄의 삯은 사망이요 하나님의 은사는 그리스도 예수 우리 주 안에 있는 영생이니라

그러므로 영생 얻은 성도에게 있어서 죄의 문제는 더 이상 영생을 무효화시키는 변수가 절대로 될 수 없습니다.

야고보서의 논리

이 복음의 대 요점을 허물려는 식으로 이의를 제기하는 것은 하나님으로부터 난 것이 아니라 하나님을 대적하는 원수 마귀의 논리입니다. 하나님의 말씀인 성경에 입각하여 말하는 것입니다. 이런 말을 하면 단박에 제게 날려들려고 벼르는 이들이 있음을 저도 알고 있습니다.

"당신이 그렇게 말하면 성도의 도덕성의 동기를 허물어뜨려 방종하게 만든다. 당신 주장대로면 야고보서 2:26의 '영혼 없는 몸이 죽은 것 같이 행함이 없는 믿음은 죽은 것이니라' 한 말씀은 무엇이 되느냐?"

그런 식의 항변은 어제 오늘에야 나타난 것이 아닙니다. 이미 사도 시대부터 교회사 내내 제기된 문제입니다. 이에 대하여 결론부터 제시하면, 야고보서 2장 26절의 "행함이 없는 믿음"은 영생 얻은 적이 없는 죽은 믿음입니다. 살아있는 나무는 봄에 잎과 꽃을 터뜨려 자신의 살아 있음을 드러냅니다. 그러나 죽은 나무는 봄이 되어도 생명의 표지를 보일 수 없습니다. 그와 같이, 하나님을 순종하는 행함이 전혀 보이지 않는 자는 아무리 입으로 믿음을 고백하여도 그 믿음은 그 자체로 죽은 것입니다. 그렇습니다. 야고보서가 '사람의 행함'을 그 사람의 구원, 영생 여부를 좌우하는 열쇠로 말한 적이 한 번도 없습니다. 다만 야고보는 '참된 구원신앙의 표지로서의 행함'을 말한 것입니다. 그가 '행함 자체'를 성부의 의롭다 하심의 근거로 제시한 적이 없습니다.

이런 말을 하면 또 발끈할 이들이 있을 것입니다. 야고보서 2장 21절 이하의 말씀이 언뜻 '사람의 행위가 성부의 의롭다 하심의 근거가 된다'고 말하는 것 같이 보입니다.

> **약 2:21** 우리 조상 아브라함이 그 아들 이삭을 제단에 바칠 때에 행함으로 의롭다 하심을 받은 것이 아니냐
> **2:22** 네가 보거니와 믿음이 그의 행함과 함께 일하고 행함으로 믿음이 온전하게 되었느니라
> **2:23** 이에 성경에 이른 바 아브라함이 하나님을 믿으니 이것을 의로 여기셨다는 말씀이 이루어졌고 그는 하나님의 벗이라 칭함을 받았나니
> **2:24** 이로 보건대 사람이 행함으로 의롭다 하심을 받고 믿음으로만은 아니니라

누가 이 대목을 근거로 하여 '사람의 영생 여부를 판가름하시는 하나

님께서 그 사람의 믿음만 아니라 행위도 계산에 넣으신다'고 할 수 있습니까? 앞에서 말한 것 같이, 그런 주장은 대번에 율법주의적이고 반복음적인 이단입니다. 〈그리스도의 은혜 + 믿는 자의 행함 = 구원〉이라는 공식을 이 야고보서에서 끌어내는 자가 있다면, 그 사람은 갈라디아서 1장의 말씀을 들을 만한 자입니다.

> **갈 1:6** 그리스도의 은혜로 너희를 부르신 이를 이같이 속히 떠나 다른 복음을 따르는 것을 내가 이상하게 여기노라
>
> **1:7** 다른 복음은 없나니 다만 어떤 사람들이 너희를 교란하여 그리스도의 복음을 변하게 하려 함이라
>
> **1:8** 그러나 우리나 혹은 하늘로부터 온 천사라도 우리가 너희에게 전한 복음 외에 다른 복음을 전하면 저주를 받을지어다
>
> **1:9** 우리가 전에 말하였거니와 내가 지금 다시 말하노니 만일 누구든지 너희가 받은 것 외에 다른 복음을 전하면 저주를 받을지어다

지적 찬동과 참된 믿음의 구별

야고보는 귀신이 하나님의 두려우심을 알고 떠는 것 같이 지적 찬동 수준에 머물러 그의 마음과 행실에 하나님께 순종하는 데까지 나가지 못한 거짓 믿음을 성도들에게 강하게 경계한 것입니다.

> **약 2:19** 네가 하나님은 한 분이신 줄을 믿느냐 잘하는도다 귀신들도 믿고 떠느니라
>
> **2:20** 아아 허탄한 사람아 행함이 없는 믿음이 헛것인 줄을 알고자 하느냐

여기서 '행함'은 전인적 믿음으로 나는 순종을 일컫는 말입니다. 지성과 정서와 의지로 구성된 우리 인격 전체가 수반되지 않는 믿음은 거짓된 믿

음입니다. 그런 믿음은 하나님을 마음으로 믿고 경외하는 데서 나는 순종의 선행은 낼 수 없습니다. 누가 어떤 것을 지성적으로는 옳다고 하면서도 정서적으로 그것에 끌리고 그것을 향하여 자신의 의지를 기울이는 일이 없다면, 그가 지성적으로 좋다 하는 것이 그에게 아무 영향을 미칠 수 없습니다. 사람이 입으로는 하나님과 예수님을 믿는다고 하면서 그 마음은 하나님과 예수님에게서 멀다면, 그에게서 하나님께 달게 순종하는 일이 일어날 수 없습니다. 그런 사람의 경우, 예수님을 입으로 고백하기 이전이나 이후 그 마음의 생각과 가치관과 삶의 실상에 믿음에 합당한 변화가 일어날 수 없습니다.

그런 사람은 '마음으로 예수님을 믿은 적이 없는' 사람입니다.

롬 10:9 네가 만일 네 입으로 예수를 주로 시인하며 또 하나님께서 그를 죽은 자 가운데서 살리신 것을 네 마음에 믿으면 구원을 받으리라

마음으로 예수님을 믿지 않은 사람은 죄 사함 받은 적도 없고 의롭다 하심을 받은 적이 없습니다. 그 사람은 보혜사 성령님의 거듭나게 하심과 영적 각성의 불가항력적인 은혜를 전혀 맛본 적이 없습니다. 그런 사람의 믿음은 죽은 믿음입니다. 아니 그 사람은 진실로 주님을 믿은 적이 없습니다. 그가 믿는다고 고백을 할지라도 그 마음으로는 믿지 않는 자입니다. 진실로 하나님과 예수님을 믿으면, 그 마음의 생각과 행실 속에 하나님께 순종하는 일이 나타나기 마련입니다.

아브라함이 하나님을 진실로 믿었기에 자기 아들 이삭을 번제로 드리라는 하나님의 명령에 순종하였습니다. 라합이 하나님을 진실로 두려워하고 믿었기에 모든 위험을 무릅쓰고 이스라엘 정탐꾼들을 접대하고 숨겨주었습니다. 그러니 그들의 행위는 그들의 믿음의 진실성을 드러내는 증거들

이었습니다. 그들의 행위는 하나님을 믿는 믿음과 그 은혜에 부가적으로 더한 선행이 아니었습니다. 그들은 영생 얻은 사람으로서 은혜를 힘입어 자기들의 믿음의 산 증거를 행위로 드러낸 것입니다.

야고보서 2:24의 말씀이 그런 의미로 말한 것입니다.

약 2:24 이로 보건대 사람이 행함으로 의롭다 하심을 받고 믿음으로만은 아니니라

2:25 또 이와 같이 기생 라합이 사자들을 접대하여 다른 길로 나가게 할 때에 행함으로 의롭다 하심을 받은 것이 아니냐

2:26 영혼 없는 몸이 죽은 것 같이 행함이 없는 믿음은 죽은 것이니라

그러므로 야고보서 2:24의 말씀이 "사람이 행함으로 말미암아 의롭다 하심을 받는다"는 것은 구원 교리의 진술이 아닙니다. 야고보는 지적 찬동 수준을 믿음으로 보고 하나님께서 기뻐하시는 일에 대하여는 무관심한 위선적인 믿음을 조심하라고 성도들에게 경고한 것입니다. 그래서 제가 로마서 유튜브 동영상 시리즈 어느 영상에서인가 말한 바 있습니다. "로마서로 야고보서를 풀어야지 야고보서로 로마서를 풀면 크게 실수하는 것입니다."

다시 앞에서 말하던 요점으로 돌아가서 말씀드립니다. 우리가 성부께 의롭다 하심을 받은 것은 오직 우리 주 예수 그리스도와 그 행하신 일만을 근거한 일입니다. 성부께서 우리를 의롭다 하실 때, 그 이전이나 그 이후의 우리의 행실을 전혀 참작하지 않으셨습니다. 오직 그리스도와 우리를 위하여 이루신 그 의만을 근거로 우리를 의롭다 하셨습니다. 그렇게 의롭다 하심을 받은 이들은 이제 하나님의 자녀로서 합당한 의와 선한 행실,

곧 하나님의 이름과 나라를 위하여 그 계명에 순종하고 사명 감당하는 일에 자신을 드려야 마땅합니다.

딛3:3 우리도 전에는 어리석은 자요 순종하지 아니한 자요 속은 자요 여러 가지 정욕과 행락에 종 노릇 한 자요 악독과 투기를 일삼은 자요 가증스러운 자요 피차 미워한 자였으나

3:4 우리 구주 하나님의 자비와 사람 사랑하심이 나타날 때에

3:5 우리를 구원하시되 우리가 행한 바 의로운 행위로 말미암지 아니하고 오직 그의 긍휼하심을 따라 중생의 씻음과 성령의 새롭게 하심으로 하셨나니

3:6 우리 구주 예수 그리스도로 말미암아 우리에게 그 성령을 풍성히 부어 주사

3:7 우리로 그의 은혜를 힘입어 의롭다 하심을 얻어 영생의 소망을 따라 상속자가 되게 하려 하심이라

3:8 이 말이 미쁘도다 원하건대 너는 이 여러 것에 대하여 굳세게 말하라 이는 하나님을 믿는 자들로 하여금 조심하여 선한 일을 힘쓰게 하려 함이라 이것은 아름다우며 사람들에게 유익하니라

우리를 향하신 하나님의 영원한 뜻과 목적은 하나님의 기뻐하시는 선행을 위하여 분발하고 싸우는 자로 세우시는 것입니다.

엡 1:3 찬송하리로다 하나님 곧 우리 주 예수 그리스도의 아버지께서 그리스도 안에서 하늘에 속한 모든 신령한 복을 우리에게 주시되

1:4 곧 창세 전에 그리스도 안에서 우리를 택하사 우리로 사랑 안에서 그 앞에 거룩하고 흠이 없게 하시려고

1:5 그 기쁘신 뜻대로 우리를 예정하사 예수 그리스도로 말미암아 자기의 아들들이 되게 하셨으니

1:6 이는 그가 사랑하시는 자 안에서 우리에게 거저 주시는 바 그의 은혜의 영광을 찬송하게 하려는 것이라

롬 8:29 하나님이 미리 아신 자들을 또한 그 아들의 형상을 본받게 하기 위하여 미리 정하셨으니 이는 그로 많은 형제 중에서 맏아들이 되게 하려 하심이니라

8:30 또 미리 정하신 그들을 또한 부르시고 부르신 그들을 또한 의롭다 하시고 의롭다 하신 그들을 또한 영화롭게 하셨느니라

영생 얻은 자의 거룩한 싸움

성도 여러분, 그러므로 그리스도를 믿어 영생 얻은 성도들이 믿는 중에 드러내는 의의 행실이나 죄행은 하나님의 자녀로서의 우리 지위에 아무 영향을 미치지 못합니다. 골로새서 1장 12절 이하에, "우리로 하여금 빛 가운데서 성도의 기업의 부분을 얻기에 합당하게 하신 아버지께 감사하게 하시기를 원하노라 그가 우리를 흑암의 권세에서 건져내사 그의 사랑의 아들의 나라로 옮기셨으니 그 아들 안에서 우리가 속량 곧 죄 사함을 얻었도다."

그러므로 우리가 죄를 이기고 하나님께 순종하려 함은 우리가 받은 영생이 달아날까 무서워서 하는 일이 아닙니다. 우리가 그렇게 할 이유는 우리가 영생 얻은 하나님의 자녀로서 아버지의 영광을 드러내고 구원하신 하나님의 목적에 부합하기 위함입니다. 성화의 자리가 바로 거기입니다.

은혜의 상전 아래 있는 우리

사도 바울은 로마서 6장에서 우리가 죄와 싸워 이겨야 할 정당한 논리

를 제시합니다.

> **롬 6:1** 그런즉 우리가 무슨 말을 하리요 은혜를 더하게 하려고 죄에 거하겠느냐
>
> **6:2** 그럴 수 없느니라 죄에 대하여 죽은 우리가 어찌 그 가운데 더 살리요
>
> **6:3** 무릇 그리스도 예수와 합하여 세례를 받은 우리는 그의 죽으심과 합하여 세례를 받은 줄을 알지 못하느냐
>
> **6:4** 그러므로 우리가 그의 죽으심과 합하여 세례를 받음으로 그와 함께 장사되었나니 이는 아버지의 영광으로 말미암아 그리스도를 죽은 자 가운데서 살리심과 같이 우리로 또한 새 생명 가운데서 행하게 하려 함이라

그리고 10절 이하에서 사도는 아주 강하고 도전적으로 죄와 싸울 것을 명합니다.

그리스도로 말미암아 죄에 대한 우리의 관계가 변하였습니다. 그러므로 우리는 그 논리로 죄와 대항하여 싸워야 합니다.

> **롬 6:10** 그가 죽으심은 죄에 대하여 단번에 죽으심이요 그가 살아 계심은 하나님께 대하여 살아 계심이니
>
> **6:11** 이와 같이 너희도 너희 자신을 죄에 대하여는 죽은 자요 그리스도 예수 안에서 하나님께 대하여는 살아 있는 자로 여길지어다
>
> **6:12** 그러므로 너희는 죄가 너희 죽을 몸을 지배하지 못하게 하여 몸의 사욕에 순종하지 말고
>
> **6:13** 또한 너희 지체를 불의의 무기로 죄에게 내주지 말고 오직 너희 자신을 죽은 자 가운데서 다시 살아난 자 같이 하나님께 드리며 너희 지체를 의의 무기로 하나님께 드리라
>
> **6:14** 죄가 너희를 주장하지 못하리니 이는 너희가 법 아래에 있지 아니하고

은혜 아래에 있음이라

6:15 그런즉 어찌하리요 우리가 법 아래에 있지 아니하고 은혜 아래에 있으니 죄를 지으리요 그럴 수 없느니라

6:16 너희 자신을 종으로 내주어 누구에게 순종하든지 그 순종함을 받는 자의 종이 되는 줄을 너희가 알지 못하느냐 혹은 죄의 종으로 사망에 이르고 혹은 순종의 종으로 의에 이르느니라

6:17 하나님께 감사하리로다 너희가 본래 죄의 종이더니 너희에게 전하여 준 바 교훈의 본을 마음으로 순종하여

6:18 죄로부터 해방되어 의에게 종이 되었느니라

히브리서 기자도 그렇게 강조하고 있습니다.

히 12:1 이러므로 우리에게 구름 같이 둘러싼 허다한 증인들이 있으니 모든 무거운 것과 얽매이기 쉬운 죄를 벗어 버리고 인내로써 우리 앞에 당한 경주를 하며

12:2 믿음의 주요 또 온전하게 하시는 이인 예수를 바라보자 그는 그 앞에 있는 기쁨을 위하여 십자가를 참으사 부끄러움을 개의치 아니하시더니 하나님 보좌 우편에 앉으셨느니라

12:3 너희가 피곤하여 낙심하지 않기 위하여 죄인들이 이같이 자기에게 거역한 일을 참으신 이를 생각하라

12:4 너희가 죄와 싸우되 아직 피흘리기까지는 대항하지 아니하고

12:5 또 아들들에게 권하는 것 같이 너희에게 권면하신 말씀도 잊었도다 일렀으되 내 아들아 주의 징계하심을 경히 여기지 말며 그에게 꾸지람을 받을 때에 낙심하지 말라

12:6 주께서 그 사랑하시는 자를 징계하시고 그가 받아들이시는 아들마다 채찍질하심이라 하였으니

12:7 너희가 참음은 징계를 받기 위함이라 하나님이 아들과 같이 너희를 대우하시나니 어찌 아버지가 징계하지 않는 아들이 있으리요

12:8 징계는 다 받는 것이거늘 너희에게 없으면 사생자요 친아들이 아니니라

12:9 또 우리 육신의 아버지가 우리를 징계하여도 공경하였거든 하물며 모든 영의 아버지께 더욱 복종하며 살려 하지 않겠느냐

12:10 그들은 잠시 자기의 뜻대로 우리를 징계하였거니와 오직 하나님은 우리의 유익을 위하여 그의 거룩하심에 참여하게 하시느니라

12:11 무릇 징계가 당시에는 즐거워 보이지 않고 슬퍼 보이나 후에 그로 말미암아 연단 받은 자들은 의와 평강의 열매를 맺느니라

12:12 그러므로 피곤한 손과 연약한 무릎을 일으켜 세우고

12:13 너희 발을 위하여 곧은 길을 만들어 저는 다리로 하여금 어그러지지 않고 고침을 받게 하라

은혜의 보좌

그리고 은혜의 보좌가 우리 위해 준비되어 있습니다.

히 4:16 그러므로 우리는 긍휼하심을 받고 때를 따라 돕는 은혜를 얻기 위하여 은혜의 보좌 앞에 담대히 나아갈 것이니라

앞의 경우와 같이 히브리서 4장 14절 이하에, "그러므로 우리에게 큰 대제사장이 계시니 승천하신 이 곧 하나님의 아들 예수시라 우리가 믿는 도리를 굳게 잡을지어다 우리에게 있는 대제사장은 우리의 연약함을 동정하지 못하실 이가 아니요 모든 일에 우리와 똑같이 시험을 받으신 이로되 죄

는 없으시니라 그러므로 우리는 긍휼하심을 받고 때를 따라 돕는 은혜를 얻기 위하여 은혜의 보좌 앞에 담대히 나아갈 것이니라."

십자가의 도의 능력으로 이기게 하시는 보혜사 성령께서

그리고 무엇보다도 우리 안에 성령 하나님께서 계십니다. 성령께서는 그리스도의 십자가의 도의 능력을 우리에게 적용하시어 하나님의 자녀의식과 함께 죄의 정욕을 이기게 하십니다. "그러므로 형제들아 우리가 빚진 자로되 육신에게 져서 육신대로 살 것이 아니니라 너희가 육신대로 살면 반드시 죽을 것이로되 영으로써 몸의 행실을 죽이면 살리니 무릇 하나님의 영으로 인도함을 받는 사람은 곧 하나님의 아들이라."(롬 8:12-14)

그런데 성령께서는 항상 오직 십자가의 도의 능력으로 죄를 이기는 힘을 주십니다.

죄를 이기는 힘은 우리 자신의 도덕적 의지에 있지 않고 우리 주 예수 그리스도의 십자가의 도에 있습니다. 고린도전서 1장 18절에서 사도는 말하였습니다. "십자가의 도가 멸망하는 자들에게는 미련한 것이요 구원을 받는 우리에게는 하나님의 능력이라."

보혜사 성령께서 바로 그 우리 주 예수 그리스도의 십자가 구속의 효력을 가지고 우리 안에서 능력으로 역사하시어 죄를 이기게 하십니다. 그 능력을 염두에 두고 사도 바울은 강하게 권면한 것입니다.

빌립보서 2장 12절 이하에서 사도는 그 때문에 우리에게 강하게 권면합니다.

빌 2:12 그러므로 나의 사랑하는 자들아 너희가 나 있을 때뿐 아니라 더욱 지금 나 없을 때에도 항상 복종하여 두렵고 떨림으로 너희 구원을 이루라

2:13 너희 안에서 행하시는 이는 하나님이시니 자기의 기쁘신 뜻을 위하여 너희에게 소원을 두고 행하게 하시나니

2:14 모든 일을 원망과 시비가 없이 하라

그러나 여전히 우리가 연약하여 넘어지고 죄를 짓습니다. 그래서 우리에게는 불신자는 겪지 않는 아픔이 있습니다. 그럴 때에는 지난 장에서 배운 것 같이, 성령께 통회하는 마음을 주십사고 기도하며, 그리스도의 피로써 정결하게 하시는 은혜로 새롭게 되기를 구해야 합니다.

그런 경우 이 말씀을 생각해야 합니다.

요일 1:7 그가 빛 가운데 계신 것 같이 우리도 빛 가운데 행하면 우리가 서로 사귐이 있고 그 아들 예수의 피가 우리를 모든 죄에서 깨끗하게 하실 것이요

1:8 만일 우리가 죄가 없다고 말하면 스스로 속이고 또 진리가 우리 속에 있지 아니할 것이요

1:9 만일 우리가 우리 죄를 자백하면 그는 미쁘시고 의로우사 우리 죄를 사하시며 우리를 모든 불의에서 깨끗하게 하실 것이요

1:10 만일 우리가 범죄하지 아니하였다 하면 하나님을 거짓말하는 이로 만드는 것이니 또한 그의 말씀이 우리 속에 있지 아니하니라

2:1 나의 자녀들아 내가 이것을 너희에게 씀은 너희로 죄를 범하지 않게 하려 함이라 만일 누가 죄를 범하여도 아버지 앞에서 우리에게 대언자가 있으니 곧 의로우신 예수 그리스도시라

2:2 그는 우리 죄를 위한 화목 제물이니 우리만 위할 뿐 아니요 온 세상의 죄를 위하심이라

그러나 우리의 행로는 죄를 이기기 위한 싸움이면서 더 적극적으로 하나님의 계명에 순종하는 자녀가 되기를 힘쓰는 것으로 나타나야 합니다.

요일 2:3 우리가 그의 계명을 지키면 이로써 우리가 그를 아는 줄로 알 것이요

2:4 그를 아노라 하고 그의 계명을 지키지 아니하는 자는 거짓말하는 자요 진리가 그 속에 있지 아니하되

2:5 누구든지 그의 말씀을 지키는 자는 하나님의 사랑이 참으로 그 속에서 온전하게 되었나니 이로써 우리가 그의 안에 있는 줄을 아노라

2:6 그의 안에 산다고 하는 자는 그가 행하시는 대로 자기도 행할지니라

2:7 사랑하는 자들아 내가 새 계명을 너희에게 쓰는 것이 아니라 너희가 처음부터 가진 옛 계명이니 이 옛 계명은 너희가 들은 바 말씀이거니와

2:8 다시 내가 너희에게 새 계명을 쓰노니 그에게와 너희에게도 참된 것이라 이는 어둠이 지나가고 참빛이 벌써 비침이니라

이것이 바로 하늘에 계신 하나님 아버지의 앞에 빛난 얼굴로 설 영광의 소망을 가진 자의 행로입니다. 사도는 로마서 8장 23절에서 "그뿐 아니라 또한 우리 곧 성령의 처음 익은 열매를 받은 우리까지도 속으로 탄식하여 양자 될 것 곧 우리 몸의 속량을 기다리느니라"라고 말하였습니다. 그리고 8장 26-28절에서 대 보장과 위로의 말씀을 증언합니다.

롬 8:26 이와 같이 성령도 우리의 연약함을 도우시나니 우리는 마땅히 기도할 바를 알지 못하나 오직 성령이 말할 수 없는 탄식으로 우리를 위하여 친히 간구하시느니라

8:27 마음을 살피시는 이가 성령의 생각을 아시나니 이는 성령이 하나님의 뜻대로 성도를 위하여 간구하심이니라

8:28 우리가 알거니와 하나님을 사랑하는 자 곧 그의 뜻대로 부르심을 입은 자들에게는 모든 것이 합력하여 선을 이루느니라.

아멘.

chapter 20

영생 얻은 자의 성화 생활 (2)

이미 우리는 앞의 여러 장에서 성화와 관련된 여러 요점들을 살펴 보았습니다. 그러나 성화의 핵심 요점을 더 심화시켜 봄이 필요합니다.

거룩은 하나님의 고유한 성품

거룩이란 말 자체는 구별됨을 지시합니다. 거룩은 하나님의 고유한 본질에 속합니다. 하나님께서는 거룩의 원천이시고 거룩의 목적 자체이십니다. 하나님께서는 친히 스스로 완전하시고 충만하시고 의로우시고 거룩하십니다. 그래서 하나님께서는 그 어떤 피조물과도 비교되거나 대비될수 없는 지극히 구별되신 분입니다. 그래서 하나님께서는 십계명 제 2계명을 통하여 하나님 자신이 어느 피조물에 빗대거나 어느 피조물로도 상징화될 수 없는 거룩하게 구별되신 분임을 천명하셨습니다.

출 20:20 너를 위하여 새긴 우상을 만들지 말고 또 위로 하늘에 있는 것이나 아

래로 땅에 있는 것이나 땅 아래 물속에 있는 것의 어떤 형상도 만들지 말며

20:21 그것들에게 절하지 말며 그것들을 섬기지 말라 나 네 하나님 여호와는 질투하는 하나님인즉 나를 미워하는 자의 죄를 갚되 아버지로부터 아들에게로 삼사 대까지 이르게 하거니와

20:22 나를 사랑하고 내 계명을 지키는 자에게는 천 대까지 은혜를 베푸느니라

그러므로 하나님을 예배하는 자들은 하나님의 거룩하심의 본질을 항시 유념해야 합니다. 다른 모든 종교들은 자기들이 숭배하는 종교의 대상을 눈에 보이게 상징화하여 우상을 만듭니다. 물론 그 우상들은 전부 다 피조물의 형상을 본떠 만든 것입니다.

롬 1:21 하나님을 알되 하나님을 영화롭게도 아니하며 감사하지도 아니하고 오히려 그 생각이 허망하여지며 미련한 마음이 어두워졌나니

1:22 스스로 지혜 있다 하나 어리석게 되어

1:23 썩어지지 아니하는 하나님의 영광을 썩어질 사람과 새와 짐승과 기어다니는 동물 모양의 우상으로 바꾸었느니라

그러나 하나님께서는 그 어떤 피조물로도 상징화될 수 없는 초월적이고 거룩하신 분이십니다. 그러므로 우리가 하나님께 나아간다 함은 그 거룩하신 분께 나아간다 함입니다. 그러므로 하나님께 나아가는 이는 누구든지 그 하나님, 스스로 완전하시고 거룩하신 분께 나아감을 기억해야 합니다. 그러므로 하나님께 나아가는 일이 그 자체로 반드시 복될 수 없는 이유가 바로 거기에 있습니다. 우리는 구약성경을 통하여 하나님을 섬겨 하나님의 일을 섬기다가 하나님의 무서운 진노를 만난 자들을 알고 있습니다.

레 10:1 아론의 아들 나답과 아비후가 각기 향로를 가져다가 여호와께서 명령하시지 아니하신 다른 불을 담아 여호와 앞에 분향하였더니

10:2 불이 여호와 앞에서 나와 그들을 삼키매 그들이 여호와 앞에서 죽은지라

대상 13:9 기돈의 타작 마당에 이르러서는 소들이 뛰므로 웃사가 손을 펴서 궤를 붙들었더니

13:10 웃사가 손을 펴서 궤를 붙듦으로 말미암아 여호와께서 진노하사 치시매 그가 거기 하나님 앞에서 죽으니라

이 두 경우는 거룩하신 하나님께서 명하신 거룩의 규례를 침범한 사례들입니다.

어떤 피조물들에게 부여된 거룩

우리는 성경을 통하여 거룩이 하나님께 고유한 본질이면서도 여전히 피조물이 제한적인 의미에서 그 거룩에 동참하게 됨을 알게 됩니다. 사람을 비롯하여 피조물에게 '거룩한'이라는 수식어가 붙어 있는 경우를 성경에서 발견합니다. '성도'라는 말은 '거룩한 사람'이라는 의미입니다. 성막, 성전, 성소, 지성소, 성구라는 말들이 다 '거룩한'이라는 수식어가 붙은 성경의 용어들입니다.

그런 모든 경우들에 공통되는 요점이 하나 있습니다. 하나님께서 당신 자신의 명하신 어떤 특별한 일을 위하여 구별한 사람들이나 장소나 물건들을 가리킬 때, 반드시 '거룩한'이라는 형용사가 붙습니다. 물론 그 경우들마다 반드시 하나님의 명을 따랐습니다. 모세가 하나님의 명을 따라 성막을 완성하였습니다.

출 39:43 모세가 그 마친 모든 것을 본즉 여호와께서 명령하신 대로 되었으

므로 모세가 그들에게 축복하였더라

출애굽기 40장 32절 이하에서는

40:33 그들이 회막에 들어갈 때와 제단에 가까이 갈 때에 씻었으니 여호와께서 모세에게 명령하신 대로 되니라

40:34 그는 또 성막과 제단 주위 뜰에 포장을 치고 뜰 문에 휘장을 다니라 모세가 이같이 역사를 마치니

40:35 구름이 회막에 덮이고 여호와의 영광이 성막에 충만하매

40:36 모세가 회막에 들어갈 수 없었으니 이는 구름이 회막 위에 덮이고 여호와의 영광이 성막에 충만함이었으며

그러므로 성경에서 '거룩한'이라는 수식이 붙은 경우는 '하나님의 명하신 대로 하나님을 위하여 구별하여'라는 의미가 함축되어 있습니다.

영생 얻은 자들을 성도로 부르는 이유

자, 이 요점을 염두에 두면서 이런 질문을 던져 봅시다. 어째서 성경에서 그리스도 안에서 하나님께 구원받은 백성들을 '성도들, 거룩한 백성'이라고 부르는가?

다윗은 시편 30편 4절에서 말합니다.

시 30:4 주의 성도들아 여호와를 찬송하며 그 거룩한 이름에 감사할지어다

시편 31편 23절에서는 "너희 모든 성도들아 여호와를 사랑하라 여호와께서 성실한 자를 보호하시고 교만히 행하는 자에게 엄중히 갚으시느니라"고 말합니다.

요한계시록 18장 20절은 이렇게 말합니다.

계 18:20 하늘과 성도들과 사도들과 선지자들아 그를 인하여 즐거워하라 하

나님이 너희를 신원하시는 심판을 그에게 하셨음이라 하더라

구원받은 자들을 성도들로 부르는 이유는 매우 명백합니다.

그들은 사람들 중에서 아버지 하나님께 택하심을 받고 그리스도 우리 주 예수님께 속량함을 받고 보혜사 성령님의 인치심을 받은 자들이기 때문입니다. 그들은 하나님의 뜻과 명을 따라 하나님께로 구별함을 받은 자들이며, 하나님을 위하여 영원히 섬기고 하나님과 영원히 교제할 특권을 받은 자들입니다. 이 진실 때문에 우리는 하나님께, 하나님을 위하여, 하나님 때문에 거룩하게 흥분이 되는 것입니다.

성도라고 하면서 이 진실을 생각하고도 아무 느낌도 없고 닭 보듯 한다면, 영적으로 죽었거나 영적 생명이 있어도 쇠미하여 살았다 이름은 가졌으나 죽은 자와 방불합니다. 그런 자리에서 우리를 소성케 하시는 하나님 우리 아버지의 자비를 구해야 합니다. 우리 영혼을 거룩하게 분발시켜 그리스도 안에 견고하게 서게 하시고 하나님 아버지를 진실로 경외하며 감사하게 하시는 보혜사 성령 하나님의 역사를 간구해야 합니다.

사랑하시는 성도 여러분,

그러므로 영생 얻은 자의 성화 생활은 우리를 구원하신 하나님의 그 거룩한 목적에 우리 자신을 드리는 필연의 행사입니다. 우리가 자주 인용하였듯이, 창세전에 우리를 사랑하시고 택하시어 구원하실 목적을 세우신 하나님 우리 아버지의 뜻은 명백합니다. 에베소서 1장 3절 이하에서 사도 바울은 성령의 이끄심을 따라서 명백하게 천명하였습니다.

엡 1:3 찬송하리로다 하나님 곧 우리 주 예수 그리스도의 아버지께서 그리스도 안에서 하늘에 속한 모든 신령한 복을 우리에게 주시되

1:4 곧 창세 전에 그리스도 안에서 우리를 택하사 우리로 사랑 안에서 그 앞

에 거룩하고 흠이 없게 하시려고

1:5 그 기쁘신 뜻대로 우리를 예정하사 예수 그리스도로 말미암아 자기의
아들들이 되게 하셨으니

하나님께서 우리를 구원하신 것은 우리로 사랑 안에서 하나님 앞에 거
룩하고 흠이 없는 자로 세우려 하심입니다. 그리하여 우리가 하나님의 영
원한 교제와 기쁨의 대상으로 삼으려 하심이었습니다. 그러므로 성화는
영생 얻은 우리 모든 성도들에게 있어서 선택사양의 문제가 아니라 필연의
주제입니다.

성화의 목표

본질적으로 하나님 앞에서 사랑 안에서 거룩하고 흠이 없는 자는 누구
입니까? 본질적으로 하나님께서 영원히 기뻐하시는 이는 누구입니까? 마
태복음 3장 16절 이하에 이런 말씀이 있습니다. "예수께서 세례를 받으시
고 곧 물에서 올라오실새 하늘이 열리고 하나님의 성령이 비둘기 같이 내
려 자기 위에 임하심을 보시더니 하늘로부터 소리가 있어 말씀하시되 이는
내 사랑하는 아들이요 내 기뻐하는 자라 하시니라."(마 3:16,17) 우리 주
예수 그리스도 외에 누가 본질적으로 하나님의 영원한 기쁨의 대상이시겠
습니까? 그런데 너무 놀랍게도 하나님께서 우리를 죄에서 구원하신 것은
우리로 하나님의 영원한 기쁨의 대상이 되게 하시려 함입니다. 그래서 우리
를 본질적으로 하나님의 영원한 기쁨의 대상인 그 그리스도의 형상을 본받
게 하려 하셨습니다.

롬 8:29 하나님이 미리 아신 자들을 또한 그 아들의 형상을 본받게 하기 위하여
미리 정하셨으니 이는 그로 많은 형제 중에서 맏아들이 되게 하려 하심이니라

8:30 또 미리 정하신 그들을 또한 부르시고 부르신 그들을 또한 의롭다 하시고 의롭다 하신 그들을 또한 영화롭게 하셨느니라

그러므로 성화의 목표는 너무나 분명합니다.

그래서 사도 바울은 우리 성품이 그리스도의 장성한 분량에까지 자라야 함을 강조한 것입니다. "우리가 다 하나님의 아들을 믿는 것과 아는 일에 하나가 되어 온전한 사람을 이루어 그리스도의 장성한 분량이 충만한 데까지 이르리니 이는 우리가 이제부터 어린 아이가 되지 아니하여 사람의 속임수와 간사한 유혹에 빠져 온갖 교훈의 풍조에 밀려 요동하지 않게 하려 함이라 오직 사랑 안에서 참된 것을 하여 범사에 그에게까지 자랄지라 그는 머리니 곧 그리스도라"(엡 4:13-15)

성화는 영생의 조건이 아니고 영생의 표지와 속성

성화의 그렇게 큰 목표 앞에 우리는 대번에 작고 작은 난장이인 자신을 발견하며 깊은 좌절감을 맛보기 마련입니다. "나 같이 연약하고 부족한 자가 무슨 수로 완전하신 우리 주 예수님의 형상에까지 자란다는 말인가?"

그러나 여러분,

하나님의 진리의 말씀은 항상 우리를 짓누르고 무겁게 하는 것이 아닙니다. 만일 하나님께서 진리로 우리를 그런 식으로 다루시는 것을 목적하셨다면, 복음이라는 말이 나올 수 없습니다. 복음은 항상 한없이 연약한 우리를 하나님께 인도하여 붙들어 주는 영원한 은혜의 보장입니다. 우리의 성화도 여전히 하나님의 은혜의 보장 밖에 있지 않고 안에 있습니다. 성화는 우리의 영생의 조건이 아닙니다. 성화는 영생의 원리가 가진 한 속성이라고 말할 수 있습니다. 그러므로 성화의 과제는 영생 얻은 자의 내면에

있는 한 성향의 발로입니다. 물론 그 성화의 대 과제를 우리 혼자 해 낼 일이 아닙니다.

이와 관련하여 우리 주 예수님께서 하신 말씀을 유념하는 것이 매우 중요합니다.

요 14:12 내가 진실로 진실로 너희에게 이르노니 나를 믿는 자는 내가 하는 일을 그도 할 것이요 또한 그보다 큰 일도 하리니 이는 내가 아버지께로 감이라

요 14:13 너희가 내 이름으로 무엇을 구하든지 내가 행하리니 이는 아버지로 하여금 아들로 말미암아 영광을 받으시게 하려 함이라

14:14 내 이름으로 무엇이든지 내게 구하면 내가 행하리라

14:15 너희가 나를 사랑하면 나의 계명을 지키리라

14:16 내가 아버지께 구하겠으니 그가 또 다른 보혜사를 너희에게 주사 영원토록 너희와 함께 있게 하리니

14:17 그는 진리의 영이라 세상은 능히 그를 받지 못하나니 이는 그를 보지도 못하고 알지도 못함이라 그러나 너희는 그를 아나니 그는 너희와 함께 거하심이요 또 너희 속에 계시겠음이라

14:18 내가 너희를 고아와 같이 버려두지 아니하고 너희에게로 오리라

우리는 이 주님의 약속을 따라서 기도하여야 합니다. 그리고 하나님의 은혜를 우리 영혼이 힘입도록 하시는 보혜사 성령 하나님의 행사를 의지해야 합니다. 우리의 성화 생활이 바로 그 성령의 역사 속에 있기 때문입니다.

빌 2:12 그러므로 나의 사랑하는 자들아 너희가 나 있을 때뿐 아니라 더욱 지금 나 없을 때에도 항상 복종하여 두렵고 떨림으로 너희 구원을 이루라

2:13 너희 안에서 행하시는 이는 하나님이시니 자기의 기쁘신 뜻을 위하여 너희에게 소원을 두고 행하게 하시나니

이 성화 생활은 그리스도 밖에 있는 자에게 명하시는 무슨 도덕적인 과제가 아닙니다. 그리스도를 믿지 않는 이들에게 있어서 절체절명의 문제는 성화 생활이 아니라 예수님을 자신의 구주로 믿는 일입니다. 지금 그리스도 밖에 있는 이들에게는 선악간에 그들의 소행을 따져 묻지 않으시고 그리스도를 믿음으로 말미암아 그리스도의 피로 죄 용서 하심과 아들로 받아 주시는 하나님의 긍휼이 절대 필요합니다. 성화 생활은 이미 그리스도 안에서 죄 용서함을 받고 의롭다 하심을 받아 하나님의 자녀가 된 이들에게 주어진 필연의 일입니다. 그리고 성화 생활은 그들의 영생 여부를 결정하는 변수가 될 수 없습니다. 이미 그리스도를 믿는 이들은 하나님 아버지께 의롭다 하심을 받고 영생을 얻었습니다. 우리가 그리스도 안에서 의롭다 하심을 하나님 아버지께 받았다는 것은 마치 우리가 영원히 하나님 앞에서 의로운 자로 대우를 받게 되었다는 선포입니다. 물론 그 영원한 보장은 우리가 행한 일에 근거한 것이 아닙니다. 오직 우리 주 예수 그리스도께서 우리를 위하여 이루신 의와 대속의 피가 우리가 하나님 앞에 영원히 의로운 자로 여김을 받는 무너질 수 없는 보장입니다. 그러므로 성화 생활 도중 넘어짐과 실패가 우리의 하나님의 자녀의 지위를 앗아가지 않습니다. 우리의 연약과 실족에도 불구하고 우리를 보장하는 그리스도의 은혜가 있기 때문입니다.

요일 2:1 나의 자녀들아 내가 이것을 너희에게 씀은 너희로 죄를 범하지 않게 하려 함이라 만일 누가 죄를 범하여도 아버지 앞에서 우리에게 대언자가 있으니 곧 의로우신 예수 그리스도시라

2:2 그는 우리 죄를 위한 화목 제물이니 우리만 위할 뿐 아니요 온 세상의 죄를 위하심이라

은혜를 빙자한 방종주의

그렇다고 이 말씀을 빌미로 죄짓는 일을 별로 큰 문제로 여기지 않는 것은 정말 악한 일입니다. 그래서 사도 요한은 당시 이 편지를 쓸 때 그리스도의 피의 은혜를 빌미로 계명을 어기고 죄짓는 것을 아무렇지도 않게 생각하는 이들이 있음을 알고 바로 강력하게 경고합니다. 그래서 사도는 요한일서 2장 3절 이하에서 말합니다.

요일 2:3 우리가 그의 계명을 지키면 이로써 우리가 그를 아는 줄로 알 것이요

2:4 그를 아노라 하고 그의 계명을 지키지 아니하는 자는 거짓말하는 자요 진리가 그 속에 있지 아니하되

2:5 누구든지 그의 말씀을 지키는 자는 하나님의 사랑이 참으로 그 속에서 온전하게 되었나니 이로써 우리가 그의 안에 있는 줄을 아노라

그러면서 사도 요한은 하나님의 자녀된 성도들이 죄와 싸우고 계명을 지키는 성화 생활을 힘써야 할 절대 이유에 대하여 요한일서 3장에서 더 강하게 강조합니다. 요한일서 3장 1절 이하에서 이렇게 말합니다.

요일 2:3 보라 아버지께서 어떠한 사랑을 우리에게 베푸사 하나님의 자녀라 일컬음을 받게 하셨는가, 우리가 그러하도다 그러므로 세상이 우리를 알지 못함은 그를 알지 못함이라

요일 3:1 사랑하는 자들아 우리가 지금은 하나님의 자녀라 장래에 어떻게 될지는 아직 나타나지 아니하였으나 그가 나타나시면 우리가 그와 같을 줄을 아는 것은 그의 참모습 그대로 볼 것이기 때문이니

3:2 주를 향하여 이 소망을 가진 자마다 그의 깨끗하심과 같이 자기를 깨끗하게 하느니라

3:3 죄를 짓는 자마다 불법을 행하나니 죄는 불법이라

3:4 그가 우리 죄를 없애려고 나타나신 것을 너희가 아나니 그에게는 죄가 없느니라

3:5 그 안에 거하는 자마다 범죄하지 아니하나니 범죄하는 자마다 그를 보지도 못하였고 그를 알지도 못하였느니라

여기서 사도 요한이 '범죄하는 자마다' 하나님께 속하지 않고 마귀에게 속한다고 강력하게 경고하였습니다. 이 대목에서 '죄짓다, 범죄하다'는 동사는 '죄를 대항하지 않고 자기 속에 있는 죄성을 따라서 먹고 마시고 생활하는 동작'을 가리킵니다. 그래서 '죄를 범하다'는 말을 영역본들에서는 "계속 죄 짓는다(keeps on sinning)"로 읽습니다.

성화의 열매도 은혜

물론 우리가 성화 생활에서 맺혀지는 열매가 하나님께 받는 상급에는 영향을 미칩니다. 마태복음 10장 42절에서 우리 주님께서 말씀하셨습니다. "또 누구든지 제자의 이름으로 이 작은 자 중 하나에게 냉수 한 그릇이라도 주는 자는 내가 진실로 너희에게 이르노니 그 사람이 결단코 상을 잃지 아니하리라 하시니라." 그래서 아버지께 상 얻기 위하여 힘쓰는 일은 매우 아름다운 일입니다. 사도는 고린도전서 9장 24절에서 말합니다. "운동장에서 달음질하는 자들이 다 달아날지라도 오직 상 얻는 자는 하나인 줄을 너희가 알지 못하느냐 너희도 얻도록 이와 같이 달음질하라." 그럼에도 불구하고 그 상급도 사실 하나님의 은혜의 열매이지 우리 자신의 공로로 자랑할 것이 아닙니다.

고전 15:10 그러나 내가 나 된 것은 하나님의 은혜로 된 것이니 내게 주신 그의 은혜가 헛되지 아니하여 내가 모든 사도보다 더 많이 수고하였으나 내가

한 것이 아니요 오직 나와 함께 하신 하나님의 은혜로라

우리의 영원한 보장은 우리의 성화의 성패에 달린 것이 아니라 우리 주 예수님의 이루신 의와 그 대속의 은혜에 달린 것입니다. 성화도 그 은혜 안에 있습니다. 그래서 사도 바울은 로마서 8장 30절에서 그 은혜의 확정적인 행사를 선포합니다. "또 미리 정하신 그들을 또한 부르시고 부르신 그들을 또한 의롭다 하시고 의롭다 하신 그들을 또한 영화롭게 하셨느니라."

그러니 성화도 우리를 구원하시는 하나님의 구원의 끊어질 수 없는 황금 사슬의 한 고리입니다. 어떤 의미에서 우리를 택하시고 구속하시고 인치시어 아들들로 삼으시어 영화롭게 하시려는 성삼위 하나님의 목적 전체가 우리의 성화를 확정하였습니다. 그러므로 성화 생활은 그 은혜의 보장속에서 진행되는 것이지 구원에서 떨어질까 보아 무서워 안달하는 가녀린 공로 쌓음이 결코 아닙니다.

칭의와 성화의 차이

그렇게 구원의 서정에서 '칭의'와 '성화'의 주제는 별도로 다루어지기는 하나 우리를 구원하시는 하나님의 은혜의 한 체계 안에 들어있는 것입니다. 하나님께 의롭다 하심을 받은 이가 하나님을 향하여, 하나님을 위하여 거룩하게 자신을 구별하여 드리는 것입니다. 칭의는 단회적이고 완성적입니다. 예수님을 구주로 믿는 즉시로 이루어지는 것이 칭의입니다. 그리스도의 의만 의지하여 하나님께서 하늘 법정에서 믿는 자를 의롭다고 선고하심이 칭의입니다. 칭의는 우리의 영생을 영원히 보장하신 성부 하나님의 선고입니다.

그런데 성화는 그렇게 의롭다 하심을 받은 자의 평생의 반복적인 과제

입니다. 그리고 성화는 미완성적입니다. 아무도 지상에 있는 동안에 그 성화의 목표인 그리스도의 형상에까지 완전하게 자랄 사람이 없습니다. 지상에 있는 동안 완전 성화를 주장하며 완전주의를 주장하던 이들이 교회사 가운데 있었습니다. 그러나 그런 주장은 성경의 지원을 받지 못합니다. 그런 주장을 하던 이들이 스스로 자기들의 불완전함을 그 주장으로 드러낸 것뿐입니다. 물론 우리가 부르심을 받아 아버지 하나님의 빛난 보좌 앞에 서기 전에 우리를 완전하게 성화하시는 분이 성령님이십니다.

성화에 대한 다윗과 모세의 이해

구약의 성도인 다윗도 자기 평생에 성화를 위하여 하나님의 은혜 가운데서 힘썼으나 넘어지고 죄를 짓는 경우가 허다하였습니다. 그래서 그는 시편 119편 마지막 절에서 그렇게 하나님께 탄원한 것입니다.

그래서 다윗은 시편 119편 175절 이하에서 이렇게 말한 것입니다.

시 119:175 내 영혼을 살게 하소서 그리하시면 주를 찬송하리이다 주의 규례들이 나를 돕게 하소서

119:176 잃은 양 같이 내가 방황하오니 주의 종을 찾으소서 내가 주의 계명들을 잊지 아니함이니이다

다윗의 이 탄원은 어느 시기에 국한된 것이 아니고 그의 전생애 동안 계속된 것입니다. 우리도 다윗 같이 항상 그 기도를 드려야 합니다. 우리 영생 얻은 우리가 우리 가운데 계신 보혜사 성령님을 근심케 해드리는 적이 얼마나 많습니까! 아니 날마다 우리 영혼이 속에서 방황함을 경험합니다. 그래서 다윗은 자신을 포함한 인생을 가리켜 무어라 했습니까?

시 62:3 넘어지는 담과 흔들리는 울타리 같은 사람을 죽이려고 너희가 일제

히 박격하기를 언제까지 하려느냐

모세도 하나님 앞에 어떤 인생도 그 하나님의 진노의 대상인 죄행에서 완전하게 자유한 자가 없음을 토로하였습니다.

시 90:6 풀은 아침에 꽃이 피어 자라다가 저녁에는 시들어 마르나이다

90:7 우리는 주의 노에 소멸되며 주의 분내심에 놀라나이다

90:8 주께서 우리의 죄악을 주의 앞에 놓으시며 우리의 은밀한 죄를 주의 얼굴 빛 가운데에 두셨사오니

90:9 우리의 모든 날이 주의 분노 중에 지나가며 우리의 평생이 순식간에 다 하였나이다

그래서 그는 자기를 포함한 백성들의 소망이 오직 하나님의 주권적이고 무조건적인 자비하심과 은혜에 있음을 고백하였습니다. "여호와여 돌아오소서 언제까지니이까 주의 종들을 불쌍히 여기소서 아침에 주의 인자하심이 우리를 만족하게 하사 우리를 일생 동안 즐겁고 기쁘게 하소서 우리를 괴롭게 하신 날수대로와 우리가 화를 당한 연수대로 우리를 기쁘게 하소서 주께서 행하신 일을 주의 종들에게 나타내시며 주의 영광을 그들의 자손에게 나타내소서 주 우리 하나님의 은총을 우리에게 내리게 하사 우리의 손이 행한 일을 우리에게 견고하게 하소서 우리의 손이 행한 일을 견고하게 하소서."(시 90:13-17)

주의 인사하심, 주의 영광, 주의 은총은 바로 우리 주 예수 그리스도 안에 있는 속량의 대업을 가리킵니다. 그래서 우리의 성화 생활 속에서 계속 성령님을 의존하여 하나님께 순종하되 그리스도 예수님을 바라보지 않을 수 없습니다. 성령님께서 하나님과 그리스도의 영으로서 우리로 하여금 하나님의 사랑과 그리스도의 은혜를 수도 없이 반복적으로 끊임없이 주목

하게 인도하십니다. 우리는 언제나 연약합니다. 그러나 하나님께서 우리를 그리스도 안에서 영원히 사랑하시고 은혜 베푸십니다. 성령께서 그리스도의 은혜를 우리에게 적용하시어 우리가 능력으로 죄와 세상을 이기게 하십니다. 그래서 사도 바울은 그렇게 말한 것입니다. 빌립보서 4장 12절 이하에서 이렇게 말한 것입니다. "나는 비천에 처할 줄도 알고 풍부에 처할 줄도 알아 모든 일 곧 배부름과 배고픔과 풍부와 궁핍에도 처할 줄 아는 일체의 비결을 배웠노라 내게 능력 주시는 자 안에서 내가 모든 것을 할 수 있느니라."(빌 4:12,13)

그래서 항상 우리 주 예수 그리스도를 주목해야 합니다. 사도 바울이 그런 의미에서 말한 것을 우리는 항상 기억해야 합니다. "내가 너희 중에서 예수 그리스도와 그가 십자가에 못 박히신 것 외에는 아무것도 알지 아니하기로 작정하였음이라."(고전 2:2) 그리고 그가 갈라디아서에서 말한 것도 함께 기억해야 합니다.

갈 2:20 내가 그리스도와 함께 십자가에 못 박혔나니 그런즉 이제는 내가 사는 것이 아니요 오직 내 안에 그리스도께서 사시는 것이라 이제 내가 육체 가운데 사는 것은 나를 사랑하사 나를 위하여 자기 자신을 버리신 하나님의 아들을 믿는 믿음 안에서 사는 것이라

우리가 아버지의 영원한 집에 가서도 계속 완전하고 충만하게 그리스도 안에 있는 하나님의 은혜의 영광을 찬미하게 될 것입니다.

계 14:1 또 내가 보니 보라 어린 양이 시온 산에 섰고 그와 함께 십사만 사천이 서 있는데 그들의 이마에는 어린 양의 이름과 그 아버지의 이름을 쓴 것이 있더라

14:2 그들이 보좌 앞과 네 생물과 장로들 앞에서 새 노래를 부르니 땅에서

속량함을 받은 십사만 사천 밖에는 능히 이 노래를 배울 자가 없더라.

성화의 진보는 무엇인가?

그래서 제게 성화의 진보가 무엇으로 나타나는가라고 묻는다면 저는 성경에 입각하여 담대하게 대답하겠습니다. 성화의 진보는 자신의 죄성과 그 연약을 더 깊이 알며 아울러 그에 비례하여 그리스도의 대속의 은혜의 영광과 하나님의 사랑을 더 깊이 알고 그에 합당한 자로 서려는 간절함으로 나타납니다. 그래서 사도들은 그렇게 말한 것입니다.

벧후 3:17 그러므로 사랑하는 자들아 너희가 이것을 미리 알았은즉 무법한 자들의 미혹에 이끌려 너희가 굳센 데서 떨어질까 삼가라.

3:18 오직 우리 주 곧 구주 예수 그리스도의 은혜와 그를 아는 지식에서 자라 가라 영광이 이제와 영원한 날까지 그에게 있을 지어다.

엡 3:15 이름을 주신 아버지 앞에 무릎을 꿇고 비노니

엡 3:16 그의 영광의 풍성함을 따라 그의 성령으로 말미암아 너희 속사람을 능력으로 강건하게 하시오며

엡 3:17 믿음으로 말미암아 그리스도께서 너희 마음에 계시게 하시옵고 너희가 사랑 가운데서 뿌리가 박히고 터가 굳어져서

엡 3:18 능히 모든 성도와 함께 지식에 넘치는 그리스도의 사랑을 알고

엡 3:19 그 너비와 길이와 높이와 깊이가 어떠함을 깨달아 하나님의 모든 충만하신 것으로 너희에게 충만하게 하시기를 구하노라

아멘.

chapter 21

영생 얻은 자의 죄 죽이기

지난 장의 연장선에서 성화의 핵심 중 중요한 요점 하나를 더 공부하려합니다. 그것은 죄와 싸워 죄의 정욕을 제어하여 영적 승리의 고지에 이르는 실천에 관한 것입니다. 그래서 이 장의 제목을 '영생 얻은 자의 죄 죽이기(mortification of sin)'라고 정한 것입니다.

하나님의 구원의 궁극적 완성

영생 얻은 자들의 성화 문제는 궁극적으로 하나님께서 그 사랑하시는 백성들의 구원의 완성을 어디에 두느냐의 큰 틀에서 접근해야 함을 말씀드린 바 있습니다. 반복적으로 줄기차게 강조한 바에 따르면, 하나님께서 그 사랑하시는 백성들을 구원하시어 어디에 이르게 하시려 합니까?

엡 1:4 곧 창세 전에 그리스도 안에서 우리를 택하사 우리로 사랑 안에서 그 앞에 거룩하고 흠이 없게 하시려고

1:5 그 기쁘신 뜻대로 우리를 예정하사 예수 그리스도로 말미암아 자기의 아들들이 되게 하셨으니

1:6 이는 그가 사랑하시는 자 안에서 우리에게 거저 주시는 바 그의 은혜의 영광을 찬송하게 하려는 것이라

그러면 하나님께서 그 사랑하시는 백성들을 거룩하고 흠이 없는 상태에 이르게 하신다는 말은 다른 말로 무엇을 가리킵니까? 그 답이 여기 있습니다.

롬 8:29 하나님이 미리 아신 자들을 또한 그 아들의 형상을 본받게 하기 위하여 미리 정하셨으니 이는 그로 많은 형제 중에서 맏아들이 되게 하려 하심이니라

8:30 또 미리 정하신 그들을 또한 부르시고 부르신 그들을 또한 의롭다 하시고 의롭다 하신 그들을 또한 영화롭게 하셨느니라

우리 주 예수 그리스도의 성품의 영광은 바로 하나님 앞에서 완전한 거룩함에 있습니다. 지난 장에서 강조한 바와 같이, 피조물의 거룩함은 거룩하신 하나님의 완전을 믿고 그 하나님께 완전하게 복종하는 것으로 나타납니다. 그리스도의 형상의 절대적인 특성들 중 하나가 거룩함이며, 그 거룩함의 중심에 완전하신 하나님께 기쁨으로 철저하게 순종하신 것으로 확증되었습니다.

빌립보서 2장 6절 이하에서 우리는 그리스도의 영광의 형상을 본받는 것이 무엇임을 배우게 됩니다.

빌 2:6 그는 근본 하나님의 본체시나 하나님과 동등됨을 취할 것으로 여기지 아니하시고

2:7 오히려 자기를 비워 종의 형체를 가지사 사람들과 같이 되셨고

2:8 사람의 모양으로 나타나사 자기를 낮추시고 죽기까지 복종하셨으니 곧 십자가에 죽으심이라

죄의 파멸성과 은혜의 권능

죄는 하나님을 대적하는 마음으로 불순종하고 자기 일을 이루려는 야심의 표출입니다. 그리고 그 끝은 파멸입니다. 창세기 3장에 인간의 죄의 기원과 그 파멸의 스토리가 나와 있습니다. 참으로 인간의 모든 비참과 불행의 근원이 무엇임을 우리는 거기서 알게 됩니다. 그 창세기 3장의 스토리는 가상적인 설화가 아니라 있는 그대로의 보도입니다.

창 3:1 그런데 뱀은 여호와 하나님이 지으신 들짐승 중에 가장 간교하니라 뱀이 여자에게 물어 이르되 하나님이 참으로 너희에게 동산 모든 나무의 열매를 먹지 말라 하시더냐

3:2 여자가 뱀에게 말하되 동산 나무의 열매를 우리가 먹을 수 있으나

3:3 동산 중앙에 있는 나무의 열매는 하나님의 말씀에 너희는 먹지도 말고 만지지도 말라 너희가 죽을까 하노라 하셨느니라

3:4 뱀이 여자에게 이르되 너희가 결코 죽지 아니하리라

3:5 너희가 그것을 먹는 날에는 너희 눈이 밝아져 하나님과 같이 되어 선악을 알 줄 하나님이 아심이니라

3:6 여자가 그 나무를 본즉 먹음직도 하고 보암직도 하고 지혜롭게 할 만큼 탐스럽기도 한 나무인지라 여자가 그 열매를 따먹고 자기와 함께 있는 남편에게도 주매 그도 먹은지라

3:7 이에 그들의 눈이 밝아져 자기들이 벗은 줄을 알고 무화과나무 잎을 엮어 치마로 삼았더라

아담과 하와는 영적으로 그 날 죽었습니다. 그리고 아담의 모든 후손들인 인류는 그 아담 안에서 그 날 다 죽은 셈입니다.

롬 5:12 그러므로 한 사람으로 말미암아 죄가 세상에 들어오고 죄로 말미암아 사망이 들어왔나니 이와 같이 모든 사람이 죄를 지었으므로 사망이 모든 사람에게 이르렀느니라

그러나 하나님께서는 그리스도 안에 있는 은혜로 그 사랑하시는 백성들을 그 죄가 가져온 파멸에서 영원히 구원하셨습니다.

롬 6:23 죄의 삯은 사망이요 하나님의 은사는 그리스도 예수 우리 주 안에 있는 영생이니라

우리를 그 죄에서 구원하신 하나님의 구원 계획은 우리를 죄의 책임과 죄의 성향과 오염과 세력에서 완전하게 건져내어 영원히 하나님을 기뻐하고 섬기고 교제하는 완전한 의인으로 세우는 데 있습니다.

죄는 사람의 영혼과 몸 전체를 파멸케 하였습니다. 구원은 바로 그 죄의 책임과 결과와 영향력에서 완전하게 믿는 자를 건져내어 영혼을 살리어 그리스도의 성품을 완전하게 본받게 하며, 부활하여 그 몸까지도 그리스도의 영광의 형체를 본받게 하는 것입니다.

그래서 우리는 사도 바울과 같이 말할 수 있게 되었습니다.

빌 3:20 그러나 우리의 시민권은 하늘에 있는지라 거기로부터 구원하는 자 곧 주 예수 그리스도를 기다리노니

3:21 그는 만물을 자기에게 복종하게 하실 수 있는 자의 역사로 우리의 낮은 몸을 자기 영광의 몸의 형체와 같이 변하게 하시리라

죄의 성향과 오염에서 우리를 건지시는 하나님

우리 믿는 이들을 은혜로 의롭다 하신 칭의의 선포로 하나님께서는 우리의 죄의 책임을 영원히 도말하여 버렸습니다. 그래서 이신칭의는 복음의 대 진수로서 단회적이고 완성적인 놀라운 사건이었습니다.

롬 3:21 이제는 율법 외에 하나님의 한 의가 나타났으니 율법과 선지자들에게 증거를 받은 것이라

3:22 곧 예수 그리스도를 믿음으로 말미암아 모든 믿는 자에게 미치는 하나님의 의니 차별이 없느니라

3:23 모든 사람이 죄를 범하였으매 하나님의 영광에 이르지 못하더니

3:24 그리스도 예수 안에 있는 속량으로 말미암아 하나님의 은혜로 값 없이 의롭다 하심을 얻은 자 되었느니라

시편 103편 10절 이하에,

시 103:10 우리의 죄를 따라 우리를 처벌하지는 아니하시며 우리의 죄악을 따라 우리에게 그대로 갚지는 아니하셨으니

103:11 이는 하늘이 땅에서 높음 같이 그를 경외하는 자에게 그의 인자하심이 크심이로다

103:12 동이 서에서 먼 것 같이 우리의 죄과를 우리에게서 멀리 옮기셨으며

칭의는 그리스도 예수님을 믿는 우리를 향하신 하나님의 하늘 법정의 선고였습니다.

성화는 그렇게 칭의로 말미암아 아들들로 삼으신 자들 속에 여전히 남아있는 옛 사람의 성향, 곧 죄의 본성에 대한 하나님의 은혜의 대응입니다. 그리고 성화는 성도의 내면에서 일어나는 일입니다. 그리고 그 일은 칭의의 단회적이고 완성적인 특성과 대조적으로 반복적이고 점증적입니다. 그리

고 지상 생애에서는 완성되지 못하는 일입니다. 물론 우리 영혼이 몸을 떠나 아버지의 보좌 앞에 서기 위하여 그 과정 중에 성령께서 우리 영혼을 죄의 성향과 오염에서 완전하게 벗어나게 하실 것입니다.

그래서 조직신학에서 성도의 죽음을 죄의 삯으로 여기지 않고 성도의 징계와 연단으로 다룹니다. 그래서 성도의 영혼이 몸을 떠나 하나님 아버지 보좌에 이르는 과정 중에서 완전 성화가 이루어집니다. 성도의 영혼이 죄의 성향과 오염에서 완전하게 벗어난 상태에서 아버지 하나님의 보좌 앞에 빛난 얼굴로 서서 아버지께 경배드리게 되는 것입니다. 하나님의 하늘 보좌 앞에서는 그 어떤 죄의 성향과 오염도 용납될 수 없기 때문입니다.

성령께서 요한 사도로 보게 하신 하늘의 정경과 특성에 관한 말씀을 들어 보십시오. 요한계시록 21장 23절 이하에,

계 21:23 그 성은 해나 달의 비침이 쓸 데 없으니 이는 하나님의 영광이 비치고 어린 양이 그 등불이 되심이라

21:24 만국이 그 빛 가운데로 다니고 땅의 왕들이 자기 영광을 가지고 그리로 들어가리라

21:25 낮에 성문들을 도무지 닫지 아니하리니 거기에는 밤이 없음이라

21:26 사람들이 만국의 영광과 존귀를 가지고 그리로 들어가겠고

21:27 무엇이든지 속된 것이나 가증한 일 또는 거짓말하는 자는 결코 그리로 들어가지 못하되 오직 어린 양의 생명책에 기록된 자들만 들어가리라

성삼위 하나님의 은혜의 경륜

성도 여러분,

그러니 우리를 향하신 하나님의 구원의 계획은 완전한 것입니다. 우리

를 구원하신 성삼위 하나님께서 친히 완전하시어 그 뜻과 행사가 다 완전합니다. 우리의 구원을 위하여 처음부터 끝까지 바로 우리 하나님 아버지의 목적과 섭리와 통치 속에 있습니다. 그리고 그 성부 하나님의 행사 전체가 바로 하나님의 아들 우리 주 예수 그리스도의 속량을 근거로 하신 일입니다. 그리스도 우리 주님 없이는 아버지 하나님께 나아갈 자도 없고 구원받을 자가 없습니다.

예수님께서 요한복음 14장 6절에 하신 말씀은 실로 다른 모든 종교들과 인생의 여러 지혜와 교훈들의 한계와 종말을 완전하게 노출시킵니다.

요 14:6 예수께서 이르시되 내가 곧 길이요 진리요 생명이니 나로 말미암지 않고는 아버지께로 올 자가 없느니라

사도 바울은 바로 그리스도 예수님의 죽으심과 부활의 도리의 영광을 웅변적으로 선포합니다.

고전 1:18 십자가의 도가 멸망하는 자들에게는 미련한 것이요 구원을 받는 우리에게는 하나님의 능력이라

그러니 십자가의 도는 처음 칭의에서만 유효한 것이 아닙니다. 성화, 성도의 견인, 영화롭게 되는 구원의 모든 단계에서 십자가의 도는 유효하고 절대 필요한 능력입니다.

그리고 우리 속에서 아버지의 뜻대로 그리스도의 것을 가지고 역사하시는 보혜사 성령 하나님의 행사가 아니고는 그리스도 안에 있는 믿음과 소망과 사랑을 견지할 자가 없습니다.

우리 영혼이 부르심을 받고 거듭나고 회개하고 예수님을 믿고 하나님께 의롭다 하심을 받습니다. 그리고 우리가 하나님의 자녀의 의식을 가지고 하나님을 기뻐하며 거룩하게 자라 그리스도의 재림의 날에 영화롭게 될 것

입니다. 그 모든 과정 중에서 보혜사 성령님께서 우리 안에서 일하십니다. 이같이, 성삼위 하나님의 각 위의 은혜의 역사가 우리 구원의 전체 질서와 과정 속에서 항시 동시적으로 작용합니다. 이런 성삼위 하나님의 행사 속에 우리 구원 전체가 걸려 있습니다.

그러므로 우리를 사랑하시어 죄에서 영원히 구원하시어 그리스도의 형상을 따른 영원한 의인으로 세우시려는 그 성삼위 하나님의 영광스럽고 위대한 일을 인하여 우리는 항상 감격해 있어야 마땅합니다. 실로 우리를 구원하신 그 하나님의 행사 속에 하나님의 영광이 찬란하게 드러나 있습니다. 그래서 우리 성도들의 감격과 찬미를 주 하나님 앞에 항시 올려야 합니다. 시편 145편 1절 이하에 성삼위 하나님께 대한 다윗의 찬미가 소개되어 있습니다.

시 145:1 왕이신 나의 하나님이여 내가 주를 높이고 영원히 주의 이름을 송축하리이다

145:2 내가 날마다 주를 송축하며 영원히 주의 이름을 송축하리이다

성화는 이겨놓은 싸움

그러므로 우리의 성화 생활은 지루하고 따분한 싸움이 아니라 은혜의 보장과 영광의 소망의 빛 안에 있는 이겨놓은 싸움입니다. 그래서 사도 바울이 로마서 8장 35절 이하에서 이렇게 말한 것입니다.

롬 8:35 누가 우리를 그리스도의 사랑에서 끊으리요 환난이나 곤고나 박해나 기근이나 적신이나 위험이나 칼이랴

8:36 기록된 바 우리가 종일 주를 위하여 죽임을 당하게 되며 도살 당할 양 같이 여김을 받았나이다 함과 같으니라

8:37 그러나 이 모든 일에 우리를 사랑하시는 이로 말미암아 우리가 넉넉히 이기느니라

죄를 죽이라

그러므로 우리 안에 있는 죄성과 죄의 정욕을 향하여 우리는 그 하나님의 구원의 그 큰 은혜를 인하여 매우 단호해야 합니다. 그래서 성령께서 사도 바울을 통하여 그에 비추어 '죄를 죽이라'고 요청하셨습니다.

롬 8:12 그러므로 형제들아 우리가 빚진 자로되 육신에게 져서 육신대로 살 것이 아니니라

8:13 너희가 육신대로 살면 반드시 죽을 것이로되 영으로써 몸의 행실을 죽이면 살리니

여기서 '몸의 행실을 죽인다'는 것이 우리 몸을 괴롭게 하고 죽이는 것을 말하지 않습니다. 이 문제에 대하여 성령께서 교회사 속에서 주신 최고의 유산 중 하나인 책 한 권을 또 소개하려 합니다. 부족한 제가 주님의 은혜의 강권하심 속에서 번역하여 도서출판 SCF에서 발행하여 많은 독자들에게 읽혀지고 있는 책입니다. 청교도 대신학자요 설교자였던 존 오웬(John Owen, 1616-1683) 목사님의 「죄 죽이기 (The Mortification of Sin)」입니다. 이 책은 이미 이전 장에서 소개해 드린 존 오웬 목사님의 「영의 생각, 육신의 생각(Spiritual Mindedness)」이란 책과 함께 성도의 성화 생활의 탁월한 길잡이입니다. 제가 1977년도에 도서출판 CLC를 통하여 번역 출간한 그 유명한 「하나님을 아는 지식 (Knowing God)」의 저자 제임스 패커(James I. Packer, 1926-2020) 목사님은 존 오웬 목사님의 「죄 죽이기」 소개 서문에서 이렇게 말하였습니다.

"내가 20대 초반 대학생 때 회심한 후 몇 년 간 성화 생활에 대한 그릇된 교훈 때문에 크게 혼란스러웠다. 그런데 바로 존 오웬의 이 책을 누구로부터 소개 받고 읽어 성경적인 성화의 이치를 배우고 그 혼란에서 아주 벗어났다. 실로 나는 존 오웬 목사님께 진 빚이 많다."

주님께서 그런 경로로 제임스 패커 목사님으로 하여금 존 오웬과 청교도를 연구하여 그 분야의 탁월한 전문가가 되게 하셨습니다.

그분은 20대 학생 때 웨스트민스터 채플에서 로이드 존스 목사님의 설교를 통하여 큰 은혜를 받았고, 그 후 로이드 존스 목사님을 멘토로 알고 따랐습니다. 말년에 그분은 복음의 교리가 아닌 어떤 다른 사회 문화 분야에서 로마 가톨릭 교회와의 연합을 이야기하다 개혁주의 진영으로부터 반발을 사기도 하였습니다. 그러나 그분의 성경관과 개혁주의적인 복음 이해를 보면, 20세기에 주님께서 크게 쓰신 귀한 하나님의 사람임에 분명합니다.

그분의 「하나님을 아는 지식(Knowing God)」이란 책을 제가 1978년에 번역할 때 그 영어원서가 영어권 세계에서 500만 부 이상이 팔렸다는 소문이 파다하였습니다. 저도 젊은 날 그 책을 번역하면서 배운 바가 아주 많았습니다.

영적 고전들의 가치

이런 영적인 고전들을 소개하는 것은 성도 여러분의 참된 영적 유익을 위한 것입니다. 하나님의 말씀인 성경을 바르게 풀어 성도들을 그리스도 안에서 세우는 책들을 읽어 배우는 것이 참된 영성을 견지하는 데 매우 중요합니다. 그런 책들은 그 저자들 개인의 관점이나 견해가 아니었습니다. 도리어 교회사를 통하여 성경을 가르치시는 성령님의 기름 부으심의 소산이라고 저는 확신합니다. 교회사 중에 우리 선진들도 다 그런 방도를 통하여 그리스도 안에서 서게 하신 성령님의 역사를 저는 믿습니다. 성경을 바르게 해석하고 적용하여 하나님의 사람들을 인도하시는 성령님의 역사를 우리는 유념해야 합니다. 그래서 성경적인 참된 신학은 바로 그런 과정을 통하여 체계화되었습니다. 그래서 그런 교리 체계를 주님 세우신 설교자들로 하여금 설교하게 하신 주님을 찬미합니다. 그리고 그 설교한 내용을 책으로 내어 저자의 당대만 아니라 그리스도께서 다시 오시기까지의 후대 교회 성도들도 읽고 먹게 하신 주 성령님의 역사를 찬미합니다.

오늘날 교회 설교가 그런 줄기에서 진행되어야 하는데 그렇지 못하여 매우 안타깝습니다. 다른 분야는 방편적이고 문명의 이기와 연관된 것이니 현대적이고 새 것이 더 유용할 수 있습니다. 그러나 우리가 성삼위 하나님을 믿고 의뢰하는 일에 현대적이고 이제까지 알려지지 않았던 새 것은 없습니다.

우리 이전 4천 년 전의 아브라함, 3천 5백 년 전의 모세, 3천 년 전의 다윗의 일이 그 이후 모든 시대의 하나님의 사람들에게 의미 충만한 진실임을 유념해야 합니다. 성경은 시대나 문화적인 차이를 훨씬 뛰어넘어 하나님과의 영원한 관계에 집중하고 있습니다. 그래서 한번도 시대에 뒤진 적이 없었습니다.

죄 죽이기의 개념

존 오웬 목사님은 로마서 8장 13절의 '몸의 행실을 죽이는 것'이 몸의 본능적 소욕 자체를 아예 죽여(to kill) 말살하는 것을 가리키지 않는다고 하였습니다.

교회사적으로 로마서 8장 13절의 '몸의 행실을 죽이는 것'을 우리 몸을 억제하고 괴롭히는 것으로 이해하여 금욕주의에 빠진 자들이 적지 않았습니다. 그런 이들은 몸의 소욕을 줄이거나 금하면 영적인 진보가 있으리라는 희망을 가졌습니다.

사실 이방 종교나 이단들도 가만히 보면 사람의 마음이나 몸 자체를 다루는 교훈과 그 실행 프로그램을 가지고 있습니다. 그들은 그렇게 하면 인격적이고 영적인 선한 열매를 얻을 것이라는 희망을 가지고 있습니다.

그러나 성경의 복음의 방식은 하나님께서 우리를 다루되 직접 다루지 않으십니다. 도리어 그 아들을 우리의 중보자로 세우시어 우리를 그분 안에서 다루십니다. 성화도 우리의 인격이 수반되는 일이기는 하나 여전히 그리스도 안에 있는 은혜의 경륜을 가지고 일하시는 성령님의 인도하심에 순응하는 것입니다. 그래서 사도 바울은 로마서 8장 12절 이하에서 이렇게 그렇게 말한 것입니다.

롬 8:12 그러므로 형제들아 우리가 빚진 자로되 육신에게 져서 육신대로 살 것이 아니니라

8:13 너희가 육신대로 살면 반드시 죽을 것이로되 영으로써 몸의 행실을 죽이면 살리니

8:14 무릇 하나님의 영으로 인도함을 받는 사람은 곧 하나님의 아들이라

존 오웬 목사님은 여기서 '몸의 행실을 죽인다'는 사도의 표현이 '육체로도 표현되는 우리 속에 있는 옛 사람의 죄의 본성과 그 정욕을 억제하고 대항하는 일'을 가리킨다고 하였습니다. 그러니 여기서 '몸의 행실'은 우리 몸으로 행하는 일 자체를 가리키기보다는 '죄의 성향을 가진 우리 옛 사람의

본성에서 나는 죄의 행위'를 가리키는 것입니다. 그리고 존 오웬 목사님은 '죽이다'는 표현이 영어로 Kill로 번역되기보다는 Mortify(억제하다)로 번역되어야 더 좋다고 하였습니다. Kill은 아주 죽여 없애 버린다는 것을 나타내는 동사입니다. 그런데 성화 생활은 '죄성을 대항하고 우리가 죄의 오염과 세력에서 서서히 점증적으로 벗어나 하나님께 순종하는 자로 더 자라는 것'을 목표합니다. 성화 생활은 회심 이후 하나님 아버지의 집에 이르기까지의 평생 지속되어야 할 영적 싸움의 과업입니다.

그러므로 '죽이다'를 '죄성을 죽여 아주 없애 버린다'는 식으로 이해하면, 앞뒤 문맥이나 성경 전체의 가르침과 맞지 않는다는 것입니다. 그래서 존 오웬 목사님은 로마서 8장 12-14절을 따라 성화의 실제, 곧 몸의 행실을 죽이는 것을 옛 죄의 본성의 작용과 죄의 정욕을 억제하는 일로 이해하였습니다. 그래서 죄행이 나타나지 못하게 하는 것입니다.

도덕주의자들과 성도의 차이

그러면 '몸의 행실, 죄를 죽이는 일'을 위하여 우리가 의존하고 활용할 방편은 무엇인가요? 우리가 큰 결심을 가지고 우리의 양심과 도덕적 의지력으로 그 일을 해야겠다고 하면 대번에 넘어지고 맙니다. 앞에서 강조하였듯이, 이 죄 죽이기, 몸의 행실을 죽이는 것도 우리를 구원하시는 하나님의 은혜의 경륜과 구도 속에서 진행되는 것입니다.

일반 도덕주의자들과 우리 영생 얻은 우리의 차이가 바로 거기에 있습니다. 도덕주의자들은 자기들이 목표하는 의와 선에 이르기 위하여 자신들의 도덕의식과 교양과 의지만을 활용합니다. 그러나 영생 얻은 우리 그리스도인들은 하나님의 부르심의 소망을 따라 하나님께서 세우신 구원의 목적을 바라보며 성화 생활을 합니다. 그리고 그에 이르기 위한 성화 생활은 우리 내면의 죄를 이기도록 하나님께서 우리에게 허락하신 은혜의 방식을 의존하는 것입니다.

물론 그 은혜의 방식을 주도하시는 분이 성령님이십니다. 그러니 앞에서도 지적한 바와 같이 그리스도 안에서 아버지의 목적을 따라 성령님의 인도를 따라야 합니다. 그래야 몸의 행실을 죽이고 하나님을 순종하는 열매를 이룰 수 있습니다. 도덕주의자들은 자기들의 의의 목표도 자기들이 세웁니다. 그리고 그에 이르기 위하여 자기의 의지를 분발하는 것만 할 수 있습니다. 그러나 영생 얻은 우리는 성화의 목표도 하나님께서 세워주셨고, 그에 이르기 위하여 성령님을 의존합니다.

육체의 소욕과 성령의 소욕

존 오웬 목사님은 성령님이 우리 안에서 일하시는 방식을 이렇게 지적하였습니다.

"성령님은 우리 마음에 은혜가 흘러넘치게 하시고 육체, 곧 죄의 본성의 원리가 작용하지 못하게 제어하신다. 그 경우 죄의 원리와 반대되는 원리가 작용하게 하시어 죄를 죽이신다."

그러니 성화 생활은 성령님을 의존하는 것이 관건입니다. 그래서 오웬 목사님은 갈라디아서 5장에 기록된 사도 바울의 논리를 주목하게 하였습니다. 갈라디아서 5장 16절 이하에서 사도는 말입니다.

갈 5:16 내가 이르노니 너희는 성령을 따라 행하라 그리하면 육체의 욕심을 이루지 아니하리라

갈 5:17 육체의 소욕은 성령을 거스르고 성령은 육체를 거스르나니 이 둘이

서로 대적함으로 너희가 원하는 것을 하지 못하게 하려 함이니라

그런 다음에 사도 바울은 몸의 행실, 죄의 본성에서 나는 육체의 현저한 일과 성령의 열매들을 대조시킵니다. 갈라디아서 5장 19절 이하에서 그는 말합니다.

갈 5:19 육체의 일은 분명하니 곧 음행과 더러운 것과 호색과

갈 5:20 우상 숭배와 주술과 원수 맺는 것과 분쟁과 시기와 분냄과 당 짓는 것과 분열함과 이단과

갈 5:21 투기와 술 취함과 방탕함과 또 그와 같은 것들이라 전에 너희에게 경계한 것 같이 경계하노니 이런 일을 하는 자들은 하나님의 나라를 유업으로 받지 못할 것이요

그런 다음에 사도는 성령님의 인도를 따라 '몸의 행실을 죽이고 하나님께 순종하는 거룩하고 의로운 행실'을 내는 성도의 품격을 말합니다.

우리가 성령의 인도를 따라 그리스도의 성품을 닮아 변하고 자라가는 것을 가리켜 사도 바울은 '성령의 열매'라고 한 것입니다.

갈 5:22 오직 성령의 열매는 사랑과 희락과 화평과 오래 참음과 자비와 양선과 충성과

5:23 온유와 절제니 이같은 것을 금지할 법이 없느니라

5:24 그리스도 예수의 사람들은 육체와 함께 그 정욕과 탐심을 십자가에 못 박았느니라

5:25 만일 우리가 성령으로 살면 또한 성령으로 행할지니

5:26 헛된 영광을 구하여 서로 노엽게 하거나 서로 투기하지 말지니라

영혼의 무기력과 활력

자, 그러면 사도 바울이 로마서 8장 13절에서 무엇이라 하였는지 들어 봅시다.

롬 8:13 너희가 육신대로 살면 반드시 죽을 것이로되 영으로써 몸의 행실을 죽이면 살리니

여기서 '죽는다, 산다'는 말이 '영혼의 멸망이나 영생의 문제'를 가리킵니까? 아닙니다. 여기서 '죽는다, 산다'는 것은 영적 기운의 상태를 가리킵니다. 그래서 앞의 여러 장에서 성화 생활 속의 실패가 영생을 앗아가지 못한다고 한 것입니다.

다 아는 이야기지만 다시 강조합니다. 이 부분에서 사도 바울은 사람이 어떻게 해야 구원을 받고 영생을 얻느냐를 다루는 것이 아닙니다. 성화 생활은 영생을 얻기 위한 공로 쌓음이 아닙니다. 도리어 성화 생활은 영생 얻은 자가 하나님의 거룩하신 부르심의 소망과 구원의 목적에 부합한 사람으로 새로워지고 변화되고 자라가는 문제입니다.

그러니 여기서 로마서 8:13의 '죽는다, 산다'는 말이 영생 얻은 사람이 성령님의 인도하심과 능력 주심에 순응함 여부에 따라 영적 활력의 상태가 결정됨을 가리킵니다. 성령님의 인도하심에 순응하여 그리스도 안에 있는 십자가의 도의 은혜와 능력으로 죄를 이기는 영혼은 생명력이 넘치게 될 것입니다. 그렇지 못하고 영생은 얻었어도 자기 속에 있는 죄의 본성을 제어하지 못하고 따라가면 그 영혼이 매우 파리하여 영적 무기력에 빠지게 될 것입니다.

하나님의 자녀의 품격

그래서 성화 생활에 충실한 사람은 하나님의 자녀로서의 품격을 범사에 나타낼 것입니다. 그러나 구원은 얻고 영생을 가졌어도 성화 생활에 충실하지 못하면 하나님의 자녀의 이름을 가졌으나 마치 하나님의 자녀가 아닌 것 같은 모습을 보이게 될 것입니다. 하나님의 자녀인데도 마치 실제 삶 속에서는 마귀의 자녀 같이 보인다면, 그것을 무엇에 비유하겠습니까? 마치 왕자가 궁궐을 떠나 악한 자들의 소굴에 참예하는 것과 같은 것이겠지요. 앞으로 왕이 될 자가 그렇게 악한 자들의 일에 참여하다니 누추하기 이를 데 없습니다. 그래서 시편 1편은 구원받은 복 있는 자의 삶의 정로를 제시합니다.

> 시 1:1 복 있는 사람은 악인들의 꾀를 따르지 아니하며 죄인들의 길에 서지 아니하며 오만한 자들의 자리에 앉지 아니하고
>
> 1:2 오직 여호와의 율법을 즐거워하여 그의 율법을 주야로 묵상하는도다
>
> 1:3 그는 시냇가에 심은 나무가 철을 따라 열매를 맺으며 그 잎사귀가 마르지 아니함 같으니 그가 하는 모든 일이 다 형통하리로다
>
> 1:4 악인들은 그렇지 아니함이여 오직 바람에 나는 겨와 같도다
>
> 1:5 그러므로 악인들은 심판을 견디지 못하며 죄인들이 의인들의 모임에 들지 못하리로다
>
> 1:6 무릇 의인들의 길은 여호와께서 인정하시나 악인들의 길은 망하리로다

여기서 '복 있는 자들, 의인들'은 그리스도 안에서 영생 얻은 자들입니다. 악인들은 하나님을 믿지 않는 불신앙자들입니다. 그래서 사도는 성화 생활에 느슨한 자들을 질책하고 꾸짖는 방식보다는 하나님의 자녀의 위상과 영광의 소망을 바라보게 하여 성도 스스로 생각하게 하였습니다. 그래

서 로마서 8장 13절 이하에서 이렇게 말한 것입니다.

롬 8:13 너희가 육신대로 살면 반드시 죽을 것이로되 영으로써 몸의 행실을 죽이면 살리니

8:14 무릇 하나님의 영으로 인도함을 받는 사람은 곧 하나님의 아들이라

8:15 너희는 다시 무서워하는 종의 영을 받지 아니하고 양자의 받았으므로 우리가 아빠 아버지라고 부르짖느니라

8:16 성령이 친히 우리의 영과 더불어 우리가 하나님의 자녀인 것을 증언하시나니

8:17 자녀이면 또한 상속자 곧 하나님의 상속자요 그리스도와 함께 한 상속자니 우리가 그와 함께 영광을 받기 위하여 고난도 함께 받아야 할 것이니라

8:18 생각하건대 현재의 고난은 장차 우리에게 나타날 영광과 비교할 수 없도다

성도 여러분, 이 영광의 소망에 비추어 어떠한 사람이 되어야 마땅하겠습니까? 우리가 성령을 힘입어 그리스도의 십자가의 도의 능력을 따라 죄를 죽이고 아버지께 순종하는 영적 군사로 활력 넘치는 은혜를 구합시다.

실로 우리 안에 있는 죄의 본성과 거기서 나는 정욕을 제어하는 능력은 예수님의 피에 있습니다. 제가 20세에 회심한 후 제 마음에서 일어나는 죄의 정욕을 이기지 못하여 괴로워 저를 전도한 이에게 말했습니다. 그랬더니 그 전도자가 말했습니다. "죄의 정욕이 일어나거든 바로 예수 그리스도의 피를 생각하세요." 그래서 제가 그대로 해 보았습니다. 그랬더니 정말 놀라운 일이 일어났습니다. 아무리 제 도덕적 의지로 이기려고 해도 안되던 일이 예수님의 십자가의 피의 은혜를 묵상하니 되었습니다. 그래서 죄가 제 내면에서 꿈틀거릴 때마다 예수님의 십자가를 생각하였고, 그때마

다 죄를 억제하고 이길 수 있었습니다. 이같이 그리스도의 십자가의 도가 바로 성화의 능력입니다. 성령께서 바로 그리스도의 것을 가지고 우리 안에서 성화의 영으로 일하십니다.

요 16:14 그가 내 영광을 나타내리니 내 것을 가지고 너희에게 알리시겠음이라.

아멘.

chapter 22

영생 얻은 자와 교회

누가 여러분에게 성도가 이 땅에 살아 있는 동안 거할 아버지 하나님과 교제하는 거룩한 성소가 어디냐고 묻는다면, 무어라고 대답하시겠습니까? 교회입니다. 이미 제 12장의 '영생 얻은 자의 영적 거처'를 다룬 장에서 언급한 바 있습니다. 그러나 이 장에서는 하나님께서 지상에 있는 성도들을 위한 영적 거처로 제도화시키신 성소로서의 교회에 더 집중하여 살펴보고자 합니다.

이미 우리는 우리 영혼의 영원한 영적 거처는 하나님 자신이심을 배웠습니다. 모세는 시편 90편에서 모든 세대의 성도의 거처를 말하였습니다.

시 90:1 주여 주는 대대에 우리의 거처가 되셨나이다

90:2 산이 생기기 전, 땅과 세계도 주께서 조성하시기 전 곧 영원부터 영원까지 주는 하나님이시니이다

그러므로 우리가 어디에 있든지, 우리의 조건과 환경과 처지가 어떠하든

지, 우리 몸과 영혼을 지키시며 함께 하시는 우리의 창조주와 구원자 하나님께서 우리가 안식할 품이 되십니다. 그러므로 하나님의 은택을 입고 하나님을 경외함으로 구원을 받고 영생을 얻은 자는 세대를 불문하고 하나님을 자기의 영원한 거처로 삼습니다. 그래서 구약시대나 신약시대를 막론하고 영생 얻은 성도는 항상 하나님을 자기의 피난처와 거처로 삼아 죄와 세상을 이겼습니다. 이 사활을 좌우하는 요점에서 성공해야 다른 것들이 의미가 있습니다. 다른 면에서 모든 것을 풍부하게 갖추었다 해도 이 요점에서 실패하고 있다면, 그의 모든 풍부가 한시적일 뿐 그를 영원히 지켜주지 못합니다. 우리를 영원히 지켜주지 못할 것에 우리 자신을 의탁하는 것은 미련함의 극치입니다.

우리가 성령님의 인도하심 속에서 그리스도 예수님을 믿음으로 말미암아 아버지께 받은 영생은 성삼위 하나님과 연합하고 교제하는 것입니다. 그래서 우리 주 예수님께서 영생을 그렇게 규정하신 것입니다.

요 17:3 영생은 곧 유일하신 참 하나님과 그가 보내신 자 예수 그리스도를 아는 것이니이다

사도 요한도 영생의 정의를 구체적으로 하나님과의 교제, 그 아들 예수님과 더불어 교제함으로 설명하였습니다.

요일 1:3 우리가 보고 들은 바를 너희에게도 전함은 너희로 우리와 사귐이 있게 하려 함이니 우리의 사귐은 아버지와 그의 아들 예수 그리스도와 더불어 누림이라

영적 복락을 위한 규례

그런데 우리 하나님 아버지께서 자녀된 우리가 지상에 있는 동안에 그

영생의 본질을 견지하도록 부여하신 규례가 있습니다. 그 규례를 고수하는 것은 성도에게 있어서 생명과도 같은 것입니다.

그 규례가 무엇입니까? 바로 교회입니다.

우리 주 예수 그리스도께서 공생애의 기간을 마무리하려는 시점에 빌립보 가이샤라에 이르러 제자들의 신앙고백을 새롭게 하셨습니다.

마 16:13 예수께서 빌립보 가이사랴 지방에 이르러 제자들에게 물어 이르시되 사람들이 인자를 누구라 하느냐

16:14 이르되 더러는 세례 요한, 더러는 엘리야, 어떤 이는 예레미야나 선지자 중의 하나라 하나이다

16:15 이르시되 너희는 나를 누구라 하느냐

16:16 시몬 베드로가 대답하여 이르되 주는 그리스도시요 살아 계신 하나님의 아들이시니이다

16:17 예수께서 대답하여 이르시되 바요나 시몬아 네가 복이 있도다 이를 네게 알게 한 이는 혈육이 아니요 하늘에 계신 내 아버지시니라

16:18 또 내가 네게 이르노니 너는 베드로라 내가 이 반석 위에 내 교회를 세우리니 음부의 권세가 이기지 못하리라

이 말씀은 우리 주 예수님께서 자신의 피로 값 주고 사서 세우실 교회와 그 영광에 대한 강력한 의지였습니다. 다른 말로 하여, 이 말씀은 예수님 당신의 대속의 완성과 성령의 강림으로 말미암아 세워질 교회를 두고 하신 말씀입니다.

구약시대와 신약시대의 영적 통일성

그러나 교회에 대하여 하신 주님의 말씀은 신약시대의 교회에만 해당되

는 것은 아니었습니다. 신약시대에 열매로 완성될 모든 좋은 것이 이미 구약시대에 그 씨와 싹과 줄기가 나 있었습니다. 우리 주 예수님의 대속의 큰 일도 구약시대에 예표되고 약속된 것의 성취였습니다. 그러므로 교회에 대한 신약의 말씀은 구약시대의 성도들이 약속을 믿어 참예하였던 하나님의 은혜의 기업에 관한 것이었습니다. 우리는 이미 앞에서 성령님의 역사로 말미암아 구약성경과 신약성경 사이에 유기적 통일성이 존재함을 배웠습니다. 그래서 우리 예수님께서 요한복음 5장 39절에서 구약성경과 당신 자신 사이의 유기적 연관성을 지적하신 것입니다. 그 비밀을 알지 못하는 유대인들은 그런 예수님을 더욱 미워 죽이려 하였습니다.

요 5:39 너희가 성경에서 영생을 얻는 줄 생각하고 성경을 연구하거니와 이 성경이 곧 내게 대하여 증언하는 것이니라

5:40 그러나 너희가 영생을 얻기 위하여 내게 오기를 원하지 아니하는도다

우리 주님께서 구약성경이 말하는 구주 그리스도십니다. 구약성경을 연구하고 해석하면서도 그리스도를 중심에 두지 않는 모든 신학은 그 자체가 벌써 그릇되어 있음을 드러내고 있는 셈입니다. 베드로가 "주는 그리스도시요 살아계신 하나님의 아들이시니이다"라고 고백한 내용을 이렇게 풀어 말할 수도 있습니다.

"주님은 구약성경이 약속하고 있는 바로 그 구주 그리스도시며 살아계신 하나님의 아들이시니이다."

그래서 사도 바울이 로마서 서두에서 자기가 증언하는 복음을 규정할 때 구약성경대로 오신 우리 주 예수 그리스도가 복음의 요체임을 분명하게 선포한 것입니다.

롬 1:1 예수 그리스도의 종 바울은 사도로 부르심을 받아 하나님의 복음을

위하여 택정함을 입었으니

1:2 이 복음은 하나님이 선지자들을 통하여 그의 아들에 관하여 성경에 미리 약속하신 것이라

1:3 그의 아들에 관하여 말하면 육신으로는 다윗의 혈통에서 나셨고

1:4 성결의 영으로는 죽은 자들 가운데서 부활하사 능력으로 하나님의 아들로 선포되셨으니 곧 우리 주 예수 그리스도시니라

이같이 구약성경과 신약성경은 우리 주 예수 그리스도 안에서 하나의 책입니다. 오늘도 우리는 그 책으로 말씀하시는 하나님을 경외합니다. 그러므로 우리는 이렇게 정리할 수 있습니다.

영생 얻은 우리가 지상에 있든지 하늘에 있든지 간에 성삼위 하나님은 우리의 영원한 거처십니다. 구약시대의 교회의 머리도 우리 주 예수 그리스도셨습니다. 성육신하시기 이전에도 바로 그리스도께서 택한 백성의 구주셨습니다.

그러니 우리는 이렇게 말할 수 있습니다. 우리의 영원한 거처이신 성삼위 하나님께서 지상에 당신의 교회를 세우시어 백성들로부터 예배를 받으시고, 거기서 당신의 이름과 임재의 영광을 드러내십니다. 거기서 백성들을 구원하시고 그들을 양육하십니다. 그래서 구약시대든 신약시대든 그 목적을 위하여 성삼위 하나님의 거룩한 임재의 성소로서의 교회를 세우신 것입니다.

구약시대 교회와 성도들

하나님께서 구약시대에는 성전 제도를 통하여 그 교회의 규례를 견지하셨습니다. 성전제도는 바로 우리 주 예수 그리스도의 구주되심과 속량의

은혜를 예표하는 그림자였습니다. 하나님께서는 그렇게 당신의 임재의 영광을 나타내시고 그리스도를 바라보는 백성들을 구원하시고 먹이시고 기르시기 위하여 성전 제도를 주셨습니다. 그리고 구약 시대의 백성들은 바로 그 성전 중심의 신앙생활을 하였습니다. 그래서 안식일에 그들은 성전으로 올라가 하나님께 제사하고 예배하며 하늘에 속한 신령한 복을 누렸습니다. 구약의 성전은 그래서 구약 교회의 핵심이었습니다. 그래서 다윗은 환난 날에 성전에 나아가 백성들과 함께 예배하지 못하는 슬픔을 절절하게 표현하였습니다.

> **시 42:1** 하나님이여 사슴이 시냇물을 찾기에 갈급함 같이 내 영혼이 주를 찾기에 갈급하니이다
>
> **42:2** 내 영혼이 하나님 곧 살아 계시는 하나님을 갈망하나니 내가 어느 때에 나아가서 하나님의 얼굴을 뵈올까
>
> **42:3** 사람들이 종일 내게 하는 말이 네 하나님이 어디 있느뇨 하오니 내 눈물이 주야로 내 음식이 되었도다
>
> **42:4** 내가 전에 성일을 지키는 무리와 동행하여 기쁨과 감사의 소리를 내며 그들을 하나님의 집으로 인도하였더니 이제 이 일을 기억하고 내 마음이 상하는도다

시편 84편도 성전을 멀리 떠나 있으면서 성전을 바라보면서 지은 찬송시였습니다.

> **시 84:1** 만군의 여호와여 주의 장막이 어찌 그리 사랑스러운지요
>
> **84:2** 내 영혼이 여호와의 궁정을 사모하여 쇠약함이여 내 마음과 육체가 살아 계시는 하나님께 부르짖나이다
>
> **84:3** 나의 왕, 나의 하나님, 만군의 여호와여 주의 제단에서 참새도 제 집을

얻고 제비도 새끼 둘 보금자리를 얻었나이다

84:4 주의 집에 사는 자들은 복이 있나니 그들이 항상 주를 찬송하리이다

다윗은 자기의 지상생애 속에서 오직 한 가지만 하라고 하면 무엇을 택할 것인지를 시편 27:4에서 표현하였습니다.

시 27:4 내가 여호와께 바라는 한 가지 일 그것을 구하리니 곧 내가 내 평생에 여호와의 집에 살면서 여호와의 아름다움을 바라보며 그의 성전에서 사모하는 그것이라

시편 122편 1절에,

시 122:1 사람이 내게 말하기를 여호와의 집에 올라가자 할 때에 내가 기뻐하였도다

이처럼 구약시대에 영생 얻은 성도들은 성전을 하나님의 집이요 자기들의 영적인 거처로 알았습니다. 성령께서 그렇게 그들을 가르치셨습니다.

신약시대 이후의 교회와 성도들

하물며 구약성경의 완성인 신약성경에서 성령께서 우리를 어떻게 가르치시겠습니까? 사도 바울은 성령님의 인도하심 속에서 우리 주님 말씀대로 세워진 하나님의 교회를 가리켜 무어라 하였습니까?

딤전 3:15 만일 내가 지체하면 너로 하여금 하나님의 집에서 어떻게 행하여야 할지를 알게 하려 함이니 이 집은 살아 계신 하나님의 교회요 진리의 기둥과 터니라

오순절 성령님의 강림과 더불어 사도 베드로의 설교를 통하여 탄생한 최초의 신약 교회인 예루살렘 교회의 정황은 어떠하였습니까? 사도행전 2장 40절 이하의 말씀을 들어 보세요.

행 2:40 또 여러 말로 확증하며 권하여 이르되 너희가 이 패역한 세대에서 구원을 받으라 하니

2:41 그 말을 받은 사람들은 세례를 받으매 이 날에 신도의 수가 삼천이나 더하더라

2:42 그들이 사도의 가르침을 받아 서로 교제하고 떡을 떼며 오로지 기도하기를 힘쓰니라

2:46 날마다 마음을 같이하여 성전에 모이기를 힘쓰고 집에서 떡을 떼며 기쁨과 순전한 마음으로 음식을 먹고

2:47 하나님을 찬미하며 또 온 백성에게 칭송을 받으니 주께서 구원 받는 사람을 날마다 더하게 하시니라

그러므로 이렇게 정리할 수 있습니다.

영생 얻은 하나님의 자녀들은 하나님께서 지상에 세우신 하나님의 교회, 곧 하나님의 거룩한 집이요 성소인 교회와 불가분의 관계를 가지고 있다고 말입니다. 사실 그들이 교회를 통하여 영생의 복음을 들었습니다. 어느 사람이 교회 출석하기 전에 다른 이로부터 복음전도를 받았다 할지라도, 사실 그 전도자도 교회의 한 지체였습니다. 그러니 누구든지 교회를 통하여 복음을 듣고 영생 얻는다고 할 수 있습니다.

롬 10:13 누구든지 주의 이름을 부르는 자는 구원을 받으리라

10:14 그런즉 그들이 믿지 아니하는 이를 어찌 부르리요 듣지도 못한 이를 어찌 믿으리요 전파하는 자가 없이 어찌 들으리요

10:15 보내심을 받지 아니하였으면 어찌 전파하리요 기록된 바 아름답도다 좋은 소식을 전하는 자들의 발이여 함과 같으니라

10:17 그러므로 믿음은 들음에서 나며 들음은 그리스도의 말씀으로 말미암

앉느니라

교회론의 보고(寶庫)라 불리는 에베소서 1장 13절 이하의 말씀은 그 요점을 확증합니다.

엡 1:13 그 안에서 너희도 진리의 말씀 곧 너희의 구원의 복음을 듣고 그 안에서 또한 믿어 약속의 성령으로 인치심을 받았으니

1:14 이는 우리 기업의 보증이 되사 그 얻으신 것을 속량하시고 그의 영광을 찬송하게 하려 하심이라

교회를 통하지 않고 영생의 복음을 제대로 들은 이가 없습니다. 그래서 우리 주님 예수님께서 자신의 피로 세우실 교회에 천국 열쇠를 주시겠다고 하신 것입니다.

마 16:18 또 내가 네게 이르노니 너는 베드로라 내가 이 반석 위에 내 교회를 세우리니 음부의 권세가 이기지 못하리라

16:19 내가 천국 열쇠를 네게 주리니 네가 땅에서 무엇이든지 매면 하늘에서도 매일 것이요 네가 땅에서 무엇이든지 풀면 하늘에서도 풀리리라 하시고

로마 가톨릭 교회는 이 말씀을 크게 오해하여 베드로에게 천국 열쇠가 주어졌다고 합니다. 그래서 그들의 교황제도를 정당화하려고 베드로를 제 1대 교황으로 추대하였습니다. 그 일은 결코 정당하지 못합니다. 하여간 마태복음 16장 16절 이하의 말씀은 베드로 한 개인에게 주신 것이 아니라 그런 사도적인 신앙고백을 기반으로 한 교회에 관해 하신 말씀입니다.

그리스도의 몸된 교회, 성도의 유기적(有機的)인 연합체

하여간, 성도의 지상생애의 순례길은 교회로부터 시작이 됩니다. 그리고 성도의 지상 생애의 순례길의 노정 끝까지 전 과정이 교회 안에 있습니다.

사회보장제도를 최초로 주장하였던 자가 '요람에서 무덤까지'란 슬로건을 내걸었습니다. 그러나 성도의 일생을 우리는 이렇게 말할 수 있습니다. '회심에서 하늘 아버지의 집에 당도하기까지 성도는 지상에 있는 아버지의 집인 교회 품 안에 있다.' 정말 주님의 교회는 영생 얻은 성도들로 구성된 그리스도의 '유기적'인 몸입니다. 몸은 여러 지체들이 한 생명을 공유하며 서로 불가분한 관계로 연락하며 연합하여 한 생명 활동에 참예합니다. 주 예수님께서는 믿음으로 영생 얻은 자들에게 성삼위의 이름으로 세례를 베풀어 교회의 지체로 받아들여 그 명하신 바를 가르쳐 지키게 하라 명하셨습니다.

> 마 28:18 예수께서 나아와 말씀하여 이르시되 하늘과 땅의 모든 권세를 내게 주셨으니
>
> 28:19 그러므로 너희는 가서 모든 민족을 제자로 삼아 아버지와 아들과 성령의 이름으로 세례를 베풀고
>
> 28:20 내가 너희에게 분부한 모든 것을 가르쳐 지키게 하라 볼지어다 내가 세상 끝날까지 너희와 항상 함께 있으리라 하시니라

포도나무와 가지 비유

우리 주님께서 자신과 우리의 관계를 포도나무와 그 가지의 관계로 비유하셨습니다. 이 비유도 교회론적으로 볼 만한 대목입니다. 우리 주님 최후의 만찬 후에 하신 강화의 말씀은 교회론적인 훈화라 해도 과언이 아닙니다. 우리 믿음은 개별적이면서도 신앙고백의 일치 때문에 교회론적입니다.

> 요 15:5 나는 포도나무요 너희는 가지라 그가 내 안에, 내가 그 안에 거하면 사람이 열매를 많이 맺나니 나를 떠나서는 너희가 아무것도 할 수 없음이라

포도나무와 그 가지 사이에는 생명 있는 유기적 연합이 존재합니다. 포도나무의 뿌리와 나무 둥치와 가지는 한 생명을 공유하면서 유기적으로 연합된 한 몸입니다. 로이드 존스 목사님은 그의 요한일서 강해에서 교회와 참된 믿음의 성도의 관계에 대하여 매우 의미 있게 말하였습니다.

"그들은 서로 생명의 끈으로 묶여 있다. 그들 그리스도인들은 교회와 생명 있는 관계를 유지하고 있다. 그들은 교회 명부에 이름을 올리고 느슨하게 관계를 유지하거나, 일 년 중 어떤 날이나 절기에만 국한하여 교회에 출석하는 자들이 아니다. 그들은 생명 있는 연합의 끈으로 묶여 교회에 속한다. 그들은 교회 명부에 이름을 올리고 마지 못해 가끔 교회를 출석하는 자들이 아니다. 그들은 불가항력적인 힘에 의하여 이끌림 받아 교회와 연합된 자들이다. 그들은 가족의 일원이지 가족의 친구들과 같은 자들이 아니다."

사도 바울은 교회론을 중심에 둔 에베소서 전체 내용 속에서 하나님의 교회가 성도들의 유기적 몸임을 역설합니다. 그래서 사도 바울은 교회를 가리켜 "그리스도의 몸이라" 한 것입니다. 에베소서 1장 23절에서, "교회는 그의 몸이니 만물 안에서 만물을 충만하게 하시는 이의 충만함이니라" 하였습니다.

교회를 믿는 자들의 집단 정도로 이해하기 십상입니다. 그러나 참된 주님의 교회는 믿는 자들이 한 생명이신 그리스도 안에서 서로 유기적으로 연합되어 있습니다. 그러므로 교회의 각 지체는 그리스도를 믿음으로 그리스도 안에 있는 한 영생을 공유한 자들입니다. 그리고 지체들은 그 한 생명 안에서 서로 유기적으로 연합되어 있습니다. 그래서 사도 바울은 교회를 사도적 믿음을 고백한 자들의 유기적인 몸이라고 규정하고 있습니다. 그래서 사도 바울은 그리스도의 몸인 교회의 거룩한 신비를 이렇게 묘사하였습니다.

> 엡 2:19 그러므로 이제부터 너희는 외인도 아니요 나그네도 아니요 오직 성도들과 동일한 시민이요 하나님의 권속이라
>
> 2:20 너희는 사도들과 선지자들의 터 위에 세우심을 입은 자라 그리스도 예수께서 친히 모퉁잇돌이 되셨느니라
>
> 2:21 그의 안에서 건물마다 서로 연결하여 주 안에서 성전이 되어 가고
>
> 2:22 너희도 성령 안에서 하나님이 거하실 처소가 되기 위하여 그리스도 예수 안에서 함께 지어져 가느니라

만대 교회의 믿음의 동질성

베드로의 신앙고백을 들으신 우리 주님께서 "너는 반석이라" 하신 것은 베드로 개인에게 하신 말씀이 아닙니다. 교회의 지체들의 신앙고백을 가리켜 말한 것입니다. 교회 지체들은 바로 사도적 신앙고백을 공유한 자들입니다. 사도 바울이 여기 에베소서 2:20에서 "너희는 사도들과 선지자들의 터위에 세우심을 입었다"는 말씀으로 그 요점을 지적한 것입니다. 주님의 몸 된 교회의 지체들은 바로 사도들과 선지자들의 전한 복음, 오늘로 말하면 신구약 성경에 기록된 대로의 복음을 받고 사도들과 동일한 믿음을 가졌습니다. 그래서 사도 바울은 교회 지체들의 믿음의 동질성을 강력하게 천명한 것입니다.

> 엡 4:1 그러므로 주 안에서 갇힌 내가 너희를 권하노니 너희가 부르심을 받은 일에 합당하게 행하여
>
> 4:2 모든 겸손과 온유로 하고 오래 참음으로 사랑 가운데서 서로 용납하고

4:3 평안의 매는 줄로 성령이 하나 되게 하신 것을 힘써 지키라

4:4 몸이 하나요 성령도 한 분이시니 이와 같이 너희가 부르심의 한 소망 안에서 부르심을 받았느니라

4:5 주도 한 분이시요 믿음도 하나요 세례도 하나요

4:6 하나님도 한 분이시니 곧 만유의 아버지시라 만유 위에 계시고 만유를 통일하시고 만유 가운데 계시도다

사도는 에베소서 4장 13절에서 또 그 믿음의 동질성을 확증합니다.

4:13 우리가 다 하나님의 아들을 믿는 것과 아는 일에 하나가 되어 온전한 사람을 이루어 그리스도의 장성한 분량이 충만한 데까지 이르리니

4:14 이는 우리가 이제부터 어린 아이가 되지 아니하여 사람의 속임수와 간사한 유혹에 빠져 온갖 교훈의 풍조에 밀려 요동하지 않게 하려 함이라

4:15 오직 사랑 안에서 참된 것을 하여 범사에 그에게까지 자랄지라 그는 머리니 곧 그리스도라

4:16 그에게서 온 몸이 각 마디를 통하여 도움을 받음으로 연결되고 결합되어 각 지체의 분량대로 역사하여 그 몸을 자라게 하며 사랑 안에서 스스로 세우느니라

모든 세대의 성도들은 다 예수 그리스도를 믿음으로 말미암아 영생 얻은 자들로서 사도들과 동일한 믿음을 견지하고 있습니다. 베드로후서 1장 1절 이하에서 영생 얻은 자들의 믿음의 동실성을 말하고 있습니다.

벧후 1:1 예수 그리스도의 종이며 사도인 시몬 베드로는 우리 하나님과 구주 예수 그리스도의 의를 힘입어 동일하게 보배로운 믿음을 우리와 함께 받은 자들에게 편지하노니

1:2 하나님과 우리 주 예수를 앎으로 은혜와 평강이 너희에게 더욱 많을지

어다

1:3 그의 신기한 능력으로 생명과 경건에 속한 모든 것을 우리에게 주셨으니 이는 자기의 영광과 덕으로써 우리를 부르신 이를 앎으로 말미암음이라

믿는 자에게 주어진 책으로서의 성경

사실 어떤 의미에서, 성경전서는 하나님께 택하심을 받고 그리스도를 믿음으로 구원, 영생 얻은 이들로 구성된 교회에 주신 하나님의 말씀입니다. 영생 얻은 하나님의 자녀들이 성경을 항상 오늘 지금 나에게 말씀하시는 하나님의 음성으로 들어야 할 이유가 거기 있습니다. 그리고 하나님의 교회가 정말 곧이곧대로 성경과 그 복음의 말씀에만 집중해야 할 이유가 그것입니다.

교회의 현대적인 적응을 이유로 성경을 중심에 두지 않고 현대인들의 의식구조나 사고방식을 연구하고 살피느라 분주한 설교자는 정말 주님을 등지고 있습니다. 만대교회는 정말 동일한 자세로 성경에 집중해야 합니다. 언제도 말씀드린 것 같이, 참된 설교는 어떤 시대의 성도들이 들어도 은혜를 받게 하는 것이어야 합니다.

마태복음 16장 18절에서 하신 말씀은 사도 시대만 효력이 있는 말씀이 아닙니다

마 16:18 또 내가 네게 이르노니 너는 베드로라 내가 이 반석 위에 내 교회를 세우리니 음부의 권세가 이기지 못하리라

16:19 내가 천국 열쇠를 네게 주리니 네가 땅에서 무엇이든지 매면 하늘에서도 매일 것이요 네가 땅에서 무엇이든지 풀면 하늘에서도 풀리리라 하시고

이 말씀은 사도 시대에만 효력 있는 말씀이 아닙니다. 도리어 모든 만대

교회에 적용되는 말씀입니다. 그래서 성경의 복음, 사도들이 증거한 복음이 교회 메시지의 핵심이어야 합니다. 그러자면 성경을 곧이곧대로 강론하는 길밖에 없습니다.

거룩한 공교회로서의 불가시적인 보편교회와 가시적인 지역교회

어떤 의미에서, 하나님의 참 교회는 오직 하나밖에 없습니다. 그래서 그것을 가리켜 사도신경에서는 거룩한 공회(Holy Catholic Church)로 표현하였습니다. "내가 거룩한 공교회를 믿습니다." 그것을 가리켜 조직신학에서 보편교회라 합니다. 택하심을 받아 그리스도의 피로 속량 받은 모든 성도들이 바로 그 교회의 지체들입니다. 우리 주 예수님께서 요한복음 6장에 기록된 말씀을 하실 때 그 교회를 염두에 두고 계셨습니다.

요 6:37 아버지께서 내게 주시는 자는 다 내게로 올 것이요 내게 오는 자는 내가 결코 내쫓지 아니하리라

6:38 내가 하늘에서 내려온 것은 내 뜻을 행하려 함이 아니요 나를 보내신 이의 뜻을 행하려 함이니라

6:39 나를 보내신 이의 뜻은 내게 주신 자 중에 내가 하나도 잃어버리지 아니하고 마지막 날에 다시 살리는 이것이니라

6:40 내 아버지의 뜻은 아들을 보고 믿는 자마다 영생을 얻는 이것이니 마지막 날에 내가 이를 다시 살리리라 하시니라

예수님께서는 이 말씀을 하실 때, 하나님 아버지께서 예수님께 맡겨 주시어 속량하게 하신 택한 백성들로 구성된 '거룩한 공교회로서의 보편교회'를 마음에 두고 계셨습니다. 예수님께서 바로 십자가에서 피흘려 그 교회의 지체들의 죄를 대속하셨습니다. 그러므로 보편교회는 하나님께 택하심

을 받고 그리스도께 속량을 받고 성령님의 인치심을 받은 자들로 이루어 집니다.

그렇다고 눈에 보이는 가시적인 지역교회는 하나님의 교회가 아니라는 뜻은 아닙니다. 사도 바울은 에베소 교회에 보낸 편지에서 보편교회의 지체들에게 해당되는 것을 에베소 지역에 있는 교회에도 그대로 적용하였습니다.

엡 1:1 하나님의 뜻으로 말미암아 그리스도 예수의 사도 된 바울은 에베소에 있는 성도들과 그리스도 예수 안에 있는 신실한 자들에게 편지하노니

1:2 하나님 우리 아버지와 주 예수 그리스도로부터 은혜와 평강이 너희에게 있을지어다

1:3 찬송하리로다 하나님 곧 우리 주 예수 그리스도의 아버지께서 그리스도 안에서 하늘에 속한 모든 신령한 복을 우리에게 주시되

1:4 곧 창세 전에 그리스도 안에서 우리를 택하사 우리로 사랑 안에서 그 앞에 거룩하고 흠이 없게 하시려고

1:5 그 기쁘신 뜻대로 우리를 예정하사 예수 그리스도로 말미암아 자기의 아들들이 되게 하셨으니

그리고 사도는 1장 13절에서 지역교회를 향하여 그 말씀을 그대로 적용하였습니다.

엡 1:13 그 안에서 너희도 진리의 말씀 곧 너희의 구원의 복음을 듣고 그 안에서 또한 믿어 약속의 성령으로 인치심을 받았으니

그들을 향하신 그리스도 안에 있는 하나님의 사랑은 창세전에 시작되어 영원히 끝나지 않습니다. 그 보편교회는 오직 하나입니다. 보편교회는 눈에 보이지 않는 교회입니다. 물론 예수님께서 재림하실 때에 그리스도를

본받은 영화로운 완전한 교회로 모습을 드러낼 것입니다.

그러면 거룩한 공교회로서의 보편교회와 지역교회의 차이는 무엇입니까?

보편교회는 택한 백성들로 구성되며 다 영생 구원을 받습니다. 지역교회의 지체들 중에는 구원 받지 못한 자들이 있을 수 있습니다. 그들은 구약시대로 말하면 '성전의 각종 규례에 외적으로 참여하였지만 그 마음은 하나님과 관계없던 자들, 소위 성전 마당만 밟는' 식에 머물던 자들과 같습니다.

사 1:11 여호와께서 말씀하시되 너희의 무수한 제물이 내게 무엇이 유익하뇨 나는 숫양의 번제와 살진 짐승의 기름에 배불렀고 나는 수송아지나 어린 양이나 숫염소의 피를 기뻐하지 아니하노라

1:12 너희가 내 앞에 보이러 오니 이것을 누가 너희에게 요구하였느냐 내 마당만 밟을 뿐이니라

1:13 헛된 제물을 다시 가져오지 말라 분향은 내가 가증히 여기는 바요 월삭과 안식일과 대회로 모이는 것도 그러하니 성회와 아울러 악을 행하는 것을 내가 견디지 못하겠노라

1:14 내 마음이 너희의 월삭과 정한 절기를 싫어하나니 그것이 내게 무거운 짐이라 내가 지기에 곤비하였느니라

1:15 너희가 손을 펼 때에 내가 내 눈을 너희에게서 가리고 너희가 많이 기도할지라도 내가 듣지 아니하리니 이는 너희의 손에 피가 가득함이라

지역교회들의 필요와 연약

그런데 그 보편교회에 속한 이들이 하나님의 주권적인 섭리로 각 시대에 태어나서 지상에 나타나 있는 지역교회들의 지체들로 드러납니다. 물

론 지역교회들은 보편교회의 본질과 원리를 고수해야 합니다. 보편교회의 지체들은 지역교회들의 지체로 나타나 교회에 속하고 섬기게 됩니다. 그리되게 하신 분이 성삼위 하나님이십니다. 그들은 지역교회들을 통하여 복음의 말씀을 듣고 성령님의 거듭나게 하심으로 회개하고 예수님을 믿어 영생을 얻습니다. 그리고 그 교회 안에서 자라고 하나님의 나라의 선한 일에 동참합니다. 지역교회들의 지체권은 바로 성경이 말하는 복음 신앙, 사도적인 신앙을 고백하는 자들에게만 주어집니다.

그러나 앞에서 지적한 것 같이 보편교회의 지체권은 완전합니다. 그래서 보편교회의 지체들 중에 한 사람도 영생을 얻지 못한 이들이 없습니다.

요 6:39 나를 보내신 이의 뜻은 내게 주신 자 중에 내가 하나도 잃어버리지 아니하고 마지막 날에 다시 살리는 이것이니라

그러나 지역교회들은 세상의 물결과 사탄의 공격에 노출되어 있습니다. 그리고 지역교회들의 지체들 중에 구원받지 못한 이들도 있을 것입니다. 구원받은 우리도 지상에 있는 동안에는 각종 시험과 죄악된 본성에서 나는 정욕으로 인하여 죄를 지을 수도 있습니다. 보편교회에 속하지 않은 자들, 곧 거짓 신앙을 가졌으나 마치 참 신앙인들처럼 행세하는 이들이 지역교회들 안에 있을 수 있습니다.

그 점에 대하여 예수님께서는 가라지 비유로 말씀하셨습니다.

마 13:24 예수께서 그들 앞에 또 비유를 들어 이르시되 천국은 좋은 씨를 제밭에 뿌린 사람과 같으니

13:25 사람들이 잘 때에 그 원수가 와서 곡식 가운데 가라지를 덧뿌리고 갔더니

13:26 싹이 나고 결실할 때에 가라지도 보이거늘

13:27 집 주인의 종들이 와서 말하되 주여 밭에 좋은 씨를 뿌리지 아니하였나이까 그런데 가라지가 어디서 생겼나이까

13:28 주인이 이르되 원수가 이렇게 하였구나 종들이 말하되 그러면 우리가 가서 이것을 뽑기를 원하시나이까

13:29 주인이 이르되 가만 두라 가라지를 뽑다가 곡식까지 뽑을까 염려하노라

13:30 둘 다 추수 때까지 함께 자라게 두라 추수 때에 내가 추수꾼들에게 말하기를 가라지는 먼저 거두어 불사르게 단으로 묶고 곡식은 모아 내 곳간에 넣으라 하리라

지역교회 안에는 누군지는 몰라도 가라지와 같은 이들이 있을 수 있습니다. 주님의 가르치심대로 심판 때까지 그들이 누구인지 가려내려고 해서는 안 됩니다. 다만 가라지가 지상교회를 장악하여 판을 치지 못하게 해야 합니다. 그러자면 지역교회들은 주님의 말씀과 기도에 힘써 보편교회의 본질을 고수하는 일에 총력을 기울여야 합니다.

참된 지역교회의 표지

존 칼빈 목사님은 그래서 참된 교회의 표지를 '바른 말씀 증거, 바른 성례, 바른 권징'으로 규정지었습니다. 지금도 지역교회들의 거룩한 사역을 통하여 당신의 택한 백성들을 구원하시고 기르시는 아버지 하나님을 찬미하는 바입니다.

가라지와 같은 이들은 성경이 말하는 생명의 복음에 참된 관심이 없습니다. 그들은 거듭나지 않아서 복음을 들어도 항상 일반 종교나 도덕의 수준 이상으로 듣지 못합니다. 그러니 교회와 교회 설교자는 말씀 증거의 기준을 교회 회중의 수용 자세와 수준에 두지 말고 오직 성경에 두어야 합니다.

정말 교회마다 눈에 보이지 않으나 치열한 영적 싸움이 있기 마련입니다.

성경이 말하는 대로의 복음의 말씀이 영생 얻은 자들에게는 항상 영생하도록 솟아나는 생수와 같습니다. 그들은 복음의 능력과 은혜로 구원받은 것을 항상 기뻐합니다. 그들은 성령님의 기름 부으심을 받아 신령한 복음의 말씀을 반복적으로 듣고 싶습니다. 거듭난 택한 백성들을 만족하게 하는 것은 오직 복음의 말씀뿐입니다. 그래서 사도 바울이 고린도교회를 목양하던 일을 추억하면서 말하였습니다.

고전 2:1 형제들아 내가 너희에게 나아가 하나님의 증거를 전할 때에 말과 지혜의 아름다운 것으로 아니하였나니

2:2 내가 너희 중에서 예수 그리스도와 그가 십자가에 못 박히신 것 외에는 아무것도 알지 아니하기로 작정하였음이라

그리고 2장 9절에서는,

고전 2:9 기록된 바 하나님이 자기를 사랑하는 자들을 위하여 예비하신 모든 것은 눈으로 보지 못하고 귀로 듣지 못하고 사람의 마음으로 생각하지도 못하였다 함과 같으니라

2:10 오직 하나님이 성령으로 이것을 우리에게 보이셨으니 성령은 모든 것 곧 하나님의 깊은 것까지도 통달하시느니라

2:12 우리가 세상의 영을 받지 아니하고 오직 하나님으로부터 온 영을 받았으니 이는 우리로 하여금 하나님께서 우리에게 은혜로 주신 것들을 알게 하려 하심이라

2:13 우리가 이것을 말하거니와 사람의 지혜가 가르친 말로 아니하고 오직 성령께서 가르치신 것으로 하니 영적인 일은 영적인 것으로 분별하느니라

2:14 육에 속한 사람은 하나님의 성령의 일들을 받지 아니하나니 이는 그것

들이 그에게는 어리석게 보임이요, 또 그는 그것들을 알 수도 없나니 그러한 일은 영적으로 분별되기 때문이라

지금도 그렇게 말씀에 충실한 교회들을 통하여 하나님께서 당신의 택한 백성들을 성령님으로 말미암아 낳으시어 구원하십니다. 그리고 그들을 기르시고 세우시어 그 이름과 나라와 뜻을 위하여 일하시는 성삼위 하나님을 찬미하는 바입니다. 여러분이 영생 얻은 자들이라면 이 일에 아멘으로 화답해야 할 것입니다.

그리고 여러분이 영생 얻은 자들이라면 지상에 있는 아버지의 집인 지역교회의 지체로서 충성을 다하여야 할 것입니다. 지역교회를 세우시고 그 교회를 통하여 지금도 택한 백성들을 구원하시고 양육하시는 성삼위 하나님의 영광의 방식을 존귀하게 여겨야 합니다. 이미 우리가 앞 부분에서 구약시대의 성도들의 자세를 살펴본 바와 것 같이, 사도시대 이후 교회사 속에서 지역교회의 지체들로서 섬기다가 하늘의 영원한 아버지의 집에 당도한 성도들을 주목하세요. 우리의 지상생애의 날이 얼마나 될지 모르나 그 소망을 가지고 주님을 믿고 사랑함으로 섬기는 것이 우리 영생 얻은 성도들의 본분입니다. 우리가 교회로 모일 때마다 그 성소에서 예배를 받으시고 은혜를 베푸시는 성삼위 하나님의 영광을 주목하고 찬미합시다.

아멘.

chapter 23

영생 얻은 자의 지상생애의 가치

영생 얻은 자의 지상생애는 어느 정도의 가치를 가진 것인가? 우리는 이미 그 답을 찾을 만큼 앞의 여러 장들에서 살펴 보았습니다. 그러나 이 주제를 더 구체적으로 집중하여 다룰 필요가 있다고 여겨 이 장에서 다루려 합니다.

지상에서 결정되는 영원한 내세

실로 우리가 하나님의 뜻을 따라 태어나 이 땅에 살고 있다는 것은 너무 놀랍고 큰일입니다. 제 1장에서 우리는 지상생애 속에서 우리의 영원한 내세가 결정된다는 사실을 전제한 바 있습니다. 그러므로 하나님께서 우리에게 주신 지상생애의 목적과 의미를 제대로 알고 그에 합당하게 대응하는 것이 신령한 지혜입니다. 우리가 예수님을 믿음으로 말미암아 하나님께 은혜로 죄 용서하심과 의롭다 하심을 받아 영생 얻고 하나님의 자녀들이 되는 일이 '죽은 뒤의 일이 아니라'는 말입니다. 이 땅에 살아있을 동안에 일어납니다. 각 사람이 영원히 처할 조건과 상태가 죽은 다음에 결정되는 것이 아닙니다.

히브리서 9장 27절의 "한번 죽는 것은 사람에게 정하신 것이요 그 후에는 심판이 있다"는 말씀은 죽은 후에 우리의 영원한 내세를 결정하시는 심판이 있다는 말이 아닙니다. 다만 우리가 이 땅에서 몸으로 행한 일을 따라서 하나님의 판단을 받게 된다는 말입니다.

사도 바울이 고린도후서 5장에서 말한 것도 영원한 거처를 정하는 심판을 가리키지 않습니다. 이미 영생 얻은 자가 이 땅에서 몸으로 행한 것을 따라 받을 상급심판에 관한 말씀입니다.

고후 5:8 우리가 담대하여 원하는 바는 차라리 몸을 떠나 주와 함께 있는 그 것이라

5:9 그런즉 우리는 몸으로 있든지 떠나든지 주를 기쁘시게 하는 자가 되기를 힘쓰노라

5:10 이는 우리가 다 반드시 그리스도의 심판대 앞에 나타나게 되어 각각 선악간에 그 몸으로 행한 것을 따라 받으려 함이라

우리의 사후에 하나님께 어떤 대접을 받을 것인지, 하나님께 어떤 심판을 받을 것인지는 이 땅에 있을 때 이미 결정됩니다. 밭에 있던 곡식은 그 상태 그대로 추수를 당합니다. 그래서 밭에서 알곡으로 자란 것들은 추수되어 곳간에 들여지고 밭의 가라지들은 거두어져 불사름을 당합니다. 그와 같이, 우리는 죽은 후에 이 땅에 살 때 이미 우리의 것으로 정해진 바를 무한하게 확대하여 하나님께 받습니다.

다시 말씀드리지만, 각 사람의 영원한 몫은 죽은 후에 결정되는 것이 아

니고 이 땅에서입니다. 영생인가 멸망인가도 이 땅에 있을 동안에 결정됩니다. 그래서 이미 그리스도 안에서 구원 받고 영생얻은 성도들에 대하여 사도 바울은 하나님 아버지께 감사할 요건을 충분하게 갖춘 것임을 증거합니다.

골 1:12 우리로 하여금 빛 가운데서 성도의 기업의 부분을 얻기에 합당하게 하신 아버지께 감사하게 하시기를 원하노라

1:13 그가 우리를 흑암의 권세에서 건져내사 그의 사랑의 아들의 나라로 옮기셨으니

1:14 그 아들 안에서 우리가 속량 곧 죄 사함을 얻었도다

반면에 그리스도를 믿지 않는 이들은 자기 몸을 불사르게 내어줄 정도로 선과 의를 행하여 영생을 얻으려 하여도 소용이 없습니다. 그리스도 없이 지옥 심판을 면할 자가 없습니다. 그리스도 없이 자기 행위로 하나님께 의롭다 하심을 받으려는 자들의 무모함을 무엇으로 묘사하겠습니까! 갈라디아서 3장 10절에, "무릇 율법 행위에 속한 자들은 저주 아래 있나니 기록된 바 누구든지 율법 책에 기록된 대로 온갖 일을 항상 행하지 아니하는 자는 저주 아래 있는 자라 하였음이라." 로마서 3장 20절에서 사도는 말하였습니다. "그러므로 율법의 행위로 그의 앞에 의롭다 하심을 얻을 육체가 없나니 율법으로는 죄를 깨달음이니라."

성도의 지상생애의 핵심 가치

사랑하시는 여러분,

그러므로 누가 여러분의 지상생애의 의미 전체를 붙들고 있는 대 핵심 가치가 무엇이냐고 묻는다면, 무어라 하시겠습니까? 두말할 필요로 없이

그 답은 명백합니다. 하나님의 보내신 구주 하나님의 아들 예수 그리스도와 그 행하신 속량의 일을 성경대로 진실로 믿는 것이 우리 지상생애의 관건입니다. 그래서 우리 주님께서 영생 얻기에 합당한 믿음의 행사에 관하여 묻는 이들에게 그렇게 답하신 것입니다.

요 6:28 그들이 묻되 우리가 어떻게 하여야 하나님의 일을 하오리이까

6:29 예수께서 대답하여 이르시되 하나님께서 보내신 이를 믿는 것이 하나님의 일이니라 하시니

지상생에서 사람의 최고의 일은 그리스도 우리 주 예수님을 믿는 것입니다. 우리가 예수님을 '절대적으로, 오직 유일한 종교의 대상'으로 믿어야 할 이유를 주님 자신의 입에서 나온 말씀으로 들어 보세요.

요 14:6 예수께서 이르시되 내가 곧 길이요 진리요 생명이니 나로 말미암지 않고는 아버지께로 올 자가 없느니라

그러니 우리 주 예수님께서 자기를 팔 가룟 유다에 대하여 하신 말씀이 그리스도 밖에 있는 모든 이들에게 그대로 해당됩니다.

마 26:24 인자는 자기에게 대하여 기록된 대로 가거니와 인자를 파는 그 사람에게는 화가 있으리로다 그 사람은 차라리 나지 아니하였더면 제게 좋을 뻔하였느니라

진실로 하나님께 사랑하심을 받고 은혜를 받은 이들의 지상생애는 성령님의 기름 부으심으로 말미암아 그리스도께 집중되기 마련입니다.

고전 1:30 너희는 하나님으로부터 나서 그리스도 예수 안에 있고 예수는 하나님으로부터 나와서 우리에게 지혜와 의로움과 거룩함과 구원함이 되셨으니

1:31 기록된 바 자랑하는 자는 주 안에서 자랑하라 함과 같게 하려 함이라

바울 사도는 바로 그런 믿음으로 자기 지상 생애의 의미를 규정하고 있습니다

갈 2:20 내가 그리스도와 함께 십자가에 못 박혔나니 그런즉 이제는 내가 사는 것이 아니요 오직 내 안에 그리스도께서 사시는 것이라 이제 내가 육체 가운데 사는 것은 나를 사랑하사 나를 위하여 자기 자신을 버리신 하나님의 아들을 믿는 믿음 안에서 사는 것이라

그러므로 영생 얻은 성도는 지상생애를 자기의 하늘 아버지와 구주 예수님을 아는 일에 총력을 기울여야 마땅합니다.

요 17:3 영생은 곧 유일하신 참 하나님과 그가 보내신 자 예수 그리스도를 아는 것이니이다

요일 1:3 우리가 보고 들은 바를 너희에게도 전함은 너희로 우리와 사귐이 있게 하려 함이니 우리의 사귐은 아버지와 그의 아들 예수 그리스도와 더불어 누림이라

그러므로 성도의 지상생애는 나중에 하나님께 부르심을 받아 하늘로 간 후, 또는 그리스도의 재림의 날에 받을 판단과 상급을 위하여 총력을 기울이는 것으로 나타나야 마땅합니다.

그리스도의 심판대

앞에서 지적한 바와 같이 그리스도를 믿어 영생을 얻은 이들에게 있어서 그리스도의 심판대는 더이상 정죄와 지옥의 형벌의 심판대가 아닙니다. 그리스도를 믿는 하나님의 자녀들에게 있어서 그리스도의 심판대는 상급의 심판대입니다. 그래서 사도 바울은 지상생애를 마감하고 거할 하나님 아버지 집을 확신하면서 그렇게 말한 것입니다.

고후 5:1 만일 땅에 있는 우리의 장막 집이 무너지면 하나님께서 지으신 집 곧 손으로 지은 것이 아니요 하늘에 있는 영원한 집이 우리에게 있는 줄 아느니라

고후 5:9 그런즉 우리는 몸으로 있든지 떠나든지 주를 기쁘시게 하는 자가 되기를 힘쓰노라

5:10 이는 우리가 다 반드시 그리스도의 심판대 앞에 나타나게 되어 각각 선악 간에 그 몸으로 행한 것을 따라 받으려 함이라

우리 주님의 마지막 날 심판대를 묘사하는 요한계시록의 말씀을 들어보십시오.

계 20:11 또 내가 크고 흰 보좌와 그 위에 앉으신 이를 보니 땅과 하늘이 그 앞에서 피하여 간 데 없더라

20:12 또 내가 보니 죽은 자들이 큰 자나 작은 자나 그 보좌 앞에 서 있는데 책들이 펴 있고 또 다른 책이 펴졌으니 곧 생명책이라 죽은 자들이 자기 행위를 따라 책들에 기록된 대로 심판을 받으니

20:13 바다가 그 가운데에서 죽은 자들을 내주고 또 사망과 음부도 그 가운데에서 죽은 자들을 내주매 각 사람이 자기의 행위대로 심판을 받고 사망과 음부도 불못에 던져지니 이것은 둘째 사망 곧 불못이라

20:14 누구든지 생명책에 기록되지 못한 자는 불못에 던져지더라

천국의 서론으로서의 성도의 지상생애

그러니 우리의 지상생애의 초점은 우리와 성삼위 하나님 사이의 영원한 관계에 집중되어 있습니다. 다른 말로 하여 영생 얻은 하나님의 자녀들은 지상생애를 영원한 하나님 아버지의 집, 하나님 아버지의 나라와 잇대어

있는 것으로 여깁니다. 그러니까 지상생애는 하나님 아버지의 나라의 서론입니다. 그 말은 성도의 지상생애와 하나님의 영원한 나라는 서로 별개로 떨어진 것이 아니란 말입니다.

성도의 지상생애의 외적인 조건과 환경은 오는 영원한 내세와 판이하게 다릅니다. 그러면서도 성도의 지상생애는 하나님의 나라의 살아있는 원리와 씨, 영생의 진수가 주장하는 생애입니다. 물론 지상에 있는 동안 우리의 옛 사람의 죄성이 아주 제거되지는 않으니 우리가 항상 그 죄와 대항하여 싸워야 합니다. 그 싸움은 성령님의 능력 주심 안에서 진행됩니다. 그래서 성도는 지상생애에서도 천국에 속한 비밀의 행복을 누립니다.

> **빌 4:12** 나는 비천에 처할 줄도 알고 풍부에 처할 줄도 알아 모든 일 곧 배부름과 배고픔과 풍부와 궁핍에도 처할 줄 아는 일체의 비결을 배웠노라
>
> **4:13** 내게 능력 주시는 자 안에서 내가 모든 것을 할 수 있느니라

나그네와 행인으로서의 성도의 삶

그런 의미에서 성령께서 성경 기자들로 하여금 지상의 성도들을 나그네와 행인으로 묘사하게 하셨습니다. 일반 문학작품에서 나그네와 행인은 목적지가 정해지지 않고 떠돌아 다시는 방랑자를 가리킬 때가 많습니다. 그러나 지상의 성도들은 그리스도 안에서 성령님의 인도하심을 따라 말씀에 입각하여 하늘 아버지의 집을 바라보며 나아가는 방황 없는 확실하고 명백한 순례의 길을 행합니다.

> **히 11:13** 이 사람들은 다 믿음을 따라 죽었으며 약속을 받지 못하였으되 그것들을 멀리서 보고 환영하며 또 땅에서는 외국인과 나그네임을 증언하였으니

11:4 그들이 이같이 말하는 것은 자기들이 본향 찾는 자임을 나타냄이라

11:5 그들이 나온 바 본향을 생각하였더라면 돌아갈 기회가 있었으려니와

11:6 그들이 이제는 더 나은 본향을 사모하니 곧 하늘에 있는 것이라 이러므로 하나님이 그들의 하나님이라 일컬음 받으심을 부끄러워하지 아니하시고 그들을 위하여 한 성을 예비하셨느니라

사도 베드로도 같은 의도로 성도들에게 권고하였습니다.

벧전 1:17 외모로 보시지 않고 각 사람의 행위대로 판단하시는 자를 너희가 아버지라 부른즉 너희의 나그네로 있을 때를 두려움으로 지내라

세상 영광 추구하는 이들의 말로

세상에 속한 자들이 추구하는 것과는 분명 달라야 합니다. 하나님을 알지 못하며 지상에 사는 이들은 한결같이 세상 영광을 추구하는 이들로 나타납니다. 우리도 다 그런 자들이었으나 우리를 긍휼히 여기시고 사랑하시는 하나님께서 그리스도 안에서 우리를 구원하시어 영생 얻게 하셨습니다. 그러므로 우리는 세상 영광을 추구하는 자들이 되지 말아야 합니다. 아니 우리 속에 여전히 세상 영광을 좋아하는 옛 사람의 성향, 죄의 본성이 남아 있습니다. 그래서 우리의 믿음의 삶 속에 그런 성향과 싸우며 우리 밖에 있는 세상과 그 세상을 통하여 미혹하는 악한 자 사탄이 우리 영적 싸움의 상대입니다.

그래서 사도 베드로는 그리스도 안에 있는 성도가 지상생애에서 견지할 삶의 자세에 대하여 말하고 있습니다.

벧전 2:10 너희가 전에는 백성이 아니더니 이제는 하나님의 백성이요 전에는 긍휼을 얻지 못하였더니 이제는 긍휼을 얻은 자니라

2:11 사랑하는 자들아 거류민과 나그네 같은 너희를 권하노니 영혼을 거슬러 싸우는 육체의 정욕을 제어하라

2:12 너희가 이방인 중에서 행실을 선하게 가져 너희를 악행한다고 비방하는 자들로 하여금 너희 선한 일을 보고 오시는 날에 하나님께 영광을 돌리게 하려 함이라

사도 요한도 같은 의도로 권하고 있습니다.

요일 2:15 이 세상이나 세상에 있는 것들을 사랑하지 말라 누구든지 세상을 사랑하면 아버지의 사랑이 그 안에 있지 아니하니

2:16 이는 세상에 있는 모든 것이 육신의 정욕과 안목의 정욕과 이생의 자랑이니 다 아버지께로부터 온 것이 아니요 세상으로부터 온 것이라

2:17 이 세상도, 그 정욕도 지나가되 오직 하나님의 뜻을 행하는 자는 영원히 거하느니라

세상의 영광을 추구하고 그것으로 만족하는 것은 성도에게 있어서 합당하지 못합니다. 세상 영광을 추구하는 성향이 바로 우리의 죄성에서 나는 것입니다. 실로 우리는 성경을 통하여 영적으로 죽어 있고 오직 세상 영광만 추구하는 자들의 말로를 통하여 큰 경계를 삼아야 합니다. 세상의 영광을 추구하지 않고 우리 주 예수 그리스도 안에서 아버지의 영광을 추구하는 우리의 종말이 아름답습니다. 그래서 성령께서 시편 기자로 하여금 성도의 지상생애의 아름다움과 그 종말을 이렇게 표현하게 하신 것입니다.

그래서 다윗은 믿음으로 말미암아 영생을 가진 경건한 자들의 지상생애와 그 종국의 복됨을 노래하였습니다.

시 116:15 그의 경건한 자들의 죽음은 여호와께서 보시기에 귀중한 것이로다

하나님을 알아야 사람을 알아

사람의 존재의 의미와 신비를 누가 알겠습니까? 오직 하나님께서 창세 전에 그리스도 안에서 택하시고 구속하신 자들만 성경을 믿어 그 비밀을 압니다.

그래서 성령께서 이사야 선지를 통하여 택한 백성인 성도의 존귀함과 그 존재 가치를 강력하게 천명하셨습니다.

사 43:1 야곱아 너를 창조하신 여호와께서 지금 말씀하시느니라 이스라엘아 너를 지으신 이가 말씀하시느니라 너는 두려워하지 말라 내가 너를 구속하였고 내가 너를 지명하여 불렀나니 너는 내 것이라

43:7 내 이름으로 불려지는 모든 자 곧 내가 내 영광을 위하여 창조한 자를 오게 하라 그를 내가 지었고 그를 내가 만들었느니라

실로 태어나 역사의 무대 위에 살다가 죽었던 이들 중에서도 나름의 인생의 비밀과 그 존재의 의미를 알려 애를 썼던 자들이 있었습니다. 오늘도 그런 이들이 여전히 있습니다. 아니 우리 주님 다시 오실 때까지 그런 이들이 있을 것입니다. 어떤 이는 눈에 보이는 자연의 세계의 순환과정에 착안하여 사람의 존재의 기원과 영구성을 찾으려 하였습니다. 봄, 여름, 가을, 겨울. 그런 계절의 순환과 그 안에 있는 나무들의 생태를 보았습니다. 봄에 가지에서 나서 풍성한 푸른 잎들이 가을에 낙엽지고, 다시 봄이 되면 다시 잎이 나는 현상을 보았습니다. 그래서 사람의 존재도 그럴 것이라고 미루어 짐작하고 종교 교리를 만들었습니다. 그래서 그와 그를 따르는 이들은 전생과 이생과 내생이라는 구도 속에서 사람의 존재의 의미를 찾았다고 여깁니다. 그래서 사람이 이생에서 선한 일을 하면 다음 생애는 복될 것이고 악업을 쌓으면 다음 생애는 그 악업에 대한 대가를 받게 될 것이라고

합니다.

그러나 그런 식의 사고방식은 헬라 철학의 전형적 특성입니다. 헬라 철학은 인간 존재의 기원과 지혜의 근본을 알기 위해 가장 먼저 만물의 기원을 탐구하는 일을 하였습니다. 그래서 철학의 역사의 시발점은 만물의 기원을 탐구하는 것이었습니다. 그런데 만물의 기원을 찾기 위하여 여러 가지 가정을 합니다. 고대 헬라 철학자는 만물은 '물'에서 기원되었다고 하였습니다. 다른 철학자들은 '흙, 불…' 등을 자기들의 논증의 전제로 삼았습니다. 결국 그들의 생각의 범주는 피조물의 한계를 벗어나지 못한 것이었습니다. 그러니 헬라 철학을 기반으로 한 인문학은 인생의 가치와 의미를 사람과 다른 피조물과의 관계 이상을 넘어가지 못합니다. 만물의 기원을 탐구하였으나 철학은 아직도 만물의 기원을 밝혀내지 못하고 있습니다. 어떤 철학자들은 우주 만상의 존재의 기원을 '빅뱅(big bang)'이라는 허무맹랑한 가설을 기반으로 논증하려 듭니다. 그런 가설은 우주 생성의 초기, 약 백 수십억 년 전에 대폭발이 일어나 현재의 우주가 탄생되었다는 것입니다. 그 주장은 1948년에 어느 사람이 제창하였는데, 인문학의 세계에서는 매우 유력한 가설로 받고 있습니다. 그런 가설 속의 인간도 '우발적 생성'의 범주를 면하지 못합니다.

철학이 말하는 인간 존재와 그 가치에 대한 이해도 시대마다 달라집니다. 그 말은 어느 시대 철학도 인간을 아는 영구불변한 진리를 발견한 적이 없었다는 말이다. 그래서 철학은 회의론과 불확실성의 늪에 빠졌고, 인간존재를 중심에 두고 개인의 사고(思考)를 극대화 시키는 '실존주의'의 정거장에서 더 나아가지 못하고 있습니다.

사람을 제대로 알려면 사람을 지으신 하나님을 제대로 알아야 합니다. 그러니 존 칼빈은 그의 명저 「기독교 강요(Institutes of the Christian Religion)」의 시발점을 바로 그 요점에서 찾습니다.

"우리가 소유하는 모든 지혜, 참되고 건전한 지혜는 두 부분으로 구성된다. 하나는 하나님을 아는 지식이요 다른 하나는 우리 자신을 아는 지식이다. 그 둘이 아주 밀접하게 연관되어 있어 어느 것이 먼저인지 구분하기가 쉽지 않다. 누구든지 자신을 바라볼 때 자기로 기동하며 살게 하시는 하나님을 깊이 생각하는 데로 나아가지 않을 수 없다. 사람이 자신을 아는 분명한 지식을 얻기 위하여 자기를 지으신 하나님의 얼굴을 먼저 주목해야 함은 너무 확실하다. 그렇게 하나님의 얼굴을 먼저 응시하며 숙고하는 지각으로 자신을 살펴야 한다. 우리가 지상의 차원 안에 갇히어 우리 자신의 의나 지혜나 덕으로 만족하는 하는 한, 우리는 틀림없이 자신을 반신(半神, demigod)으로 여기며 졸싹거릴 수밖에 없다."(기독교 강요 제1권 제1항)

성경, 하나님을 아는 충분한 통로

그러면 우리가 그 하나님을 바르게 숙고하기 위하여 필요한 하나님을 아는 지식을 어디서 얻습니까? 본래 범죄 이전에 처음 창조 상태의 인간은 하나님을 아는 지각을 가지고 있었습니다. 그리고 범죄 이후에도 여전히 그 지각의 뿌리가 아주 없어진 것이 아닙니다.

롬 1:19 이는 하나님을 알 만한 것이 그들 속에 보임이라 하나님께서 이를 그들에게 보이셨느니라

그리고 하나님의 지으신 만물이 하나님을 계시하고 있습니다.

롬 1:20 창세로부터 그의 보이지 아니하는 것들 곧 그의 영원하신 능력과 신

성이 그가 만드신 만물에 분명히 보여 알려졌나니 그러므로 그들이 핑계하지 못할지니라

그러니 사람은 하나님을 아는 조건이 주어지지 않아서 하나님을 몰랐다는 핑계를 하지 못하게 되어 있습니다. 그런데 범죄한 후 인간은 하나님께 대하여 무슨 악을 행하여왔습니까?

롬 1:21 하나님을 알되 하나님을 영화롭게도 아니하며 감사하지도 아니하고 오히려 그 생각이 허망하여지며 미련한 마음이 어두워졌나니

1:22 스스로 지혜 있다 하나 어리석게 되어

1:23 썩어지지 아니하는 하나님의 영광을 썩어질 사람과 새와 짐승과 기어다니는 동물 모양의 우상으로 바꾸었느니라

그러니 인간의 역사를 연구하면 문명과 문화의 포장 속에 우상숭배의 알맹이가 들어 있습니다. 누가 한국 미술사를 연구하였더니 한국 역사의 중심에 우상숭배가 자리함을 발견하였다고 하였습니다. 이렇게 사람은 본질상 하나님의 영원한 진노의 대상입니다.

롬 1:18 하나님의 진노가 불의로 진리를 막는 사람들의 모든 경건하지 않음과 불의에 대하여 하늘로부터 나타나나니

그런데도 인류의 역사는 끝나지 않았습니다. 성경과 역사를 통하여 우리는 인류 역사가 아주 끝나 버릴 위기의 때가 있었음을 압니다. 그런데도 인류의 역사를 이어가게 하시는 하나님의 목적이 있습니다. 하나님께서 당신의 이름과 영광을 위하여 창세전에 예정하신 뜻을 이루시려고 본질상 진노 아래 있는 인생의 역사를 이어가게 하십니다. 하나님께서는 당신의 거룩한 그 목적을 성경으로 계시하셨습니다. 그러므로 성경을 통하여 우리

로 하여금 하나님 자신을 바르게 알게 하신 하나님을 찬미하는 바입니다. 역사는 성경에 기록된 대로 하나님의 예정하신 목적 성취를 위하여 이어져 나갑니다. 그러므로 범죄한 인간의 역사의 의미는 오직 거기서만 찾을 수 있습니다. 성령께서는 히브리서 기자로 하여금 성경으로 말씀하시는 하나님의 방식을 이렇게 표현하게 하셨습니다.

히 1:1 옛적에 선지자들을 통하여 여러 부분과 여러 모양으로 우리 조상들에게 말씀하신 하나님이

1:2 이 모든 날 마지막에는 아들을 통하여 우리에게 말씀하셨으니 이 아들을 만유의 상속자로 세우시고 또 그로 말미암아 모든 세계를 지으셨느니라

1:3 이는 하나님의 영광의 광채시요 그 본체의 형상이시라 그의 능력의 말씀으로 만물을 붙드시며 죄를 정결하게 하는 일을 하시고 높은 곳에 계신 지극히 크신 이의 우편에 앉으셨느니라

창조주 하나님께서 당신의 아들을 통하여 그 사랑하시는 자들을 구원하시는 놀라운 일을 행하십니다. 히브리서 기자는 그 하나님의 계획과 실행과 그 완성을 '하나님께서 말씀하셨다'고 표현한 것입니다. 성경이 바로 그 하나님의 말씀입니다. 그래서 성경만이 인생의 비밀, 인생의 나고 살고 죽고 그 다음에 이어지는 내세에 대한 것을 적확하게 말해 줍니다. 그래서 히브리서 기자는 1장 1절로 3절의 대목에서 성경 전체의 내용을 "하나님께서 말씀하셨다"고 표현한 것입니다.

그래서 하나님의 아들 그리스도 예수님을 믿음으로 말미암아 하나님의 은혜로 영생 얻은 우리는 철학이나 인문학이나 사람들의 종교적 탐구로 추정하여 세운 교훈을 참조할 필요가 없습니다. 우리는 오직 성경으로 말씀하시는 성삼위 하나님을 믿습니다. 우리는 우리를 지으시고 모태에서

조성하시고 지상에 태어나 살게 하시는 우리의 지상생애의 의미와 영원한 내세에 대한 선명한 안목을 성경에서 배우고 확신합니다.

참된 신학의 정체성

그래서 하나님을 믿는 바른 믿음의 길을 제시하는 것을 목적으로 하는 정통 신학의 척도는 바로 성경입니다. 성경이 하나님의 정확하고 오류 없는 항상 살아있는 말씀입니다. 그 성경의 절대 권위에 입각하여 성경이 말하는 대로 하나님의 뜻을 이해하는 작업이 바로 정통 신학의 작업입니다. 정통 신학의 목적은 성경이 말하는 것에 무엇을 더하려는 것이 아닙니다. 도리어 성령님의 조명을 받아 성경으로 말씀하시는 하나님의 진리를 발견하고 그 진리를 체계화하는 것이 바로 정통 신학의 목적입니다. 그래서 참된 신학은 성경이 말하는 대로 하나님과 그리스도를 아는 지식입니다. 정통교리는 바로 그 교회사를 통하여 성령께서 성경을 가르쳐주신 바를 정돈하여 놓은 진리의 체계입니다. 그래서 개혁주의 정통 교리가 그렇게 중요한 것입니다.

물론 그 교리는 어떤 신학자들 몇 사람의 견해로 된 것이 아닙니다. 치열한 공론(公論, public debates and controversial arguments)을 통하여 정제된 성경진리의 체계입니다. 이 일에 성령께서 간여하셨습니다. 참된 성경 교리들은 지상에 있는 성도들의 나그네 길의 안전하고 확실한 가이드 포스트입니다.

신학과 인문학의 조화?

6세기 말 그레고리 1세로부터 시작된 1천년여 간의 중세교회 교황제도와 그 일탈의 근본 원인은 무엇입니까? 오직 성경(Sola Scriptura)의 절대 규율의 노선에서 이탈한 데 그 원인이 있었습니다. 다른 말로 하여 그 성경의 절대권위와 그 충분성과 완전성을 무시한 데서 연유된 것입니다. 결국 토마스 아퀴나스(Thomas Aquinas, 1225-1274)에 이르러 그를 비롯한 스콜라 신학자들이 성경을 근거한 신학과 이성만을 준거로 삼는 철학의 조화를 시도하였습니다.

그래서 그들이 아리스토텔레스 철학과 성경의 조화를 꾀하다가 복음과는 상관없는 교리체계를 만들어 내고, 결국 중세교회의 파국을 가져왔습니다. 선로를 이탈한 기차는 즉시 파국을 맞습니다. 로마 가톨릭 교회는 일찍이 마리아 숭배를 가미하였습니다. 마리아 숭배는 어머니의 존재를 종교적 신비감으로 극대화하던 동방종교의 풍습 속에서 나온 것입니다. 교회가 성경의 척도를 버리고 인간주의적인 이성과 종교적 정서를 배합하여 그런 이상한 일이 벌어진 것입니다.

성령께서 마틴 루터(Martin Luther, 1483-1546)와 칼빈과 같은 종들을 들어 쓰셨습니다. 마틴 루터는 성경의 절대 권위에 입각하여 1517년 10월 30일에 비텐베르그 성당 문 앞에 당시 로마 가톨릭 교회의 그릇된 교리와 실제를 반박하는 95개 조항문을 게시하였습니다. 그래서 역사적으로 그날을 종교개혁의 발발일로 봅니다. 인본주의적인 모든 척도를 버리고 오직 하나님의 말씀으로서의 성경의 절대 권위 아래로 교회를 돌이키신 분이 바로 성령님이셨습니다.

종교개혁의 3대 강조점은 오직 성경, 오직 믿음, 오직 은혜입니다. 교회가 성경의 절대 권위에 복종해야 합니다. 성경은 그 어떤 다른 것의 도움이나 보조로 드디어 권위가 생기는 것이 아니라 성경 그 자체로 권위가 있습니다. 그래서 성경은 그 어떤 철학의 보충도 필요치 않고, 또 그 해석을 위하여 철학의 도구도 필요하지 않습니다. 오직 성경은 성경으로 해석되어야 합니다.

금을 다루는 분에게 여쭤보니, 금의 순도 여부는 기본적으로 정금으로 판별된다고 하였습니다. 정금은 정금으로만 그 정금됨이 입증된다는 말입니다. 성경은 그 자체가 하나님의 말씀이기에 그 자체로 권위를 가진 것입니다. 다시 말씀드리지만, 성경은 인문학이나 철학의 도움을 받아야만 해석되는 책이 아닙니다. 일반적으로 모든 학문을 위하여 필요한 방편적인 도구를 신학도 사용하는 것이 사실입니다. 성경도 어문학의 도구를 사용합니다. 성경이 고대어로 기록되었기 때문에 성경을 연구하려면 어문학적 도구를 이용합니다. 그리고 주변적으로 성경의 배경이 되는 역사와 당시 사람들의 문화와 풍습에 대한 이해도 성경 해석에 도구로 채용이 될 수 있습니다. 그러나 그런 역사나 문화나 풍조는 보조 도구일 뿐입니다. 성경의 핵심인 영적 진리와 교훈은 철학, 인문학의 조명을 필요로 하지 않습니다. 인문학은 하나님 없이 인간과 피조물에게만 집중합니다. 하나님의 말씀인 성경에 무엇이 모자라 그런 인문학의 도움을 받아야 합니까? 우리 존재의 기원과 영원한 행로에 대하여 알고 있는 우리가 무엇 때문에 하나님을 모르고 사람과 피조물로만 미루어 짐작하여 인생의 의미를 파악하려는 철학의 도움을 받아야 합니까?

물론 그들 철학자들도 나름으로 인생의 의미를 발견하기 위한 명제를 정하고 유추하고 결론에 이르려 합니다. 고대 그리스 철학자 프로타고라스(Protagoras, BC 485?-414?)가 '만물의 척도는 사람이라'고 하였습니다. 만물을 바라보며 생각하고 느끼며 나름으로 판단하는 것은 결국 사람 그 자신이라는 의미로 그런 말을 하였습니다. 물론 각 사람마다 어떤 사물을 보고 느끼고 그에 대한 인상을 가지고 판단합니다.

그러나 각 사람의 생각과 판단은 그 자체로 의미가 있는 것은 아닙니다. 내가 그렇게 생각하더라도 그 생각이 옳지 못하다면, 그 생각을 다른 사람에게 권하거나 주입하지 말아야 합니다. 문제는 모든 사람이 공유하며 기준으로 삼아야 하는 절대 법칙이 있어야 한다는 것입니다. 그런데 그런 철학과 인문학의 방식을 통하여 모든 이들이 적용할 절대 원리를 찾았습니까? 그런 일은 철학 역사에서 일어난 적이 없습니다. 철학자들이 사람들 중에서 생각이 깊다고 해도 여전히 사람의 수준을 넘어서지 못합니다. 철학의 발상지로 여겨지는 헬라, 지금의 그리스의 아덴에 갔던 사도 바울이 도성에 가득찬 우상을 보고 격분하였습니다.

행 17:6 바울이 아덴에서 그들을 기다리다가 그 성에 우상이 가득한 것을 보고 마음에 격분하여

17:7 회당에서는 유대인과 경건한 사람들과 또 장터에서는 날마다 만나는 사람들과 변론하니

17:8 어떤 에피쿠로스와 스토아 철학자들도 바울과 쟁론할새 어떤 사람은 이르되 이 말쟁이가 무슨 말을 하고자 하느냐 하고 어떤 사람은 이르되 이 방 신들을 전하는 사람인가보다 하니 이는 바울이 예수와 부활을 전하기 때문이러라

오늘날 최첨단의 과학과 정보통신혁명을 자랑하는 현대인들의 사고는 우리 이전 시대, 고대의 아덴의 상태에서 조금도 진보하지 않았습니다. 인류 자체는 창조주 하나님을 아는 지식에서 진보하지 않았습니다. 그것도

모르고 인생들은 인생의 의미를 여러 사상체계들과 철학적 교훈 속에서 찾으려 애를 써왔습니다. 철학은 끝없는 미로학습과 같습니다. 요즘 인문학을 강조하면서 '성경만을 의존하는 편협성을 해소하려면 인문학이 필요하다' 주장하는 이들이 있습니다. 그런 이들은 아직도 그리스도를 믿음으로 말미암아 구원 받는 데 있어서 성경만으로 충분함을 모르고 있습니다. 그러나 사도 바울은 분명하게 말하였습니다.

딤 3:15 또 어려서부터 성경을 알았나니 성경은 능히 너로 하여금 그리스도 예수 안에 있는 믿음으로 말미암아 구원에 이르는 지혜가 있게 하느니라

3:16 모든 성경은 하나님의 감동으로 된 것으로 교훈과 책망과 바르게 함과 의로 교육하기에 유익하니

3:17 이는 하나님의 사람으로 온전하게 하며 모든 선한 일을 행할 능력을 갖추게 하려 함이라

길은 여기에

성경대로의 영생 얻은 우리의 삶은 필연적으로 우리가 사는 세대의 사상과 교훈의 풍조를 대항한 싸움을 수반합니다.

골 2:16 그러므로 너희가 그리스도 예수를 주로 받았으니 그 안에서 행하되

2:7 그 안에 뿌리를 박으며 세움을 받아 교훈을 받은 대로 믿음에 굳게 서서 감사함을 넘치게 하라

2:8 누가 철학과 헛된 속임수로 너희를 사로잡을까 주의하라 이것은 사람의 전통과 세상의 초등학문을 따름이요 그리스도를 따름이 아니니라

사도 바울은 계속 권면하였습니다.

엡 4:14 이는 우리가 이제부터 어린 아이가 되지 아니하여 사람의 궤술과 간

사한 유혹에 빠져 모든 교훈의 풍조에 밀려 요동치 않게 하려 함이라

길은 오직 성경의 우리 구주 예수님이십니다.

하박국 2장 2절 이하의 말씀을 청종하세요.

합 2:2 여호와께서 내게 대답하여 이르시되 너는 이 묵시를 기록하여 판에 명백히 새기되 달려가면서도 읽을 수 있게 하라

2:3 이 묵시는 정한 때가 있나니 그 종말이 속히 이르겠고 결코 거짓되지 아니하리라 비록 더딜지라도 기다리라 지체되지 않고 반드시 응하리라

2:4 보라 그의 마음은 교만하며 그 속에서 정직하지 못하나 의인은 그의 믿음으로 말미암아 살리라

그리고 사도 베드로를 통해 말씀하시는 성령님의 음성을 들으십시요.

벧전 2:15 너희가 전에는 양과 같이 길을 잃었더니 이제는 너희 영혼의 목자와 감독 되신 이에게 돌아왔느니라

아멘.

그렇습니다. 영생 얻은 성도의 지상생애의 가치는 영혼의 목자되신 그분이 우리에게 제시하신 가치를 따라 행하는 데 있습니다. 이를 가르치시고 그 가르침대로 행할 능력을 우리에게 주시려고 성령께서 보혜사로 우리 안에 내주하십니다.

웨스트민스터 대소요리문답의 제 1문답은 지상생애에서 영원까지 이어지는, 우리가 추구할 가치를 포괄적으로 보여줍니다.

▷질문 - "사람의 제일되는 목적은 무엇인가?"

▷답 - "사람의 제일되는 목적은 하나님을 영화롭게 하며 영원토록 하나님을 즐거워하는 것이다."

chapter 24

영생 얻은 자와 계명 지키기

영생 얻은 자와 계명의 관계가 언뜻 멀어 보일 수 있습니다. 우리가 계명을 지킴으로 구원받은 것이 아니고 은혜로 받은 것이라는 사실을 강조하다 보면, 그만 영생 얻은 자가 계명을 지키는 것은 거리가 있다는 인상을 끼칠 수 있습니다. 그러나 영생 얻은 하나님의 자녀가 하나님의 계명을 지키는 문제는 너무 자연스럽고 중요한 문제입니다. 우리가 이미 앞의 여러 장에서 간간이 계명 지키는 것의 중요성을 언급하기는 했습니다. 그러나 이장에서 그 문제를 집중적으로 다루어 봄으로써 잘못된 선입견을 불식하고 하나님의 순종하는 자녀의 지위를 다시 한번 견고히 하기를 바랍니다.

우리가 제 21장에서 '영생 얻은 자의 죄 죽이기'를 공부한 바 있습니다. 우리 내면에 남아 있는 죄의 본성을 제어하여 죄의 정욕이 우리의 마음과 생각을 지배하지 못하게 하시는 성령님의 은혜의 방식을 따르는 것이 죄 죽이기의 내용입니다.

롬 8:13 너희가 육신대로 살면 반드시 죽을 것이로되 영으로써 몸의 행실을 죽이면 살리니

8:14 무릇 하나님의 영으로 인도함을 받는 사람은 곧 하나님의 아들이라

너희가 나를 사랑하면 내 계명을 지키라

그러면 우리가 적극적으로 하나님께 순종하는 실제에 대하여 성경은 무어라 말하고 있는지를 살펴보는 것이 매우 중요합니다. 다른 말로 하여, 그리스도의 형상을 본받아 우리의 영혼이 자라가는 실제는 구체적으로 무엇으로 나타나는지 말씀을 듣는 일이 중요합니다. 우리 주 예수님께서 최후의 만찬석에서 친히 이와 관련하여 제자들에게 말씀하셨습니다.

요 14:15 너희가 나를 사랑하면 나의 계명을 지키리라

14:16 나의 계명을 지키는 자라야 나를 사랑하는 자니 나를 사랑하는 자는 내 아버지께 사랑을 받을 것이요 나도 그를 사랑하여 그에게 나를 나타내리라

이 말씀을 최후의 만찬을 마치신 후에 하셨다는 것은 의미심장합니다. 이제 내일이면 십자가에서 사랑하시는 자기 백성들을 대속하기 위하여 십자가에 달려 피 흘려 죽으실 분이 그렇게 말씀하셨습니다. 그러므로 그리스도의 피로써 죄 사함 받고 오직 은혜로 의롭다 하심을 받아 영생을 얻은 우리에게 이 주님의 말씀은 천근만근의 무게와 가치를 가졌습니다. 그래서 성령께서 사도 바울로 하여금 로마서 12장에서 그렇게 말하게 하셨습니다.

롬 12:1 그러므로 형제들아 내가 하나님의 모든 자비하심으로 너희를 권하노니 너희 몸을 하나님이 기뻐하시는 거룩한 산 제물로 드리라 이는 너희가 드릴 영적 예배니라

12:2 너희는 이 세대를 본받지 말고 오직 마음을 새롭게 함으로 변화를 받아 하나님의 선하시고 기뻐하시고 온전하신 뜻이 무엇인지 분별하도록 하라

하나님의 기뻐하시는 거룩한 산 제물로 우리를 드린다 함은 하나님의 기뻐하시고 온전하신 뜻을 분별하여 자신을 드리는 순종의 실제입니다. 그리고 우리 주님께서 요한복음 14장에서는 그 순종의 실제를 "나를 사랑하면 내 계명을 지키라"로 명시하여 주셨습니다.

그리스도인의 계명 지키기는 우리 영생 얻은 이들에게 선택 사양의 문제가 아니라 필수과제입니다. 만일 어떤 이가 그리스도를 믿음으로 구원받았다고 기뻐하면서도 계명 지키기에 대하여는 아무 관심이 없다면, 그의 믿음은 헛것입니다.

야고보서 2장에서 바로 그런 실제를 권고하며, 그것을 등한히 여기는 악을 경계한 것입니다.

약 2:26 영혼 없는 몸이 죽은 것 같이 행함이 없는 믿음은 죽은 것이니라

그리스도를 믿음으로 말미암아 죄밖에 없는 나를 용서하시고 의롭다 하신 아버지의 사랑을 기뻐한다고 고백하면서도 하나님의 명하신 바를 대수롭지 않게 여긴다 합시다. 그같이 앞뒤가 맞지 않는 일은 세상에 없습니다.

사도 요한은 그의 요한일서 4장 9절 이하에서 그리스도를 통하여 우리를 구원하신 하나님의 사랑을 상기시키면서 그 하나님의 사랑에 대한 정당한 반응을 명시하였습니다.

요일 4:9 하나님의 사랑이 우리에게 이렇게 나타난 바 되었으니 하나님이 자기의 독생자를 세상에 보내심은 그로 말미암아 우리를 살리려 하심이라

4:10 사랑은 여기 있으니 우리가 하나님을 사랑한 것이 아니요 하나님이 우리를 사랑하사 우리 죄를 속하기 위하여 화목 제물로 그 아들을 보내셨음이라

4:11 사랑하는 자들아 하나님이 이같이 우리를 사랑하셨은즉 우리도 서로 사랑하는 것이 마땅하도다

자, 이 요점을 전제해 놓읍시다. 그런 다음에, 우리는 영생 얻은 그리스도인들의 계명 지키기와 연관된 말씀을 살펴보면서 몇 가지 각도로 나누어 생각해 봅시다.

공로 쌓기와 무관한 계명 지키기

그리스도인의 계명 지키기와 관련하여 우리가 가장 먼저 지적할 요점이 있습니다. 주님께서 "너희가 나를 사랑하면 나의 계명을 지키리라"라고 말씀하시면서 우리 측에서 하나님께 제출할 의, 또는 공로를 염두에 두신 것이 결코 아니라는 점입니다. 그리스도를 믿는 우리에게 그리스도의 속량의 효력에 의지하여 우리 죄를 용서하시고 우리를 의롭다 하신 성부 하나님의 선고는 그런 여지를 남겨 두지 않았습니다.

하나님 아버지께서 오직 우리가 믿는 그리스도의 순종의 의와 완전하고 충분한 속량의 효력만 보시고 우리를 의롭다 선고하셨습니다. 그러므로 우리는 이미 우리 주 예수 그리스도 안에서 완전한 의를 하나님께 제출하였습니다.

사도 바울은 그 사실을 염두하면서 로마서 5장 18절 이하에서 이렇게 밀하였습니다.

롬 5:18 그런즉 한 범죄로 많은 사람이 정죄에 이른 것 같이 한 의로운 행위로 말미암아 많은 사람이 의롭다 하심을 받아 생명에 이르렀느니라

5:19 한 사람이 순종하지 아니함으로 많은 사람이 죄인 된 것 같이 한 사람이 순종하심으로 많은 사람이 의인이 되리라

그러므로 영생 얻은 우리가 하나님의 계명을 지키는 것은 하나님 앞에 제출할 의나 공로 쌓기가 아닙니다. 도리어 우리 주님께서 우리에게 계명 지키기를 요구하시는 것은 구원 받아 하나님 나라를 상속한 하나님의 자녀의 신분에 합당하게 하라는 것입니다. 다른 말로 하여, 우리 주님께서 구원의 조건으로서 계명 지키라고 요구하신 것이 아닙니다. 도리어 우리 주 예수 그리스도께서는 당신 자신 안에서 우리를 구원하시고 자녀 삼으신 하나님의 의도에 합당하게 계명에 순종하라고 요구하신 것입니다. 계명 지키기는 하나님의 자녀가 된 이후의 일입니다. 하나님의 자녀가 되는 것은 오직 우리 주 예수 그리스도를 믿음으로 말미암습니다.

요한복음 1장 12절 이하에 그 요점을 달리 생각할 여지를 두지 않는 확증적인 진술이 있습니다.

요 1:12 영접하는 자 곧 그 이름을 믿는 자들에게는 하나님의 자녀가 되는 권세를 주셨으니

1:13 이는 혈통으로나 육정으로나 사람의 뜻으로 나지 아니하고 오직 하나님께로부터 난 자들이니라

디도서 3장 3절 이하에서 사도 바울은 바로 그 진실을 더욱 확증적으로 말하고 있습니다.

딛 3:3 우리도 전에는 어리석은 자요 순종하지 아니한 자요 속은 자요 여러 가지 정욕과 행락에 종 노릇 한 자요 악독과 투기를 일삼은 자요 가증스러운 자요 피차 미워한 자였으나

3:4 우리 구주 하나님의 자비와 사람 사랑하심이 나타날 때에

3:5 우리를 구원하시되 우리가 행한 바 의로운 행위로 말미암지 아니하고 오직 그의 긍휼하심을 따라 중생의 씻음과 성령의 새롭게 하심으로 하셨나니

3:6 우리 구주 예수 그리스도로 말미암아 우리에게 그 성령을 풍성히 부어 주사

3:7 우리로 그의 은혜를 힘입어 의롭다 하심을 얻어 영생의 소망을 따라 상속자가 되게 하려 하심이라

그러니 그리스도인의 계명 지키기는 심판자와 죄인 사이에서 주어진 과제가 아닙니다. 도리어 아버지 하나님의 자녀인 우리가 마땅하게 할 일입니다.

그리스도의 형상의 진수

그러므로 영생 얻은 하나님의 자녀인 참된 그리스도인의 계명 지키기는 하나님께서 그들을 위하여 창세전에 세우신 목적에 순종하는 자녀의 행보입니다. 하나님께서 우리를 그리스도 안에서 구원하신 것은 우리가 계명을 어기며 죄에 계속 거하게 하려 하심이 아니었습니다. 우리 하나님께서 우리를 그리스도 안에서 구원하신 것은 하나님의 거대한 목적에 부합하여 영원히 하나님 아버지와 복되고 즐거운 교제의 대상이 되게 하려 하심입니다. 그 요점을 사도 바울은 로마서 8:29에서 분명하게 밝혔습니다.

롬 8:29 하나님이 미리 아신 자들을 또한 그 아들의 형상을 본받게 하기 위하여 미리 정하셨으니 이는 그로 많은 형제 중에서 맏아들이 되게 하려 하심이니라

하나님의 아들 우리 주 예수 그리스도의 형상을 본받는다 함은 그분의 완전한 품격을 본받아 새롭게 변화되고 성장한다는 것입니다.

벧후 3:18 오직 우리 주 곧 구주 예수 그리스도의 은혜와 그를 아는 지식에서

자라 가라 영광이 이제와 영원한 날까지 그에게 있을지어다

엡 4:13 우리가 다 하나님의 아들을 믿는 것과 아는 일에 하나가 되어 온전한 사람을 이루어 그리스도의 장성한 분량이 충만한 데까지 이르리니

4:14 이는 우리가 이제부터 어린 아이가 되지 아니하여 사람의 속임수와 간사한 유혹에 빠져 온갖 교훈의 풍조에 밀려 요동하지 않게 하려 함이라

4:15 오직 사랑 안에서 참된 것을 하여 범사에 그에게까지 자랄지라 그는 머리니 곧 그리스도라

그리스도 우리 주님의 완전한 성품의 진수는 무엇으로 나타났습니까? 우리 주 예수님께서 하나님 아버지의 뜻에 완전하게 순종하신 것으로 나타났습니다. 자기를 보내신 아버지 하나님께 절대 복종하시는 것으로 나타났습니다.

요 6:38 내가 하늘에서 내려온 것은 내 뜻을 행하려 함이 아니요 나를 보내신 이의 뜻을 행하려 함이니라

6:39 나를 보내신 이의 뜻은 내게 주신 자 중에 내가 하나도 잃어버리지 아니하고 마지막 날에 다시 살리는 이것이니라

사도 바울은 성령님의 인도하심 속에서 우리 주 예수님의 마음을 어떻게 묘사하였습니까?

빌 2:5 너희 안에 이 마음을 품으라 곧 그리스도 예수의 마음이니

2:6 그는 근본 하나님의 본체시나 하나님과 동등됨을 취할 것으로 여기지 아니하시고

2:7 오히려 자기를 비워 종의 형체를 가지사 사람들과 같이 되셨고

2:8 사람의 모양으로 나타나사 자기를 낮추시고 죽기까지 복종하셨으니 곧 십자가에 죽으심이라

그러므로 그리스도 안에서 영생 얻어 하나님의 자녀가 된 자들은 아버지 하나님께 복종하는 것을 지상생애의 최고 목적으로 삼습니다. 그러면 하나님께서는 우리에게 무엇을 통하여 당신 자신께 순종할 것을 요구하셨습니까? 바로 하나님의 율법, 계명을 통하여 그 순종을 요구하셨습니다. 이런 말을 듣고 여러분의 마음에 금방 반발심이 일어날 수도 있습니다. "우리가 율법의 행위로 의롭다 하심을 받은 것이 아닌데 우리에게 율법, 계명을 순종하라는 말인가요?"

오해하지 마시기 바랍니다. 앞에서도 말씀드린 것 같이, 영생 얻은 자들의 계명 지키기는 의롭다 하심을 받기 위한 조건이 아닙니다. 그런 차원에서 우리는 율법과 계명으로부터 완전하게 영원히 자유함을 얻었습니다. 우리가 의롭다 하심을 얻은 것은 오직 우리 주 예수님의 완전한 순종을 우리 자신의 것으로 여겨주시는 하나님 아버지의 은혜의 방식 때문입니다.

예수님께서는 생애 전체를 통하여 하나님의 율법을 완전하게 순종하셨습니다. 그리고 우리의 속죄 희생 제물로 자신의 몸을 드리심으로 우리의 모든 죄책을 속하셨습니다. 그러므로 우리가 죄 사함과 의롭다 하심을 받기 위하여 우리 편에서 추가적으로 하나님께 제출할 의가 전혀 필요 없습니다. 만일 의롭다 하심을 주시기 위하여 하나님께서 우리에게 아주 적은 의라도 요구하신다면, 이 세상에 구원받을 사람이 한 사람도 없습니다. 왜냐하면 모든 인생은 하나님의 율법의 기준으로 하면 본질상 다 정죄를 받아 하나님의 진노 아래 있습니다.

롬 1:18 하나님의 진노가 불의로 진리를 막는 사람들의 모든 경건하지 않음과 불의에 대하여 하늘로부터 나타나나니

3:9 그러면 어떠하냐 우리는 나으냐 결코 아니라 유대인이나 헬라인이나 다

죄 아래에 있다고 우리가 이미 선언하였느니라

3:10 기록된 바 의인은 없나니 하나도 없으며

3:11 깨닫는 자도 없고 하나님을 찾는 자도 없고

3:12 다 치우쳐 함께 무익하게 되고 선을 행하는 자는 없나니 하나도 없도다

그러나 너무나 놀랍게도 그리스도를 믿는 이들에게 어떤 일이 일어났습니까?

롬 3:21 이제는 율법 외에 하나님의 한 의가 나타났으니 율법과 선지자들에게 증거를 받은 것이라

3:22 곧 예수 그리스도를 믿음으로 말미암아 모든 믿는 자에게 미치는 하나님의 의니 차별이 없느니라

3:23 모든 사람이 죄를 범하였으매 하나님의 영광에 이르지 못하더니

3:24 그리스도 예수 안에 있는 속량으로 말미암아 하나님의 은혜로 값없이 의롭다 하심을 얻은 자 되었느니라

그러므로 그리스도를 진실로 믿는 우리의 행위나 삶의 실제 문제를 다룰 때에, 우리는 항상 하나님께서 그리스도 안에서 우리를 위하여 선포하신 그 칭의의 영원한 효력을 전제해야 합니다. 그래서 그리스도의 십자가의 도(道)는 항상 영원히 우리 믿는 자들의 영원한 보장이 걸린 은혜와 능력입니다.

고전 1:18 십자가의 도가 멸망하는 자들에게는 미련한 것이요 구원을 받는 우리에게는 하나님의 능력이라

고전 1:30 너희는 하나님으로부터 나서 그리스도 예수 안에 있고 예수는 하나님으로부터 나와서 우리에게 지혜와 의로움과 거룩함과 구원함이 되셨으니

1:31 기록된 바 자랑하는 자는 주 안에서 자랑하라 함과 같게 하려 함이라

이제 우리는 그리스도 안에서 아버지의 자녀로서 영원한 우리의 섬김과 경배의 대상이신 아버지의 기뻐하시는 뜻에 순종하는 과제를 안고 있습니다. 그런 차원에서 우리 주님께서는 "너희가 나를 사랑하면 내 계명을 지키라"고 말씀하신 것입니다.

하나님의 계명의 범주

그러면 하나님의 계명의 범주는 무엇입니까? 이 질문에 대하여 대답하라면 여러분은 어떻게 답하시겠습니까?

이런 질문 앞에서 얼른 십계명이 우리 마음에 떠오릅니다. 물론 우리 주님께서 '내 계명'이라고 말씀하실 때 '십계명'을 중심에 두셨을 것입니다. 그 점에 대하여 아무도 이의를 제기할 수 없습니다. 실로 십계명은 신구약 성경 전체를 통하여 관통하는 하나님의 계명의 대명사입니다.

그러나 우리 주님께서 '내 계명'이라 하실 때에는 십계명의 정신을 중심에 두고 더 포괄적으로 구원받은 하나님의 자녀들이 순종해야 할 하나님의 뜻을 가리킨다고 보아야 합니다. 하나님의 모든 말씀은 우리를 구원하시는 하나님의 복음의 은혜의 말씀과 그 은혜에 합당하게 행할 도리 전체를 아우르고 있습니다.

요한복음 14장 15절에서 "너희가 나를 사랑하면 나의 계명을 지키리라"고 하신 예수님께서 14장 21절 이하에서 다음과 같이 말씀하셨습니다.

요 14:21 나의 계명을 지키는 자라야 나를 사랑하는 자니 나를 사랑하는 자는 내 아버지께 사랑을 받을 것이요 나도 그를 사랑하여 그에게 나를 나타내리라

14:22 나를 사랑하지 아니하는 자는 내 말을 지키지 아니하나니 너희가 듣는 말은 내 말이 아니요 나를 보내신 아버지의 말씀이니라

우리 주 예수 그리스도께서 15장 9절에서 이하에서 다시 강조하여 말씀하십니다.

15:9 아버지께서 나를 사랑하신 것 같이 나도 너희를 사랑하였으니 나의 사랑 안에 거하라

15:10 내가 아버지의 계명을 지켜 그의 사랑 안에 거하는 것 같이 너희도 내 계명을 지키면 내 사랑 안에 거하리라

15:11 내 계명은 곧 내가 너희를 사랑한 것 같이 너희도 서로 사랑하라 하는 이것이니라

우리 주 예수님의 마음은 완전하고 영화로운 뜻과 목적을 가지신 하나님 아버지를 사랑하는 단 다음으로 복종하셨습니다.

구약시대에 허용된 빛의 분량과 신약시대 이후에 부어진 빛의 분량

요한 사도는 영생 얻은 그리스도인이 지켜야 할 계명의 영적 특성을 주목하며 이렇게 말하였습니다.

요일 2:7 사랑하는 자들아 내가 새 계명을 너희에게 쓰는 것이 아니라 너희가 처음부터 가진 옛 계명이니 이 옛 계명은 너희가 들은 바 말씀이거니와

여기서 성령님 안에서 사도 요한은 신약시대 이후의 그리스도인들은 구약시대의 성도들이 몰랐던 계명을 새롭게 듣게 된 것은 아님을 분명하게 천명하였습니다. 우리가 구약시대의 도덕법인 십계명과 그와 연관된 각종 법도와 율례들을 우리가 여전히 배우고 삶에 적용해야 할 이유가 거기 있습니다. 그리스도인에게 십계명은 낡은 법이 아닙니다.

그 요점을 견지하면서 사도 요한의 말을 더 들어 보세요.

요일 2:8 다시 내가 너희에게 새 계명을 쓰노니 그에게와 너희에게도 참된 것이라 이는 어둠이 지나가고 참빛이 벌써 비침이니라

2:9 빛 가운데 있다 하면서 그 형제를 미워하는 자는 지금까지 어둠에 있는 자요

2:10 그의 형제를 사랑하는 자는 빛 가운데 거하여 자기 속에 거리낌이 없으나

2:11 그의 형제를 미워하는 자는 어둠에 있고 또 어둠에 행하며 갈 곳을 알지 못하나니 이는 그 어둠이 그의 눈을 멀게 하였음이라

사도는 신약시대 이후의 그리스도인들이 구약시대의 성도들보다 본질적 면에서가 아니라 경륜적인 면에서 더 큰 빛을 가지고 있다고 지적하고 있습니다. 물론 그 빛은 그리스도와 그 속량의 은혜를 아는 빛의 분량을 말합니다. 구약시대 성도들도 언약과 예표로 예언된 그리스도와 그 속량의 은혜를 힘입어 구원받았습니다. 그러니 구원의 문제에 있어서 구약시대 성도들과 신약시대 이후의 성도들 사이에 차이가 없습니다. 그러나 신약시대의 백성들은 예표와 그림자를 통하여 예언된 그리스도의 실체를 알게 되었으니 구약의 성도들보다 더 큰 분량의 빛을 받았습니다. 물론 그 그리스도를 아는 지식의 빛은 보혜사 성령님의 역사로 말미암습니다. 그러니 우리가 구약시대의 성도들과 동일한 믿음과 구원을 받았어도 그리스도를 아는 지식에 있어서 더 선명하고 풍성한 분량을 받았습니다. 언제인가 이렇게 설교하였더니 인터넷을 통하여 그 설교를 듣고 어느 성도께서 제게 질문을 해 왔습니다.

"목사님, 구약성경을 읽어 보면, 그 성도들의 간절함이 신약시대 이후의

성도들보다 더한 것 같다는 느낌을 받습니다. 그런데 그 현실과 목사님의 말씀과 어떻게 조화가 될 수 있나요?"

그래서 제가 대답하였습니다. "성도님, 형설(螢雪)의 공(功)이라는 말을 들어 보셨나요? 집이 너무 가난하여 밤에 불을 밝힐 기름이 없는 학생이 반딧불을 잡아다가 그 빛에 비추어 책을 보았다는 말입니다. 또한 겨울에는 눈빛에 비추어 글을 읽었습니다. 그 학생이 나중에 장원급제 했다는 고사가 있지요. 아무리 LED 등의 밝은 조명 아래 공부할 수 있는 여건이 주어져도 펑펑 노는 학생이 무슨 수로 공부를 잘 할 수 있습니까?" 그분께서 말하였습니다. "가난하여 밝은 등불은 못 켜고 그저 침침한 호롱불 아래서 밤새워 공부하는 학생의 실력이 그런 학생보다 훨씬 높겠지요?

그러합니다. 우리 예수님을 믿는 이들은 지금 세례요한보다 더 큰 빛을 받은 자들입니다. 그래서 우리 주님께서 세례요한에 대하여 그리 말씀하신 것입니다.

마 11:11 내가 진실로 너희에게 말하노니 여자가 낳은 자 중에 세례 요한보다 큰 이가 일어남이 없도다 그러나 천국에서는 극히 작은 자라도 그보다 크니라

여기서 우리 주님께서 세례요한의 도덕성을 말씀하지 않습니다. 도리어 그리스도로서의 예수님 자신을 아는 지식의 분량과 정도에 대하여 말씀하신 것입니다. 모세와 선지자들 모두가 그리스도를 증거하였습니다. 그러나 세례요한은 그리스도를 정면에서 증거하였습니다.

요 1:29 이튿날 요한이 예수께서 자기에게 나아오심을 보고 가로되 보라 세상 죄를 지고 가는 하나님의 어린 양이로다

그러나 세례요한 이후 예수님을 믿을 이들은 오순절 성령님으로 말미암아 그보다 더 예수님을 잘 아는 지식과 빛을 가지게 되었습니다. 우리는

지금 세례요한보다 더 큰 빛을 가지고 있습니다. 그리스도와 그 대속의 십자가의 도를 성령님의 기름 부으심으로 말미암아 알고 믿게 되었으니 말입니다. 그런 큰 빛 안에서 우리의 계명 지키기는 마치 '새 계명을 받은 것 같은 수준'의 일입니다.

구약 시대의 성도들에게도 그리스도와 그분을 통한 구원의 은혜를 아는 빛을 주셨습니다. 그래서 구약시대의 대표적인 성도인 다윗은 노래하였습니다.

시 19:9 여호와를 경외하는 도는 정결하여 영원까지 이르고 여호와의 법도 진실하여 다 의로우니

19:10 금 곧 많은 순금보다 더 사모할 것이며 꿀과 송이꿀보다 더 달도다

19:11 또 주의 종이 이것으로 경고를 받고 이것을 지킴으로 상이 크니이다

19:12 자기 허물을 능히 깨달을 자 누구리요 나를 숨은 허물에서 벗어나게 하소서

19:13 또 주의 종에게 고의로 죄를 짓지 말게 하사 그 죄가 나를 주장하지 못하게 하소서 그리하면 내가 정직하여 큰 죄과에서 벗어나겠나이다

19:14 나의 반석이시요 나의 구속자이신 여호와여 내 입의 말과 마음의 묵상이 주님 앞에 열납되기를 원하나이다

이 구약시대의 성도가 우리에 비해 적은 빛 안에서 이렇게 간절한 마음으로 계명을 지켰다면, 우리는 얼마나 더 해야겠습니까?

성령님과 계명 지키기

이제 우리는 그리스도 안에서 더 큰 빛, 성령님의 조명을 받아 우리 하나님의 사랑과 십자가 대속의 은혜의 능력과 영원한 효력을 따라서 계명을

지켜야 합니다. 그래서 우리 주님께서 계명 지키기와 관련하여 보혜사 성령님의 역사를 함께 말씀하신 것입니다.

요 14:24 나를 사랑하지 아니하는 자는 내 말을 지키지 아니하나니 너희가 듣는 말은 내 말이 아니요 나를 보내신 아버지의 말씀이니라

14:25 내가 아직 너희와 함께 있어서 이 말을 너희에게 하였거니와

14:26 보혜사 곧 아버지께서 내 이름으로 보내실 성령 그가 너희에게 모든 것을 가르치고 내가 너희에게 말한 모든 것을 생각나게 하리라

그런 의미에서 사도 요한은 다음과 같이 말한 것입니다.

요일 5:3 하나님을 사랑하는 것은 이것이니 우리가 그의 계명들을 지키는 것이라 그의 계명들은 무거운 것이 아니로다

사도 바울은 우리 자신의 종교성과 도덕성을 가지고 하나님의 계명 지키기는 전혀 불가능함을 로마서 7장에서 말하였습니다.

롬 7:6 이제는 우리가 얽매였던 것에 대하여 죽었으므로 율법에서 벗어났으니 이러므로 우리가 영의 새로운 것으로 섬길 것이요 율법 조문의 묵은 것으로 아니할지니라

7:7 그런즉 우리가 무슨 말을 하리요 율법이 죄냐 그럴 수 없느니라 율법으로 말미암지 않고는 내가 죄를 알지 못하였으니 곧 율법이 탐내지 말라 하지 아니하였더라면 내가 탐심을 알지 못하였으리라

7:8 그러나 죄가 기회를 타서 계명으로 말미암아 내 속에서 온갖 탐심을 이루었나니 이는 율법이 없으면 죄가 죽은 것임이라

7:9 전에 율법을 깨닫지 못했을 때에는 내가 살았더니 계명이 이르매 죄는 살아나고 나는 죽었도다

7:10 생명에 이르게 할 그 계명이 내게 대하여 도리어 사망에 이르게 하는

것이 되었도다

7:11 죄가 기회를 타서 계명으로 말미암아 나를 속이고 그것으로 나를 죽였는지라

그래서 사도는 결론적으로 말합니다.

롬 7:23 내 지체 속에서 한 다른 법이 내 마음의 법과 싸워 내 지체 속에 있는 죄의 법으로 나를 사로잡는 것을 보는도다

7:24 오호라 나는 곤고한 사람이로다 이 사망의 몸에서 누가 나를 건져내랴

7:25 우리 주 예수 그리스도로 말미암아 하나님께 감사하리로다 그런즉 내 자신이 마음으로는 하나님의 법을 육신으로는 죄의 법을 섬기노라

그런 다음에 사도는 로마서 8장에서 성령님을 의존하여 하나님의 계명에 순종하여 승리하는 길을 제시합니다.

롬 8:1 그러므로 이제 그리스도 예수 안에 있는 자에게는 결코 정죄함이 없나니

8:2 이는 그리스도 예수 안에 있는 생명의 성령의 법이 죄와 사망의 법에서 너를 해방하였음이라

8:3 율법이 육신으로 말미암아 연약하여 할 수 없는 그것을 하나님은 하시나니 곧 죄로 말미암아 자기 아들을 죄 있는 육신의 모양으로 보내어 육신에 죄를 정하사

8:4 육신을 따르지 않고 그 영을 따라 행하는 우리에게 율법의 요구가 이루어지게 하려 하심이니라

말씀과 기도를 통하여 우리 마음에 하나님의 사랑을 부어 주시어 하나님의 자녀답게 능히 계명을 지키게 하시는 성령님을 의존합시다. 그러므로 우리가 하나님의 자녀로 계명을 지키는 것은 단순하게 도덕적인 의지를 발

동하여 될 일이 아닙니다. 우리는 은혜의 방식을 따라서 말씀과 기도라는 '은혜의 방편'을 통하여 주시는 은혜를 따라서 계명 지키기가 이루어집니다. 그래서 우리 그리스도인의 모든 행보는 다 그리스도 안에 있는 하나님의 은혜를 우리에게 적용하시는 성령님의 역사 속에서 진행되는 것입니다. 그래서 사도는 그렇게 우리에게 권고한 것입니다.

엡 5:15 그런즉 너희가 어떻게 행할지를 자세히 주의하여 지혜 없는 자 같이 하지 말고 오직 지혜 있는 자 같이 하여

5:16 세월을 아끼라 때가 악하니라

5:17 그러므로 어리석은 자가 되지 말고 오직 주의 뜻이 무엇인가 이해하라

5:18 술 취하지 말라 이는 방탕한 것이니 오직 성령으로 충만함을 받으라

5:19 시와 찬송과 신령한 노래들로 서로 화답하며 너희의 마음으로 주께 노래하며 찬송하며

5:20 범사에 우리 주 예수 그리스도의 이름으로 항상 아버지 하나님께 감사하며

5:21 그리스도를 경외함으로 피차 복종하라

아멘.

chapter 25

영생 얻은 자의 자의식

누구나 자신에 대하여 바른 생각을 가지는 것은 매우 중요합니다. 저는 그래서 이 장에서는 '영생 얻은 자의 자의식(自意識)'에 대하여 알아보려고 합니다. '자의식'이란 말을 우리말 국어사전에서는 이렇게 규정하였습니다. "자신이 처한 위치나 자신의 행동·성격 따위에 대해 깨닫는 자기의식"으로 풀어 놓았습니다. 그러니 자의식이란 자신이 누구인지, 또 자기의 위치가 무엇인지, 자기가 처신할 바가 무엇인지에 대하여 가진 의식이라고 할 수 있습니다. 또는 성경적인 어법으로 하면 '자기를 아는 지식'이라고 하면 더욱 좋을 듯합니다.

사람의 바른 자의식에 대한 철학과 성경의 충돌

실로 자기를 안다는 것은 중요하기 이를 데 없습니다. 자기를 제대로 아는 것이 참된 지혜의 요건입니다. 철학의 역사를 보면, 철학자들이 초기에 만물의 기원에 대하여 알고 싶어 했습니다. 우주 만물과 그 조화와 질서가 사람으로 기동하며 사는 조건을 제공합니다. 그러니 철학자들은 그 우주 만물의 기원을 알아내는 것이 인간을 이해하기 위하여 매우 필요하다는 의식을 가졌습니다. 그들은 사람이 대체 어떤 존재인지를 알기 원하였습니다. 그래서 그 지식으로 인간의 존재의 의미와 삶의 가치와 목적을 설정하려고 애를 썼습니다. 그리고 그에 비추어 자기가 누구인지 알기 원하였습니다. 우리가 익히 알듯이, 소크라테스(Socrates, BC 470-399)는 "너 자신을 알라"고 제자들에게 가르쳤습니다. 그는 자기 철학의 궁극적인 목표를 자기 자신을 아는 데 두었다는 말입니다.

하여간 철학자들은 인간 이해, 더 구체적으로 자기의 존재와 그 의미를 아는 것을 지혜의 진수로 여겼습니다. 그래서 철학은 눈에 보이는 현상 너머의 세계에 대한 것을 넘보기도 합니다. 그러나 철학자들의 방식은 그 눈에 보이지 않는 세계에 대한 빛을 눈에 보이는 우주와 그 질서와 조화의 수준 내에서만 찾았습니다. 그런 수준에서 그들은 '자아의 발견'이라는 큰 작업을 하였습니다. 앞의 장들에서도 여러번 언급했듯이, 철학의 연구는 눈에 보이는 세계를 관찰하여 얻은 빛으로 눈에 보이지 않는 세계를 미루어 짐작하는 수준을 넘어서지 못하였습니다.

그러나 성경은 처음부터 끝까지 인간과 우주와 그 현상 세계와 눈에 보이지 않는 세계 전체를 창조하시고 지으시고 통치하시고 섭리하시는 하나님을 말합니다.

창 1:1 태초에 하나님이 천지를 창조하시니라

성경은 인간을 포함한 모든 만상 전체를 창조주 하나님의 피조물로 전제합니다. 그리고 성경은 하나님의 창조의 최고 걸작으로 사람을 모든 피조물 위에 높입니다. 하나님께서 주권적인 뜻을 따라 인간을 하나님 자신의 형상을 따라 지으신 사실을 전제합니다. 그리고 인간의 존재와 삶을 위하여 필요한 모든 조건을 바로 그 창조주 하나님께서 공급하십니다. 그러므로 성경은 사람을 이해하기 위해서는 먼저 사람을 지으신 창조주 하나님을 알라고 말합니다. 사람은 창조주 하나님의 주권적인 목적을 따라서 존재하기 때문입니다. 사람은 스스로 존재하지 못합니다. 우리의 존재의 시작과 그 이후 전체가 바로 그 창조주 하나님께 달려 있습니다. 그러므로 성경대로 말하면, 참된 인간 이해는 그 창조주 하나님을 아는 지식의 빛 안에서만 가능합니다.

여기서 성경과 철학의 출발점이 판이하게 다름을 알 수 있습니다. 철학은 처음부터 끝까지 사람입니다. 철학은 아무의 간섭도 없이 자유로운 주체성을 가진 인간의 자기실현을 목표에 둡니다. 철학자들은 인간의 자아실현을 위한 가치와 목적을 제공하는 것을 그 본무로 여겨왔습니다. 과거에도 현재에도 앞으로도 철학은 항상 그 기조를 견지하게 되어 있습니다. 그래서 철학, 인문학은 인간의 소양과 잠재적 능력을 극대화하려 합니다. 그래서 인문학적인 시각으로는 사람이 추구하는 최고의 목표점에 도달하는 것이 최고선(最高善)입니다.

그러나 성경은 인간과 모든 피조물의 존재를 처음부터 끝까지 창조주 하나님께 복속시킵니다. 그래서 성령께서 사도 요한에게 주신 계시록의 서두에서 그 점을 대 전제로 제시합니다.

계 1:8 주 하나님이 가라사대 나는 알파와 오메가라 이제도 있고 전에도 있었고 장차 올 자요 전능한 자라 하시더라

철학은 처음부터 끝까지 사람에게만 집중합니다. 성경은 처음부터 끝

까지 창조주 하나님을 주체로 하고, 사람은 그 하나님의 주권적인 목적과 뜻에 따라 존재하는 한정적인 존재입니다. 그러하다고 하나님께서 사람을 저열한 존재로 지으사 허무한데 굴복하게 하셨습니까? 결코 아닙니다. 성경은 사람을 창조주 하나님의 형상을 본받아 지으심을 받은 피조물의 영장으로 소개합니다. 그리고 사람이 하나님을 불순종하고 대적하여 본질상 진노의 자녀임에도 불구하고 불쌍하게 여기시어 그 죄에서 구원하시려고 그 아들을 보내시어 십자가에 못박혀 죽으시어 대속하게 하셨습니다.

성경은 줄기차게 창조주 하나님께서 당신의 이름과 영광을 걸고 사람을 위하여 행하신 그 놀라운 일을 광포합니다.

신 10:21 그는 네 찬송이시요 네 하나님이시라 네가 목도한바 이같이 크고 두려운 일을 너를 위하여 행하셨느니라

사 44:23 여호와께서 이 일을 행하셨으니 하늘아 노래할지어다 땅의 깊은 곳들아 높이 부를지어다 산들아 삼림과 그 가운데 모든 나무들아 소리내어 노래할지어다 여호와께서 야곱을 구속하셨으니 이스라엘로 자기를 영화롭게 하실 것임이로다

신약성경에서 사도 바울은 하나님께서 사람을 구원하시고 영화롭게 하신 방식을 천명합니다.

골 1:20 그의 십자가의 피로 화평을 이루사 만물 곧 땅에 있는 것들이나 하늘에 있는 것들을 그로 말미암아 자기와 화목케 되기를 기뻐하심이라

중세교회의 패착

그러므로 성경이 말하는 창조주 하나님을 절대 척도로 삼는 참된 기독

교가 철학과 근본부터 달라 조화할 수 없습니다. 중세 스콜라 철학은 이런 면에서 처음부터 실패의 요소를 내재하고 있었습니다. 6세기부터 16세기의 1천년 간의 중세교회가 철학과 신앙을 조화시키려는 스콜라 철학의 기반 위에 서 있었습니다. 이성과 신앙의 조화를 꾀한다는 미명 하에서 그런 일이 진행되었습니다. 이성으로 진리를 탐구하고 인식하는 철학의 방식과 하나님을 경외하는 신앙의 조화점을 찾으려는 시도가 스콜라 신학의 미명 아래서 진행되었습니다. 거기다가 중세교회를 주도한 로마 가톨릭 교회는 교황주의와 마리아 숭배를 교회의 제도로 고착시켰습니다. 그러니 전제와 출발점과 목표점에서 판이한 차별을 보이는 철학과 성경적 신앙을 한 바구니에 담고자 한 셈입니다.

중세교회는 그런 방식으로 하면 성경적인 신앙이 도움을 받아 더 견실해질 수 있다는 희망을 가졌습니다. 그러나 그렇게 함으로써 처음부터 끝까지 하나님 영광 중심인 성경의 복음 진리는 무참하게 가려졌습니다. 물론 성경대로의 참된 경건은 인간의 이성과 인식의 세계를 무시하지 않습니다. 사람에게 무엇을 알고 이해하고 인식하게 이성을 주신 분이 하나님이십니다. 그러니 참된 경건은 사람에게 주신 이성, 지성적인 기능을 무시하지 않고 바르게 사용하기를 권합니다. 그러자면 지성이 표준으로 삼는 척도가 옳아야 합니다. 길이를 바르게 재려면 정확한 척도를 의존해야 합니다. 일류 목수와 삼류 목수 사이의 차이는 어디에 있습니까? 일류 목수는 정확한 척도와 건축 원리를 절대로 의존합니다. 그러니 그런 목수가 지은 집이 명품이 되는 것입니다. 삼류 목수는 정확한 척도를 의존하는 성실함을 버리고 자기의경 험에 의존하여 일을 대충해 버립니다. 그러니 그런 목수가 지은 집에 사는 사람은 살면서 여러 하자로 고생을 합니다.

철학자가 의존하는 나름의 가치 척도가 없지 않습니다. 결국 모든 인간적인 철학은 불완전하고 오류투성이의 인간 자신을 척도를 삼습니다. 철학자들은 절대적 표준 없이 자기의 이성의 가늠자를 따라서 사물을 연구하고 진리를 찾아내려고 합니다. 그러나 참 성도는 성경으로 자신을 계시하시고 말씀하시는 하나님을 경외합니다. 그래서 영생 얻은 우리는 성경을 절대 표준으로 삼습니다.

그리스도인의 자아 발견

영생 얻은 그리스도인은 하나님께서 목적하신 대로 지으시고 통치하시고 이루시는 그 거룩한 행사 속에서 자신을 발견합니다. 그러므로 영생 얻은 그리스도인은 성경 이외의 다른 인생론을 참조할 필요가 없습니다. 하나님 없는 철학자나 문학가들이나 사상가들이 쓴 인생론들이 있습니다. 영생 얻은 하나님의 자녀들은 성경 말고 다른 인생론을 필요로 하지 않습니다. 우리 하나님의 자녀들은 성경이 말하는 바를 따라서 하나님께서 사람을 지으시고 판단하시고 통치하시며 구원하시는 실상 속에서 참된 인생론을 발견합니다. 그러므로 우리 성도들은 철학자들이나 사상가들이나 문학가들이 추구하는 자아실현 같은 것에 관심이 없습니다.

우리는 오직 하나님 우리 아버지와 우리 주 예수 그리스도와 성령님, 성삼위 하나님께서 우리를 위하여 창세전에 예정하시고 그 뜻을 이루신 그 놀랍고 영광스러운 진실 속에서 우리 자신을 발견할 뿐입니다.

사 43:1 야곱아 너를 창조하신 여호와께서 지금 말씀하시느니라 이스라엘아 너를 지으신 이가 말씀하시느니라 너는 두려워하지 말라 내가 너를 구속하였고 내가 너를 지명하여 불렀나니 너는 내 것이라

엡 1:3 찬송하리로다 하나님 곧 우리 주 예수 그리스도의 아버지께서 그리스도 안에서 하늘에 속한 모든 신령한 복을 우리에게 주시되

1:4 곧 창세 전에 그리스도 안에서 우리를 택하사 우리로 사랑 안에서 그 앞에 거룩하고 흠이 없게 하시려고

1:5 기쁘신 뜻대로 우리를 예정하사 예수 그리스도로 말미암아 자기의 아들들이 되게 하셨으니

1:6 이는 그가 사랑하시는 자 안에서 우리에게 거저 주시는 바 그의 은혜의 영광을 찬송하게 하려는 것이라

롬 8:29 하나님이 미리 아신 자들을 또한 그 아들의 형상을 본받게 하기 위하여 미리 정하셨으니 이는 그로 많은 형제 중에서 맏아들이 되게 하려 하심이니라

8:30 또 미리 정하신 그들을 또한 부르시고 부르신 그들을 또한 의롭다 하시고 의롭다 하신 그들을 또한 영화롭게 하셨느니라

우리는 오직 하나님의 말씀인 성경에 따라서 사람이 태어나서 자라고 살고 죽고 하는 모든 일의 의미를 압니다. 우리는 우리 자신이 누구인지를 성경에서 발견합니다. 우리는 궁극적으로 우리 자신이 세운 목적을 위하여 살거나 존재하지 않습니다.

롬 14:7 우리 중에 누구든지 자기를 위하여 사는 자가 없고 자기를 위하여 죽는 자도 없도다

14:8 우리가 살아도 주를 위하여 살고 죽어도 주를 위하여 죽나니 그러므로 사나 죽으나 우리가 주의 것이로다

14:9 이를 위하여 그리스도께서 죽었다가 다시 살아나셨으니 곧 죽은 자와

산 자의 주가 되려 하심이라

고전 10:31 그런즉 너희가 먹든지 마시든지 무엇을 하든지 다 하나님의 영광을 위하여 하라

빌 3:8 또한 모든 것을 해로 여김은 내 주 그리스도 예수를 아는 지식이 가장 고상하기 때문이라 내가 그를 위하여 모든 것을 잃어버리고 배설물로 여김은 그리스도를 얻고

3:9 그 안에서 발견되려 함이니 내가 가진 의는 율법에서 난 것이 아니요 오직 그리스도를 믿음으로 말미암은 것이니 곧 믿음으로 하나님께로부터 난 의라

빌립보서 1장 20절,

빌 1:20 나의 간절한 기대와 소망을 따라 아무 일에든지 부끄러워하지 아니하고 지금도 전과 같이 온전히 담대하여 살든지 죽든지 내 몸에서 그리스도가 존귀하게 되게 하려 하나니

1:21 이는 내게 사는 것이 그리스도니 죽는 것도 유익함이라

그러므로 철학과 성경적인 신앙을 조화시키려 하는 스콜라 철학적 발상은 마치 기름과 물을 섞으려 하는 시도와 같습니다. 종교개혁은 그런 미련한 발상을 타파하고 오직 성경으로만 진리의 표준을 삼으려는 거대한 혁신이었습니다. 그래서 종교개혁은 하나님의 피로 값주고 사신 교회를 사람의 손에서 빼어 내어 성경의 절대 권위 아래로 들어가게 하신 성령님의 거룩하고 크신 일이었습니다.

철학과 성경의 인간론의 차이

그러므로 성경의 인간론은 창조주 하나님께서 주권적인 목적을 따라 사

람을 지으셨다는 진리를 그 근본에 두고 있습니다. 그러므로 성경적 인간론은 창조주 하나님의 명령을 따라 정해진 질서와 규례에 따라 존재해야 하는 인간의 자리를 기본으로 삼습니다. 그래서 성경적 인간론은 그 하나님의 계획과 목적에 순응하여 그 하나님과 교제하는 영광을 누리는 인간상을 목표로 삼습니다.

그러나 철학은 그런 하나님의 존재를 부인하며 오직 아무의 간섭도 없이 자유로운 주체로서의 인간을 기본 전제로 삼습니다. 그러므로 철학, 또는 인문학이 말하는 인간의 이상형은 '나 홀로 주체적인 인간'입니다. 그래서 철학의 인간론이 주체자로서의 자아실현에 목을 매달고 있는 것입니다. 그러니 철학의 인간론은 '나 홀로 자아의 발견과 자기실현'에 집중합니다.

성경에 따르면, 인간은 자기를 지으시고 자기 존재의 의미와 목적과 가치를 규정하여 주신 창조주 하나님과의 영원한 관계를 벗어날 수 없습니다. 그러므로 성경대로의 인간론은 창조주요 통치자요 심판주요 구원자이신 성삼위 하나님과의 영원한 관계 속에 있는 사람에 관한 것입니다.

철학과 성경의 구원론의 차이

그러므로 철학과 기독교는 인간의 구원에 관하여 판이한 차이를 드러냅니다. 철학은 인간이 가진 여러 난제와 연약과 한계를 극복하는 초인적인 존재를 꿈을 꿉니다. 그것이 철학, 또는 이방 종교들이 꿈꾸는 인간 구원입니다. 니체(F. W. Nietzsche, 1844-1900)가 구상한 초인론은 인문학, 철학이 목표하는 인간의 자아실현의 대망론입니다.

니체는 아모르 파티(Amor fati)라는 '운명애'로 번역되는 라틴어로 자기가 꿈꾸는 이상적인 인간상, 소위 초인(超人)을 그려 보았습니다. 그는 '자라투스트라는 이렇게 말했다'라는 철학 소설을 창작하여 자기가 구상하는 초인을 그렸습니다. 참으로 어처구니없는 이야기지만, 니체의 초인론과 성경이 말하는 구원론 사이에 유사성이 있는 것 같이 말하는 설교를 한다면, 그 설교자는 순전한 복음 설교자이기를 포기한 사람입니다. 그는 성경의 인간론에 회의를 느끼고 철학이 말하는 인간론에 매력을 느끼고 있는 것이 분명합니다. 그런 설교자가 있다면, 철학과 성경의 복음이 처음부터 끝까지 다르며 철학이 사탄의 도구임을 깨닫게 하시는 주님의 은혜를 구합니다. 성경이 말하는 인간 구원은 하나님을 불순종한 죄로 인하여 어그러진 사람을 하나님과 정상적인 관계로 회복하는 것입니다. 그리고 다시는 그 어떤 경우에도 그렇게 구원받은 사람이 하나님과의 회복된 관계에서 튕겨 나가지 못하게 하신 하나님의 완전하심을 찬미하는 바입니다.

철학이 사탄의 도구인 이치

사랑하시는 성도 여러분,

사탄의 유혹과 시험의 핵심은 무엇입니까? 사람으로 하여금 스스로 단독자로 서라고 부추기는 것이 사탄의 궁극적 목표가 아닙니까? 옛 뱀 사탄이 에덴동산의 아담과 하와를 꼬인 실제 속에 그 점이 드러납니다. 그런데 범죄 이후 인간세계의 역사 속에서 그 사탄의 음흉한 유혹은 멈춘 적이 없습니다. 하나님과 아름답고 영화로운 교제 상태에서 자신의 존재의 가치와 의미를 발견하며 복되었던 아담과 하와를 향하여 사탄이 무어라 하였습니까? 아담과 하와에게 그가 다그치며 유혹한 논리를 주목하세요.

창세기 3장 4절 이하에, "뱀이 여자에게 이르되 너희가 결코 죽지 아니하리라 너희가 그것을 먹는 날에는 너희 눈이 밝아져 하나님과 같이 되어 선악을 알 줄 하나님이 아심이니라." 여기서 '하나님과 같이 된다'는 말은 하나님을 의뢰할 필요가 없이 스스로 독립하여 자존하는 존재가 된다는 것입니다. '너희도 하나님처럼 스스로 자존하는 단독자로 서라'는 사탄의 논리에 말려들어 아담과 하와가 하나님의 말씀을 버리고 범죄하였습니다. 창세기 3장 6절에, "여자가 그 나무를 본즉 먹음직도 하고 보암직도 하고 지혜롭게 할 만큼 탐스럽기도 한 나무인지라 여자가 그 열매를 따먹고 자기와 함께 있는 남편에게도 주매 그도 먹은지라." "스스로 단독자로서의 주체자가 되라"는 철학의 인간론은 영적으로 죽어 있어 하나님을 모르는 인간 본성에 아주 딱 맞습니다.

인류 역사 내내 죄로 타락하고 부패한 인간 본성에 바로 그 철학의 인간론이 아주 잘 맞아 위세를 부렸습니다. 오늘도 내일도, 아니 우리 주님 오시기까지 세상에 속한 사람들의 마음에 그 논리가 위세를 계속 떨칠 것입니다. 사탄은 아담과 하와를 유혹한 그 논리를 가지고 계속 사람들의 사상과 의식을 장악하고 있습니다.

오호라, 처량하고 슬프도다! 철학의 옷을 입고 있는 귀신의 가르침에 녹아나는 인생들이여! 오늘날 교회 속에서 그런 철학, 그런 인문학을 가르쳐야 한다는 소리가 들리니 참으로 기가 막힐 노릇입니다. 철학자들도 논리적으로는 인간이 스스로 존재할 수 없는 존재임을 수긍하지 않을 수 없었습니다. 그것이 바로 유신논증입니다. 그럼에도 불구하고 철학자들은 인간을 창조하고 간섭하고 통제하는 하나님의 존재는 처음부터 싫어하였습니다. 그 하나님을 인정하는 순간 인간의 철학의 기반이 대번에 무너져 버립니다. 그것은 단독적인 주체로서의 인간 존재를 기본 전제로 삼는 철학의 밑둥치를 훼손하는 것이기 때문입니다.

철학과 우상숭배의 동거

그런데도 너무나 괴이하게도 철학의 발상지인 아덴에 우상이 가득하였습니다. 사도 바울은 그 현장을 보고 격분하였습니다. 사도행전 17장 16절 이하에 이렇게 기록되어 있습니다.

행 17:6 바울이 아덴에서 그들을 기다리다가 그 성에 우상이 가득한 것을 보고 마음에 격분하여

17:7 회당에서는 유대인과 경건한 사람들과 또 장터에서는 날마다 만나는 사람들과 변론하니

17:8 어떤 에피쿠로스와 스토아 철학자들도 바울과 쟁론할 새 어떤 사람은 이르되 이 말쟁이가 무슨 말을 하고자 하느냐 하고 어떤 사람은 이르되 이방 신들을 전하는 사람인가보다 하니 이는 바울이 예수와 부활을 전하기 때문이러라

각종 우상은 단독적인 주체자로서의 인간을 꿈꾸는 철학으로는 메울 수 없는 종교성의 표출입니다. 소위 철학자들에게서 인생론을 배우던 당시의 헬라 사람들은 여전히 각종 우상과 미신의 전각에 모여 엉뚱한 종교적 행위를 하고 있었습니다. 언뜻 보기에 정말 앞뒤가 맞지 않는 괴이한 현상입니다. 사실 각종 우상과 이방 종교들은 그 철학의 주장을 정면으로 반박하고 있는 셈입니다.

"우리가 철학적인 교훈을 따라 우리 자신을 스스로 세우는 일을 하려 하나 여전히 우리 존재의 한계를 철학이 메워주지 못한다. 사람의 여러 난제와 운명에 대하여 철학이 무엇을 말해 주나? 그래서 우리는 여전히 우리 자신을 맡기고 우리를 지원해 줄 종교적 대상을 필요로 한다."

철학자들은 자기들의 인간론을 정면으로 반박하는 종교적 행태를 이겨

낼 논리가 없어 손을 놓고 있습니다. 철학은 단독적인 주체로서의 사람을 꿈꿉니다. 그러나 철학은 사람이 스스로 존재할 수 없는 실상과 각종 한계 앞에 속수무책입니다. 그러니 철학은 각종 우상을 숭배하고 미신을 의뢰하는 인간들의 행태를 나무랄 수 없습니다. 그래서 철학과 우상과 미신은 결국 싸우지 않고 동거합니다. 하나님 없는 자들은 다른 여러 일들에 대하여 나뉘어 있으나 하나님을 대적하는 일에는 하나입니다. 예수님께서 십자가를 지시던 날에 헤롯과 빌라도의 사이가 어떠하였습니까?

눅 23:12 헤롯과 빌라도가 전에는 원수이었으나 당일에 서로 친구가 되니라

하나님 없는 철학박사는 결국 자기의 종교적 본성의 충족을 위하여 미신이나 우상을 숭배할 수밖에 없습니다.

롬 1:22 스스로 지혜 있다 하나 어리석게 되어

1:23 썩어지지 아니하는 하나님의 영광을 썩어질 사람과 새와 짐승과 기어다니는 동물 모양의 우상으로 바꾸었느니라

철학은 이상향적인 유토피아의 세계를 늘 꿈꿉니다. 물론 철학도 윤리와 도덕을 말합니다. 그런데 철학이 말하는 선은 자기를 곤고하게 하고 불행하게 만드는 조건을 극복하고 자기를 진정 자유롭게 하는 자기실현의 완성단계에 이르게 하는 것입니다. 그래서 철학, 인문학에서는 다른 이나 자기의 자아실현의 길을 위하는 것이 선이고 방해하는 것이 악입니다.

성경이 말하는 선과 악은 바로 그 창조주 하나님을 순종하느냐 아니냐의 문제입니다. 그러므로 성경이 말하는 구원은 죄악에 빠진 사람을 그 곤고함에서 건져내어 하나님과 영원히 화목하고 생명의 교제를 회복하는 인간상을 새롭게 창조하시는 하나님의 행사입니다.

고후 5:17 그런즉 누구든지 그리스도 안에 있으면 새로운 피조물이라 이전

것은 지나갔으니 보라 새 것이 되었도다

자신을 개선하지 말고 주님을 믿으라

성경은 사람들에게 너희 자신을 연마하여 개선하기 위하여 도를 닦아 참 사람이 되라고 한 적이 없습니다.

요 6:27 썩을 양식을 위하여 일하지 말고 영생하도록 있는 양식을 위하여 하라 이 양식은 인자가 너희에게 주리니 인자는 아버지 하나님께서 인치신 자니라

6:28 그들이 묻되 우리가 어떻게 하여야 하나님의 일을 하오리이까

6:28 예수께서 대답하여 이르시되 하나님께서 보내신 이를 믿는 것이 하나님의 일이니라 하시니

철학과 이방 종교들은 다 "도를 닦아 네 자신을 구원하라"고 외쳐 댑니다. "너 자신을 알라" 한 소크라테스의 말 자체는 의미심장합니다. 그러나 사람이 자신을 알기 위하여는 자기를 지으시고 조성하시고 영원히 죽지 않게 하시는 창조주와 구속주 하나님을 알아야 합니다. 철학이 꿈꾸는 구원은 인간 스스로를 발전시키고 계발하여 이르게 되는 자아실현의 극치입니다. 철학이 꿈꾸는 인간 구원은 스스로를 분발시킴의 열매입니다. 그래서 철학은 도를 닦아 높은 경지의 인간상에 이르려 하는 것을 최고 권장할 일로 여깁니다. 사실 모든 종교들이 바로 이러한 노선에서 사람을 연마하고 개량하여 자아실현의 극치에 이르게 하려는 교훈을 실행하고 있습니다.

그러나 성경이 말하는 구원은 사람을 지으시고 존재하게 하시는 하나님만의 주권적인 은혜의 역사입니다. 사람은 본질적으로 자기 구원을 위하여 아무 일도 못합니다. 죽은 자가 자기를 분발시켜 자기를 살립니까? 물

에서 허우적이며 익사의 위험을 안고 있는 곤고한 사람이 스스로를 분발하여 자신을 그 위험에서 건져낸다? 성경이 말하는 하나님의 구원은 그 죄와 그 결과와 영향과 세력에서 사람을 완전하게 건져내어 하나님만 경외하고 사랑하는 새 인간상을 창조하시는 하나님의 영광의 행사입니다. 다시 말하건대, 그 구원을 위하여 사람 편에서 할 수 있는 일이 전무하다고 성경은 말합니다. 죄에 빠진 사람은 영적으로 죽어 있어 자기가 구원받을 절실한 필요가 있다는 것도 모릅니다. 그러니 사람 편에서 자기 구원을 위하여 하나님께 무언가를 협조할 수 있다는 발상 자체가 비성경적입니다.

그래서 성경이 말하는 구원은 오직 하나님께서 구원에 필요한 모든 것을 은혜로 마련하시고 제공하십니다.

요 3:16 하나님이 세상을 이처럼 사랑하사 독생자를 주셨으니 이는 그를 믿는 자마다 멸망하지 않고 영생을 얻게 하려 하심이라

롬 3:20 그러므로 율법의 행위로 그의 앞에 의롭다 하심을 얻을 육체가 없나니 율법으로는 죄를 깨달음이니라

3:21 이제는 율법 외에 하나님의 한 의가 나타났으니 율법과 선지자들에게 증거를 받은 것이라

3:22 곧 예수 그리스도를 믿음으로 말미암아 모든 믿는 자에게 미치는 하나님의 의니 차별이 없느니라

3:23 모든 사람이 죄를 범하였으매 하나님의 영광에 이르지 못하더니

3:24 그리스도 예수 안에 있는 속량으로 말미암아 하나님의 은혜로 값 없이 의롭다 하심을 얻은 자 되었느니라

3:25 이 예수를 하나님이 그의 피로써 믿음으로 말미암는 화목제물로 세우셨으니 이는 하나님께서 길이 참으시는 중에 전에 지은 죄를 간과하심으로

자기의 의로우심을 나타내려 하심이니

3:26 곧 이 때에 자기의 의로우심을 나타내사 자기도 의로우시며 또한 예수 믿는 자를 의롭다 하려 하심이라

사도들의 경계

어느 시대의 그리스도인들이든지 철학과 우상숭배에 속한 각종 교훈들과 맞싸워야 합니다. 우리가 지상에 있다는 것은 인생에 대하여 말하는 여러 교훈의 풍조의 물결 속에 있다는 말입니다. 그래서 사도 바울이 그렇게 말한 것입니다.

골 2:6 그러므로 너희가 그리스도 예수를 주로 받았으니 그 안에서 행하되

2:7 그 안에 뿌리를 박으며 세움을 받아 교훈을 받은 대로 믿음에 굳게 서서 감사함을 넘치게 하라

2:8 누가 철학과 헛된 속임수로 너희를 사로잡을까 주의하라 이것은 사람의 전통과 세상의 초등학문을 따름이요 그리스도를 따름이 아니니라

골로새서 2장 16절 이하에서 사도는 이렇게 말합니다.

골 2:16 그러므로 먹고 마시는 것과 절기나 초하루나 안식일을 이유로 누구든지 너희를 비판하지 못하게 하라

2:17 이것들은 장래 일의 그림자이나 몸은 그리스도의 것이니라

그리고 성령님의 인도를 따라 바울 사도는 예수님을 배격하는 유대교의 전통을 성도들에게 경계시켰습니다. 그리고 그는 세상의 초등학문에 불과한 각종 철학과 그 교훈의 풍조를 이겨낼 분별력을 성도들로 가지게 하였습니다. 그런 의미에서 우리는 영생 얻은 그리스도인의 자의식이 철학, 곧 인문학적인 차원의 자아실현과 어떤 차이가 있는지를 항상 유념해야 합니다.

교회사의 어느 시대의 설교자나 성도들은 항상 그런 유혹과 맞싸워야 했습니다. 인문학을 교회에서 가르쳐야 한다는 발상은 분명 사탄으로부터 온 것입니다. 물론 자연과학과 대비되는 인문학, 곧 사회, 경제, 정치, 문학, 예술 등 인간의 삶과 연관하여 필요한 학문의 세계인 넓은 의미의 인문학을 우리가 배격하지 않고 참여합니다. 그러나 인간의 존재와 가치관을 연구하되 하나님을 인정하지 않는 철학, 곧 좁은 의미의 인문학을 성도들은 항상 경계해야 합니다. 앞에서도 말한 것 같이, 그 좁은 의미의 인문학, 곧 철학은 사람 각 개인의 자아의 발견, 자아의 실현에 집중해 왔습니다. 인간의 삶의 편의를 제공하는 문명의 발달이 최고조에 이른 현대인들도 철학이 제시하는 교훈을 따라 자기실현을 위하여 애를 쓰고 있습니다. 사도 바울이 복음을 증거하던 그 당대에도 그러하였습니다. 그래서 사도는 성도들에게 그 실상을 밝히 말한 것입니다.

고전 1:18 십자가의 도가 멸망하는 자들에게는 미련한 것이요 구원을 받는 우리에게는 하나님의 능력이라

1:19 기록된 바 내가 지혜 있는 자들의 지혜를 멸하고 총명한 자들의 총명을 폐하리라 하였으니

여기서 '지혜 있는 자들, 곧 총명한 자들'은 누구입니까? 사도는 여기서 참된 지혜와 총명을 가진 자들을 가리키는 것이 아닙니다. 도리어 사도 바울은 반어법적으로 당시 인간의 존재와 인생의 의미를 집중적으로 연구하던 자들, 소위 선각자의 반열에 있다 자타가 공인하는 철학자들로 행세하던 자들을 그렇게 부른 것입니다. 그러나 진리는 여기에 있습니다.

1:23 우리는 십자가에 못 박힌 그리스도를 전하니 유대인에게는 거리끼는 것이요 이방인에게는 미련한 것이로되

1:24 오직 부르심을 받은 자들에게는 유대인이나 헬라인이나 그리스도는 하나님의 능력이요 하나님의 지혜니라

성령께서 사도 바울을 통하여 세상에서 언제나 지혜의 이름으로 행세하며 사탄의 도구가 되는 방식을 경계하셨습니다.

고전 2:1 형제들아 내가 너희에게 나아가 하나님의 증거를 전할 때에 말과 지혜의 아름다운 것으로 아니하였나니

2:2 내가 너희 중에서 예수 그리스도와 그가 십자가에 못 박히신 것 외에는 아무것도 알지 아니하기로 작정하였음이라

2:3 내가 너희 가운데 거할 때에 약하고 두려워하고 심히 떨었노라

2:4 내 말과 내 전도함이 설득력 있는 지혜의 말로 하지 아니하고 다만 성령의 나타나심과 능력으로 하여

2:5 너희 믿음이 사람의 지혜에 있지 아니하고 다만 하나님의 능력에 있게 하려 하였노라

하나님의 복음이 말하는 하나님과 사람의 영원하고 거룩하고 엄정한 관계와 구원의 높이를 누가 올라가겠습니까? 그러나 오직 성령께서 바로 그 높이에 오르게 하십니다. 그 믿음 없이 하나님의 구원의 역동적인 행사를 맛볼 수 없습니다

고린도전서 2장 8절 이하에서 사도는 말하였습니다.

고전 2:9 이 지혜는 이 세대의 통치자들이 한 사람도 알지 못하였나니 만일 알았더라면 영광의 주를 십자가에 못 박지 아니하였으리라

2:9 기록된 바 하나님이 자기를 사랑하는 자들을 위하여 예비하신 모든 것은 눈으로 보지 못하고 귀로 듣지 못하고 사람의 마음으로 생각하지도 못하였다 함과 같으니라

2:10 오직 하나님이 성령으로 이것을 우리에게 보이셨으니 성령은 모든 것 곧 하나님의 깊은 것까지도 통달하시느니라

영생 얻은 자들의 자의식

영생 얻은 우리는 우리 자신을 혼자 따로 떼어놓지 않습니다. 우리는 단독적 주체가 아닙니다. 우리는 우리 안에 계신 보혜사 성령님으로 말미암아 그리스도와 연합하여 하나님을 아버지로 부르는 영생 얻은 자들입니다. 우리는 대 진리 앞에서 우리 자신이 누구이며 무엇을 위해 존재하며 무엇을 해야 할 것인지를 알기 위하여 성경과 기도로 늘 깨어 있어야 하며, 그 은혜를 위하여 성령님의 인도를 구해야 합니다.

요 14:18 내가 너희를 고아와 같이 버려두지 아니하고 너희에게로 오리라

요일 3:1 보라 아버지께서 어떠한 사랑을 우리에게 베푸사 하나님의 자녀라 일컬음을 받게 하셨는가 우리가 그러하도다 그러므로 세상이 우리를 알지 못함은 그를 알지 못함이라

롬 8:14 무릇 하나님의 영으로 인도함을 받는 사람은 곧 하나님의 아들이라

8:15 너희는 다시 무서워하는 종의 영을 받지 아니하고 양자의 영을 받았으므로 우리가 아빠 아버지라고 부르짖느니라

8:16 성령이 친히 우리의 영과 더불어 우리가 하나님의 자녀인 것을 증언하시나니

8:17 자녀이면 또한 상속자 곧 하나님의 상속자요 그리스도와 함께 한 상속자니 우리가 그와 함께 영광을 받기 위하여 고난도 함께 받아야 할 것이니라

우리의 자의식의 본은 우리 주 예수 그리스도이십니다. 우리 주님께서는

지상에서 늘 자신의 존재의 가치와 의미와 활동 전체를 아버지 하나님 안에서 찾았습니다.

요 6:38 내가 하늘에서 내려온 것은 내 뜻을 행하려 함이 아니요 나를 보내신 이의 뜻을 행하려 함이니라

17:1 예수께서 이 말씀을 하시고 눈을 들어 하늘을 우러러 이르시되 아버지여 때가 이르렀사오니 아들을 영화롭게 하사 아들로 아버지를 영화롭게 하게 하옵소서

우리의 자의식은 창세전에 우리를 택하시고 우리를 구속하시고 자녀로 인치시고 그리스도의 완전한 형상을 본받게 하실 성삼위 하나님의 이름과 나라와 영광의 목적 안에서 발견되어야 합니다. 아멘.

chapter 26

영생 얻은 성도의 견인

어떤 이가 제게 이런 질문을 하였습니다. "목사님, 사람이 구원을 받으면 영원히 그 구원에서 떨어지지 않습니까? 다르게 표현하자면, 한번 구원이면 그 구원이 영원하다고 할 수 있습니까?" 그래서 제가 단호하게 대답하였습니다. "예, 성경대로 그렇게 말할 수밖에 없습니다." 이런 제 대답을 그분이 속으로 어떻게 받고 있는지에 관해 상관없이 성경대로 그렇게 답할 수밖에 없다는 생각에는 변함이 없습니다. 그러나 이에 대하여 교회사 속에서 많은 논쟁이 있었고, 지금도 그 논쟁은 계속된다고 보아야 합니다. 이 논쟁은 신학적으로 '성도의 견인(堅忍, perseverance) 교리 논쟁'이란 별명이 붙어 있습니다. 이 장에서 저는 그 교리가 성경적으로 어떻게 정당한지를 숙고할 것입니다. 그러는 중에 이 교리를 반대하는 자들의 논리도 살펴보면서 성경적으로 그 논리가 어째서 잘못되었는지 알아보려 합니다.

믿음을 지키는 문제

여기서 '견인'이란 말 자체는 국어사전에서 '굳게 참고 견디는 것'을 말합니다. 그 말이 우리의 믿음의 세계에서는 어떻게 쓰이나요? '처음 가진 믿음을 끝까지 지키는 것'을 의미합니다. 그것을 더 풀어 말하라면, 성도가 처음 예수님을 믿을 때부터 하나님께서 약속하신 영광의 소망에 이르기까지 그 믿음을 끝까지 지키는 것이라 할 수 있습니다. 성도의 견인은 조직신학의 구원론에서 다루어집니다. 조직신학에서 구원론은 그리스도의 구속의 효력을 믿음으로 말미암아 택한 백성에게 적용하시는 것을 내용으로 합니다. 그래서 조직신학에서 구원론이 바로 성령론입니다. 성령께서 사랑하시는 택한 백성을 구원하실 때 어떤 질서와 차서를 따라서 구원하시는지를 논리적으로 정돈한 것이 바로 '구원의 서정(序程, Order of Salvation. 라틴어로는 Ordo Salutis)' 입니다. 선택, 소명(부르심), 중생(거듭나게 하심), 회개, 믿음, 칭의, 수양(하나님의 자녀로 받아들이심), 성화(거룩하게 하심), 성도의 견인(믿음을 끝까지 견지하게 하심), 영화(몸과 영혼이 그리스도의 형상을 본받게 영화롭게 하심) - 그것이 바로 한 사람을 구원하시는 성령님의 역사의 질서와 논리와 단계입니다. 성도의 견인 , 곧 우리 믿음을 지키는 문제는 바로 그 성령님의 역사 속에 자리하고 있습니다.

삼위일체 하나님의 신비

성경에서 그 사랑하시는 백성들을 위한 성령의 행사는 성부와 성자와 연합한 일입니다. 십자가를 지시기 전날 밤 최후의 만찬을 마치신 예수님께서 제자들에게 보혜사 성령님의 역사에 대하여 하신 말씀을 들어 보십시오.

요 16:13 그러나 진리의 성령이 오시면 그가 너희를 모든 진리 가운데로 인

도하시리니 그가 스스로 말하지 않고 오직 들은 것을 말하며 장래 일을 너희에게 알리시리라

여기서 "성령께서 스스로 말하지 않고 들은 것을 말씀하신다"는 표현은 성령께서 성부와 성자와 다르게 일하지 않으시고 하나로 일하심을 가리킨 것입니다.

요 16:14 그가 내 영광을 나타내리니 내 것을 가지고 너희에게 알리시겠음이라

16:15 무릇 아버지께 있는 것은 다 내 것이라 그러므로 내가 말하기를 그가 내 것을 가지고 너희에게 알리시리라 하였노라

실로 성삼위일체의 신비와 영광은 우리의 이해의 수준을 훨씬 뛰어넘는 일입니다. 그래서 우리는 믿음으로 하나님을 경외하며 그 진리를 받습니다. 성부께서는 오직 성자 예수님 안에서 그 영광의 목적을 이루십니다. 그리고 예수님께서 아버지의 뜻을 이루시는 전체 과정 속에서 성령을 의존하셨습니다. 그리고 성령께서 아버지의 뜻을 따라 예수님의 완전한 구속의 효력을 백성들에게 적용하십니다. 성자 예수님은 오직 성부의 뜻을 이루시는 것을 목표로 일하셨습니다.

요 5:20 아버지께서 아들을 사랑하사 자기가 행하시는 것을 다 아들에게 보이시고 또 그보다 더 큰 일을 보이사 너희로 놀랍게 여기게 하시리라

5:21 아버지께서 죽은 자들을 일으켜 살리심 같이 아들도 자기가 원하는 자들을 살리느니라

5:22 아버지께서 아무도 심판하지 아니하시고 심판을 다 아들에게 맡기셨으니

5:23 이는 모든 사람으로 아버지를 공경하는 것 같이 아들을 공경하게 하려

하심이라 아들을 공경하지 아니하는 자는 그를 보내신 아버지도 공경하지 아니하느니라

요 6:38 내가 하늘에서 내려온 것은 내 뜻을 행하려 함이 아니요 나를 보내신 이의 뜻을 행하려 함이니라

6:39 나를 보내신 이의 뜻은 내게 주신 자 중에 내가 하나도 잃어버리지 아니하고 마지막 날에 다시 살리는 이것이니라

성령께서는 오직 성부와 성자의 것을 가지고 일하십니다.

요 16:14 그가 내 영광을 나타내리니 내 것을 가지고 너희에게 알리시겠음이라

16:15 무릇 아버지께 있는 것은 다 내 것이라 그러므로 내가 말하기를 그가 내 것을 가지고 너희에게 알리시리라 하였노라

그래서 성부의 뜻이 성자의 행사로 나타났고 성취되었으며, 그 성취의 전 과정과 그 후 그 효력의 적용을 성령께서 주도하십니다. 그래서 성부와 성자와 성령께서 하나님 되심에 있어서 하나이십니다. 그리고 그 모든 속성과 성품과 영광과 능력과 권위에 있어서도 성부와 성자와 성령 각 위가 동일하십니다. 이 삼위일체의 신비가 하나님의 말씀인 성경의 대 중추입니다. 오늘의 강론 내용, 영생 얻은 하나님의 자녀들의 믿음의 견인도 그 성삼위 하나님의 은혜의 일환입니다. 우리가 믿음을 끝까지 견지해야 합니다. 그런데 우리로 그렇게 믿음을 끝까지 견지하게 하시는 이가 성삼위 하나님이십니다.

구원의 목표와 단계

이 성령께서는 사도 바울로 하여금 하나님의 구원의 목표와, 그 목표에

이르는 단계와 질서를 다음과 같이 함축적으로 표현하게 하셨습니다.

롬 8:29 하나님이 미리 아신 자들을 또한 그 아들의 형상을 본받게 하기 위하여 미리 정하셨으니 이는 그로 많은 형제 중에서 맏아들이 되게 하려 하심이니라

롬 8:30 미리 정하신 그들을 또한 부르시고 부르신 그들을 또한 의롭다 하시고 의롭다 하신 그들을 또한 영화롭게 하셨느니라

그러므로 우리가 처음 예수님을 믿음으로 말미암아 죄용서와 의롭다 하심을 받고 영생 얻은 하나님의 자녀가 되는 일로부터 시작하여 아버지의 집에 당도하기까지, 아니면 그리스도의 재림의 날까지 그 믿음을 끝까지 견지합니다. 우리의 믿음의 행사 전체를 성삼위께서 주장하시고 그에 필요한 은혜를 주십니다. 우리의 믿음의 전 과정을 보혜사 성령께서 주도하십니다.

끊어질 수 없는 황금사슬

'성도의 견인 교리'는 바로 그 대 전제 아래서 필연적으로 나온 결론입니다. 성경의 논리대로라면, 하나님께 주권적으로 택하심을 입어 영생 얻은 하나님의 자녀들은 도중에 믿음에서 떨어져 다시 이전의 멸망의 상태로 돌아갈 수 없습니다. 개혁주의 전통은 로마서 8장 30절의 말씀이 말하는 하나님의 구원의 황금사슬은 결코 끊어질 수 없다고 합니다. 그렇습니다. 그래서 사도 바울이 로마서 8장 30절에서 쓴 동사들이 부정과거형입니다.

롬 8:30 미리 정하신 그들을 또한 부르시고 부르신 그들을 또한 의롭다 하시고 의롭다 하신 그들을 또한 영화롭게 하셨느니라

이 대목의 헬라어 동사형은 부정과거형입니다. 그 동사형은 단순한 과

거의 동작을 묘사하지 않습니다. 매우 강조적인 과거시제입니다. 그 부정
과거시제는 어느 동작이 어느 시점에서 끝나버려 다시 이전의 상태로 돌이
킬 수 없음을 드러내는 과거형입니다. 하나님께서 당신 자신의 이름과 나
라를 걸고 그 사랑하시는 백성들을 구원하시어 자녀로 삼으시어 그 영원
한 기업을 물려받는 사람들이 되게 하시려고 창세전에 뜻을 정하셨습니
다. 그러므로 하나님께서 목적하시고 시작하신 일이 그 어떤 이유로도 중
도에서 포기된다는 발상을 가져서는 안 됩니다.

빌 1:6 너희 안에서 착한 일을 시작하신 이가 그리스도 예수의 날까지 이루
실 줄을 우리는 확신하노라

딤후 1:12 이로 말미암아 내가 또 이 고난을 받되 부끄러워하지 아니함은 내
가 믿는 자를 내가 알고 또한 내가 의탁한 것을 그 날까지 그가 능히 지키실
줄을 확신함이라

그러므로 영생 얻은 성도의 견인 교리는 우리의 진실하심에 근거한 것이
아닙니다. 도리어 그 교리는 우리를 창세전부터 사랑하시고 택하시어 구
원하신 하나님의 완전한 은혜의 넉넉함을 기반으로 한 성경적인 논리에서
난 것입니다. 우리 자신을 보면 정말 나약하기 이를 데 없습니다. 우리 자
신이 보더라도 그러하니 하물며 모든 것을 속속들이 아시는 하나님께서
보시면 우리 자체는 정말 지푸라기에 불과합니다. 다윗은 시효가 다 지나
썩어 넘어지는 울타리에 인생을 비교하였습니다.

시 62:3 넘어지는 담과 흔들리는 울타리 같은 사람을 죽이려고 너희가 일제
히 박격하기를 언제까지 하려느냐

하나님께서 우리 자체를 어떻게 보실까요?

사 41:14 지렁이 같은 너 야곱아, 너희 이스라엘 사람들아 두려워 말라 나 여

호와가 말하노니 내가 너를 도울 것이라 네 구속자는 이스라엘의 거룩한 자니라

그래서 우리 주님께서는 우리의 본질적 연약과 무능을 가리키며 말씀하셨습니다.

요 15:5 나는 포도나무요 너희는 가지라 그가 내 안에, 내가 그 안에 거하면 사람이 열매를 많이 맺나니 나를 떠나서는 너희가 아무것도 할 수 없음이라

그래서 우리는 항상 다윗 같이 노래해야 합니다.

시 18:1 나의 힘이신 여호와여 내가 주를 사랑하나이다

18:2 여호와는 나의 반석이시요 나의 요새시요 나를 건지시는 이시요 나의 하나님이시요 내가 그 안에 피할 나의 바위시요 나의 방패시요 나의 구원의 뿔이시요 나의 산성이시로다

거듭 말씀드리지만, 인문학은 하나님의 피조물로서의 인간을 전혀 생각하지 않습니다. 오직 홀로 스스로 인간의 주체성만을 강조합니다. 그리하여 자신을 분발하여 자기실현과 자기계발의 인간상을 추구하라고 말합니다. 그것이 하나님 없는 인문학, 철학의 인간구원관입니다. 그들은 인간에게 주어진 한계나 우연은 운명으로 돌리고 그 운명을 극복하여 자기를 실현하려는 열망을 계속 가지라고 촉구합니다. 그들 철학자들은 인간이 하나님의 형상을 본받아 지음 받은 피조물이라는 대 전제를 무시합니다. 그러나 우리는 성경대로 우리의 창조주, 우리의 구속주를 떠나서 우리의 존재와 그 의미를 생각할 수 없습니다.

완전한 구원

인간의 곤고함의 근본은 죄입니다. 죄는 근본적으로 하나님을 대항하

고 불순종하는 것입니다. 그 죄에서 구원받지 못하는 인생은 영원히 하나님의 진노 아래 있습니다. 그런데 너무나 놀랍게도 하나님께서 그 아들 우리 주 예수 그리스도를 통하여 그 사랑하시는 백성들을 그 죄에서 구원하십니다. 하나님께서 우리를 구원하신다 함은 무엇입니까? 만일 우리의 죄와 죄책과 오염과 영향에서 우리를 완전하게 건져내되, 다시 그리로 돌아가 또 다시 망할 가능성이 없는 완전한 의인이 되게 하는 구원이 아니면, 그런 구원은 무엇에 비유할까요? 그런 구원은 마치 화재를 진압하기는 하였다고 하는데 아직도 여전히 불씨가 남아 있어 언제라도 다시 불길이 피어오를 수 있는 형국과 같은 것입니다. 그러므로 그런 식의 구원은 어떤 의미에서 구원이라고 할 수 없습니다.

하나님의 구원은 완전한 구원입니다. 하나님께서 우리를 죄에서 구원하시되, 죄와 그 죄의 모든 결과, 죄책과 오염과 영향과 세력에서 우리를 완전하게 구원하시어 다시 이전으로 돌이킬 가능성이 전혀 없는 영생을 얻게 하시었습니다. 그러므로 우리가 받은 구원의 극치는 하나님 앞에서 완전한 의인, 그리스도의 형상을 완전하게 본받는 데까지 나아가 몸과 영혼이 영화롭게 되는 것입니다. 그래서 우리의 영생의 보장은 우리 자신의 의에 있는 것이 아니라 오직 우리 주 예수 그리스도의 완전한 의에 있습니다. 예수님의 의는 하나님께 완전하게 순종하되, 하나님의 율법과 계명을 완전하게 복종하신 것과 그 대속의 죽으심과 부활하심입니다. 그래서 하나님께서는 법정적으로는 우리 주님의 그 의를 우리의 것으로 여기시고 의롭다 선고하셨습니다. 그 선고는 영원한 효력을 가지고 있습니다. 천상에도 지상에도 예수님을 믿는 이를 정죄받게 하여 지옥에 보낼 법이 전혀 존재하지 않습니다.

롬 8:1 그러므로 이제 그리스도 예수 안에 있는 자에게는 결코 정죄함이 없나니

8:2 이는 그리스도 예수 안에 있는 생명의 성령의 법이 죄와 사망의 법에서 너를 해방하였음이라

8:33 누가 능히 하나님께서 택하신 자들을 고발하리요 의롭다 하신 이는 하나님이시니

8:34 누가 정죄하리요 죽으실 뿐 아니라 다시 살아나신 이는 그리스도 예수시니 그는 하나님 우편에 계신 자요 우리를 위하여 간구하시는 자시니라

칭의의 효력은 예수님을 처음 믿는 순간부터 영원까지 이어집니다.

그래서 예수님을 믿는 이가 지옥에 갈 수 없습니다. 그런데 우리가 지상에 있는 동안에 우리 안에 남아 있는 죄성, 죄의 오염과 영향과 세력이 우리를 더럽게 하고 하나님께 죄를 짓게 만듭니다. 그럼에도 불구하고 우리로 그것을 극복하고 하나님의 기뻐하시는 그리스도의 형상에까지 자라게 하시는 성령님의 은혜의 역사가 바로 성화입니다. 그리고 우리가 죽어 육체를 떠난 우리 영혼이 아버지의 집에 당도하기 전에 죄의 오염과 세력과 영향에서 완전하게 정결함을 받습니다. 그리고 우리의 썩은 몸은 그리스도의 날에 그리스도의 영광의 몸의 형체와 같이 부활하게 됩니다. 그리하여 우리가 완전한 영혼과 완전하고 신령한 몸으로 그리스도와 함께 완전한 의인으로서 영원히 하나님을 기뻐하고 영화롭게 해드리게 됩니다.

계 21:1 또 내가 새 하늘과 새 땅을 보니 처음 하늘과 처음 땅이 없어졌고 바다도 다시 있지 않더라

21:2 또 내가 보매 거룩한 성 새 예루살렘이 하나님께로부터 하늘에서 내려오니 그 준비한 것이 신부가 남편을 위하여 단장한 것 같더라

22:3 내가 들으니 보좌에서 큰 음성이 나서 이르되 보라 하나님의 장막이 사람들과 함께 있으매 하나님이 그들과 함께 계시리니 그들은 하나님의 백성이 되고 하나님은 친히 그들과 함께 계셔서

22:4 모든 눈물을 그 눈에서 닦아 주시니 다시는 사망이 없고 애통하는 것이나 곡하는 것이나 아픈 것이 다시 있지 아니하리니 처음 것들이 다 지나갔음이러라

성부와 성자와 성령, 성삼위께서 창세전에 그 택하신 백성들을 위한 완전한 구원을 협약하셨습니다. 창세전에 그렇게 성삼위 간에 우리 구원을 위한 그 협약을 구속의 언약(Covenant of Redemption)이라고 합니다. 하나님의 구원의 계획과, 그 구원의 조건을 위한 그리스도의 완전한 구속과, 그 구속의 효력을 택한 백성들 각 자에게 적용하시는 성령님의 역사가 완전합니다.

지상에서 천상까지

그러므로 영생은 바로 그 그리스도 예수님의 구속의 효력, 곧 하나님의 은혜를 받은 사람이 누리는 영원한 복락입니다.

롬 6:23 죄의 삯은 사망이요 하나님의 은사는 그리스도 예수 우리 주 안에 있는 영생이니라

누구든지 처음으로 예수님을 진실로 자신의 구주로 믿을 때에 즉시 영생을 받습니다. 다른 말로 하여, 사도적 신앙고백을 공유하는 순간에 영생이 주어집니다.

마 16:15 이르시되 너희는 나를 누구라 하느냐

16:16 시몬 베드로가 대답하여 이르되 주는 그리스도시요 살아 계신 하나님

의 아들이시니이다

롬 10:9 네가 만일 네 입으로 예수를 주로 시인하며 또 하나님께서 그를 죽은 자 가운데서 살리신 것을 네 마음에 믿으면 구원을 받으리라

10:10 사람이 마음으로 믿어 의에 이르고 입으로 시인하여 구원에 이르느니라

사람이 예수님께 대하여 구원신앙을 가지는 순간에 하나님께서 그의 죄를 용서하시고 그를 의롭다 하시고 아들로 받아 주십니다. 그러므로 그 사람은 죄로 인하여 단절되었던 하나님과의 원수관계에서 화목관계로, 생명의 단절 관계에서 생명 있는 교제의 관계로 들어간 것입니다. 그리고 그 생명의 관계는 어떤 것으로도 해소되지 않습니다.

롬 5:1 그러므로 우리가 믿음으로 의롭다 하심을 받았으니 우리 주 예수 그리스도로 말미암아 하나님과 화평을 누리자

5:2 또한 그로 말미암아 우리가 믿음으로 서 있는 이 은혜에 들어감을 얻었으며 하나님의 영광을 바라고 즐거워하느니라

5:3 다만 이뿐 아니라 우리가 환난 중에도 즐거워하나니 이는 환난은 인내를,

5:4 인내는 연단을, 연단은 소망을 이루는 줄 앎이로다

5:5 소망이 우리를 부끄럽게 하지 아니함은 우리에게 주신 성령으로 말미암아 하나님의 사랑이 우리 마음에 부은 바 됨이니

5:6 우리가 아직 연약할 때에 기약대로 그리스도께서 경건하지 않은 자를 위하여 죽으셨도다

그러므로 그 사람은 이전 예수님 밖에 있었던 사망과 멸망의 영역으로 넘어가는 일이 전혀 없습니다.

요 5:24 내가 진실로 진실로 너희에게 이르노니 내 말을 듣고 또 나 보내신

이를 믿는 자는 영생을 얻었고 심판에 이르지 아니하나니 사망에서 생명으로 옮겼느니라

골 1:12 우리로 하여금 빛 가운데서 성도의 기업의 부분을 얻기에 합당하게 하신 아버지께 감사하게 하시기를 원하노라

1:13 그가 우리를 흑암의 권세에서 건져내사 그의 사랑의 아들의 나라로 옮기셨으니

1:14 그 아들 안에서 우리가 속량 곧 죄 사함을 얻었도다

배도의 실제 가능성?

제가 여러 번 말씀드린 바와 같이, 그리스도를 믿어 진실로 영생을 얻은 이들은 다시는 사망과 지옥의 영역으로 떨어질 가능성은 전혀 없습니다. 성경에서 그런 경우를 한 번도 만나보지 못합니다. 이런 말씀을 들으면, 여러분의 마음에 성경에서 배도를 경계하는 대목이 떠오르게 될 것입니다. 히브리서 3장과 6장과 10장의 말씀 같은 대목에 대한 의구심이 들 수 있습니다. 그 대목들이 예수님을 믿어 영생을 얻은 자라도 배도하여 실제로 하나님의 영원한 지옥형벌에 떨어질 가능성을 말하는 것 같이 보이기 때문입니다. 그런 배도의 가능성 때문에 히브리서 기자가 그렇게 말한 것인가요?

히 3:6 그리스도는 하나님의 집을 맡은 아들로서 그와 같이 하셨으니 우리가 소망의 확신과 자랑을 끝까지 굳게 잡고 있으면 우리는 그의 집이라

3:7 그러므로 성령이 이르신 바와 같이 오늘 너희가 그의 음성을 듣거든

3:8 광야에서 시험하던 날에 거역하던 것 같이 너희 마음을 완고하게 하지 말라

3:9 거기서 너희 열조가 나를 시험하여 증험하고 사십 년 동안 나의 행사를

보았느니라

3:10 그러므로 내가 이 세대에게 노하여 이르기를 그들이 항상 마음이 미혹되어 내 길을 알지 못하는도다 하였고

3:11 내가 노하여 맹세한 바와 같이 그들은 내 안식에 들어오지 못하리라 하였다 하였느니라

3:12 형제들아 너희는 삼가 혹 너희 중에 누가 믿지 아니하는 악한 마음을 품고 살아 계신 하나님에게서 떨어질까 조심할 것이요

3:13 오직 오늘이라 일컫는 동안에 매일 피차 권면하여 너희 중에 누구든지 죄의 유혹으로 완고하게 되지 않도록 하라

3:14 우리가 시작할 때에 확신한 것을 끝까지 견고히 잡고 있으면 그리스도와 함께 참여한 자가 되리라

그러나 이 대목의 말씀은 영생 얻은 참 믿음의 사람이 배도할 실제 가능성을 염두에 둔 말씀이 아닙니다. 다만 배도의 유혹에 대한 경계의 말씀입니다.

배도의 유혹자 사탄

이 대목의 말씀은 구원받은 우리 속에 남아 있는 죄성과 사탄의 유혹을 경계하는 말씀입니다. 히브리서를 처음 받아보던 히브리 그리스도인들은 동족 유대인들로부터 갖은 박해를 받아와 매우 곤비한 상태에 있었습니다. 그들 히브리 그리스도인들은 자기들이 당하고 있는 박해의 출로는 예수님을 믿는 믿음을 포기하고 이전 유대교로 돌아가는 것임을 알고 있었습니다. 그러나 그들이 그런 식으로 박해를 벗어날 수는 있어도 배도로 멸망의 포구에 자신을 던지는 셈입니다.

사탄은 언제나 곤고한 처지에 있는 하나님의 자녀들을 그런 식으로 유혹합니다. 성경대로 예수님을 믿는 것을 포기하고 적당하게 타협하는 길을 택하라는 논리로 사탄은 신자들을 유혹합니다. 곤고함에 처한 사람들에게는 그 고통을 완화시켜 주는 현실적인 방안으로 보이기 마련입니다. 그 때 사탄은 한결같이 그 어려움의 해결책으로 하나님을 떠나라는 논리를 들고 나옵니다. "하나님이 너를 사랑하신다면 이런 어려움을 보시고도 가만히 있겠나? 네가 하나님을 믿어도 소용이 없지 않니? 그러니 하나님을 믿는 것을 중단하고 네 방식으로 이 고통을 벗어나라."

이것이 배도를 부추기는 사탄의 한결 같은 논리입니다. 사탄이 욥의 아내를 통하여 욥도 그런 식으로 괴롭혔습니다.

욥 2:9 그의 아내가 그에게 이르되 당신이 그래도 자기의 온전함을 굳게 지키느냐 하나님을 욕하고 죽으라

정말 배도를 부추기는 사탄의 행사는 항상 하나님을 생각하지 않고 사람의 수준에서 모든 일을 생각하게 방식으로 나타납니다. 베드로는 하나님 아버지의 사랑하심을 받아 예수님이 누구신지 알고 고백하는 복의 사람이었습니다.

마 16:15 이르시되 너희는 나를 누구라 하느냐

16:16 시몬 베드로가 대답하여 이르되 주는 그리스도시요 살아 계신 하나님의 아들이시니이다

16:17 예수께서 대답하여 이르시되 바요나 시몬아 네가 복이 있도다 이를 네게 알게 한 이는 혈육이 아니요 하늘에 계신 내 아버지시니라

그러나 베드로가 금방 사탄의 도구가 되었다가 예수님께 크게 책망을 받았습니다.

마 16:21 이 때로부터 예수 그리스도께서 자기가 예루살렘에 올라가 장로들과 대제사장들과 서기관들에게 많은 고난을 받고 죽임을 당하고 제삼일에 살아나야 할 것을 제자들에게 비로소 나타내시니

그 즉시 베드로가 나섰습니다.

마 16:22 베드로가 예수를 붙들고 항변하여 이르되 주여 그리 마옵소서 이 일이 결코 주께 미치지 아니하리이다

이 베드로의 자세에 대하여 예수님께서 단호하게 말씀하셨습니다.

마 16:23 예수께서 돌이키시며 베드로에게 이르시되 사탄아 내 뒤로 물러 가라 너는 나를 넘어지게 하는 자로다 네가 하나님의 일을 생각하지 아니하고 도리어 사람의 일을 생각하는도다 하시고

베드로의 신앙고백은 하늘에 계신 하나님 아버지로부터 온 은혜의 소산이었습니다. 그러나 예수님을 강력하게 말리며 결코 그런 일은 일어나지 않아야 한다는 강변은 사람의 생각을 따라 일하는 사탄으로부터 난 것입니다. 그러므로 영생 얻은 우리도 얼마든지 육신의 생각, 사람 중심으로 생각하면 사탄의 시험을 만납니다. 사탄의 시험의 궁극적인 목표는 믿는 우리를 성삼위 하나님을 등지는 배도자가 되게 하는 데 있습니다. 우리의 믿음의 여정 속에서 그런 사탄의 시험을 만나본 적이 없는 이는 하나도 없습니다.

그리스도의 중보기도

그러나 우리가 위로를 받을 참된 영광의 보장이 우리를 위해 간구하시는 예수님 안에 있습니다.

베드로의 믿음을 흔들어대는 사탄의 행사에 대해 우리 예수님께서 어떤

조치를 하셨는지를 들으면 우리는 큰 위로를 받습니다. 예수님께서 베드로가 사탄의 어떤 시험에 나동그라질 것인지 아셨습니다. 그래서 베드로를 위시한 다른 제자들에게 함께 경고하셨습니다.

눅 22:31 시몬아, 시몬아, 보라 사탄이 너희를 밀 까부르듯 하려고 요구하였으나

22:32 그러나 내가 너를 위하여 네 믿음이 떨어지지 않기를 기도하였노니 너는 돌이킨 후에 네 형제를 굳게 하라

22:33 그가 말하되 주여 내가 주와 함께 옥에도, 죽는 데에도 가기를 각오하였나이다

22:34 이르시되 베드로야 내가 네게 말하노니 오늘 닭 울기 전에 네가 세 번 나를 모른다고 부인하리라 하시니라

가룟 유다에 대하여 예수님께서는 방임하셨습니다.

마 26:23 대답하여 이르시되 나와 함께 그릇에 손을 넣는 그가 나를 팔리라

26:24 인자는 자기에 대하여 기록된 대로 가거니와 인자를 파는 그 사람에게는 화가 있으리로다 그 사람은 차라리 태어나지 아니하였더라면 제게 좋을 뻔하였느니라

26:25 예수를 파는 유다가 대답하여 이르되 랍비여 나는 아니지요 대답하시되 네가 말하였도다 하시니라

그리스도의 중보 기도를 받은 베드로는 넘어지기는 하였으나 다시 믿음을 회복하여 많은 형제들을 굳게 하라는 명령을 받들었습니다. 그러나 그리스도의 중보 기도가 없던 가룟 유다는 멸망의 포구로 급하게 떨어졌습니다.

이 베드로의 일은 바로 모든 믿음의 사람들 전체에 해당되는 것입니다. 그래서 다윗은 시편 37편에서 그 일을 말하였습니다.

시 37:23 여호와께서 사람의 걸음을 정하시고 그의 길을 기뻐하시나니

37:24 그는 넘어지나 아주 엎드러지지 아니함은 여호와께서 그의 손으로 붙드심이로다

솔로몬의 잠언에서도 말합니다.

잠 24:16 대저 의인은 일곱 번 넘어질지라도 다시 일어나려니와 악인은 재앙으로 말미암아 엎드러지느니라

지금도 우리를 위하여 기도하시는 그리스도를 바라보세요. 그래서 우리의 믿음이 떨어지지 않습니다.

롬 8:34 누가 정죄하리요 죽으실 뿐 아니라 다시 살아나신 이는 그리스도 예수시니 그는 하나님 우편에 계신 자요 우리를 위하여 간구하시는 자시니라

그리고 보혜사 성령께서 우리를 위해 우리 안에서 우리 믿음을 견고하게 하시려고 기도를 가르쳐 주십니다. 그러므로 어떤 시련 속에서도 그리스도의 것을 가지고 우리 안에 역사하시는 성령의 인도하심 속에 있는 우리는 믿음에 견고하게 서 있습니다.

롬 8:26 이와 같이 성령도 우리의 연약함을 도우시나니 우리는 마땅히 기도할 바를 알지 못하나 오직 성령이 말할 수 없는 탄식으로 우리를 위하여 친히 간구하시느니라

8:27 마음을 살피시는 이가 성령의 생각을 아시나니 이는 성령이 하나님의 뜻대로 성도를 위하여 간구하심이니라

성령님의 책망에 순응하는 복된 성도

그처럼 그리스도의 성령께서 당신의 백성들이 배도의 선을 넘게 내버려 두실 리 없습니다. 그래서 성령께서 그런 경향을 보이는 성도들을 책망하시고 각성하시고 격려하시어 그 자리에서 벗어나게 하십니다.

히 3:12 형제들아 너희는 삼가 혹 너희 중에 누가 믿지 아니하는 악한 마음을 품고 살아 계신 하나님에게서 떨어질까 조심할 것이요

3:13 오직 오늘이라 일컫는 동안에 매일 피차 권면하여 너희 중에 누구든지 죄의 유혹으로 완고하게 되지 않도록 하라

3:14 우리가 시작할 때에 확신한 것을 끝까지 견고히 잡고 있으면 그리스도와 함께 참여한 자가 되리라

영생 얻은 사람이 성령님의 이런 경계와 각성의 말씀을 들으면 어떤 반응을 보입니까? 그들 영생 얻은 하나님의 자녀들 안에 보혜사 성령께서 계시기 때문에 성령께서 교회들에게 하시는 말씀을 듣게 되어 있습니다. 만일 끝내 그 성령께서 하시는 말씀을 듣지 않고 내쳐 배도의 길로 나가는 이가 있다면, 그는 처음부터 거듭난 자가 아니었습니다.

요일 2:9 저희가 우리에게서 나갔으나 우리에게 속하지 아니하였나니 만일 우리에게 속하였더면 우리와 함께 거하였으려니와 저희가 나간 것은 다 우리에게 속하지 아니함을 나타내려 함이니라

그러나 영생 얻은 하나님의 사람들은 성령님의 가르침에 반응하며 회개하고 각성하고 다시 믿음의 힘을 얻습니다.

계 2:11 귀 있는 자는 성령이 교회들에게 하시는 말씀을 들을지어다 이기는 자는 둘째 사망의 해를 받지 아니하리라

둘째 사망은 불신자나 배도자의 최후입니다.

계 20:13 바다가 그 가운데에서 죽은 자들을 내주고 또 사망과 음부도 그 가운데에서 죽은 자들을 내주매 각 사람이 자기의 행위대로 심판을 받고

20:14 사망과 음부도 불못에 던져지니 이것은 둘째 사망 곧 불못이라

히브리서 6장과 10장에 대한 바른 이해

히브리서 6장과 10장의 말씀도 배도의 악독을 보여주며 그 유혹을 뿌리치라고 각성하시는 성령님의 음성입니다. 그러나 그 대목의 말씀들이 영생 얻은 자의 실제 배도의 가능성을 말하지는 않습니다. 도리어 성령께서 심한 박해와 극도의 영적 침체에 처해 있는 히브리 그리스도인들을 거룩하게 위협하여 정신 차리게 하신 말씀이었습니다. 그래서 히브리서 6장과 10장을 보면, 히브리서 기자를 통하여 배도의 참혹한 실상을 말씀하신 성령께서 여전히 극한 침체에 빠진 그들을 위로하며 일으켜 세우고 계십니다.

히 6:4 한 번 빛을 받고 하늘의 은사를 맛보고 성령에 참여한 바 되고

6:5 하나님의 선한 말씀과 내세의 능력을 맛보고도

6:6 타락한 자들은 다시 새롭게 하여 회개하게 할 수 없나니 이는 그들이 하나님의 아들을 다시 십자가에 못 박아 드러내 놓고 욕되게 함이라

6:7 땅이 그 위에 자주 내리는 비를 흡수하여 밭 가는 자들이 쓰기에 합당한 채소를 내면 하나님께 복을 받고

6:8 만일 가시와 엉겅퀴를 내면 버림을 당하고 저주함에 가까워 그 마지막은 불사름이 되리라

성령께서 하나님과 예수님을 믿는 믿음을 아주 버리고 세상 불신앙의 영역으로 자신을 던지는 배도자의 참혹한 결국을 보게 하셨습니다. 바로 뒤에 그 성령께서 실제로는 아직 배도에 빠지지는 않고 침체된 곤비한 영

혼들을 일으켜 세우십니다.

히 6:9 사랑하는 자들아 우리가 이같이 말하나 너희에게는 이보다 더 좋은 것 곧 구원에 속한 것이 있음을 확신하노라

히브리서 10장도 마찬가지입니다.

히 10:28 모세의 법을 폐한 자도 두세 증인으로 말미암아 불쌍히 여김을 받지 못하고 죽었거든

10:29 하물며 하나님의 아들을 짓밟고 자기를 거룩하게 한 언약의 피를 부정한 것으로 여기고 은혜의 성령을 욕되게 하는 자가 당연히 받을 형벌은 얼마나 더 무겁겠느냐 너희는 생각하라

정말 무서운 말씀입니다. 그러나 성령께서 히브리서 기자로 하여금 그들을 격려하고 위로하시어 그 깊은 침체에서 크게 각성할 것을 촉구하십니다.

히 10:32 전날에 너희가 빛을 받은 후에 고난의 큰 싸움을 견디어 낸 것을 생각하라

10:33 혹은 비방과 환난으로써 사람에게 구경거리가 되고 혹은 이런 형편에 있는 자들과 사귀는 자가 되었으니

10:34 너희가 갇힌 자를 동정하고 너희 소유를 빼앗기는 것도 기쁘게 당한 것은 더 낫고 영구한 소유가 있는 줄 앎이라

10:35 그러므로 너희 담대함을 버리지 말라 이것이 큰 상을 얻게 하느니라

10:36 너희에게 인내가 필요함은 너희가 하나님의 뜻을 행한 후에 약속하신 것을 받기 위함이라

10:37 잠시 잠깐 후면 오실 이가 오시리니 지체하지 아니하시리라

10:38 나의 의인은 믿음으로 말미암아 살리라 또한 뒤로 물러가면 내 마음이 그를 기뻐하지 아니하리라 하셨느니라

10:39 우리는 뒤로 물러가 멸망할 자가 아니요 오직 영혼을 구원함에 이르는 믿음을 가진 자니라

그들이 아주 연약한 자리에 있었어도 여전히 구원함에 이르는 믿음을 가진 자들이었습니다. 그래서 11장에서 히브리서 기자는 그들을 격려하기 위하여 믿음의 위인들을 소개하며 권합니다. 그런 다음에 히브리서 12장은 그들 구원받은 이들에게 압권인 권면의 말씀을 줍니다.

히 12:1 이러므로 우리에게 구름 같이 둘러싼 허다한 증인들이 있으니 모든 무거운 것과 얽매이기 쉬운 죄를 벗어 버리고 인내로써 우리 앞에 당한 경주를 하며

12:2 믿음의 주요 또 온전하게 하시는 이인 예수를 바라보자 그는 그 앞에 있는 기쁨을 위하여 십자가를 참으사 부끄러움을 개의치 아니하시더니 하나님 보좌 우편에 앉으셨느니라

12:3 너희가 피곤하여 낙심하지 않기 위하여 죄인들이 이같이 자기에게 거역한 일을 참으신 이를 생각하라

실로 그들은 영생 얻은 자들이었습니다.

넉넉한 이김의 보장

성경이 말하는 성도의 견인 교리는 우리를 사랑하시는 하나님의 사랑과 은혜의 극치를 나타내는 교리입니다. 그래서 그 진리는 우리에게 담대한 확신을 줍니다.

히 4:14 그러므로 우리에게 큰 대제사장이 계시니 승천하신 이 곧 하나님의 아들 예수시라 우리가 믿는 도리를 굳게 잡을지어다

4:15 우리에게 있는 대제사장은 우리의 연약함을 동정하지 못하실 이가 아

니요 모든 일에 우리와 똑같이 시험을 받으신 이로되 죄는 없으시니라

4:16 그러므로 우리는 긍휼하심을 받고 때를 따라 돕는 은혜를 얻기 위하여 은혜의 보좌 앞에 담대히 나아갈 것이니라

실로 영생 얻은 우리라도 우리 안에 남아 있는 육체의 본성 때문에 우리는 연약하고 모든 죄를 범할 가능성을 가지고 있습니다. 그러나 우리를 사랑하시는 성삼위 하나님께서 우리의 그 연약에 우리 자신을 방임하지 않으십니다.

룸 8:35 누가 우리를 그리스도의 사랑에서 끊으리요 환난이나 곤고나 박해나 기근이나 적신이나 위험이나 칼이랴

8:36 기록된 바 우리가 종일 주를 위하여 죽임을 당하게 되며 도살 당할 양 같이 여김을 받았나이다 함과 같으니라

8:37 그러나 이 모든 일에 우리를 사랑하시는 이로 말미암아 우리가 넉넉히 이기느니라

8:38 내가 확신하노니 사망이나 생명이나 천사들이나 권세자들이나 현재 일이나 장래 일이나 능력이나

8:39 높음이나 깊음이나 다른 어떤 피조물이라도 우리를 우리 주 그리스도 예수 안에 있는 하나님의 사랑에서 끊을 수 없으리라

성도의 견인 교리는 우리로 방종하게 하는 안전핀이 아닙니다. 도리어 그 교리는 우리로 하여금 성삼위 하나님께 대하여 담대한 확신과 소망을 가지고 하나님의 은혜와 능력을 마음껏 활용하여 이기는 비밀을 보여줍니다. 이 교리는 더 적극적으로 우리를 위해 그리스도 안에서 아버지께서 예비하신 하늘의 영광을 소망하게 합니다. 그리고 이 교리는 주님 다시 오실 때에 그리스도의 영광의 형체와 같이 변하게 될 우리의 소망의 닻입니다.

또한 이 교리는 우리가 어떤 처지에서도 우리 하나님 아버지를 향하여 기도하게 하는 지침과도 같습니다. 그리하여 이 교리는 어떤 상황에서도 우리가 주 그리스도 예수님을 부르고 성령님의 능력주심과 위로하심을 구하게 가르치는 놀라운 하나님의 교훈입니다.

주님, 우리를 늘 가르치시어 그런 믿음으로 견고하게 서게 하소서. 성령님을 의존하여 그리스도를 마음에 모시고 육체의 소욕과 세상의 풍조를 이기고 아버지께 늘 순종하며 천상적 복락을 소망하며 넉넉히 이기게 하소서. 아멘.

chapter 27

영생 얻은 성도와 선택 교리

성경에서 선택 교리는 매우 줄기차게 강조되고 있습니다. 그런데도 불구하고 선택 교리야말로 교회사 중에서 가장 치열한 논쟁 거리 중 하나로 여겨져 왔습니다. 지금도 이 교리 문제를 둘러싸고 매우 첨예한 신학적 쟁론이 벌어지고 있습니다. 그래서 이 장에서 영생 얻은 하나님의 자녀들이 이 교리를 어떻게 받고 이해해야 하는지 집중하여 살펴 보려고 합니다.

성경에 명백하게 계시된 선택 교리

선택 교리란 "하나님께서 주권적으로 창세전에 죄에서 구원하시어 하나님의 아들들로 삼으실 자들을 미리 구별하여 정하셨다"는 성경의 교훈 체계입니다. 선입견 없이 성경을 읽으면, 그 누구라도 '하나님께 선택받은 사람들에 대한 이야기'가 성경에 자주 등장함을 발견할 것입니다. 구약성경이나 신약성경 모두에서 구원의 은혜를 위하여 하나님께서 택하신 백성을 언급하는 대목이 수도 없습니다.

시 89:3 주께서 이르시되 내가 나의 택한 자와 언약을 맺으며 내 종 다윗에게 맹세하기를

89:4 내가 네 자손을 영원히 견고히 하며 네 왕위를 대대에 세우리라 하셨나이다 (셀라)

사 41:8 그러나 나의 종 너 이스라엘아 나의 택한 야곱아 나의 벗 아브라함의 자손아

43:1 야곱아 너를 창조하신 여호와께서 지금 말씀하시느니라 이스라엘아 너를 지으신 이가 말씀하시느니라 너는 두려워하지 말라 내가 너를 구속하였고 내가 너를 지명하여 불렀나니 너는 내 것이라

엡 1:3 찬송하리로다 하나님 곧 우리 주 예수 그리스도의 아버지께서 그리스도 안에서 하늘에 속한 모든 신령한 복을 우리에게 주시되

1:4 곧 창세 전에 그리스도 안에서 우리를 택하사 우리로 사랑 안에서 그 앞에 거룩하고 흠이 없게 하시려고

1:5 그 기쁘신 뜻대로 우리를 예정하사 예수 그리스도로 말미암아 자기의 아들들이 되게 하셨으니

1:6 이는 그가 사랑하시는 자 안에서 우리에게 거저 주시는 바 그의 은혜의 영광을 찬송하게 하려는 것이라

우리가 여러 번 인용한 바 있는 로마서 8:29, 30도 선택 교리를 분명하게 천명하고 있습니다.

롬 8:29 하나님이 미리 아신 자들을 또한 그 아들의 형상을 본받게 하기 위하여 미리 정하셨으니 이는 그로 많은 형제 중에서 맏아들이 되게 하려 하심이니라

8:30 또 미리 정하신 그들을 또한 부르시고 부르신 그들을 또한 의롭다 하시고 의롭다 하신 그들을 또한 영화롭게 하셨느니라

이처럼 구약성경과 신약성경 모두 그 교리는 아주 선명하게, 그리고 반복적으로 강조되어 있습니다. 어떤 논리로도 성경에 그렇게 반복적으로 분명하게 말하는 하나님의 택하심에 대한 말씀 자체를 부인하거나 대항할 수 없습니다.

사람의 지각을 훨씬 뛰어넘는 교리

그러므로 이 교리와 관련된 최대의 과제는 그 교리를 어떻게 접근하고 받느냐에 관한 것입니다. 무엇보다 먼저, 이 교리는 사람의 일반적인 이해의 범주로는 선뜻 받아들여지기 어렵다는 것을 먼저 전제해야 합니다. 이 교리를 받고 믿고 있는 우리에게마저 마음 한 구석에 이 교리에 대한 의문점이 남아 있습니다. 그래서 교회사 중에서 이 선택 교리가 사람들의 논쟁거리가 되어 온 것입니다. 아직도 그 논쟁은 종결된 것이 아닙니다. 아니, 교회사의 끝, 우리 주 예수님의 재림 때까지 이 선택 교리를 둘러싼 논쟁은 계속될 것입니다.

제가 신학대학원에서 조직신학을 배우는 시간에 있었던 일을 잠깐 소개하려고 합니다. 구원론 중에 이 선택의 교리를 배우는 시간을 맞았습니다. 이 교리를 가르치시는 백발이 성성한 노교수님의 강의가 시작되었습니다. 그리고 난 뒤 채 몇 분이 지나지 않았는데 한 학생이 질문하려고 손을 번쩍 들었습니다.

"교수님, 그런데 왜 하나님께서는 공평하지 못하게 누구는 택하시고 다른 이들은 버려두셨습니까?" 그 교수님께서 그 학생을 똑바로 바라보시며

조용하면서도 단호하고 매섭게 꾸짖는 투로 말씀하셨습니다. "그것도 해결하지 못하고 신학교에 왔어요?"

그 교수님의 짧은 책망의 말씀에 저를 포함한 수십 명의 학생들 전체가 고개를 숙였습니다. 왜냐하면 신학생들 모두가 사실 바로 그 질문을 던지고 싶었기 때문입니다. 그런데 그 학생이 자기도 모르게 학생들을 대표하여 질문을 던졌고 학생들 전체가 받을 책망을 혼자 받았습니다. 수십 년 동안 학생들을 가르쳐 오신 그 교수님께서 그런 질문을 그날 처음 받아본 것은 아니었을 것입니다.

그 교수님은 선택 교리와 관련하여 반드시 제기되는 그 의문은 사람들의 이해의 판도 내에서 풀어줄 수 없음을 우리로 알게 하신 것입니다. 사실 옳고 그름, 공평을 하나님께 들고 나가면 우리는 대번에 하나님의 공의의 칼 앞에 우리 목을 대는 것과 같습니다. 하나님의 공의와 공평대로라면 인생 전체가 다 지옥에 던져졌어야 했습니다. 그러니 선택 교리의 문제는 공평의 차원에서 접근하지 말고 오직 하나님의 주권적인 긍휼의 차원에서 접근해야 합니다. 이것이 바로 성경의 교훈입니다.

롬 9:18 그런즉 하나님께서 하고자 하시는 자를 긍휼히 여기시고 하고자 하시는 자를 완악하게 하시느니라

9:19 혹 네가 내게 말하기를 그러면 하나님이 어찌하여 허물하시느냐 누가 그 뜻을 대적하느냐 하리니

9:20 이 사람아 네가 누구이기에 감히 하나님께 반문하느냐 지음을 받은 물건이 지은 자에게 어찌 나를 이같이 만들었느냐 말하겠느냐

9:21 토기장이가 진흙 한 덩이로 하나는 귀히 쓸 그릇을, 하나는 천히 쓸 그릇을 만들 권한이 없느냐

9:22 만일 하나님이 그의 진노를 보이시고 그의 능력을 알게 하고자 하사 멸하기로 준비된 진노의 그릇을 오래 참으심으로 관용하시고

9:23 또한 영광 받기로 예비하신 바 긍휼의 그릇에 대하여 그 영광의 풍성함을 알게 하고자 하셨을지라도 무슨 말을 하리요

실로 선택 교리는 사람들의 이성과 지각을 훨씬 뛰어 넘는 차원에 속한 것입니다.

하나님을 경외하는 믿음으로 접근할 교리

이 교리는 하나님의 주권적인 긍휼에 속한 것입니다. 성경에 계시된 그 교리는 창세전에 하나님께서 그 이름과 나라를 두시고 주권적으로 예정하신 거대한 목적에 관한 것입니다. 그러므로 이 교리는 우리의 이해 이전에 하나님을 경외하고 예배하는 믿음으로 받아야 하는 거룩한 진리입니다. 그러므로 그 교리는 전도의 현장에서는 제시되지 말아야 합니다. 하물며 성경을 믿지 않는 불신자와 선택 교리를 가지고 논쟁하는 일은 지극히 삼가야 합니다. 불행하게도 예수님을 믿는 자들 안에서도 이 선택의 교리를 중심한 논쟁이 끝나지 않았습니다.

여러분이 불신자 친구에게 전도하면서 이렇게 말했다 합시다. "당신을 하나님께서 택하셨습니다. 하나님께 회개하고 예수님을 믿으세요."

그런 식의 전도 방식을 취하려면, 여러분은 먼저 예수님의 경계의 말씀을 들어야 합니다.

마 7:6 거룩한 것을 개에게 주지 말며 너희 진주를 돼지 앞에 던지지 말라 그들이 그것을 발로 밟고 돌이켜 너희를 찢어 상하게 할까 염려하라

다시 강조하지만, 선택 교리는 사람의 수준으로 금방 이해되는 교리가

아닙니다. 그래서 예수님을 구주로 믿는 자들 속에서도 선택 교리에 대한 이해가 크게 둘로 나뉘어 있습니다. 성경대로 선택 교리를 그대로 받는 그룹이 있습니다. 그러나 여전히 선택 교리를 액면 그대로 받지 않고 그것을 받는 인간의 이해의 수준에 맞추려고 시도하는 그룹이 있습니다. 그렇게 그리스도를 믿는 이들 속에서도 선택 교리에 대하여 의견의 일치가 이루어지지 않고 있습니다. 그런데 불신자 친구가 여러분에게 선택의 교리를 들고 나오며 따진다고 하면, 어떻게 하시겠습니까? 그 논쟁에 휘말리지 말고 복음을 전할 다음 기회를 찾아야 합니다.

선택 교리는 전도의 메시지는 아니다

제 이 말을 듣고 여러분 중에 금방 제게 다음과 같이 말하고 싶은 분이 있을 것입니다. "불신자들도 선택 교리를 알고 있습니다. 그래서 이 교리를 설명해 주지 않으면 우리 말을 들으려 하지 않을 수 있어요."

우리가 이미 앞에서 언급한 것 같이, 이 교리의 정당성 여부를 인간의 이해의 수준으로 설명할 사람은 하나도 없습니다. 성령께서 이 교리로 불신자를 인도하시어 예수님 믿게 하시는 것은 아닙니다. 사람을 거듭나게 하시어 예수님을 믿게 하시는 성령님의 검(劍)은 선택 교리가 아니라 순전한 복음의 말씀입니다.

벧전 1:23 너희가 거듭난 것은 썩어질 씨로 된 것이 아니요 썩지 아니할 씨로 된 것이니 살아 있고 항상 있는 하나님의 말씀으로 되었느니라

1:25 오직 주의 말씀은 세세토록 있도다 하였으니 너희에게 전한 복음이 곧 이 말씀이니라

다시 말씀드리거니와, 이 선택 교리는 복음 전도의 핵심 메시지가 아님

니다.

그러면 복음 전도 메시지의 핵심은 무엇입니까?

요 3:16 하나님이 세상을 이처럼 사랑하사 독생자를 주셨으니 이는 그를 믿는 자마다 멸망하지 않고 영생을 얻게 하려 하심이라

막 16:15 또 이르시되 너희는 온 천하에 다니며 만민에게 복음을 전파하라

16:16 믿고 세례를 받는 사람은 구원을 얻을 것이요 믿지 않는 사람은 정죄를 받으리라

행 4:12 다른 이로써는 구원을 받을 수 없나니 천하사람 중에 구원을 받을 만한 다른 이름을 우리에게 주신 일이 없음이라 하였더라

그리고 사도행전 16장 30절 이하에서는 무어라 기록되어 있습니까?

행 16:30 그들을 데리고 나가 이르되 선생들이여 내가 어떻게 하여야 구원을 받으리이까 하거늘

16:31 이르되 주 예수를 믿으라 그리하면 너와 네 집이 구원을 받으리라

로마서 10장 9절 이하에서는 또 무어라 하였습니까?

롬 10:9 네가 만일 네 입으로 예수를 주로 시인하며 또 하나님께서 그를 죽은 자 가운데서 살리신 것을 네 마음에 믿으면 구원을 받으리라

10:10 사람이 마음으로 믿어 의에 이르고 입으로 시인하여 구원에 이르느니라

선택 교리는 영생 얻은 자들의 위로의 극치

이 선택 교리는 복음의 말씀대로 예수님을 믿음으로 말미암아 구원 받은 자, 곧 영생을 얻은 자들에게만 주어진 하나님의 보장과 지극한 위로의 대헌장입니다.

이 교리는 하나님의 비밀입니다.

우리가 태어나기 전, 아니 창세전에 우리의 구원을 위한 하나님의 계획이 확정되었다고 말하는 교리가 바로 이 선택 교리입니다. 이 교리는 사람이 필요에 의하여 만들어낸 것이 아닙니다. 하나님께서 사랑하시는 자녀들에게만 계시로 알게 하신 대 비밀입니다. 그러므로 이 교리는 지상에 있는 하나님 당신의 자녀들을 위해 하나님께서 주신 위로의 극치입니다.

아니, 내가 예수님을 믿어 은혜로 구원받은 것이 내 자신으로부터 시작된 것이 아니라 오직 하나님께서 창세전에 예정하신 뜻의 성취라니요!

창 25:23 여호와께서 그에게 이르시되 두 국민이 네 태중에 있구나 두 민족이 네 복중에서부터 나누이리라 이 족속이 저 족속보다 강하겠고 큰 자는 어린 자를 섬기리라 하셨더라

주권적인 하나님을 경외하는 마음으로 다시 에베소서 1장 3절 이하의 말씀을 들어 보세요.

엡 1:3 찬송하리로다 하나님 곧 우리 주 예수 그리스도의 아버지께서 그리스도 안에서 하늘에 속한 모든 신령한 복을 우리에게 주시되

1:4 곧 창세 전에 그리스도 안에서 우리를 택하사 우리로 사랑 안에서 그 앞에 거룩하고 흠이 없게 하시려고

1:5 그 기쁘신 뜻대로 우리를 예정하사 예수 그리스도로 말미암아 자기의 아들들이 되게 하셨으니

구약의 이사야 43장 1절에서는 또 무어라 하였습니까?

사 43:1 야곱아 너를 창조하신 여호와께서 지금 말씀하시느니라 이스라엘아 너를 지으신 이가 말씀하시느니라 너는 두려워하지 말라 내가 너를 구속하였고 내가 너를 지명하여 불렀나니 너는 내 것이라

그러므로 이 선택 교리는 사람이 만들어낸 교리가 아니라 하나님의 주

권의 영역에 속한 것입니다.

성삼위 하나님의 거대 목적을 포괄하는 교리

선택 교리는 창조주시오 심판주시오 구원자이신 하나님께서 그 이름과 나라를 두고 맹세로 계시하신 비밀 중의 비밀입니다. 그래서 이 교리는 그리스도를 믿음으로 말미암아 영생 얻은 하나님의 자녀인 우리로 하여금 우리의 존재의 의미를 창세전에서 찾게 합니다. 다른 말로 하여, 이 교리는 우리의 존재의 의미와 가치와 목적 전부를 피조물에서가 아니라 오직 성삼위 하나님 안에서만 찾게 만듭니다. 창세전에 아무것도 없고 오직 성삼위 하나님께서만 존재하실 때에 우리를 택하시어 아들들이 되게 하시어 하나님의 나라의 기업을 물려받게 하시려고 미리 뜻을 정하시고 작정하셨다니요!

그러니 성경대로 믿고 성경대로의 영생을 얻은 우리는 이 교리로 인하여 높은 조망을 가지게 되었습니다. 세계와 피조물 세계를 초월하여 영원한 아버지의 나라를 보게 하는 지극히 높은 조망을 가진 것입니다. 우리가 태어난 것과, 나서 자라고 사는 중에 예수님을 믿어 구원받아 하나님의 자녀가 되고 영원한 내세의 영광의 낙원에서 성삼위 하나님을 영화롭게 할 것 전체가 오직 이 선택 교리 안에 다 들어 있습니다. 그러므로 이 교리는 지상에 있는 성도가 하나님으로부터 받은 위로의 극치요 영원한 보장의 마그나카르타(Magna Carta)입니다.

예정과 성취가 완전 일치

다시 말씀드리지만, 우리를 택하신 하나님 아버지의 일은 만물을 창조하시기 전에 당신의 영광을 위하여 작성하신 마스터플랜의 중추였습니다.

하나님께서는 무슨 일을 하시려 할 때 우리 사람 식으로 그때그때마다 임기응변적으로 하시는 분이 아닙니다. 완전한 뜻과 그 뜻을 이루기 위한 구체적이고 완전한 계획을 세우시고 한 치의 오차도 없이 그 뜻을 이루시는 분이 하나님이십니다. 하나님께서는 그렇게 하심으로써 스스로 계신 완전하시고 영화로우시고 복되신 분이심을 드러내십니다. 세밀하고 주밀하다는 평을 받는 사람이 무슨 큰 일을 이루려 할 때, 그 일의 목적과 계획과 구체적인 시행계획에서 완벽을 기하려 할 것입니다. 그럼에도 불구하고 사람이 하는 일에는 언제나 미처 생각하지 못한 부분이 발견되기 마련입니다. 그래서 계획 단계에서 실행 단계의 여러 과정 속에서 숱한 시행착오와 변경을 거치기 마련입니다. 그리고 일을 다 끝마치고 난 다음에도 아쉬운 점이 발견됩니다. 그것은 인간의 불완전함과 역량의 한계와 부족을 보여줍니다.

그러나 하나님께서는 스스로 충분하시고 완전하시어 계획과 시행 과정 전체를 완벽하게 이루어내십니다. 그리고 목적하신 일을 완성하신 후에 보시기에 심히 기뻐하시고 즐거워 하셨습니다.

창 1:31 하나님이 지으신 그 모든 것을 보시니 보시기에 심히 좋았더라 저녁이 되고 아침이 되니 이는 여섯째 날이니라

하나님께서 당신 자신의 이름을 걸고 세우신 천지창조를 위한 구상과 그 실제 창조의 완성 사이에 아무런 차이가 없이 완벽한 일치를 이루었음을 보신 것입니다. 그래서 하나님께서 친히 지으신 그 모든 것을 보시고 심히 기뻐하셨던 것입니다. 하나님께서는 자신의 완전하심의 영광을 창조와 섭리와 심판과 구원이라는 역동적인 큰 일을 통하여 나타내십니다.

선택 교리와 하나님의 새 창조 사역

그런데 성경에서 그 하나님의 큰 일들 속에서 그 사랑하시는 백성들을 구원하시는 일은 새로운 창조로 불립니다. 그래서 사도 바울은 하나님의 구원을 하나님의 새 창조로 말하고 있습니다.

고후 5:17 그런즉 누구든지 그리스도 안에 있으면 새로운 피조물이라 이전 것은 지나갔으니 보라 새 것이 되었도다

하나님께서 창세전에 그리스도 안에서 구원하시어 영생을 얻게 하실 이들을 택하신 일은 바로 하나님의 영원한 나라의 건설을 위한 뜻을 정하신 일이었습니다. 그래서 구주 예수 그리스도께서 공생애를 시작하시며 공중 앞에서 처음 발하신 메시지가 무엇이었습니까?

마 4:17 이 때부터 예수께서 비로소 전파하여 이르시되 회개하라 천국이 가까이 왔느니라 하시더라

우리 주 예수께서 구원의 주로 오셨습니다.

마 1:21 아들을 낳으리니 이름을 예수라 하라 이는 그가 자기 백성을 그들의 죄에서 구원할 자이심이라 하니라

그런데 우리 주님께서는 '천국의 도래'를 말씀하셨습니다.

마 11:12 세례 요한의 때부터 지금까지 천국은 침노를 당하나니 침노하는 자는 빼앗느니라

그러므로 선택 교리는 단순하게 구원의 문제에만 집중하신 하나님의 행사에 대한 것이 아닙니다. 이 교리는 더 포괄적으로 하나님의 영원한 나라를 위한 하나님의 큰 목적과 연관된 교리입니다.

인간 역사가 이어질 오직 유일한 이유

그러니 이렇게 말할 수 있습니다. 하나님께서는 창세전에 사랑하시는 백성들을 구별하여 택하셨습니다. 그들로 그리스도 안에서 구원받아 그리스도와 연합한 양자가 되어 하나님의 영원한 나라의 백성이 되게 하셨습니다. 이 하나님의 거대한 계획은 실로 우리의 구원과 영원한 복락 이전에 하나님의 이름과 나라가 걸린 일입니다. 그렇다고 우리의 구원과 영원한 복락이 별로 중요하지 않다는 말이 아닙니다. 우리의 구원과 영원한 복락을 하나님의 이름과 나라와 별개로 생각할 수 없습니다. 그래서 구약성경의 모든 예언들은 하나님의 택한 백성들을 그 죄에서 구원하시는 일을 하나님의 이름과 나라와 늘 연관시켰습니다. 하나님께서 아브라함에게 약속하심으로 발설하신 큰 목적과 계획은 아브라함의 믿음의 자취를 따르는 이들을 죄에서 구원하시어 하나님 나라의 백성으로 삼겠다 하신 것입니다.

신 29:13 여호와께서 이왕에 네게 말씀하신 대로 또 네 열조 아브라함과 이삭과 야곱에게 맹세하신 대로 오늘날 너를 세워 자기 백성을 삼으시고 자기는 친히 네 하나님이 되시려 함이니라

이 말씀 속에 하나님께서 아브라함의 믿음의 줄기를 따라 구원하신 이들을 백성으로 삼는 나라를 건설하시려는 뜻이 확연하게 드러나 있습니다. 그러므로 이스라엘은 택한 백성들을 구원하시어 하나님의 영원한 나라를 건설하시려는 하나님의 나라의 모형이었습니다. 그래서 이스라엘이 여호수아의 영도 하에 가나안 땅을 정복하고 나서 인간 왕을 세우지 않으셨습니다.

삿 21:25 그 때에 이스라엘에 왕이 없으므로 사람이 각기 자기의 소견에 옳은 대로 행하였더라

그러나 사사시대의 백성들은 하나님을 왕으로 섬기지 않고 죄악의 본성대로 섬김으로 저열하고 악독한 모습을 보여주었습니다. 사사기를 통하여 우리는 인간의 부패의 정도가 얼마나 심각한지를 보게 됩니다. 그럼에도 인간의 역사가 이어져 나가는 이유는 하나님께서 창세전에 예정하신 택한 백성들의 구원과 영원하고 영광스러운 하나님의 나라의 건설 때문입니다. 만일 그것이 아니었다면, 인간의 역사가 이어질 이유가 없습니다. 성경은 인간 그 자체는 존재의 의미와 목적이 없음을 여실히 보여줍니다. 아니 사탄의 유혹을 받아 자기를 지으신 하나님을 배역한 일로 아담과 하와는 그 자체로는 죽음 이외의 다른 존재의 이유가 없었습니다.

그러나 하나님께서는 아담과 하와의 말라 시들어 버릴 무화과나무 잎을 벗기시고 가죽옷을 지어 입히셨습니다. 이는 매우 놀라운 요점을 시사합니다. 그들의 죄와 그로 인한 수치와 파멸을 영구하게 가릴 방안을 하나님께서 구상하고 계심을 보여준 일이었습니다. 그들의 가죽옷을 위하여 에덴동산에 있는 어느 짐승들이 비명에 피를 흘려 죽었습니다.

인간의 죄와 수치와 파멸을 가리고 거기서 영원하게 구원하실 하나님의 보내실 그 구속자는 그 인간들의 죄를 대신 지고 필연적으로 죽어야 할 것이 미리 정해졌습니다. 그래서 우리 구주 예수님께서 성육신하신 것은 바로 그 대속의 제물이 되기 위함이었습니다. 그 일은 바로 창세전에 예정하신 그 택한 백성들의 구원의 계획 속에 내정되어 있었습니다.

계 5:6 내가 또 보니 보좌와 네 생물과 장로들 사이에 어린 양이 섰는데 일찍 죽임을 당한 것 같더라 일곱 뿔과 일곱 눈이 있으니 이 눈은 온 땅에 보내심을 입은 하나님의 일곱 영이더라

여기서 "일찍 죽임을 당한 것 같더라"는 표현이 우리 주님의 갈보리 십자

가의 죽으심을 가리키는 것입니다.

그럼에도 그 표현이 창세전에 택한 백성들의 구원을 위한 성삼위 간의 협약, 곧 구속의 언약 속에서 성자께서 어린 양으로 죽임을 당할 일이 결정된 것을 드러내는 뉘앙스를 풍기고 있습니다.

그렇습니다. 우리 주 예수 그리스도께서는 택한 백성들을 위하여 대속의 제물, 화목제물로 십자가에 달려 피 흘려 죽임을 당하셨습니다. 그런데 그 일이 창세전에 택한 백성들을 위하여 미리 확정된 것입니다.

그러므로 선택의 교리는 단순하게 우리 영혼의 복락을 넘어서 성삼위 하나님의 크고 큰 일에 집중하고 있습니다. 선택 교리는 성삼위 하나님의 이름과 나라와 그 영광의 목적이 수반된 정말 무한하고 영원한 진리입니다. 그러므로 우리는 선택 교리를 우리의 행복의 차원에 국한하여 접근하지 말아야 합니다. 오로지 그 교리는 오직 성삼위 하나님의 이름과 나라와 영원한 영광이라는 거대한 조망과 함께 믿음으로 경외함으로 높이고 찬미할 주제입니다. 실로 성경 전체를 관통하는 구속사와 교회사를 붙들고 있는 교리가 선택의 교리입니다.

칼빈주의 5대 교리

그 선택 교리를 기반으로 하여 칼빈주의 5대 교리가 확립된 것입니다. 칼빈주의 5대 교리의 역사적 배경을 잠시 말씀드리려 합니다.

16세기 초인 1517년 루터가 비텐베르그 성당에 성경을 근거한 95개 항의문을 거시한 일로 촉발된 종교개혁의 거룩한 물결이 유럽교회들에 큰 영향력을 나타내어 17세기까지 이르게 되었습니다. 영국의 청교도들이나 네덜란드의 개혁파들, 프랑스와 제네바를 중심하여 종교개혁 정신, 곧 성경적인 칼빈의 신학 체계를 이어받은 교회들이 견실하게 서가고 있었습니다.

그리고 네덜란드 교회들도 정통신앙을 고수하는 개혁주의 체계 위에 견고하였습니다. 그런데 1603년 어느 날 정부의 한 관리 출신인 코른헤르트(Coornhert)라는 자가 나타나서 칼빈주의의 하나님의 '주권과 예정'을 반박하는 글을 정부에 올림으로 논란이 시작되었습니다. 당시 이 소식을 들은 칼빈의 수제자 베자(Deodre Beza)는 분개했습니다. 이 문제를 수습하기 위해 그가 오래 전부터 친분이 있었던 네델란드 신학교 교수 알미니우스(James Arminius, 1560-1609)를 불렀습니다. 그런데 코른헤르트의 신학 사상을 조사기 위하여 세움 받은 알미니우스가 코른헤르트의 글을 긍정적으로 받아들여 자기 주장으로 삼는 일이 벌어졌습니다. "하나님의 절대주권은 잘못되었다. 하나님은 인간의 믿음을 보고 선택한다. 인간이 전적으로 타락하지 않았다. 인간의 자유의지도 존재한다." 그렇게 주장하던 그가 1609년 죽었습니다. 그가 죽은 후에 그를 추종하던 이들이 5개의 항론서((Five articles of Remonstrance, 1610)를 발표하였습니다. 그 내용은 교회들이 보편적으로 받고 있었던 칼빈주의에 입각한 '벨직 신앙고백서'나 '하이델베르그 요리문답서'를 배격하는 것이었습니다.

그들의 항론서의 내용은 5개 조항으로 되어 있었습니다.

(1) 인간은 완전타락하지 않았고 자유의지가 남아 있다(자율구원). (2) 하나님은 인간의 조건을 보고 선택하였다(예지예정 및 조건선택). (3) 그리스도의 십자가 속죄는 모든 인류를 위한 것이다(만인구원설). (4) 성령의 은혜는 충분히 거부할 수 있다(은혜를 거부할 수 있는 자유의지). (5) 구원 얻은 사람도 잘못하면 구원을 잃어버릴 수 있다(구원을 받았다가 떨어질 가능성).

칼빈주의 정통신앙을 굳게 지켜온 네덜란드 정부와 교회는 이런 항론파들을 좌시하지 않고 네덜란드 의회를 열었습니다. 그래서 1618년에 도르트(Dort)에서 총회를 개최하기로 정하고 여러 각국의 대표들을 초청합니다. 당시 스위스, 영국, 신성로마제국, 독일 등 각지에서 온 27명의 사절과 84명의 교회 지도자, 그리고 18명의 정부 고위층이 이 회의에 참가했습니다. 이것이 '도르트 총회'(Synod of Dort, 1618-1619)입니다. 여기서 총회는 성경의 하나님 주권 사상을 기반으로 한 구원론을 정립하여 항론파를 대항하여 5대 기본 교리를 작성하여 가결합니다. 그것이 바로 칼빈주의 5대 교리입니다. 그로 인하여 성경의 하나님의 주권과 영광과 전적인 은혜에 입각한 구원을 가르치는 칼빈주의(Calvinism)와, 사람의 의지와 공력을 앞세운 인본주의(人本主義)에 기초를 둔 알미니안주의(Arminianism) 사이에 신학적인 대논쟁이 이어졌습니다. 이 논쟁은 이미 5세기경 어거스틴(Augustine of Hippo, 354-430)과 펠라기우스(Pelagius, 360-420)의 논쟁의 연장선으로 보면 됩니다. 이런 논쟁은 지금도 끝이 나지 않았습니다. 그러나 무엇이 정말 성경적이냐가 중요한 관건입니다.

- 이상의 내용은 '월간 개혁신앙(대표:정은표 목사)'에서 허락을 받고 참조하였음을 밝힙니다. -

필자는 칼빈주의가 성경적이라 믿는 사람으로 그 정당한 논리를 붙들고 있습니다. 그래서 여기에 도르트 총회가 항론파에 대항하여 정돈하여 천명한 칼빈주의 5대 교리를 제 나름으로 풀어 소개합니다.

(1) **인간의 전적 타락**(Total Depravity) - 사람은 그 스스로 하나님께 자신을 천거할 의를 하나도 낼 수도 없을 만큼 전적으로 부패하고 타락하

였습니다. 그래서 사람은 스스로 공력을 쌓아서 구원에 이를 소망을 전혀 가질 수 없습니다. 그래서 사도 바울은 말하였습니다.

엡 2:1 그는 허물과 죄로 죽었던 너희를 살리셨도다

2:2 그 때에 너희는 그 가운데서 행하여 이 세상 풍조를 따르고 공중의 권세 잡은 자를 따랐으니 곧 지금 불순종의 아들들 가운데서 역사하는 영이라

2:3 전에는 우리도 다 그 가운데서 우리 육체의 욕심을 따라 지내며 육체와 마음의 원하는 것을 하여 다른 이들과 같이 본질상 진노의 자녀이었더니

(2) **무조건적 선택**(Unconditional Election) - 누가 구원신앙으로 말미암아 구원을 받았다 하면, 그것은 하나님의 택하심의 결과입니다. 그리고 그 하나님의 택하심에는 그 사람의 어떤 것을 참조하거나 무슨 조건을 걸고 하신 일이 아닙니다. 오직 긍휼에 충만하신 하나님의 주권에 의한 것입니다.

롬 9:10 그뿐 아니라 또한 리브가가 우리 조상 이삭 한 사람으로 말미암아 임신하였는데

9:11 그 자식들이 아직 나지도 아니하고 무슨 선이나 악을 행하지 아니한 때에 택하심을 따라 되는 하나님의 뜻이 행위로 말미암지 않고 오직 부르시는 이로 말미암아 서게 하려 하사

9:12 리브가에게 이르시되 큰 자가 어린 자를 섬기리라 하셨나니

9:13 기록된 바 내가 야곱은 사랑하고 에서는 미워하였다 하심과 같으니라

9:14 그런즉 우리가 무슨 말을 하리요 하나님께 불의가 있느냐 그럴 수 없느니라

9:15 모세에게 이르시되 내가 긍휼히 여길 자를 긍휼히 여기고 불쌍히 여길

자를 불쌍히 여기리라 하셨으니

9:16 그런즉 원하는 자로 말미암음도 아니요 달음박질하는 자로 말미암음도 아니요 오직 긍휼히 여기시는 하나님으로 말미암음이니라

(3) **제한 속죄**(Limited Atonement) - 그리스도께서 십자가에 죽으신 것은 모든 인류 전체를 구원하시기 위한 대속의 죽으심이 아니었고 오직 택하심을 받은 자들만을 위한 것이었다는 것입니다. 만일 우리 주 예수 그리스도께서 온 인류 전체를 구원하시려고 죽으셨다면, 불못은 더 이상 존재할 이유가 없습니다. 그리스도의 속죄는 택한 백성들만을 위한 것입니다.

요 17:9 내가 그들을 위하여 비옵나니 내가 비옵는 것은 세상을 위함이 아니요 내게 주신 자들을 위함이니이다 그들은 아버지의 것이로소이다

17:10 내 것은 다 아버지의 것이요 아버지의 것은 내 것이온데 내가 그들로 말미암아 영광을 받았나이다

17:11 나는 세상에 더 있지 아니하오나 그들은 세상에 있사옵고 나는 아버지께로 가옵나니 거룩하신 아버지여 내게 주신 아버지의 이름으로 그들을 보전하사 우리와 같이 그들도 하나가 되게 하옵소서

(4) **불가항력적 은혜**(Irresistible grace) - 하나님께서 택하신 어떤 이를 구원하시려 은혜 주시려 할 때 그가 가진 죄의 본성이나 그 어떤 인격의 성향으로도 그 은혜를 거부하지 못하게 하신다는 것입니다. 그리하여 그가 예수님을 믿지 않으면 안되게 만드신다는 것입니다.

딛 3:33 우리도 전에는 어리석은 자요 순종하지 아니한 자요 속은 자요 여러 가지 정욕과 행락에 종 노릇 한 자요 악독과 투기를 일삼은 자요 가증스러

운 자요 피차 미워한 자였으나

3:4 우리 구주 하나님의 자비와 사람 사랑하심이 나타날 때에

3:5 우리를 구원하시되 우리가 행한 바 의로운 행위로 말미암지 아니하고 오직 그의 긍휼하심을 따라 중생의 씻음과 성령의 새롭게 하심으로 하셨나니

3:6 우리 구주 예수 그리스도로 말미암아 우리에게 그 성령을 풍성히 부어 주사

3:7 우리로 그의 은혜를 힘입어 의롭다 하심을 얻어 영생의 소망을 따라 상속자가 되게 하려 하심이라

(5) **성도의 견인**(Perseverance of Saints) - 우리가 이미 제 26장에서 살펴 본 바와 같습니다.

요 6:38 내가 하늘에서 내려온 것은 내 뜻을 행하려 함이 아니요 나를 보내신 이의 뜻을 행하려 함이니라

6:39 나를 보내신 이의 뜻은 내게 주신 자 중에 내가 하나도 잃어버리지 아니하고 마지막 날에 다시 살리는 이것이니라

롬 8:29 하나님이 미리 아신 자들을 또한 그 아들의 형상을 본받게 하기 위하여 미리 정하셨으니 이는 그로 많은 형제 중에서 맏아들이 되게 하려 하심이니라

8:30 또 미리 정하신 그들을 또한 부르시고 부르신 그들을 또한 의롭다 하시고 의롭다 하신 그들을 또한 영화롭게 하셨느니라

무한하고 영원한 하나님의 구원 사랑

이처럼 우리를 택하시고 구원하신 하나님의 행사는 하나님의 완전하심

과 신실하심과 영화로우심의 발로입니다. 어느 찬송가 가사에 '하나님의 사랑을 다 묘사하려면 바다를 먹물로 삼고 하늘을 두루마리로 하여도 다 함이 없다'고 하였습니다. 그런 표현이 문어적으로 과장법에 해당되나, 사실 우리가 영원히 누릴 하나님의 무한 사랑을 유한한 피조물의 한계로 나타낼 수 없으니 과언이라고 할 수 없습니다.

롬 5:8 우리가 아직 죄인 되었을 때에 그리스도께서 우리를 위하여 죽으심으로 하나님께서 우리에 대한 자기의 사랑을 확증하셨느니라

요일 4:10 사랑은 여기 있으니 우리가 하나님을 사랑한 것이 아니요 하나님이 우리를 사랑하사 우리 죄를 속하기 위하여 화목 제물로 그 아들을 보내셨음이라

이 성경의 논리를 따르지 않고 계속 자기 이해의 한도 내에서 머물러 이런 의문을 제기할 수 있습니다. "하나님께서 모든 인류 전체를 다 구원하기 위하여 그 아들을 보내시어 속량하게 하지 않으셨다면, 하나님의 사랑에 의문을 달 수 밖에 없지 않은가? 우리를 구원하신 하나님의 사랑은 의무적인 사랑이 아닙니다. 하나님의 사랑은 하나님의 주권적인 자원하심의 긍휼입니다. 만일 모든 이들을 다 속죄하시고 구원하실 뜻을 세우셨다면, 모든 이들에게 믿음을 주셔야 합니다. 성경은 하나님의 아들 그리스도를 믿지 않고 구원에 이를 자가 하나도 없다고 말하고 있기 때문입니다. 그러나 모든 이들이 다 믿음을 가지는 것이 아닙니다.

히 11:6 믿음이 없이는 기쁘시게 못하나니 하나님께 나아가는 자는 반드시 그가 계신 것과 또한 그가 자기를 찾는 자들에게 상 주시는 이심을 믿어야 할지니라

살후 3:2 또한 우리를 부당하고 악한 사람들에게서 건지시옵소서 하라 믿음

은 모든 사람의 것이 아니니라

생명 리스트(Life List)

그러므로 하나님의 주권적인 선택에 의해 우리의 이름이 창세전 성부의
리스트에 있었습니다. 성자께서 그 리스트에 올라 있는 이들을 위하여 피
흘려 대속의 죽으심을 당하셨습니다. 그리고 성부께서 택하시고 그리스도
께서 구속하신 그들 하나하나에 믿음을 주시는 분이 성령님이십니다. 그
리스도의 날에 그 리스트에 올라 있는 이들 중에 한 사람도 빠짐없이 몸과
영혼 모두 성자 우리 주 예수 그리스도의 영광의 형상을 완전하게 본받게
될 것입니다. 그 생명책에 올라 있는 이름을 가진 자는 복됩니다.

요 6:39 나를 보내신 이의 뜻은 내게 주신 자 중에 내가 하나도 잃어버리지
아니하고 마지막 날에 다시 살리는 이것이니라

계 20:15 누구든지 생명책에 기록되지 못한 자는 불못에 던져지더라

영광의 소망에 합당하게

그러므로 이 선택 교리는 그리스도 안에서 영생 얻은 자의 영원한 보장
과 위로의 극치입니다. 물론 우리 속에 남아 있는 육체의 본성이 이 교리를
방종의 도구로 사용할 가능성이 없지 않습니다. 그러나 우리 속에 계신 보
혜사 성령님의 인도와 가르침을 받는 자들은 방종의 유혹을 이길 힘을 가
지고 있습니다. 성삼위 하나님의 무궁한 사랑과 은혜의 수혜자요 택한 백
성들인 우리가 어떻게 해야겠습니까?

벧전 2:9 그러나 너희는 택하신 족속이요 왕 같은 제사장들이요 거룩한 나라
요 그의 소유가 된 백성이니 이는 너희를 어두운 데서 불러내어 그의 기이

한 빛에 들어가게 하신 이의 아름다운 덕을 선포하게 하려 하심이라

2:10 너희가 전에는 백성이 아니더니 이제는 하나님의 백성이요 전에는 긍휼을 얻지 못하였더니 이제는 긍휼을 얻은 자니라

2:11 사랑하는 자들아 거류민과 나그네 같은 너희를 권하노니 영혼을 거슬러 싸우는 육체의 정욕을 제어하라

2:12 너희가 이방인 중에서 행실을 선하게 가져 너희를 악행한다고 비방하는 자들로 하여금 너희 선한 일을 보고 오시는 날에 하나님께 영광을 돌리게 하려 함이라

아멘.

영생 얻은 성도와 그리스도의 재림

그리스도의 재림은 하나님의 새 창조의 완성이요, 하나님의 영광의 극치입니다. 하나님의 자녀된 우리의 영화(榮化)의 대 절정도 그리스도의 재림입니다. 사도 바울은 그 날의 영광을 바라보면서 빌립보서 3:20 이하에서 말하였습니다.

빌 3:20 그러나 우리의 시민권은 하늘에 있는지라 거기로부터 구원하는 자 곧 주 예수 그리스도를 기다리노니

3:21 그는 만물을 자기에게 복종하게 하실 수 있는 자의 역사로 우리의 낮은 몸을 자기 영광의 몸의 형체와 같이 변하게 하시리라

알파와 오메가이신 하나님

실로 그리스도 우리 주님의 재림은 창조주 우리 하나님의 모든 행하심의 대 절정입니다. 하나님의 첫 번째 창조가 하나님의 행사의 거대한 시작이

었습니다.

창 1:1 태초에 하나님이 천지를 창조하시니라

하나님께서 그런 의미에서 자신을 가리켜 알파와 오메가, 처음과 나중이라 하셨습니다.

계 1:8 주 하나님이 이르시되 나는 알파와 오메가라 이제도 있고 전에도 있었고 장차 올 자요 전능한 자라 하시더라

그리고 그리스도의 재림으로 하나님의 행사가 그 절정에 이르러 영원까지 그 영광이 이어집니다. 그래서 우리 주 예수님의 재림으로 완성되는 하나님의 영광의 목적이 완성에 이름을 보좌에 앉으신 성부께서 선포하셨습니다.

계 21:6 또 내게 말씀하시되 이루었도다 나는 알파와 오메가요 처음과 나중이라 내가 생명수 샘물로 목마른 자에게 값없이 주리니

이 두 대목의 말씀의 주체는 문맥상 성부 하나님이십니다. 그런데 그 말씀의 내용은 성부께서 그 보내신 자 그리스도를 통하여 이루시고 완성하신 것을 가리키고 있습니다.

그리고 요한계시록 22장 13절의 말씀은 우리 주 예수 그리스도께서 친히 하신 말씀입니다.

계 22:13 나는 알파와 오메가요 처음과 나중이요 시작과 끝이라

그러니 "나는 알파와 오메가라"하신 말씀은 성삼위의 각 위, 곧 성부와 성자 성령께 동등하게 적용되는 말씀임에 틀림없습니다. 그러므로 '성삼위 하나님께서 알파와 오메가라'는 말씀은 처음 창조로부터 그리스도의 재림과 그 이후 영원까지 만유 전체가 성삼위 하나님의 손 안에 있음을 드러냅니다.

그러므로 '하나님께서 알파와 오메가요 처음과 나중이라'는 말씀은 우리에게 만유 전체를 한 시야로 보게 하는 거대한 조망(outlook)을 갖게 합니다.

사도 베드로는 믿음의 시작과 끝을 이 진리에 비추어 보며 환난 중에 있는 성도들에게 이렇게 권면하며 위로하였습니다.

벧전 1:3 우리 주 예수 그리스도의 아버지 하나님을 찬송하리로다 그의 많으신 긍휼대로 예수 그리스도를 죽은 자 가운데서 부활하게 하심으로 말미암아 우리를 거듭나게 하사 산 소망이 있게 하시며

1:4 썩지 않고 더럽지 않고 쇠하지 아니하는 유업을 잇게 하시나니 곧 너희를 위하여 하늘에 간직하신 것이라

1:5 너희는 말세에 나타내기로 예비하신 구원을 얻기 위하여 믿음으로 말미암아 하나님의 능력으로 보호하심을 받았느니라

1:6 그러므로 너희가 이제 여러 가지 시험으로 말미암아 잠깐 근심하게 되지 않을 수 없으나 오히려 크게 기뻐하는도다

1:7 너희 믿음의 확실함은 불로 연단하여도 없어질 금보다 더 귀하여 예수 그리스도께서 나타나실 때에 칭찬과 영광과 존귀를 얻게 할 것이니라

성경은 오직 하나만 아는 책

사랑하시는 성도 여러분,

여러분은 이런 생각을 해 보신 적이 있습니까? 성경은 그 다루는 주제나 내용의 거대함에 비하여 그 부피가 그리 크지 않다는 생각 말입니다.

부족한 제가 하나님의 전적이고 불가항력적인 은혜로 20세에 전도를 받고 회심하였습니다. 그 때 감히 저는 처음에 성경의 진술들이 언뜻 너무 간

명하여 건조하기까지 하다는 인상을 받았습니다. 그 이전에 제가 읽었던 인문학의 책들, 철학이나 문학 서적들에 비하여 정말 성경은 그 진술들이 너무 간명하다 못해 단조로워 보이기까지 하였습니다.

그런 책들의 저자들이 어떤 주제에 대하여 말할 때 나름의 논지를 가지고 있습니다. 그럼에도 그 책들은 여전히 절대성을 주장할 수 없습니다. 그 말은 어떤 동일한 주제에 대하여도 아주 다양한 견해들이 있어 누가 더 옳고 바른지에 대한 판단은 항상 유보되어 있다는 말입니다. 그래서 저는 그 당시 그런 책들을 통하여 인생의 절대 진리를 발견하려 하기보다는 다양한 많은 견해들을 섭렵하는 것이 지혜라고 생각하였습니다. 그런 과정 중에서 자신의 자아를 발견하고 구현하는 것이 인생의 길이라 여겼습니다. 그래서 젊은 날 그리스도 밖에서 저는 제 인생의 길을 가르쳐 주는 스승들을 되도록 많이 두고 있었던 셈입니다.

지금 제가 제 경험을 말하는 것은 이것이 제 개인의 이야기만은 아닐 것이라는 생각이 들기 때문입니다. 지금 그리스도 밖에 있으면서 나름으로 인생을 깊이 생각하는 이들이 이전의 저와 같은 입장에 서 있습니다.

물론 제 이 말에 반감을 가질 분들도 있을 것입니다. 그러함에도 그 진실은 달라지지 않습니다.

그런데 제가 전도를 받고 교회를 출석하며 목사님의 설교 말씀을 듣고 성경을 읽기 시작하니 정말 이전과는 딴판의 세계가 거기 있었습니다. 정말 성경의 세계가 제게 별세계였습니다.

제 어린 믿음의 시각에도 성경은 오직 하나에 집중된 책이었습니다. 사실 저를 전도한 이와 2개월여 동안 교제하면서 그 전도자가 제게 끼치는 인상도 그러하였습니다. 그 전도자는 오직 하나에 목숨을 걸고 있다는 느낌을 제게 주었습니다.

그래서 저는 중대한 결심을 해야겠다는 생각에 이르렀습니다. 제가 가지고 있던 기존의 가치관을 견지하기 위해서라면 그 전도자와의 교제를 끊어야 했습니다. 그러나 제가 견지하던 가치관이 그 전도자가 가진 가치관보다 높아 보이지 않았습니다. 당시 저는 몰랐지만, 저를 주장하시는 성령님으로 말미암아 제 생각을 그렇게 갖게 된 것이지요. 그래서 그 전도자의 권유대로 난생 처음 출석하였습니다. 이로 인하여 우리 주 예수님을 믿게 하신 하늘에 계신 아버지 하나님께 영광을 돌려 드립니다.

정말 성경을 하나의 책 정도로 알고 있던 저의 관점과, 성경을 하나님의 살아있는 말씀으로 믿고 거기에 목숨을 걸고 있는 사람의 관점 사이의 벽이 너무 크고 높았습니다. 그러니 제가 저의 관점을 포기하지 않으면 그 전도자(지금의 제 아내)와 정상적인 교제가 이루어질 수 없다는 생각이 든 것입니다. 그런 과정을 통하여 하나님께서는 저로 하여금 성경대로 믿는 믿음의 길로 들어서게 하신 것이지요.

그리고 제가 성경을 읽기 시작하면서 성경이 정말 오직 하나에 집중된 책임을 발견하게 되었습니다. 그리고 제가 주님의 은혜를 받아가면서 그렇게 단조롭게 보이던 성경의 모든 진술들이 참으로 광대하다는 것을 발견하기 시작하였습니다. 실로 성경은 제게 사도 바울이 고린도교회에 보낸 편지에서 말한 것과 같은 별세계를 보여주었습니다.

고전 2:9 기록된 바 하나님이 자기를 사랑하는 자들을 위하여 예비하신 모든 것은 눈으로 보지 못하고 귀로 듣지 못하고 사람의 마음으로 생각하지도 못하였다 함과 같으니라

2:10 오직 하나님이 성령으로 이것을 우리에게 보이셨으니 성령은 모든 것

곧 하나님의 깊은 것까지도 통달하시느니라

다시 말씀드리거니와, 그리스도 밖에 있는 여러 인생관들과 성경이 공존할 수 없는 이유가 바로 거기 있습니다. 그러므로 참 믿음은 이전의 사람의 본질을 조금 개선하거나 바꾸는 것이 아닙니다. 정말 이전 사람은 없어지고 새사람이 들어선 것입니다. 그것이 성경이 말하는 영생 얻은 사람의 믿음입니다.

그래서 성령께서 사도 바울로 하여금 이렇게 말하게 하신 것입니다.

고후 5:17 그런즉 누구든지 그리스도 안에 있으면 새로운 피조물이라 이전 것은 지나갔으니 보라 새 것이 되었도다

성경은 정말 오직 창조주 하나님께 집중된 책입니다.

창 1:1 태초에 하나님이 천지를 창조하시니라

계 1:8 주 하나님이 이르시되 나는 알파와 오메가라 이제도 있고 전에도 있었고 장차 올 자요 전능한 자라 하시더라

계 22:13 나는 알파와 오메가요 처음과 마지막이요 시작과 마침이라

하나님의 영광과 불가분의 인간 구원

실로 성경의 매 지면에서, 우리는 그렇게 새롭게 지으심을 받은 하나님의 사람들의 영원한 생명과 영광과 복락이 하나님의 이름의 영예와 영원히 분리되지 않음을 발견합니다. 물론 그렇다고 그 말을 성경은 사람은 전혀 안중에도 없고 오직 하나님만 중요하게 여기는 책이라는 뜻은 아닙니다. 성경은 정말 사람에 대하여 줄기차게 말합니다. 성경은 처음부터 끝까지 사람에 대하여 말합니다. 성경은 사람을 위하여 기록된 책입니다. 모든 성경은 사람이 들어야 할 것을 말하고 있습니다. 아니 성경 66권의 각 책의

저자들은 성령의 감동 아래서 자기 책을 읽을 독자들을 염두에 두고 있었습니다. 성경은 실로 사람에 관하여 적확하게 말하고 있습니다.

그런데 그 사람에 관하여 말하되, 오직 그 사람을 지으시고 조성하시고 판단하시고 구원하시는 하나님만을 경외하고 신뢰하는 사람만 영원히 복되다고 말합니다. 그러므로 성경은 처음부터 끝까지 그 독자로 하여금 오직 하나의 초점, 곧 창조와 통치와 심판과 구원의 하나님만 집중하여 우러러 보게 합니다. 그래서 진정 성경대로 복 있는 자가 누구입니까? 하나님의 은혜로 말미암아 그 하나님 앞에 자신이 죄인 중의 괴수임을 알고, 지옥 형벌을 받기에만 합당한 자신의 입장을 보고 애통하며, 하나님의 긍휼을 애원하는 사람은 복이 있습니다.

마 5:3 심령이 가난한 자는 복이 있나니 천국이 그들의 것임이요

5:4 애통하는 자는 복이 있나니 그들이 위로를 받을 것임이요

그러므로 성경대로의 참된 그리스도인들, 그리스도를 믿음으로 말미암아 영생을 얻어 하나님의 자녀가 된 이들은 오직 하나에 자기의 존재와 이생과 내생과 영원을 내어 맡긴 사람입니다. 성경이 우리로 집중하게 하는 오직 그 하나의 정체는 무엇입니까? 우리의 하늘 아버지, 우리의 구주, 우리의 보혜사 성령, 성삼위 하나님이십니다. 성경이 우리로 하여금 오직 성삼위일체 하나님께 집중하게 합니다.

그러니 영생은 무엇입니까? 그 질문에 대한 포괄적이고 절대적인 해답을 우리 주 예수님께서 주셨습니다.

요 17:3 영생은 참 유일하신 하나님과 그 보내신 자 예수 그리스도를 아는 것이니다

하나님을 배역하여 죄를 범하고 흑암과 파멸의 무저갱에 있던 사람을

건져 내어 성삼위 하나님과 화목하고 그 하나님과 영원히 끊어지지 않는 교제로 들어간 것이 영생이란 말입니다. 그래서 우리 주님께서 죄인의 구원을 그런 차원에서 생각하셨고, 그 구원을 이룩하셨습니다. 우리 주 예수님께서 대제사장으로서 아버지 하나님께 드린 기도를 다시 들어 보십시오.

요 17:1 예수께서 이 말씀을 하시고 눈을 들어 하늘을 우러러 이르시되 아버지여 때가 이르렀사오니 아들을 영화롭게 하사 아들로 아버지를 영화롭게 하게 하옵소서

17:2 아버지께서 아들에게 주신 모든 사람에게 영생을 주게 하시려고 만민을 다스리는 권세를 아들에게 주셨음이로소이다

17:3 영생은 곧 유일하신 참 하나님과 그가 보내신 자 예수 그리스도를 아는 것이니이다

그러므로 진정 영생을 얻어 성령님의 감동 아래 믿음의 정로를 걷는 사람은 하나님과 그리스도를 아는 지식으로 충일한 사람입니다. 그래서 그의 마음의 생각과 행실이 그 하나님 앞에서, 그 하나님을 위하여, 그 하나님께 집중되어 있습니다. 그래서 구약시대에 영생을 얻은 다윗이 그렇게 노래하였습니다.

시 19:1 하늘이 하나님의 영광을 선포하고 궁창이 그의 손으로 하신 일을 나타내는도다

19:2 날은 날에게 말하고 밤은 밤에게 지식을 전하니

19:3 언어도 없고 말씀도 없으며 들리는 소리도 없으나

19:4 그의 소리가 온 땅에 통하고 그의 말씀이 세상 끝까지 이르도다 하나님이 해를 위하여 하늘에 장막을 베푸셨도다

19:7 여호와의 율법은 완전하여 영혼을 소성시키며 여호와의 증거는 확실

하여 우둔한 자를 지혜롭게 하며

19:8 여호와의 교훈은 정직하여 마음을 기쁘게 하고 여호와의 계명은 순결하여 눈을 밝게 하시도다

19:9 여호와를 경외하는 도는 정결하여 영원까지 이르고 여호와의 법도 진실하여 다 의로우니

19:10 금 곧 많은 순금보다 더 사모할 것이며 꿀과 송이꿀보다 더 달도다

19:11 또 주의 종이 이것으로 경고를 받고 이것을 지킴으로 상이 크니이다

19:12 자기 허물을 능히 깨달을 자 누구리요 나를 숨은 허물에서 벗어나게 하소서

19:13 또 주의 종에게 고의로 죄를 짓지 말게 하사 그 죄가 나를 주장하지 못하게 하소서 그리하면 내가 정직하여 큰 죄과에서 벗어나겠나이다

19:14 나의 반석이시요 나의 구속자이신 여호와여 내 입의 말과 마음의 묵상이 주님 앞에 열납되기를 원하나이다

삶의 한 복판에 서 있는 영생 얻은 사람

그러면 그 사람은 하나님 말고 다른 모든 것은 다 무시하고 은둔자처럼 오직 하나님만 생각하며 소일하는 사람이라는 뜻입니까? 아닙니다. 결코 아닙니다. 성경이 말하는 바 구원 받는 참 신앙인들은 은둔자가 아니었습니다. 에녹은 고대의 경건한 성도였습니다. 그가 회심한 후 어떻게 하였습니까?

창 5:21 에녹은 육십오 세에 므두셀라를 낳았고

5:22 므두셀라를 낳은 후 삼백 년을 하나님과 동행하며 자녀들을 낳았으며

5:23 그는 삼백육십오 세를 살았더라

그는 65세에 회심하여 하나님을 믿은 사람이었습니다. 그가 회심 후의 300년 동안 하나님과 동행하는 참 믿음의 삶을 살았습니다. 그가 은둔자였습니까? 아닙니다. "에녹이 삼백년 동안 하나님과 동행하면서 자녀를 낳았다"고 한 것은 무엇을 의미합니까?

그가 지상에 있는 모든 이들에게 공히 주어진 일상의 삶을 영위하되, 범사에 하나님을 믿음으로 살았다는 말입니다. 달리 말하여, 그가 '하나님과 동행한다'는 구실 아래서 지상에 사는 인생 모두에게 주어진 일상의 삶의 과제를 버린 적이 없었다는 말입니다. 그러므로 겉으로 보면 에녹은 삶의 일상에서 다른 이들과 다르지 않았을 것입니다. 그가 지상에 태어나 자라 사는 이들 모두에게 주어진 일상의 과제들에 충실하였다는 말입니다. 그도 부모에게서 태어나 자라고 또 성인으로 가정을 이루고, 또 자녀를 낳고 길렀습니다. 그가 하나님의 주권으로 주어진 자신의 사회관계에 대하여도 충실하였습니다. 당시의 산업 구조가 제 1차 산업인 농경과 목축이었을 테니, 에녹도 그런 구조에 순응하였을 것입니다.

그런데 그가 다른 이들과 다른 것은 무엇이었습니까? 그 모든 지상생애의 과제들을 하나님과 동행하면서 하나님의 자녀의 신분에 합당하게 감당하였습니다. 그가 범사에 하나님을 믿고 순종하였습니다. 그가 목축과 농사의 모든 일을 하나님의 은혜 가운데서 진행하며 감사하며 섬겼습니다. 가정의 모든 일, 남편과 아내와 가족의 모든 일, 자녀들을 낳고 기르는 모든 과정이 다 하나님의 은혜로 되는 것임을 그는 믿었을 것입니다. 그리고 그 자녀들이 오직 하나님만 경외하는 사람들로 서기를 위하여 말씀과 주의 교양으로 양육하였을 것입니다. 에녹은 은둔자로 하나님과 동행한 것이 아닙니다. 삶의 한복판에서 하나님과 동행하였습니다.

사도와 동일한 보배로운 믿음

바로 성경 전체에 나타난 모든 영생 얻은 참 성도들이 동일한 믿음을 공유하였습니다.

유 1:14 아담의 칠대 손 에녹이 이 사람들에 대하여도 예언하여 이르되 보라 주께서 그 수만의 거룩한 자와 함께 임하셨나니

1:15 이는 뭇 사람을 심판하사 모든 경건하지 않은 자가 경건하지 않게 행한 모든 경건하지 않은 일과 또 경건하지 않은 죄인들이 주를 거슬러 한 모든 완악한 말로 말미암아 그들을 정죄하려 하심이라 하였느니라

우리가 영생 얻은 자라면, 바로 그 믿음을 공유하고 있어야 합니다. 성령께서 성경 전체를 통하여 바로 그것을 우리에게 가르치고 있습니다.

벧후 1:1 예수 그리스도의 종이며 사도인 시몬 베드로는 우리 하나님과 구주 예수 그리스도의 의를 힘입어 동일하게 보배로운 믿음을 우리와 함께 받은 자들에게 편지하노니

1:2 하나님과 우리 주 예수를 앎으로 은혜와 평강이 너희에게 더욱 많을지어다

1:3 그의 신기한 능력으로 생명과 경건에 속한 모든 것을 우리에게 주셨으니 이는 자기의 영광과 덕으로써 우리를 부르신 이를 앎으로 말미암음이라

1:4 이로써 그 보배롭고 지극히 큰 약속을 우리에게 주사 이 약속으로 말미암아 너희가 정욕 때문에 세상에서 썩어질 것을 피하여 신성한 성품에 참여하는 자가 되게 하려 하셨느니라

사도 바울을 통하여 성령께서 말씀하신 것을 들어 보세요.

갈 2:20 내가 그리스도와 함께 십자가에 못 박혔나니 그런즉 이제는 내가 사는 것이 아니요 오직 내 안에 그리스도께서 사시는 것이라 이제 내가 육체

가운데 사는 것은 나를 사랑하사 나를 위하여 자기 자신을 버리신 하나님의 아들을 믿는 믿음 안에서 사는 것이라

고전 10:31 그런즉 너희가 먹든지 마시든지 무엇을 하든지 다 하나님의 영광을 위하여 하라

그리고 사도 바울이 로마 옥중 서신이었던 빌립보서에서 말하는 것을 들어 보세요.

빌 1:20 나의 간절한 기대와 소망을 따라 아무 일에든지 부끄러워하지 아니하고 지금도 전과 같이 온전히 담대하여 살든지 죽든지 내 몸에서 그리스도가 존귀하게 되게 하려 하나니

1:21 이는 내게 사는 것이 그리스도니 죽는 것도 유익함이라

로마서 14장 7절 이하에서 사도는 성도의 삶의 정형을 소개합니다.

롬 14:7 우리 중에 누구든지 자기를 위하여 사는 자가 없고 자기를 위하여 죽는 자도 없도다

14:8 우리가 살아도 주를 위하여 살고 죽어도 주를 위하여 죽나니 그러므로 사나 죽으나 우리가 주의 것이로다

오직 사도 바울은 하나만 아는 사람이었습니다. 물론 아벨, 에녹, 아브라함, 이삭, 야곱, 모세, 다윗, 다니엘, 하박국이 다 신약의 사도들의 믿음을 공유하고 있었습니다. 그들은 오직 성삼위 하나님의 은혜와 그 이름과 그 나라와 그 뜻 안에서만 자기들을 발견하였습니다. 그래서 그들이 자기들에게 주어진 삶의 모든 조건 속에서 오직 성삼위 하나님만 아는 자로 서서 섬겼습니다. 그런 자가 삶의 한복판에서 사람이 어떻게 무엇을 위하여 살아야 하는지를 다른 이들에게 보여 줍니다. 그런 의미에서 우리 주님께서 말씀하셨습니다.

마 5:13 너희는 세상의 소금이니 소금이 만일 그 맛을 잃으면 무엇으로 짜게 하리요 후에는 아무 쓸 데 없어 다만 밖에 버려져 사람에게 밟힐 뿐이니라

5:14 너희는 세상의 빛이라 산 위에 있는 동네가 숨겨지지 못할 것이요

5:15 사람이 등불을 켜서 말 아래에 두지 아니하고 등경 위에 두나니 이러므로 집 안 모든 사람에게 비치느니라

5:16 이같이 너희 빛이 사람 앞에 비치게 하여 그들로 너희 착한 행실을 보고 하늘에 계신 너희 아버지께 영광을 돌리게 하라

우리의 소망의 극치

사도 바울을 통하여 성령께서는 구원하신 하나님의 자녀들이 지상에 살면서 견지할 소망의 극치가 무엇임을 배우게 하셨습니다. 그것이 무엇입니까? 사도 바울은 자기 지상 순례길이 곧 마감되어 하늘에 예비된 아버지의 집에 갈 것을 내다보면서 신실한 복음 사역자 디모데에게 편지를 보냈습니다. 그것이 바로 디모데후서입니다.

디모데후서 4장 6절 이하에서 그는 이렇게 말하였습니다.

딤후 4:6 전제와 같이 내가 벌써 부어지고 나의 떠날 시각이 가까웠도다

4:7 나는 선한 싸움을 싸우고 나의 달려갈 길을 마치고 믿음을 지켰으니

4:8 이제 후로는 나를 위하여 의의 면류관이 예비되었으므로 주 곧 의로우신 재판장이 그 날에 내게 주실 것이며 내게만 아니라 주의 나타나심을 사모하는 모든 자에게도니라

주님의 재림의 날을 바라보면서 그 날의 영광을 진실로 소망하는 것이 영생 얻은 하나님의 자녀들의 참된 위로임을 사도는 말한 것입니다. 사도 베드로도 믿음으로 인하여 박해의 모진 압박에 시달리던 성도들을 향하여

바로 그 주님의 재림의 날을 그려 보게 하였습니다.

벧전 1:3 우리 주 예수 그리스도의 아버지 하나님을 찬송하리로다 그의 많으신 긍휼대로 예수 그리스도를 죽은 자 가운데서 부활하게 하심으로 말미암아 우리를 거듭나게 하사 산 소망이 있게 하시며

1:4 썩지 않고 더럽지 않고 쇠하지 아니하는 유업을 잇게 하시나니 곧 너희를 위하여 하늘에 간직하신 것이라

1:5 너희는 말세에 나타내기로 예비하신 구원을 얻기 위하여 믿음으로 말미암아 하나님의 능력으로 보호하심을 받았느니라

1:6 그러므로 너희가 이제 여러 가지 시험으로 말미암아 잠깐 근심하게 되지 않을 수 없으나 오히려 크게 기뻐하는도다

1:6 너희 믿음의 확실함은 불로 연단하여도 없어질 금보다 더 귀하여 예수 그리스도께서 나타나실 때에 칭찬과 영광과 존귀를 얻게 할 것이니라

1:7 예수를 너희가 보지 못하였으나 사랑하는도다 이제도 보지 못하나 믿고 말할 수 없는 영광스러운 즐거움으로 기뻐하니

1:8 믿음의 결국 곧 영혼의 구원을 받음이라

그리스도의 재림은 창세전에 예정하신 하나님의 뜻의 완성입니다. 그 주님의 재림 속에 하나님의 작정과 예정의 완성이 있고, 우리의 영광의 극치가 있습니다.

완전하게 영화롭게 됨

그 날에 우리는 그리스도의 완전한 영광의 형상을 완전하게 본받아 완전한 영혼과 완전한 몸을 입게 됩니다. 그리고 의의 거하는 바 새 하늘과 새 땅에 서서 영원히 성삼위 하나님을 기뻐하며 거하게 될 것입니다. 사도

는 고린도후서 4,5장에서 지상생애의 순례의 길을 마치고 모든 성도들이 들어가게 될 영광의 아버지 집에 대한 소망을 말합니다.

고후 4:16 그러므로 우리가 낙심하지 아니하노니 우리의 겉사람은 낡아지나 우리의 속사람은 날로 새로워지도다

4:17 우리가 잠시 받는 환난의 경한 것이 지극히 크고 영원한 영광의 중한 것을 우리에게 이루게 함이니

4:18 우리가 주목하는 것은 보이는 것이 아니요 보이지 않는 것이니 보이는 것은 잠깐이요 보이지 않는 것은 잠깐이요 보이지 않는 것은 영원함이라

이어 5장 1절 이하에서는 이렇게 말합니다.

고후 5:1 만일 땅에 있는 우리의 장막 집이 무너지면 하나님께서 지으신 집 곧 손으로 지은 것이 아니요 하늘에 있는 영원한 집이 우리에게 있는 줄 아느니라

5:2 참으로 우리가 여기 있어 탄식하며 하늘로부터 오는 우리 처소로 덧입기를 간절히 사모하노라

5:3 이렇게 입음은 우리가 벗은 자들로 발견되지 않으려 함이라

5:4 참으로 이 장막에 있는 우리가 짐진 것 같이 탄식하는 것은 벗고자 함이 아니요 오히려 덧입고자 함이니 죽을 것이 생명에 삼킨 바 되게 하려 함이라

5:5 곧 이것을 우리에게 이루게 하시고 보증으로 성령을 우리에게 주신 이는 하나님이시니라

5:6 그러므로 우리가 항상 담대하여 몸으로 있을 때에는 주와 따로 있는 줄을 아노니

5:7 이는 우리가 믿음으로 행하고 보는 것으로 행하지 아니함이로라

5:8 우리가 담대하여 원하는 바는 차라리 몸을 떠나 주와 함께 있는 그것이라

5:9 그런즉 우리는 몸으로 있든지 떠나든지 주를 기쁘시게 하는 자가 되기를 힘쓰노라

그런데 그가 바로 뒤이어 그리스도의 재림의 날에 맞을 최후의 심판을 말하였습니다.

고후 5:10 이는 우리가 다 반드시 그리스도의 심판대 앞에 나타나게 되어 각각 선악 간에 그 몸으로 행한 것을 따라 받으려 함이라

성령께서는 사도 바울을 통하여 영생 얻은 우리가 지상에 있을 때에 가져야 할 영광의 소망을 가르쳐 주셨습니다. 우리의 영광의 소망의 극치는 바로 하나님 아버지 집의 영광입니다. 성경은 그 영광의 소망의 극치에 비추어 지상에서 우리가 견지할 삶의 지혜와 방식을 배우라고 말합니다. 따라서 우리 주님께서 제자들을 위로하신 말씀의 극치가 바로 하늘에 계신 아버지의 집입니다.

요 14:1 너희는 마음에 근심하지 말라 하나님을 믿으니 또 나를 믿으라

14:2 내 아버지 집에 거할 곳이 많도다 그렇지 않으면 너희에게 일렀으리라 내가 너희를 위하여 거처를 예비하러 가노니

14:3 가서 너희를 위하여 거처를 예비하면 내가 다시 와서 너희를 내게로 영접하여 나 있는 곳에 너희도 있게 하리라

영생 얻은 사람의 영원한 안식처

아버지의 집의 개념 속에 아버지와의 생명의 교제 속에 거하며 완전한 안식을 영원히 누리는 것이 들어 있습니다. 전장에 나간 병사들의 최고의 위로는 그 전쟁이 종식되고 무사하게 집으로 가는 것입니다. 그 집에 사랑하는 가족이 있습니다. 우리 영생 얻은 사람들은 바로 성삼위 하나님과의 완

전한 교통과 안식의 처소에 이르는 것을 최고의 소망으로 삼습니다.

계 14:3 또 내가 들으니 하늘에서 음성이 나서 이르되 기록하라 지금 이후로 주 안에서 죽는 자들은 복이 있도다 하시매 성령이 이르시되 그러하다 그들이 수고를 그치고 쉬리니 이는 그들의 행한 일이 따름이라 하시더라

그런데 하늘의 아버지의 집의 영광의 연장선상에 우리 주님의 재림이 있습니다. 우리 주 예수님의 재림으로 하나님의 나라가 완성되고 영생 얻은 우리의 소망이 완성됩니다. 인간의 역사는 창조와 그리스도의 초림과 그의 죽으심과 부활 승천과 하나님 우편에 계심과 재림을 그 축으로 합니다. 우리 주님 재림의 날까지 우리 영혼은 그리스도의 구속의 은혜를 완전하게 누리며 정결하게 아버지의 집에 거하게 됩니다. 그러나 아직 실현되지 않은 거대한 약속이 아직 하나 있습니다. 그것은 우리 영혼들도 그리스도의 영광의 형체를 옷 입는 것입니다. 그것을 가리켜 몸의 부활이라고도 합니다.

빌 3:20 그러나 우리의 시민권은 하늘에 있는지라 거기로부터 구원하는 자 곧 주 예수 그리스도를 기다리노니

3:21 그는 만물을 자기에게 복종하게 하실 수 있는 자의 역사로 우리의 낮은 몸을 자기 영광의 몸의 형체와 같이 변하게 하시리라

그리고 데살로니가전서 4장 13절 이하에서 사도는 말합니다.

살전 4:13 형제들아 자는 자들에 관하여는 너희가 알지 못함을 우리가 원하지 아니하노니 이는 소망 없는 다른 이와 같이 슬퍼하지 않게 하려 함이라

4:14 우리가 예수께서 죽으셨다가 다시 살아나심을 믿을진대 이와 같이 예수 안에서 자는 자들도 하나님이 그와 함께 데리고 오시리라

4:15 우리가 주의 말씀으로 너희에게 이것을 말하노니 주께서 강림하실 때까지 우리 살아 남아 있는 자도 자는 자보다 결코 앞서지 못하리라

4:16 주께서 호령과 천사장의 소리와 하나님의 나팔 소리로 친히 하늘로부터 강림하시리니 그리스도 안에서 죽은 자들이 먼저 일어나고

4:17 그 후에 우리 살아남은 자들도 그들과 함께 구름 속으로 끌어 올려 공중에서 주를 영접하게 하시리니 그리하여 우리가 항상 주와 함께 있으리라

4:18 그러므로 이러한 말로 서로 위로하라

새 하늘과 새 땅

그리고 주님의 재림으로 말미암아 의의 거하는 바 새 하늘과 새 땅이 도래합니다.

벧후 3:9 주의 약속은 어떤 이들이 더디다고 생각하는 것 같이 더딘 것이 아니라 오직 주께서는 너희를 대하여 오래 참으사 아무도 멸망하지 아니하고 다 회개하기에 이르기를 원하시느니라

3:10 그러나 주의 날이 도둑 같이 오리니 그 날에는 하늘이 큰 소리로 떠나가고 물질이 뜨거운 불에 풀어지고 땅과 그 중에 있는 모든 일이 드러나리로다

3:11 이 모든 것이 이렇게 풀어지리니 너희가 어떠한 사람이 되어야 마땅하냐 거룩한 행실과 경건함으로

3:12 하나님의 날이 임하기를 바라보고 간절히 사모하라 그 날에 하늘이 불에 타서 풀어지고 물질이 뜨거운 불에 녹아지려니와

3:13 우리는 그의 약속대로 의가 있는 곳인 새 하늘과 새 땅을 바라보도다

그렇게 나타날 새 하늘과 새 땅의 정경을 묘사하는 말씀을 들어 보세요.

계 21:1 또 내가 새 하늘과 새 땅을 보니 처음 하늘과 처음 땅이 없어졌고 바다도 다시 있지 않더라

21:2 또 내가 보매 거룩한 성 새 예루살렘이 하나님께로부터 하늘에서 내려오니 그 준비한 것이 신부가 남편을 위하여 단장한 것 같더라

21:3 내가 들으니 보좌에서 큰 음성이 나서 이르되 보라 하나님의 장막이 사람들과 함께 있으매 하나님이 그들과 함께 계시리니 그들은 하나님의 백성이 되고 하나님은 친히 그들과 함께 계셔서

21:4 모든 눈물을 그 눈에서 닦아 주시니 다시는 사망이 없고 애통하는 것이나 곡하는 것이나 아픈 것이 다시 있지 아니하리니 처음 것들이 다 지나갔음이러라

21:5 보좌에 앉으신 이가 이르시되 보라 내가 만물을 새롭게 하노라 하시고 또 이르시되 이 말은 신실하고 참되니 기록하라 하시고

21:6 또 내게 말씀하시되 이루었도다 나는 알파와 오메가요 처음과 마지막이라 내가 생명수 샘물을 목마른 자에게 값없이 주리니

21:7 이기는 자는 이것들을 상속으로 받으리라 나는 그의 하나님이 되고 그는 내 아들이 되리라

우리 순례길의 종착점

그러므로 우리의 날들이 그 소망의 빛을 따라 진행되게 하시는 우리 하나님 아버지께 감사와 찬미를 드립니다.

벧전 2:11 사랑하는 자들아 거류민과 나그네 같은 너희를 권하노니 영혼을 거슬러 싸우는 육체의 정욕을 제어하라

2:12 너희가 이방인 중에서 행실을 선하게 가져 너희를 악행한다고 비방하는 자들로 하여금 너희 선한 일을 보고 오시는 날에 하나님께 영광을 돌리게 하려 함이라

히 11:13 이 사람들은 다 믿음을 따라 죽었으며 약속을 받지 못하였으되 그 것들을 멀리서 보고 환영하며 또 땅에서는 외국인과 나그네임을 증언하였으니

11:14 그들이 이같이 말하는 것은 자기들이 본향 찾는 자임을 나타냄이라

11:15 그들이 나온 바 본향을 생각하였더라면 돌아갈 기회가 있었으려니와

11:16 그들이 이제는 더 나은 본향을 사모하니 곧 하늘에 있는 것이라 이러므로 하나님이 그들의 하나님이라 일컬음 받으심을 부끄러워하지 아니하시고 그들을 위하여 한 성을 예비하셨느니라

우리 주 예수님의 마지막 당부

계 22:13 나는 알파와 오메가요 처음과 마지막이요 시작과 마침이라

22:14 나 예수는 교회들을 위하여 내 사자를 보내어 이것들을 너희에게 증언하게 하였노라 나는 다윗의 뿌리요 자손이니 곧 광명한 새벽 별이라 하시더라

22:15 성령과 신부가 말씀하시기를 오라 하시는도다 듣는 자도 오라 할 것이요 목마른 자도 올 것이요 또 원하는 자는 값없이 생명수를 받으라 하시더라

22:16 내가 이 두루마리의 예언의 말씀을 듣는 모든 사람에게 증언하노니 만일 누구든지 이것들 외에 더하면 하나님이 이 두루마리에 기록된 재앙들을 그에게 더하실 것이요

22:16 만일 누구든지 이 두루마리의 예언의 말씀에서 제하여 버리면 하나님이 이 두루마리에 기록된 생명나무와 및 거룩한 성에 참여함을 제하여 버리시리라

우리 소망은 우리 주 예수 그리스도의 재림과 함께 하나님의 영광이 찬연하게 드러나고, 우리도 재림의 그리스도의 영광에 참예하는 것입니다.

계 22:17 이것들을 증언하신 이가 이르시되 내가 진실로 속히 오리라 하시거늘 아멘 주 예수여 오시옵소서

22:18 주 예수의 은혜가 모든 자들에게 있을지어다 아멘.

chapter 29

영생 얻은 성도가 지상에서 누리는 행복

지상에서의 행복을 말하면 누구나 대번에 행복의 여러 조건들을 먼저 생각하기 마련입니다. 행복은 조건 이전의 문제가 아니라 조건 이후의 문제라고 생각하기 때문입니다. 그래서 사람들은 이 세상에 살면서 행복의 조건을 갖추기 위하여 애를 쓰기 마련입니다. 그래서 현재의 조건이 불행한 정서를 유발하는 중에도 그 조건을 갖추게 되면 누릴 행복을 희구하며 참고 이겨내려 합니다. 그런 일반적인 논리가 아주 자연스러운 것입니다. 누가 행복은 원하는데 그 행복의 조건을 갖추려는 수고는 전혀 하지 않고 있다면, 그것이 정죄받을 일입니다.

그러면 사람이 소위 행복의 조건을 다 갖추었다면, 그 사람이 그 자체로 정말 행복의 사람이 됩니까? 그렇지 않습니다. 남들이 볼 때는 행복의 조건을 두루 갖춘 것 같은데도 정작 그 사람 자신은 행복하지 못하고 도리어 불행감으로 가득차 있는 경우도 있으니 말입니다. 그러므로 '행복이라는 주제'는 그리 간단하지 않다는 것이 드러납니다. 영생 얻은 그리스도인의 경우는 어떠합니까? 영생 얻은 성도가 지상에서 누리는 행복이란 대체 무엇입니까? 그래서 이 장에서는 바로 그 문제를 집중하려고 합니다.

나그네와 같은 그리스도인

우리가 그리스도를 믿음으로 말미암아 영생 얻어 하나님의 자녀가 되었다 함 자체가 온 세상 전체를 얻은 것보다 더 큰 행복의 조건을 갖춘 것입니다. 우리가 하늘 아버지의 기업 무를 자로서 그리스도와 함께 누릴 하늘에 속한 복과 영광에 비추어 보면 세상의 영광은 한낱 지푸라기에 불과합니다.

롬 8:16 성령이 친히 우리의 영과 더불어 우리가 하나님의 자녀인 것을 증언하시나니

8:17 자녀이면 또한 상속자 곧 하나님의 상속자요 그리스도와 함께 한 상속자니 우리가 그와 함께 영광을 받기 위하여 고난도 함께 받아야 할 것이니라.

그래서 사도 요한을 통하여 성령께서 권고하셨습니다.

요일 2:15 이 세상이나 세상에 있는 것들을 사랑치 말라 누구든지 세상을 사랑하면 아버지의 사랑이 그 안에 있지 아니하니

2:16 이는 세상에 있는 모든 것이 육신의 정욕과 안목의 정욕과 이생의 자랑이니 다 아버지께로 온 것이 아니요 세상으로 온 것이라

2:17 이 세상도, 그 정욕도 지나가되 오직 하나님의 뜻을 행하는 자는 영원히 거하느니라

그런 차원에서 베드로 사도와 히브리서 기자는 그리스도인의 지상생애가 나그네와 행인 같다고 한 것입니다.

히 11:13 이 사람들은 다 믿음을 따라 죽었으며 약속을 받지 못하였으되 그 것들을 멀리서 보고 환영하며 또 땅에서는 외국인과 나그네임을 증언하였 으니

11:14 그들이 이같이 말하는 것은 자기들이 본향 찾는 자임을 나타냄이라

11:15 그들이 나온 바 본향을 생각하였더라면 돌아갈 기회가 있었으려니와

11:16 그들이 이제는 더 나은 본향을 사모하니 곧 하늘에 있는 것이라 이러 므로 하나님이 그들의 하나님이라 일컬음 받으심을 부끄러워하지 아니하 시고 그들을 위하여 한 성을 예비하셨느니라

벧전 2:11 사랑하는 자들아 거류민과 나그네 같은 너희를 권하노니 영혼을 거슬러 싸우는 육체의 정욕을 제어하라

그래서 우리 주 예수님께서 최후의 만찬을 드신 후 마음에 근심하는 제 자들에게 하늘에 계신 아버지의 집을 바라보며 거기서 위로를 찾게 하셨습 니다.

요 14:1 너희는 마음에 근심하지 말라 하나님을 믿으니 또 나를 믿으라

14:2 내 아버지 집에 거할 곳이 많도다 그렇지 않으면 너희에게 일렀으리라 내가 너희를 위하여 처소를 예비하러 가노니

14:3 가서 너희를 위하여 처소를 예비하면 내가 다시 와서 너희를 내게로 영 접하여 나 있는 곳에 너희도 있게 하리라

그리스도인의 지상 행복에 관한 두 극단적 관점

그런데 사랑하시는 여러분,

그런 영광의 소망을 분명하게 누릴 것이 확정된 우리가 이 지상에 있는 동안, 나그네로 있을 동안에 누리는 행복은 없는 것입니까? 오늘날 그리

스도인들도 여전히 연약하여 괘종시계의 진자같이 흔히 두 극단 중 하나로 치우치기를 잘합니다.

한 극단은 이러합니다. "영생 얻은 이들은 만물을 통치하시고 주장하시는 하나님을 아버지로 부르니 마땅하게 이 땅에서 모든 것을 누리며 행복을 구가하게 은혜를 주실 것이다."

또 다른 극단이 있습니다. "우리가 하나님의 자녀라도 이 땅에서는 우리의 분깃은 없고 다만 내세에 누릴 영광을 바라보고 그것으로만 만족해야 한다. 그러니 우리가 이 땅에 사는 날 동안에는 행복과 우리와는 상관이 없는 것으로 알고 지내는 것이 지혜다."

자, 이런 두 극단 모두가 성경이 그리스도인의 지상생애의 의미와 가치와 그것을 위하여 베풀어주시는 하나님의 은혜에 대하여 정당하지 못합니다. 하나님께서 자녀들인 그리스도인 모두에게 지상생애의 모든 조건을 완전하게 베풀어 주시어 불행하지 않게 하신다는 교리는 성경이 지원하지 않습니다. 성경에 소개된 많은 신실한 성도들의 지상생애의 조건과 실제는 그 교리를 지원하지 않습니다. 성경의 위인들이 많은 고난과 박해를 받았습니다.

그렇다고 성도들은 지상에 살면서 고난과 박해와 고통만 받습니까? 그래서 그리스도인은 항상 긴장하고 우울하여 찌푸리고 심각한 얼굴만 가져야 합니까? 그것이 그리스도인들의 정상적인 삶의 방식입니까? 그런 식으로 하면, 인류역사의 중심축과 같은 하나님의 교회와 하나님의 나라의 일도 중단될 수 있습니다. 그래서 하나님께서 성경을 통하여 성도의 지상생애의 조건을 섭리적으로 어떻게 주관하시는가를 배워야 합니다.

이미 우리는 성경을 제대로 강론하는 교회의 설교들을 통하여 그 점에 대하여 배워 왔습니다. 그러나 우리가 이런 문제를 다시 정돈하는 것이 매우 중요합니다. 하나님의 자녀들인 우리 그리스도인들로 하여금 지상에서 누리게 허락된 행복은 어떤 종류인가요?

지상생애의 효용성

우리는 이미 제 23장에서 영생 얻은 성도의 지상생애의 가치와 그 효용성에 대하여 알아보았습니다. 그러나 그리스도인의 지상에서 누리는 행복을 지상생애의 효용성에 비추어 재조명해 보면 좋을 듯합니다.

천사 같은 하늘의 영적인 존재들과 땅에 있는 모든 사람들과 만유가 그 지으신 창조주 하나님의 주권적인 뜻과 섭리와 통치 아래 있음을 우리는 언제나 잊지 말아야 합니다. 우리 눈으로 보기에 쓸데없어 보이는 것이 있을 수 있습니다. 그러나 만물의 존재 의미와 가치를 정하시고 있게도 하시고 없게도 하시는 분이 창조주 우리 하나님 아버지십니다.

대상 29:11 여호와여 광대하심과 권능과 영광과 이김과 위엄이 다 주께 속하였사오니 천지에 있는 것이 다 주의 것이로소이다 여호와여 주권도 주께 속하였사오니 주는 높으사 만유의 머리심이니이다

29:12 부와 귀가 주께로 말미암고 또 주는 만유의 주재가 되사 손에 권세와 능력이 있사오니 모든 자를 크게 하심과 강하게 하심이 주의 손에 있나이다

마 10:29 참새 두 마리가 한 앗사리온에 팔리지 않느냐 그러나 너희 아버지께서 허락하지 아니하시면 그 하나도 땅에 떨어지지 아니하리라

히 4:13 지으신 것이 하나라도 그 앞에 나타나지 않음이 없고 오직 만물이 우리를 상관하시는 자의 눈 앞에 벌거벗은 것 같이 드러나느니라

그러므로 우리가 지상에 태어난 일 자체가 우연의 산물이 아니라 우리

를 향하신 하나님의 주권적인 뜻의 소산입니다. 아니 우리가 반복하여 배워왔듯이, 우리 믿는 자들은 우리의 존재가 창세전에 아버지 하나님의 택하심과 사랑하심의 대상이었음을 압니다. 그러므로 지상생애의 시작과 끝이 다 하나님의 선하신 뜻 안에 있습니다.

계 1:8 주 하나님이 이르시되 나는 알파와 오메가라 이제도 있고 전에도 있었고 장차 올 자요 전능한 자라 하시더라

그러므로 우리는 우리의 지상생애의 효용성과 가치를 그 하나님의 선하신 뜻과 목적에서 찾아야 합니다. 그 하나님의 선하신 목적과 뜻을 어디서 찾습니까? 말할 필요도 없이 성경에서 찾아야 합니다. 사람마다 살아가면서 만나는 여러 일들의 무게에 짓눌려 고통하면서 이런 의문을 가질 수 있습니다. 어째서 내가 이 세상에 이렇게 태어나 고생을 하는가?

이 일과 관련하여 제가 주님의 은혜로 30년 이상 섬기다 은퇴한 우리 중심교회에서 있었던 일 하나를 소개하려 합니다. 2014년부터 지금까지 우리 중심교회는 매년 신년을 맞을 때 마다 특별 사경회를 진행해 왔습니다. 2020년까지만 하여도 1월 둘째 주와 셋째 주 화, 수, 목, 금요일 오후 8시부터 10시까지 연속 두 주간 8일간 사경회를 진행하였습니다. 그 전통은 주님께서 중심교회에 주신 아름다운 은혜의 방편으로 앞으로도 지속될 것입니다. 2021년 이후 코로나 펜데믹의 상황에서도 계속 그 전통을 이어 신년 사경회를 개최하였습니다. 펜데믹이 끝난 이후에도 중심교회는 김 태선 담임목사님의 지도 아래서 이제는 매년 매 분기마다 나흘간, 매년 총 16일 저녁 시간에 말씀 강론과 집중기도회를 겸하고 있습니다. 모일 때 마다 약 두 시간의 분량으로 모이는데, 1월 첫 사경회 때는 학교 방학 기간이라 어린이들과 학생들도 함께 참석합니다. 5학년 이상의 어린이들로부터 시작

하여 중고등 학생들과 대학 청년들과 어른들이 함께 참석하여 은혜를 받았습니다. 정말 하나님께서 그 집회에 성령님의 감동하심을 주시어 참석한 모든 이들이 큰 은혜들을 받고 있습니다.

2018년인가, '목자가 이끄시는 영혼의 행로'란 제목으로 시편 23편을 8일간 연속강해 하였습니다. 그 해 1월의 밤기온이 연일 영하 10도 이하로 내려가 있었습니다. 그러나 그 8일간 밤마다 2시간씩 준비된 강해 교안을 중심으로 말씀을 증거할 때 성령께서 큰 은혜를 주셨습니다. 그런데 그해 어느 신실한 집사님 내외분과 중학교 1학년의 아들과 초등학교 5학년 딸도 하루도 빠짐없이 열심히 함께 참석하였습니다. 사실 그 딸은 어리지만 공부하느라고 힘들고 또 다른 일로 속이 상할 때마다 자기가 무엇 때문에 태어나 이 고생을 하는지 마음에 늘 불만이 있었습니다. 그래서 엄마에게 그 불만을 토로하기도 하였다 합니다. 그런데 그해 신년 사경회에 매일 밤마다 참석한 그 어린이는 마지막 집회를 마치고 집으로 돌아가는 차 안에서 그 부모님한테 말하였습니다. "엄마 아빠, 이번 말씀을 계속 듣고 나니 내가 왜 이 땅에 태어났는지 이제 알았어요." 진실로 그 어린이가 시편 23편 강론을 연속으로 듣다가 은혜를 받아 정말 새 사람이 되었습니다. "내가 왜 이 세상에 태어났는지 알게 되었어요."

그렇습니다. 그리스도 안에서 하나님의 말씀인 성경을 진실로 믿는 사람은 자기의 지상생애의 가치와 의미를 비로소 알게 됩니다. 하나님께서 진실로 사랑하시어 택하시어 믿음으로 말미암아 구원을 받고 영생을 얻은 이들은 자기의 태어남과 삶과 죽음의 의미를 알게 되어 있습니다. 그 일에는 남녀노소가 구별이 없습니다.

갈 3:28 너희는 유대인이나 헬라인이나 종이나 자주자나 남자나 여자 없이

다 그리스도 예수 안에서 하나이니라

골 3:11 거기는 헬라인과 유대인이나 할례당과 무할례당이나 야인이나 스구디아인이나 종이나 자유인이 분별이 있을 수 없나니 오직 그리스도는 만유시요 만유 안에 계시니라

물리적 행복이 아니라 영적인 행복

그러니 사람이 언제 참으로 행복감을 누리게 되는지요? 사람은 자기의 존재의 의미와 가치를 알게 되어 자기 삶의 목적에 대하여 알아 모든 의구심을 털어낼 때 진정한 안식과 행복감을 누리게 됩니다. 일반적으로 사람들이 생각하는 식으로 '행복 조건이 갖추어지면' 행복한 것이 아닙니다. 도리어 자기 존재에 대한 분명한 진리와 그 가치에 눈을 떠야 비로소 사람으로 태어난 행복을 아는 여명이 밝아오는 것입니다.

다시 묻습니다. 우리 각자의 존재의 의미와 가치와 삶의 목적을 어디서 발견합니까? 두말할 필요없이 성부와 성자와 성령, 성삼위 하나님께서 우리를 사랑하시어 영생 얻게 하신 그 거룩한 변치 않는 목적 안에서 그 요점들을 발견합니다. 그래서 그런 의미에서, 영생 얻은 사람들은 이 세상에서 가장 행복한 사람입니다. 우리 그리스도인이 지상에서 누리는 행복은 물리적인 것이 아니라 성삼위 하나님을 믿고 의뢰하고 교제하는 것입니다. 그런 의미에서 우리 주님께서는 그렇게 말씀하신 것입니다.

요 14:27 평안을 너희에게 끼치노니 곧 나의 평안을 너희에게 주노라 내가 너희에게 주는 것은 세상이 주는 것 같지 아니하니라 너희는 마음에 근심도 말고 두려워하지도 말라

요 16:33 이것을 너희에게 이름은 너희로 내 안에서 평안을 누리게 하려 함

이라 세상에서는 너희가 환난을 당하나 담대하라 내가 세상을 이기었노라 하시니라

우리 행복의 샘으로서의 그리스도를 아는 지식의 위력

그러므로 우리는 이렇게 말할 수 있습니다. "그리스도 안에 있는 하나님의 구속적인 사랑의 영원함과 그 무한성을 제대로 믿고 알아 영적으로 자라는 것이 바로 영생 얻은 성도들이 지상에서 누리는 행복이다."

벧후 3:18 오직 우리 주 곧 구주 예수 그리스도의 은혜와 그를 아는 지식에서 자라 가라 영광이 이제와 영원한 날까지 그에게 있을지어다

빌립보서는 사도 바울이 복음으로 인하여 옥에 갇혀 모진 고초를 겪는 중에 빌립보 교회에 보낸 편지입니다. 우리는 그 편지에서 사도 바울의 주체할 수 없는 기쁨의 실상을 만납니다. 기쁨이란 말이 빌립보서에 18번이나 나옵니다.

빌 3:1 끝으로 나의 형제들아 주 안에서 기뻐하라 너희에게 같은 말을 쓰는 것이 내게는 수고로움이 없고 너희에게는 안전하니라

4:4 주 안에서 항상 기뻐하라 내가 다시 말하노니 기뻐하라

다윗의 행복의 샘

시편 4편 기자인 다윗은 사도 바울보다 1천여 년 전에 사도 바울이 누렸던 그 기쁨의 행복을 맛보았습니다. 시편 4편은 다윗이 아들 압살롬의 반역군에게 쫓기는 가련한 신세로 환난을 당하던 때에 기록한 말씀입니다. 그런 정황 중에서 그가 무어라고 하나님께 아뢰었는지요? 그리고 하나님께서 그에게 어떻게 하셨는지요?

시 4:1 내 의의 하나님이여 내가 부를 때에 응답하소서 곤란 중에 나를 너그럽게 하셨사오니 내게 은혜를 베푸사 나의 기도를 들으소서

4:2 인생들아 어느 때까지 나의 영광을 바꾸어 욕되게 하며 헛된 일을 좋아하고 거짓을 구하려는가 (셀라)

4:3 여호와께서 자기를 위하여 경건한 자를 택하신 줄 너희가 알지어다 내가 그를 부를 때에 여호와께서 들으시리로다

4:4 너희는 떨며 범죄하지 말지어다 자리에 누워 심중에 말하고 잠잠할지어다 (셀라)

4:5 의의 제사를 드리고 여호와를 의지할지어다

4:6 여러 사람의 말이 우리에게 선을 보일 자 누구뇨 하오니 여호와여 주의 얼굴을 들어 우리에게 비추소서

4:7 주께서 내 마음에 두신 기쁨은 그들의 곡식과 새 포도주가 풍성할 때보다 더하니이다

4:8 내가 평안히 눕고 자기도 하리니 나를 안전히 살게 하시는 이는 오직 여호와이시니이다

우리는 눈에 보이는 조건에 따라 자기 기쁨과 슬픔의 정서적 반응을 보이기 마련입니다. 물론 외적인 조건과 처지에 따라 그렇게 기쁨과 슬픔의 정서를 보이는 것 자체를 나무랄 수는 없습니다. 그럼에도 불구하고 우리 그리스도인들은 우리 존재의 의미를 외적인 조건 자체에서 찾는 자들이 아닙니다. 그런 의미에서 성령께서는 성경을 통하여 하나님은 없고 오직 세상만 추구하는 우매한 자들의 환락이 덧없고 파멸적임을 가르쳐 주십니다.

전 7:6 우매한 자들의 웃음소리는 솥 밑에서 가시나무가 타는 소리 같으니

이것도 헛되니라

그런 기쁨은 미련한 기쁨입니다. 악인들은 자기들의 소원하고 기뻐하는 일들을 위하여 수고하며 자기들이 파멸에 처한 줄도 모르고 다른 이들에게도 자기들의 길을 따르라고 다그칩니다.

잠 2:13 이 무리는 정직한 길을 떠나 어두운 길로 행하며

2:13 행악하기를 기뻐하며 악인의 패역을 즐거워하나니

2:14 그 길은 구부러지고 그 행위는 패역하니라 물론 그들 뒤에 그들의 눈을 가리고 마음대로 그들의 마음을 부리는 마귀가 있습니다.

엡 2:1 그는 허물과 죄로 죽었던 너희를 살리셨도다

2:2 그 때에 너희는 그 가운데서 행하여 이 세상 풍조를 따르고 공중의 권세 잡은 자를 따랐으니 곧 지금 불순종의 아들들 가운데서 역사하는 영이라

고후 4:3 만일 우리의 복음이 가리었으면 망하는 자들에게 가리어진 것이라

4:4 그 중에 이 세상의 신이 믿지 아니하는 자들의 마음을 혼미하게 하여 그리스도의 영광의 복음의 광채가 비치지 못하게 함이니 그리스도는 하나님의 형상이니라

그러나 영생 얻은 우리는 어떤 복을 받았습니까?

고후 4:6 어두운 데에 빛이 비치라 말씀하셨던 그 하나님께서 예수 그리스도의 얼굴에 있는 하나님의 영광을 아는 빛을 우리 마음에 비추셨느니라

복음을 증거하다가 잡혀 로마 감옥에 갇힌 사도 바울은 사람들이 바라는 행복의 모든 조건을 다 몰수당하였습니다. 그는 차가운 로마의 지하 감옥에 갇혀 살과 뼈를 아리게 하는 심한 고통을 당하고 있었습니다. 그러니 그의 입에서 단말마의 비명이 터져 나와야 했습니다. 그러나 그런 모든 곤고한 처지에서도 그는 마음에 주체하기 힘든 기쁨이 용솟음쳐 빌립

보교회 성도들에게 "너희도 주 안에서 기뻐하라"는 권면을 18번이나 했습니다. 그 말은 사도 바울은 자기 마음에 참된 기쁨을 계속 뿜어내는 마르지 않는 행복의 샘이 있었다는 말입니다. 우리 주 예수 그리스도께서 하신 말씀과 같습니다.

요 4:13 예수께서 대답하여 이르시되 이 물을 마시는 자마다 다시 목마르려니와

4:14 내가 주는 물을 마시는 자는 영원히 목마르지 아니하리니 내가 주는 물은 그 속에서 영생하도록 솟아나는 샘물이 되리라

실로 사도 바울은 그리스도를 아는 지식의 위력을 알고 있었습니다.

지상에서 사도 바울이 정한 목표

그는 '구주 예수 그리스도를 자기 존재의 의미와 가치와 지상생애의 목적 전체'로 받았습니다.

빌 1:20 나의 간절한 기대와 소망을 따라 아무 일에든지 부끄러워하지 아니하고 지금도 전과 같이 온전히 담대하여 살든지 죽든지 내 몸에서 그리스도가 존귀하게 되게 하려 하나니

1:21 이는 내게 사는 것이 그리스도니 죽는 것도 유익함이라

빌 3:7 그러나 무엇이든지 내게 유익하던 것을 내가 그리스도를 위하여 다 해로 여길뿐더러

3:8 또한 모든 것을 해로 여김은 내 주 그리스도 예수를 아는 지식이 가장 고상하기 때문이라 내가 그를 위하여 모든 것을 잃어버리고 배설물로 여김은 그리스도를 얻고

3:9 그 안에서 발견되려 함이니 내가 가진 의는 율법에서 난 것이 아니요 오

직 그리스도를 믿음으로 말미암은 것이니 곧 믿음으로 하나님께로부터 난 의라

갈 2:20 내가 그리스도와 함께 십자가에 못 박혔나니 그런즉 이제는 내가 사는 것이 아니요 오직 내 안에 그리스도께서 사시는 것이라 이제 내가 육체 가운데 사는 것은 나를 사랑하사 나를 위하여 자기 자신을 버리신 하나님의 아들을 믿는 믿음 안에서 사는 것이라

그같이 그는 자기 지상생애의 목적을 그리스도 안에서 분명하게 발견하고 그 요점을 자기 삶에 적용하였습니다. 그래서 그는 그리스도 안에서 자기를 부르신 하나님 아버지의 선하신 목적에 자신을 걸었습니다.

빌 3:12 내가 이미 얻었다 함도 아니요 온전히 이루었다 함도 아니라 오직 내가 그리스도 예수께 잡힌 바 된 그것을 잡으려고 달려가노라

3:13 형제들아 나는 아직 내가 잡은 줄로 여기지 아니하고 오직 한 일 즉 뒤에 있는 것은 잊어버리고 앞에 있는 것을 잡으려고

3:14 푯대를 향하여 그리스도 예수 안에서 하나님이 위에서 부르신 부름의 상을 위하여 달려가노라

사도 바울에게 있어서 그리스도를 아는 지식의 위력은 정말 놀라웠습니다. 그런데 그것이 사도 바울에게만 특수하게 주어진 것입니까?

아닙니다. 사도 바울이 누린 그것을 영생 얻은 우리 모두가 지상생애 동안 맛보아야 합니다. 그러니 영생의 진수는 죽어서 비로소 맛보고 누리는 것이 아니라 지상에서부터 누리는 것입니다. 아니 지상에서 영생에 속한 것을 하나도 맛보지 못한 자는 죽어서 하늘에서 받을 것이 하나도 없습니다. 그런 자에게 영원히 꺼지지 않는 지옥 불못만이 있을 뿐입니다. 사람이 이 땅에 있을 동안에만 영생을 얻습니다. 그러니 사람의 지상생애가 그렇

게 중요한 이유는 바로 그 때문입니다. 그리고 우리 영생 얻은 자들의 참된 행복은 성령님의 인도하심을 따라 하나님 아버지와 우리 주 예수 그리스도를 아는 것 자체에 있습니다.

요 17:3 영생은 곧 유일하신 참 하나님과 그가 보내신 자 예수 그리스도를 아는 것이니이다.

사도 바울의 사명

그래서 사도 바울은 가만히 있을 수 없었습니다. 그가 주님께 받은 사명은 택한 백성들 각 사람을 그리스도 안에 견고하게 세우는 일이었습니다. 물론 그 일은 그 자신의 힘으로 할 수 있는 일이 아니고 오직 성령님의 역사를 따라 섬기는 일이었습니다.

골 1:28 우리가 그를 전파하여 각 사람을 권하고 모든 지혜로 각 사람을 가르침은 각 사람을 그리스도 안에서 완전한 자로 세우려 함이니

1:29 이를 위하여 나도 내 속에서 능력으로 역사하시는 이의 역사를 따라 힘을 다하여 수고하노라

고후 11:2 내가 하나님의 열심으로 너희를 위하여 열심을 내노니 내가 너희를 정결한 처녀로 한 남편인 그리스도께 드리려고 중매함이로다

그러니 그 사도의 일에는 인생의 길을 제시하는 다른 여러 교훈들의 소리를 계속 접하고 있는 성도들을 복음 안에서 보호하고 권고하고 경계시키는 일이 수반되었습니다. 철학자들은 자기 나름으로 인생에 대하여 집중하여 사색하고 공부합니다. 그래서 그들은 자기들이 자기가 깨달았다 하는 것을 다른 이들에게 가르치려고 애를 씁니다.

그러니 사도 바울이 예수 그리스도를 이방인들에게 증거한 것은 무엇이

었겠습니까? 사도 바울이 전하는 복음은 당시 사람들에게 영향을 미치고 있었던 각종 교훈들과 풍조에 정면으로 도전하는 것이었습니다. 철학자들은 자기들이 발견한 이론들을 사람들에게 가르쳤습니다. 그러나 사도 바울은 자기를 구원하여 영생을 주신 하나님의 아들 그리스도를 증거하였습니다.

로이드 존스 목사님이 말한 바와 같습니다. "철학자들은 관념(idea)을 가르쳤고, 사도들은 그리스도와 그의 구원의 일을 증거하였다." 사도 바울에게 있어서 예수 그리스도는 자기의 영원한 생명과 행복의 완전하고 풍성한 원천이었습니다. 그러니 그는 자기가 발견하였다고 생각하는 이론을 전한 것이 아닙니다. 오직 그는 예수님의 구주되심과 예수 그리스도의 구원과 하나님의 나라를 전하였습니다.

행 28:30 바울이 온 이태를 자기 셋집에 머물면서 자기에게 오는 사람을 다 영접하고

28:31 하나님의 나라를 전파하며 주 예수 그리스도에 관한 모든 것을 담대하게 거침없이 가르치더라

바울 사도는 그 영생의 복음의 은혜와 능력을 맛보고 소유하고 있는 자로서 증언하였습니다.

엡 3:1 이러므로 그리스도 예수의 일로 너희 이방인을 위하여 갇힌 자 된 나 바울이 말하거니와

3:2 너희를 위하여 내게 주신 하나님의 그 은혜의 경륜을 너희가 들었을 터이라

3:3 곧 계시로 내게 비밀을 알게 하신 것은 내가 먼저 간단히 기록함과 같으니

3:4 그것을 읽으면 내가 그리스도의 비밀을 깨달은 것을 너희가 알 수 있으

리라

3:5 이제 그의 거룩한 사도들과 선지자들에게 성령으로 나타내신 것 같이 다른 세대에서는 사람의 아들들에게 알리지 아니하셨으니

3:6 이는 이방인들이 복음으로 말미암아 그리스도 예수 안에서 함께 상속자가 되고 함께 지체가 되고 함께 약속에 참여하는 자가 됨이라

3:7 이 복음을 위하여 그의 능력이 역사하시는 대로 내게 주신 하나님의 은혜의 선물을 따라 내가 일꾼이 되었노라

3:8 모든 성도 중에 지극히 작은 자보다 더 작은 나에게 이 은혜를 주신 것은 측량할 수 없는 그리스도의 풍성함을 이방인에게 전하게 하시고

3:9 영원부터 만물을 창조하신 하나님 속에 감추어졌던 비밀의 경륜이 어떠한 것을 드러내게 하려 하심이라

단순한 심리요법과 다른 행복

그러므로 성삼위 하나님께서 그리스도인으로 하여금 지상에서 누리게 하신 행복은 단순한 심리 요법이 아닙니다. 이것은 우리와 성삼위 하나님과의 생명 있는 교제 자체를 통하여 영혼이 누리는 행복입니다. 오늘날 이 교회들이 이 차이를 인식하지 못하고 그리스도인의 마음의 행복을 단순한 심리 작용의 차원으로 낮추고 있습니다. 요즘 "내적 치유, 내 속에서 울고 있는 어린아이를 구하라"라는 식의 심리 요법이 복음의 은혜로 둔갑하여 많은 이들에게 영향을 미치고 있습니다. 사람이 이전 어릴 적 겪었던 기억하고 싶지 않던 일들로 인하여 계속 심리적 압박을 받을 수 있습니다. 그래서 정신의학적이고 심리학적인 방식으로 그런 압박감에서 사람을 건져내는 것이 필요할 수도 있습니다. 그런 일이 그러한 영역에서 다루어질 수

있습니다. 다시 말하면, 우리 그리스도인도 그런 정신의학과 심리학의 영역을 인정합니다. 몸에 병이 생기면 약을 써서 병을 이기고 그 후유증을 차단하고 면역력을 높이듯이 말입니다. 사람의 마음과 심리에 문제가 생겨 치료할 필요가 있을 수 있습니다. 그래서 정신의학이 있고 심리학이 있습니다.

그러나 정신의학적이고 심리학적 요법과 하나님의 복음의 은혜를 혼돈하지 말아야 합니다. 정신의학과 심리학의 영역은 한 사람의 내면 자체의 문제입니다. 마치 그 사람의 몸에 병이 난 것 같이 그 사람의 내면의 심리와 정신에 문제가 생겨 치료가 필요할 수 있습니다. 그러나 죄인인 한 영혼과 살아계신 창조주와의 관계는 심리로 치료될 영역이 아닙니다. 하나님과 그 사람 사이의 인격적인 관계에 대한 문제는 정신의학이나 심리학의 영역이 전혀 아니라는 데 착안해야 합니다. 하나님의 복음은 한 영혼이 창조주 하나님과의 본질적으로 어떤 관계이며, 그 문제를 위하여 하나님 편에서 어떤 조처를 하셨는지를 다룹니다. 그리고 그 하나님의 행사에 대하여 죄로 인하여 멸망당할 수밖에 없는 사람이 인격적으로 어떤 반응을 보여야 할 것인지를 복음이 다룹니다.

요 3:16 하나님이 세상을 이처럼 사랑하사 독생자를 주셨으니 이는 그를 믿는 자마다 멸망하지 않고 영생을 얻게 하려 하심이라

하나님께서 사람을 구원하시어 멸망에서 건지시고 영생 얻게 하시기 위하여 심리요법이나 정신의학으로 사람을 개선하는 방식을 취하지 않으셨습니다. 하나님께서 사람의 구원을 위하여 독생자를 보내셨습니다. 그리고 하나님의 독생자 예수 그리스도께서 오시어 지상생애를 통하여 율법을 완성하셨습니다. 그리고 십자가에 죽으시고 다시 사신 그 속량의 일 안에

서만 사람의 구원이 있습니다.

롬 3:23 모든 사람이 죄를 범하였으매 하나님의 영광에 이르지 못하더니

3:24 그리스도 예수 안에 있는 속량으로 말미암아 하나님의 은혜로 값 없이 의롭다 하심을 얻은 자 되었느니라

다시 말하건대, 심리학과 정신의학은 그 사람 인격과 그 내면에 직접 손을 대어 그를 개선하고 치료하려 합니다. 그러나 하나님께서 죄로 인하여 하나님의 진노 아래서 영원히 멸망할 사람들을 위하여 필요하고 충분한 조처를 우리 주 예수 그리스도 안에서 뜻하시고 이루셨습니다. 그리고 성령께서 그리스도의 이루신 그 속량의 효력을 가지고 그 사랑하시는 자들의 영혼에 역사하시어 거듭나게 하시고 믿게 하시고 구원받게 하십니다. 그러니 성경의 복음은 모든 것을 뜻하시고 이루신 성삼위 하나님의 역사에 관한 것입니다.

딤 1:15 미쁘다 모든 사람이 받을 만한 이 말이여 그리스도 예수께서 죄인을 구원하시려고 세상에 임하셨다 하였도다 죄인 중에 내가 괴수니라

그러므로 교회는 정신의학이나 심리학을 가르쳐 사람의 마음을 치료하고 개선하는 곳이 아닙니다. 그런 일은 정신의학에서 다룰 일입니다. 교회는 구원과 영생의 복음을 선포하는 일에 집중합니다.

교회 안에 심리학과 정신의학을 끌어 들여 복음과 혼돈하게 한 원조는 '적극적인 사고방식(Positive Thinking)'을 외쳤던 노만 빈센트 필(Norman Vicent Peale, 1898-1993)입니다. 지금은 없어졌으나 1990년대까지 미국 서부의 주요 관광지같이 여겨졌던 수정교회의 로버트 슐러(Robert Shuler), 「긍정의 힘」의 저자 조엘 오스틴(Joel Austin)이 다 그런 부류들입니다. 우리나라의 어느 유수한 기독출판사가 그의 책 「긍적정 힘」(원저 제목은 Your

Best Life)을 번역하여 수십만 권을 판매하였다고 합니다. 단언컨대, 그 책이 교회 강단을 매우 혼잡케 하였습니다. 출판사가 그 정말 크게 잘못한 것을 인식하고 있는지 모르겠습니다. 성경의 참 하나님은 그런 종류의 책들이 말하는 대로 우리가 소원을 세우고 긍정적으로 그것을 이루어 주시는 분이 아닙니다. 그런 책들은 한결같이 사람의 행복과 성공을 주제로 삼아 그 비법을 제시합니다. 그러면서 독자들로 하여금 '자기 설득의 심리 요법'을 처방하게 합니다. 그리고 그런 책들은 오직 지상의 여러 외적 조건들을 대처할 심리적 자신감을 갖게 할 수 있습니다. 그러나 그런 책들이 죄인에 대한 하나님의 영원한 진노의 실상과 하나님의 구원의 영광을 말할 리가 없습니다. 그러나 오직 성경은 사람의 영원한 파멸과 영원한 생명과 그에 수반하는 영원한 복락을 대조하며 항상 믿음의 절박성과 그 보배로움을 강조합니다. 성경은 항상 주 예수님을 믿음으로 구원을 받아 영원한 영광에 이르는 길을 제시하며, 그 제안을 거절하면 주어지는 영원한 파멸을 동시에 말합니다.

요한복음 3:36 아들을 믿는 자에게는 영생이 있고 아들에게 순종하지 아니하는 자는 영생을 보지 못하고 도리어 하나님의 진노가 그 위에 머물러 있느니라

우리가 이 강론에서 다룬 그리스도인의 지상 행복의 주제는 구원과 동떨어진 것이 아닙니다. 그리스도인의 지상 행복은 그리스도 안에서 영생 얻은 자로서 하나님과의 생명의 교제와 그 기쁨에 약속된 영광의 소망에 관한 것입니다.

그리스도인 행복의 생수, 보혜사 성령님

보혜사 성령께서 바로 그 원천의 동력자로 우리 안에 와 계십니다.

요 7:37 명절 끝날 곧 큰 날에 예수께서 서서 외쳐 이르시되 누구든지 목마르거든 내게로 와서 마시라

3:38 나를 믿는 자는 성경에 이름과 같이 그 배에서 생수의 강이 흘러나오리라 하시니

3:39 이는 그를 믿는 자들이 받을 성령을 가리켜 말씀하신 것이라

그리스도인의 지상 행복의 헌장

이제 결론으로 말씀드립니다. 불신자들이 알지 못하는 성도의 행복의 이치가 그리스도 우리 구원의 주님 안에 있습니다. 그래서 마태복음 5장 1절로 12절까지의 우리 주님의 팔복의 말씀이 성도가 지상에서 누리는 참된 행복의 대 헌장입니다.

마 5:1 예수께서 무리를 보시고 산에 올라가 앉으시니 제자들이 나아온지라

5:2 입을 열어 가르쳐 이르시되

5:3 심령이 가난한 자는 복이 있나니 천국이 그들의 것임이요

5:4 애통하는 자는 복이 있나니 그들이 위로를 받을 것임이요

5:5 온유한 자는 복이 있나니 그들이 땅을 기업으로 받을 것임이요

5:6 의에 주리고 목마른 자는 복이 있나니 그들이 배부를 것임이요

5:7 긍휼히 여기는 자는 복이 있나니 그들이 긍휼히 여김을 받을 것임이요

5:8 마음이 청결한 자는 복이 있나니 그들이 하나님을 볼 것임이요

5:9 화평하게 하는 자는 복이 있나니 그들이 하나님의 아들이라 일컬음을 받을 것임이요

5:10 의를 위하여 박해를 받은 자는 복이 있나니 천국이 그들의 것임이라

5:11 나로 말미암아 너희를 욕하고 박해하고 거짓으로 너희를 거슬러 모든 악한 말을 할 때에는 너희에게 복이 있나니

5:12 기뻐하고 즐거워하라 하늘에서 너희의 상이 큼이라 너희 전에 있던 선지자들도 이같이 박해하였느니라

이 책의 마지막 장이 될 다음 제 30장에서 예수님의 팔복의 정신과 맥을 같이 하는 그리스도인의 영광의 극치에 대하여 알아볼 것입니다.

chapter 30

영생 얻은 성도의 영광의 극치

성경에서 영광의 개념은 사람들이 일반적으로 생각하는 것과 그 시작과 끝이 다릅니다. 철학에서 행복이나 영광의 개념(idea)은 사람과 피조물의 수준을 넘어가지 못합니다. 그리고 인간 존재의 본질에 있다기보다는 인간조건에 집중하고 있습니다. 그러나 우리가 지금까지 알아본 바와 같이 성경에서 '영광'은 오직 '창조주 하나님과 그 성품과 행사'와 항상 연관되어 있습니다. 아니 하나님께서 친히 영화로우시고, 사람이나 피조물의 영광은 그 영화로우신 하나님과의 정상적이고 지속적인 관계 속에만 있습니다. 그 범주를 벗어난 것을 성경은 다 '허영(vanity), 허사(vain things), 파멸(perishable things)로 규정합니다.

시 2:1 어찌하여 이방 나라들이 분노하며 민족들이 헛된 일을 꾸미는가

2:2 세상의 군왕들이 나서며 관원들이 서로 꾀하여 여호와와 그의 기름 부음 받은 자를 대적하며

2:3 우리가 그들의 맨 것을 끊고 그의 결박을 벗어 버리자 하는도다

2:4 하늘에 계신 이가 웃으심이여 주께서 그들을 비웃으시리로다

시 4:2 인생들아 어느 때까지 나의 영광을 바꾸어 욕되게 하며 헛된 일을 좋아하고 거짓을 구하려는가

영생 얻은 자의 영광의 극치의 기본 개념

그러므로 영생 얻은 자의 영광의 극치도 창조주요 구원의 주이신 성삼위일체 하나님과의 완전한 관계와 교제에 관한 것입니다. 영생 얻은 자의 영광의 극치라고 해서 이미 받은 영생에다가 다른 무엇을 부가하는 개념이 전혀 아닙니다. 도리어 그것은 영생의 본질의 심화와 완성을 가리키는 것입니다. 이 책에서 수십 번도 더 반복적으로 인용하며 상고한 바와 같이, 영생에 대한 우리 구주 예수 그리스도의 정의의 완전한 실현이 우리 영광의 대 절정(the Great Climax)입니다.

요 17:3 영생은 곧 유일하신 참 하나님과 그가 보내신 자 예수 그리스도를 아는 것이니이다.

필자는 성도 여러분과 함께 이런 관점에서 이 장의 내용을 학습하기 원합니다.

우리 영혼의 닻

성경은 실로 하나님의 자녀들이 누릴 영광에 자기의 소망의 닻을 내릴 것을 줄기차게 당부합니다.

히 6:17 하나님은 약속을 기업으로 받는 자들에게 그 뜻이 변하지 아니함을 충분히 나타내시려고 그 일을 맹세로 보증하셨나니

6:18 이는 하나님이 거짓말을 하실 수 없는 이 두 가지 변하지 못할 사실로 말미암아 앞에 있는 소망을 얻으려고 피난처를 찾은 우리에게 큰 안위를 받게 하려 하심이라

6:19 우리가 이 소망을 가지고 있는 것은 영혼의 닻 같아서 튼튼하고 견고하여 휘장 안에 들어가나니

6:20 그리로 앞서 가신 예수께서 멜기세덱의 반차를 따라 영원히 대제사장이 되어 우리를 위하여 들어 가셨느니라

성경이 말하는 영광의 본질

서두에서 먼저 지적하기도 하였지만, 우리의 학습을 위하여 이런 질문을 던져 봅니다. 하나님께서 그리스도 안에서 우리 영생 얻은 자들로 누리게 하시려고 예비하신 영광의 성질은 어떤 것인가? 우리가 지상에 있을 때에 '영광'이라는 말을 들으면, 흔히 우리가 처할 조건이 매우 아름답고 화평하고 풍부하고 안전한 상태를 연상하게 됩니다. 성령께서도 우리의 그런 성향을 익히 알고 계십니다. 그래서 성령께서는 성경 기자들로 하여금 지상의 조건들의 차원에서 그 영광을 상징적으로 묘사하게 하셨습니다.

사 11:6 그 때에 이리가 어린 양과 함께 살며 표범이 어린 염소와 함께 누우며 송아지와 어린 사자와 살진 짐승이 함께 있어 어린 아이에게 끌리며

11:7 암소와 곰이 함께 먹으며 그것들의 새끼가 함께 엎드리며 사자가 소처럼 풀을 먹을 것이며

11:8 젖 먹는 아이가 독사의 구멍에서 장난하며 젖 뗀 어린 아이가 독사의 굴에 손을 넣을 것이라

바로 이 이사야의 예언의 말씀은 영생 얻은 우리로 누리게 하려고 하나

님께서 예정하시고 완성하실 영광의 나라를 지상의 소재로 묘사한 것입니다. 신약성경에서도 성령께서 여전히 그런 방식으로 하나님께서 예비하신 영광의 상태를 상징적으로 묘사하십니다.

계 22:1 또 그가 수정 같이 맑은 생명수의 강을 내게 보이니 하나님과 및 어린 양의 보좌로부터 나와서

22:2 길 가운데로 흐르더라 강 좌우에 생명나무가 있어 열두 가지 열매를 맺되 달마다 그 열매를 맺고 그 나무 잎사귀들은 만국을 치료하기 위하여 있더라

실로 하나님 아버지께서 그리스도 안에서 우리로 누리게 하실 영광에 대한 성경의 진술은 캄캄한 우리의 마음에 소망의 빛줄기를 가득 비춥니다.

그런데 하나님께서 우리로 궁극적으로 누리게 하실 영광의 핵심적인 요점을 알지 못하면, 그런 성경이 진술을 보고 많은 오해가 발생할 수 있습니다. 다른 말로 하여, 우리가 누릴 영광을 우리가 처할 외적 조건의 완전함에만 국한시키는 오류를 범할 수 있다는 것입니다. 물론 그 때에 우리의 외적인 조건도 완전하여 부족함이 없게 될 것을 성경은 줄기차게 증거합니다.

그러나 하나님 아버지께서 그리스도 우리 주님 안에서 우리로 누리게 하실 영광의 본질의 우선순위는 외적인 조건의 완전함에 있지 않습니다. 우리로 누리게 하시려고 성삼위 하나님께서 완비하실 영광의 본질의 우선순위는 우리 자신의 인격적인 품격의 변화에 있습니다. 그리하여 영화로우시고 완전하신 하나님과의 인격적 교제를 누리기에 부족함이 없게 우리를 영화롭게 하실 하나님을 우러르는 것을 제일 앞에 두어야 합니다.

이런 경우를 한번 상정해 봅시다. 가난하게 살던 어떤 사람에게 놀라운

조건이 주어졌다고 가정해 봅시다. 부족함이 없이 꾸며진 집이 그에게 공급되었고, 그가 원하는 모든 것을 위하여 모든 좋은 것을 공급받게 되었습니다. 그러면 남들은 그 사람에게 정말 복이 터졌다며 부러워합니다.

그러나 여러분,

그 사람의 조건은 아주 변하였으나 그 사람의 사람됨 자체는 이전과 동일합니다. 물론 그의 삶의 외적인 방식이나 자세는 많이 달라졌겠지요. 늘 쪼들려 애타던 그가 더이상 그런 압박감을 가질 이유가 없어졌습니다. 그러나 그 사람의 내적인 자세나 관점은 여전히 이전의 그 사람 그대로입니다. 도리어 그 사람이 어려울 때에 겉으로나마 견지하던 염치가 없어지고 풍부한 것을 의지하여 마음의 정욕을 밖으로 분출하는 일이 일어나기 시작하였습니다. 자, 우리가 그런 사람을 보고 참 복이 있다고 말할 수 있겠습니까?

외적인 조건은 풍부하고 원활하게 되었으나 그 사람 자신은 그 이전보다 더 망가지게 되었습니다. 그래서 듣기로 복권에 당첨되어 큰돈을 만진 사람들 중에서 그 이전보다 더 행복하게 된 이들이 없다고 합니다. 그 전에는 조건이 여의치 않아 자기 속에서 일어나는 악한 정욕을 풀어낼 기회가 없었습니다. 그러나 이제 아주 풍부한 조건에 처하게 되니 그 마음에서 일어나는 정욕을 실행에 옮길 힘이 생겼습니다. 돈의 힘으로 자기 마음에 드는 여자를 들이고 조강지처를 버리고, 돈의 힘으로 망상하는 방탕과 쾌락에 자기를 방임하여 결국 그의 종국이 헤어날 수 없는 깊은 불행의 늪에 잦아들게 되었습니다. 만일 우리가 그 사람의 조건과 그 사람의 행, 불행의 상관관계를 추적한다면, 분명 이런 결론을 내려야 할 것입니다. "어떤 조건도 그 자체로 사람을 복되게 하지 못하며 그 사람 자신이 복된 사람이 되어야 주어진 모든 조건을 복되게 활용하게 된다."

조건보다 그 사람의 품격의 변화

사랑하시는 여러분,

그러므로 영생 얻은 우리를 위하여 성삼위 하나님께서 예비하신 영광의 본질의 우선순위는 우리의 외적인 조건에 있지 않습니다. 도리어 영생 얻은 우리 하나님의 아들들의 영혼들의 품격, 그 사상과 가치관과 안목의 완전한 변화에 관한 것입니다. 그래서 이사야 11장이 우리에게 허락될 그 영광의 외적인 조건의 극치를 말할 때, 여전히 그 강조점은 그것을 누릴 사람들의 내면적 품격에 있음을 드러내고 있습니다.

이사야 11:8 젖 먹는 아이가 독사의 구멍에서 장난하며 젖 뗀 어린 아이가 독사의 굴에 손을 넣을 것이라

이 말씀 다음에 이사야는 그 완전한 낙원의 극치를 가능하게 한 오직 한 가지의 요점을 말합니다.

사 11:9 내 거룩한 산 모든 곳에서 해 됨도 없고 상함도 없을 것이니 이는 물이 바다를 덮음 같이 여호와를 아는 지식이 세상에 충만할 것임이니라

11:10 그 날에 이새의 뿌리에서 한 싹이 나서 만민의 기치로 설 것이요 열방이 그에게로 돌아오리니 그가 거한 곳이 영화로우리라

그 날에 그 영광의 낙원의 거민들은 오직 '하나님을 아는 지식'으로 충만한 완전한 의인들의 사상과 품격을 갖추게 될 것입니다. 그것이 영생 얻은 성도들의 영광의 극치입니다.

그리스도의 형상을 완전하게 본받음

그래서 사도 바울은 성령님의 감동 아래 구원받은 성도들의 품격이 이르게 될 영광의 극치를 이렇게 선언한 것입니다.

롬 8:29 하나님이 미리 아신 자들을 또한 그 아들의 형상을 본받게 하기 위하여 미리 정하셨으니 이는 그로 많은 형제 중에서 맏아들이 되게 하려 하심이니라

성삼위 하나님께서 우리를 구원하신 목적은 무엇입니까? 궁극적으로 하나님을 대적하고 불순종하는 성향을 우리에게서 제거하고 하나님께 순종하는 것을 기뻐하는 사람이 되게 하시는 것입니다. 하나님께서 기뻐하시는 사람은 하나님께 단 마음으로 완전하게 순종하는 사람입니다. 바로 그 목표를 위하여 우리 주 예수 그리스도께서 아버지의 뜻에 완전 순종하시어 우리의 대속의 희생제물로 자기 몸을 아버지께 드리신 것입니다. 바로 그 그리스도의 은택을 힘입어 우리의 영화로운 구원이 성취된 것입니다.

롬 8:30 또 미리 정하신 그들을 또한 부르시고 부르신 그들을 또한 의롭다 하시고 의롭다 하신 그들을 또한 영화롭게 하셨느니라

하나님께서 그리스도 안에서 우리를 영화롭게 하셨다는 것은 무엇입니까? 믿음으로 말미암아 의롭다 하심을 받은 우리를 오직 하나님 당신 자신만으로 만족하고 기뻐하는 사람이 될 모든 조건을 완비하셨다는 뜻입니다. 그리고 우리가 영광스럽게 되는 것(glorification)의 극치는 바로 우리의 영혼과 몸이 그리스도의 형상을 완전하게 본받게 되는 것입니다.

빌립보서 3장 20절 이하에서 성령께서 사도 바울을 통하여 말씀하셨습니다.

빌 3:20 그러나 우리의 시민권은 하늘에 있는지라 거기로부터 구원하는 자

곧 주 예수 그리스도를 기다리노니

3:21 그는 만물을 자기에게 복종하게 하실 수 있는 자의 역사로 우리의 낮은 몸을 자기 영광의 몸의 형체와 같이 변하게 하시리라

그 때가 되면, 우리의 마음에 하나님을 대항하는 악한 죄의 성향이 전혀 남아있지 않고 오직 하나님을 기뻐하고 경외하는 마음만 충만할 것입니다. 하나님과 그리스도를 아는 지식이 우리의 사상과 관점과 의식 전체를 장악하게 될 것입니다. 그 날에 우리 자신 속에서 역사하시는 보혜사 성령님의 이끄심에 우리가 완전하게 복종하게 될 것입니다. 그런 가운데 우리의 마음은 그리스도 안에서 하나님을 영화롭게 하고자 하는 간절한 열망의 갈증에 사로잡히게 될 것입니다.

그리스도를 본받은 완전한 의인들

그러므로 우리가 누릴 영광의 극치는 우선적으로 우리 자신의 품격에 관한 것입니다. 그런데 우리 자신의 품격이란 스스로 존재하는 단독자로서의 품격이 아닙니다. 작은 풀꽃 하나에서 만물의 영장인 인간이나 천사들, 곧 모든 피조물의 영광은 스스로에게서 난 것이 아닙니다. 다 하나님으로부터 비롯된 것입니다.

그러므로 우리의 품격의 완전한 영광은 하나님으로 말미암고, 오로지 하나님을 향하여만 기울어지는 우리 영혼의 성향에 관한 것입니다. 우리 영혼은 우리 마음과 그 마음의 기능들, 곧 지성과 정서와 의지의 작용을 통하여 그 정체를 드러냅니다. 그러므로 완전한 영혼을 가진 자는 완전한 마음을 가지게 되고, 그것이 완전한 지성과 정서와 의지의 작용으로 나타납니다. 다시 강조하거니와, 그 완전한 인격 작용은 오직 하나님을 완전

하게 사랑하여 전심으로 하나님을 순종하는 즐거움으로 나타납니다.

그것이 바로 새롭게 창조하신 인간상의 표상인 그리스도의 형상을 완전하게 본받은 상태입니다. 그리스도께서는 아버지의 뜻을 이루고 순종하는 것을 당신 자신의 존재의 목적과 행복으로 여겼습니다.

요 4:32 이르시되 내게는 너희가 알지 못하는 먹을 양식이 있느니라

4:33 제자들이 서로 말하되 누가 잡수실 것을 갖다 드렸는가 하니

4:34 예수께서 이르시되 나의 양식은 나를 보내신 이의 뜻을 행하며 그의 일을 온전히 이루는 이것이니라

우리 주 예수님께서 지상에 계실 때 그 마음은 오직 한 목적에 집중되어 있었습니다. 그래서 아버지께서 맡기신 백성들의 구원의 큰 목적이 이루는 것에 집중하셨습니다. 그래서 그 목적이 완성되기까지 답답하다고 하신 것입니다.

눅 12:50 나는 받을 세례가 있으니 그것이 이루어지기까지 나의 답답함이 어떠하겠느냐

그러므로 하나님께서 그리스도 안에서 우리로 하여금 누리게 하시려고 창세전부터 예정하신 우리 구원의 완성은 그리스도의 형상을 완전하게 본받는 데 있습니다. 그 요점이 성경에서 줄기차게 반복 증언되고 있습니다. 그런 사람의 최고의 즐거움과 행복감은 성삼위 하나님과 완전한 교제를 누리는 데서 찾습니다.

그러니 영생 얻은 자의 영광의 극치는 영생의 본질의 완전한 충만으로 나타납니다.

요 17:3 영생은 곧 유일하신 참 하나님과 그가 보내신 자 예수 그리스도를 아는 것이니이다

요일 1:1 태초부터 있는 생명의 말씀에 관하여는 우리가 들은 바요 눈으로 본 바요 자세히 보고 우리의 손으로 만진 바라

1:2 이 생명이 나타내신 바 된지라 이 영원한 생명을 우리가 보았고 증언하여 너희에게 전하노니 이는 아버지와 함께 계시다가 우리에게 나타내신 바 된 이시니라

1:3 우리가 보고 들은 바를 너희에게도 전함은 너희로 우리와 사귐이 있게 하려 함이니 우리의 사귐은 아버지와 그의 아들 예수 그리스도와 더불어 누림이라

그것이 바로 창세전에 성삼위 간에 구속의 언약(협약)을 통하여 작정하시고 예정하신 뜻의 완성입니다.

엡 1:3 찬송하리로다 하나님 곧 우리 주 예수 그리스도의 아버지께서 그리스도 안에서 하늘에 속한 모든 신령한 복을 우리에게 주시되

1:4 곧 창세 전에 그리스도 안에서 우리를 택하사 우리로 사랑 안에서 그 앞에 거룩하고 흠이 없게 하시려고

1:5 그 기쁘신 뜻대로 우리를 예정하사 예수 그리스도로 말미암아 자기의 아들들이 되게 하셨으니

새 창조의 인간상의 표상이신 그리스도

"하나님 앞에서 거룩한 흠이 없는 사람"은 누구입니까? 새로운 창조의 새 인간상의 표상인 우리 주 예수님을 완전하게 본받은 사람입니다. 그래서 성경은 죄에서 우리를 구원하시는 하나님의 구원의 완성을 항상 그런 차원에서 반복적으로 증거합니다. 우리를 '죄와 죄책과 형벌과 오염과 영향과 세력, 죄의 성향에서 완전하게 건져내시고 죄와는 상관없는 그리스도

의 형상을 본받는 자로 세우시는 것'이 바로 하나님의 구원의 완성입니다.

그래서 우리가 그 영광에 이르게 될 때 우리는 범죄 이전의 아담과 하와의 상태보다 더 고결하고 탁월한 품격을 갖추게 될 것입니다. 그리스도의 재림의 날에 우리의 영혼과 우리의 몸은 그리스도를 완전하게 본받아 영화롭게 될 것입니다.

그러므로 그 하나님의 뜻이 완성되면, 우리의 영혼과 몸이 범죄 이전의 아담의 상태보다 더 고결한 그리스도를 완전하게 본받게 될 것입니다.

골 3:1 그러므로 너희가 그리스도와 함께 다시 살리심을 받았으면 위의 것을 찾으라 거기는 그리스도께서 하나님 우편에 앉아 계시느니라

3:2 위의 것을 생각하고 땅의 것을 생각하지 말라

3:3 이는 너희가 죽었고 너희 생명이 그리스도와 함께 하나님 안에 감추어졌음이라

3:4 우리 생명이신 그리스도께서 나타나실 그 때에 너희도 그와 함께 영광 중에 나타나리라

빌 3:20 그러나 우리의 시민권은 하늘에 있는지라 거기로부터 구원하는 자 곧 주 예수 그리스도를 기다리노니

3:21 그는 만물을 자기에게 복종하게 하실 수 있는 자의 역사로 우리의 낮은 몸을 자기 영광의 몸의 형체와 같이 변하게 하시리라

지상에서의 그리스도의 완전한 순종의 실상

우리 주 예수 그리스도께서는 우리의 구속주와 중보자로서 우리가 궁극적으로 본받게 될 표상을 지상생애 속에서 완전하게 보여주셨습니다. 그래서 예수님께서는 하나님의 아들이라도 순종함을 배우셨고, 하나님의 계

명과 율법에 철저하게 복종하셨습니다.

오늘날 예수님의 율법에 대한 능동적 순종을 말하는 이들을 정죄하며 그리스도의 십자가의 피만으로 우리의 구원은 확실하다고 말하는 이들이 있습니다. 그들은 마치 그리스도가 율법에 대한 순종의 실제가 없이 십자가에서 죽으셨어도 우리의 구원에는 아무 지장이 없었을 것이라는 이상한 주장을 토하여 내고 있습니다.

예수님께서는 완전한 하나님이시고 완전한 사람이심은 분명합니다. 그러나 우리의 중보자와 구속자로서의 완전한 자격을 갖추신 분이심을 드러내기 위하여 율법을 완전하게 지키어 아버지께 순종하셨습니다.

히 5:7 그는 육체에 계실 때에 자기를 죽음에서 능히 구원하실 이에게 심한 통곡과 눈물로 간구와 소원을 올렸고 그의 경건하심으로 말미암아 들으심을 얻었느니라

5:8 그가 아들이시면서도 받으신 고난으로 순종함을 배워서

5:9 온전하게 되셨은즉 자기에게 순종하는 모든 자에게 영원한 구원의 근원이 되시고

5:10 하나님께 멜기세덱의 반차를 따른 대제사장이라 칭하심을 받으셨느니라

그래서 완전한 의인으로 자기 백성들의 죄를 속하는 완전한 자격을 갖추신 어린 양으로서 십자가에서 피 흘려 죽으셨습니다. 그리스도의 순종이 완전한 의를 이루어 우리의 구원을 위한 완전한 하나님의 의가 된 것입니다.

만일 예수님의 율법에 대한 완전하고 능동적인 순종을 부인하고 그리스도의 피만 취하면, 예수님의 순종에 대하여 말하는 성경을 전면으로 부정하는 이설이 되는 것입니다. 그런데 그런 이들이 하물며 자기들이 성경적인

양 들메며 자기들을 따르지 않는 이들을 정죄하려 덤비다니, 가소로운 일입니다. 그들은 예수님이 하나님의 아들이시고 친히 하나님이신데 무엇 때문에 율법을 순종하느냐는 식입니다. 그런 교훈의 배후에 어떤 영이 있는지 점검해야 할 것입니다. 예수님께서 하나님이시면서 여전히 사람이 되셨기에 율법 아래 자신을 두신 것입니다. 그리하여 우리의 구속주로서 필요 충분한 완전한 의를 율법에 능동적으로 순종하심으로 확보하셨습니다.

이와 관련하여 사도시대에 플라톤의 철학의 영향을 받은 영지주의자들이 나타났던 일을 상기하는 것이 좋습니다. 그들은 예수님의 육체를 입은 인성을 부인하였습니다. 플라톤 철학은 눈에 보이는 세계를 가능하게 하는 눈에 보이지 않는 이데아(idea)를 상정하여 진리 탐구의 척도인 양 하였습니다. 그런 플라톤 철학의 관점으로 육체를 입으신 예수님을 말하면 예수님의 인성을 저열하게 말하는 것이 된다고 여기는 자들이 바로 영지주의자들이었습니다.

그들은 육체나 눈에 보이는 물리적인 세계는 저열하고 악한 것으로 보았고 눈에 보이지 않는 영의 세계가 고고하다고 여겼습니다. 그래서 그들은 예수님이 우리가 입은 낮은 몸으로 친히 오셨다 하면 거룩하신 하나님으로서의 예수님을 낮추는 것이라고 주장하였습니다. 그러나 그들의 그런 주장 속에 악한 영 마귀가 작용하고 있었습니다. 그래서 사도 요한을 통하여 성령께서 강하게 경계하게 하신 것입니다.

요일 4:1 사랑하는 자들아 영을 다 믿지 말고 오직 영들이 하나님께 속하였나 분별하라 많은 거짓 선지자가 세상에 나왔음이라

4:2 이로써 너희가 하나님의 영을 알지니 곧 예수 그리스도께서 육체로 오신 것을 시인하는 영마다 하나님께 속한 것이요

4:3 예수를 시인하지 아니하는 영마다 하나님께 속한 것이 아니니 이것이 곧 적그리스도의 영이니라 오리라 한 말을 너희가 들었거니와 지금 벌써 세상에 있느니라

그들은 예수님의 지상생애의 행사는 모두 그분의 실제 육체 안에서 일어난 일이 아니고 그렇게 보였을 뿐이라고 하였습니다. 그것을 가리켜 그리스도의 가현설이라고 합니다. 분명한 이단입니다. 그들의 주장대로라면, 예수님은 가장 큰 거짓말쟁이가 되는 셈입니다. 예수님의 십자가상에서의 죽으심과 그 피도 다 사람의 눈에 그렇게 보였을 뿐이지 실제가 아닌 것으로 여겨야 할 판입니다. 그러면 기독교 전체계가 무너지게 됩니다. 사탄의 음흉함이 그 속에 서려 있었습니다. 예수님의 지상생애가 하나님께 대한 완전한 순종의 삶이었다는 것을 부인하는 발상은 지극히 비성경적입니다.

하나님께 순종하셨다 함의 실제 내용은 하나님의 율법과 계명의 요구대로 순종하셨다는 것입니다. 마태복음 5장 17절 이하에 우리 주님께서 하신 말씀은 그런 비성경적인 발상을 잠재우기에 충분합니다.

마 5:17 내가 율법이나 선지자를 폐하러 온 줄로 생각하지 말라 폐하러 온 것이 아니요 완전하게 하려 함이라

5:18 진실로 너희에게 이르노니 천지가 없어지기 전에는 율법의 일점 일획도 결코 없어지지 아니하고 다 이루리라

5:19 그러므로 누구든지 이 계명 중의 지극히 작은 것 하나라도 버리고 또 그같이 사람을 가르치는 자는 천국에서 지극히 작다 일컬음을 받을 것이요 누구든지 이를 행하며 가르치는 자는 천국에서 크다 일컬음을 받으리라

롬 10:4 그리스도는 모든 믿는 자에게 의를 이루기 위하여 율법의 마침이 되시니라

최후의 만찬석에서 하신 마지막 강화의 말씀 속에도 그 요점이 분명하게 지적되어 있습니다.

요 15:9 아버지께서 나를 사랑하신 것 같이 나도 너희를 사랑하였으니 나의 사랑 안에 거하라

15:10 내가 아버지의 계명을 지켜 그의 사랑 안에 거하는 것 같이 너희도 내 계명을 지키면 내 사랑 안에 거하리라

물론 하나님께 대한 예수님의 순종 속에는 대속의 죽으심과 부활이 들어 있습니다. 그러므로 우리 예수님께서는 구약성경, 율법과 선지자들의 글에 기록된 말씀대로 순종하심으로 우리의 구속을 완성하셨습니다. 사도 바울은 고린도전서 15장 1절 이하에서 그 요점을 분명하게 확증합니다.

고전 15:1 형제들아 내가 너희에게 전한 복음을 너희에게 알게 하노니 이는 너희가 받은 것이요 또 그 가운데 선 것이라

15:2 너희가 만일 내가 전한 그 말을 굳게 지키고 헛되이 믿지 아니하였으면 그로 말미암아 구원을 받으리라

15:3 내가 받은 것을 먼저 너희에게 전하였노니 이는 성경대로 그리스도께서 우리 죄를 위하여 죽으시고

15:4 장사 지낸 바 되셨다가 성경대로 사흘 만에 다시 살아나사

예수님의 순종의 성질

웨스트민스터 신앙고백 제 8장은 중보자 그리스도에 대하여 진술하고 있습니다. 제 4,5항의 진술이 그리스도의 순종에 대하여 아주 명료하게 정돈해 놓았습니다.

제 4항

"그리스도께서 정말 기꺼이 그 중보직무를 감당하셨고, 그 직무에 속한 의무를 충실하게 이행하시려고 율법 아래 나시어 율법을 완전하게 완성하셨다. 영혼의 극심한 무게의 고뇌와 정말 견디기 힘든 육체의 격통을 감내하셨다. 주 예수께서 십자가에 못 박혀 죽으시고 장사되시어 사망의 권세 아래 계셨다. 그럼에도 불구하고 그의 육체가 썩음을 당하지 않고 제 3일에 죽은 자 가운데서 살아나셨다. 바로 그분은 당신의 부활하신 몸으로 하늘에 오르시어 하나님 아버지 우편에 앉으시고 중보의 간구를 드리고 계신다. 이제 그분은 시대의 마지막에 사람들과 천사들을 심판하려 다시 오실 것이다."

제 5항

"주 예수께서는 완전한 순종과 자신을 희생제물로 드리심, 곧 영원한 성령님으로 말미암아 아버지 하나님께 단번에 드리심으로 성부의 공의를 완전하게 만족시키셨다."

그렇습니다. 웨스트민스터 신앙고백 제 8장의 진술같이, 그리스도의 완전한 순종은 우리의 완전한 구원을 위한 하나님의 공의의 완전한 요구를 완전하게 충족하신 것과 대속의 죽으심을 포괄합니다. 어떤 이들은 '그리스도의 완전한 순종'이라고 하면 될 것이지 무엇 때문에 '그리스도의 수동적 순종과 능동적 순종'을 구분하느냐고 의문을 가질 수 있습니다. 바로 앞에서 언급한 바와 같이, 그리스도께서 지상생애 동안 율법을 완전하게 순종하셨다는 진실을 받지 않는 자들 때문에 그런 구분이 생긴 것입니다.

그리스도의 수동적 순종은 십자가의 죽으심을 가리킵니다. 물론 그 순종이 마지 못하여 한 순종이라는 의미는 아닙니다. 다만 우리의 구원을 위하여 절대 필요하였던 그 죽으심이 성부와 성자 사이로만 따지면 수동적인 순종으로 묘사될 수 있다는 말입니다.

> **막 14:36** 이르시되 아바 아버지여 아버지께는 모든 것이 가능하오니 이 잔을 내게서 옮기시옵소서 그러나 나의 원대로 마시옵고 아버지의 원대로 하옵소서

그리스도께서 생애 속에서 하나님께 완전하게 순종하심으로 완전한 의를 이루셨고, 그분의 죽으심과 부활하심으로 완전한 구속을 이루셨습니다.

완전한 순종, 영광의 극치

사랑하시는 여러분,

하나님께서 의도하신 구원의 완성점은 우리가 그리스도의 형상을 좇아 완전한 순종만을 아버지께 드리는 영화로운 존재가 되는 것입니다. 우리가 지상에 있는 동안에 누리는 영생은 씨와 원리로서의 영생입니다. 씨 속에 그 식물의 생명체계 전체와 그 식물의 장래 영광의 실체 전체의 원리가 살아 있습니다. 그래서 사도 바울은 그런 차원에서 우리의 부활의 영광을 묘사하였습니다.

> **고전 15:35** 누가 묻기를 죽은 자들이 어떻게 다시 살아나며 어떠한 몸으로 오느냐 하리니
> **15:36** 어리석은 자여 네가 뿌리는 씨가 죽지 않으면 살아나지 못하겠고
> **15:37** 또 네가 뿌리는 것은 장래의 형체를 뿌리는 것이 아니요 다만 밀이나 다른 것의 알맹이 뿐이로되

15:38 하나님이 그 뜻대로 그에게 형체를 주시되 각 종자에게 그 형체를 주시느니라

15:39 육체는 다 같은 육체가 아니니 하나는 사람의 육체요 하나는 짐승의 육체요 하나는 새의 육체요 하나는 물고기의 육체라

15:40 하늘에 속한 형체도 있고 땅에 속한 형체도 있으나 하늘에 속한 것의 영광이 따로 있고 땅에 속한 것의 영광이 따로 있으니

15:41 해의 영광이 다르고 달의 영광이 다르며 별의 영광도 다른데 별과 별의 영광이 다르도다

15:42 죽은 자의 부활도 그와 같으니 썩을 것으로 심고 썩지 아니할 것으로 다시 살아나며

15:43 욕된 것으로 심고 영광스러운 것으로 다시 살아나며 약한 것으로 심고 강한 것으로 다시 살아나며

15:44 육의 몸으로 심고 신령한 몸으로 다시 살아나나니 육의 몸이 있은즉 또 영의 몸도 있느니라

본질의 차이가 아닌 정도와 분량의 차이

사랑하시는 여러분,

우리 영생 얻은 이들이 지금 지상에서 누리는 영광과, 나중에 하늘에서와 그리스도의 재림으로 인하여 완성될 영광의 극치 사이에 어떤 차이가 있습니까? 그 차이는 본질의 차이가 아니라 정도와 분량의 차이입니다.

지금은 우리가 죄책에서 완전하게 자유하여 하나님과 법리적인 차원에서 화목을 이루고 있습니다. 그리고 하나님의 아들들의 신분을 얻어 하나님을 아바 아버지로 부르짖는 특권을 가졌습니다. 그리고 보혜사 성령님

의 가르침 속에서 말씀과 기도를 통하여 은혜를 누리며 성삼위 하나님과 교제합니다. 그런 중에 우리가 세상을 이기는 믿음을 견지합니다. 그것이 영생의 본질입니다.

나중에 우리가 누릴 영광의 절정에서 다른 본질의 영생을 누리는 것이 아닙니다. 바로 지금 우리가 지상에서 누리는 영생의 본질을 그대로 누립니다. 그러니 지상에서 영생의 본질을 갖지 않은 자는 하늘에서 영생의 충만하고 완전한 영광에 참예하지 못할 것입니다. 영생의 본질에 관한 한, 영생을 얻은 자들이 지상에서 누리는 것과 하늘에서 누리는 것은 차이가 없습니다. 지상에서 영생을 누리는 자들이 '보혜사 성령님을 의존하여 하나님과 그 아들 예수님을 알고 교제하는 것의 본질'을 가지고 있습니다. 하늘에서도 바로 그 본질 이상의 다른 종류의 것이 더해지지 않습니다. 하늘에서도 하나님을 알고 그리스도를 아는 지식과 교제 이상의 다른 것을 부가하여 주시지 않습니다.

요한계시록 14장에는 구속받은 자들이 하늘에서 우리는 영광을 보여주고 있습니다. 거기 보면 구속받은 이들이 하늘에서 여전히 하나님과 그 아들 어린 양이신 그리스도와 교제하며 찬미하고 있습니다.

계 14:1 또 내가 보니 보라 어린 양이 시온 산에 섰고 그와 함께 십사만 사천이 서 있는데 그들의 이마에는 어린 양의 이름과 그 아버지의 이름을 쓴 것이 있더라

14:2 내가 하늘에서 나는 소리를 들으니 많은 물 소리와도 같고 큰 우렛소리와도 같은데 내가 들은 소리는 거문고 타는 자들이 그 거문고를 타는 것 같더라

14:3 그들이 보좌 앞과 네 생물과 장로들 앞에서 새 노래를 부르니 땅에서

속량함을 받은 십사만 사천 밖에는 능히 이 노래를 배울 자가 없더라

"땅에서 속량함을 받은 십사만 사천 밖에는 능히 부르지 못할 노래"는 바로 성삼위 하나님과 그 구원의 은혜를 찬미하고 영광을 돌리는 노래입니다. 그러니 지상에서 속량을 받고 영생 얻은 자가 이 땅에서도 여전히 그 노래를 부르고 있습니다. 하늘에 가서도 우리가 지상에서 하나님의 은혜의 영광을 찬미하는 대로 할 것입니다. 그 노래를 이 땅에서 진정 부르지 못할 자들은 그 하늘에는 없습니다.

그러므로 영생 얻는 자들이 지상에서 누리는 영생의 본질과 하늘에서 누리는 영생의 본질 사이에는 차이가 없습니다. 오직 분량과 정도의 차이만 있을 뿐입니다. 지상에서는 그 본질을 누리나 우리가 누리고 느끼는 정도가 '희미하고 연약'합니다. 그리고 지상에서는 우리의 연약과 세상의 형편과 사탄 마귀의 시험으로 인하여 '구원의 즐거움과 감사와 찬미'가 자주 방해를 받고 그 정도가 약해지기도 합니다. 그러나 하늘에서는 그 분량과 정도가 완전하고 충만하고, 그 어떤 방해도 받지 못합니다.

그러므로 지상에서 영생 얻은 성도가 몸을 떠나 아버지의 집에 갔을 때에 낯설고 무언가 맞지 않은 나라에 왔다는 생각이 전혀 들지 않을 것입니다. 하늘의 아버지 집이 생소하고 자기와는 맞지 않다고 느끼는 사람이 하나도 없습니다. 도리어 '내가 영원한 아버지의 집, 우리 집에 왔다'는 안도감과 행복감으로 충일하게 될 것입니다.

다윗이 구약의 성도로서 성령의 가르치심을 받아 그것을 알고 있었습니다.

시 23:6 내 평생에 선하심과 인자하심이 반드시 나를 따르리니 내가 여호와의 집에 영원히 살리로다

우리 주 예수님께서 최후의 만찬석에서 약속하셨습니다.

요 14:1 너희는 마음에 근심하지 말라 하나님을 믿으니 또 나를 믿으라

14:2 내 아버지 집에 거할 곳이 많도다 그렇지 않으면 너희에게 일렀으리라 내가 너희를 위하여 거처를 예비하러 가노니

14:3 가서 너희를 위하여 거처를 예비하면 내가 다시 와서 너희를 내게로 영접하여 나 있는 곳에 너희도 있게 하리라

사도 바울은 성령님의 인도하심 속에서 성도의 죽음이 상실이 아니라 영원한 복됨으로 덧입는 것이라고 확증하였습니다.

고후 5:1 만일 땅에 있는 우리의 장막 집이 무너지면 하나님께서 지으신 집 곧 손으로 지은 것이 아니요 하늘에 있는 영원한 집이 우리에게 있는 줄 아느니라

5:2 참으로 우리가 여기 있어 탄식하며 하늘로부터 오는 우리 처소로 덧입기를 간절히 사모하노라

5:3 이렇게 입음은 우리가 벗은 자들로 발견되지 않으려 함이라

5:4 참으로 이 장막에 있는 우리가 짐진 것 같이 탄식하는 것은 벗고자 함이 아니요 오히려 덧입고자 함이니 죽을 것이 생명에 삼킨 바 되게 하려 함이라

사도 요한을 통하여 성령께서 성도의 죽음을 그런 차원에서 또 확증하셨습니다.

계 14:13 또 내가 들으니 하늘에서 음성이 나서 이르되 기록하라 지금 이후로 주 안에서 죽는 자들은 복이 있도다 하시매 성령이 이르시되 그러하다 그들이 수고를 그치고 쉬리니 이는 그들의 행한 일이 따름이라 하시더라

영광의 극치를 바라보며 지상에서 누리는 행복

우리 주님 예수께서 하나님의 택하심의 사랑을 입고 예수님을 믿음으로 영생, 구원을 얻은 이들의 행복을 팔복의 말씀으로 규정하셨습니다. 영생 얻은 이들은 그 팔복으로 묘사된 복에 참여한 자들이요, 그 팔복을 지상에서 누리고 구현하는 자들은 늘 하늘 아버지의 집과 그 영광과 행복의 극치와 잇대어 사는 사람들입니다. 이 팔복의 말씀은 구원의 조건이나 구원의 방식을 증거함이 아닙니다. 도리어 이미 구원(영생)을 받은 천국에 속한 이들이 지상에서 성령의 인도하심으로 하나님과 예수님을 알고 교제하며 누리는 복을 규정하고 있습니다. 이 팔복으로 규정된 복은 '여덟 가지의 복'이 아니라 '영생 얻은 자들의 복을 여덟 가지로 나누어 설명한' 것입니다.

필자는 팔복의 말씀의 은혜와 관련하여 로이드 존스 목사님의 '산상설교 강해'(문창수 목사 번역)를 읽으라고 권하는 바입니다. 또 주님께서 허락하시면 필자의 Youtube 〈서문강 목사 Always the Gospel〉로 방영된 팔복의 말씀을 책으로 내기를 원합니다. 독자들에게 먼저 그 Youtube 구독을 권하는 바입니다

마 5:1 예수께서 무리를 보시고 산에 올라가 앉으시니 제자들이 나아온지라

5:2 입을 열어 가르쳐 이르시되

5:3 심령이 가난한 자는 복이 있나니 천국이 그들의 것임이요

5:4 애통하는 자는 복이 있나니 그들이 위로를 받을 것임이요

5:5 온유한 자는 복이 있나니 그들이 땅을 기업으로 받을 것임이요

5:6 의에 주리고 목마른 자는 복이 있나니 그들이 배부를 것임이요

5:7 긍휼히 여기는 자는 복이 있나니 그들이 긍휼히 여김을 받을 것임이요

5:8 마음이 청결한 자는 복이 있나니 그들이 하나님을 볼 것임이요

5:9 화평하게 하는 자는 복이 있나니 그들이 하나님의 아들이라 일컬음을
받을 것임이요

5:10 의를 위하여 박해를 받은 자는 복이 있나니 천국이 그들의 것임이라

5:11 나로 말미암아 너희를 욕하고 박해하고 거짓으로 너희를 거슬러 모든
악한 말을 할 때에는 너희에게 복이 있나니

5:12 기뻐하고 즐거워하라 하늘에서 너희의 상이 큼이라 너희 전에 있던 선
지자들도 이같이 박해하였느니라

영원히 하나님을 영화롭게 하고 즐거워하는 복

누가 제게 '영생 얻은 자의 복'을 한 마디로 말해 달라 하면 웨스트민스
터 대소요리 문답 제 1문답으로 대답하고 싶습니다. 이전 어느 장에서 이
것을 이미 언급한 바 있지만 너무 아름다운 진술이기에 다시 여기서 강조
합니다.

What is the chief end of man? Man's chief end is to glorify God,
and enjoy him forever(사람의 제일 되는 목적은 무엇인가? 사람의 제일 되는
목적은 하나님을 영화롭게 하며 영원토록 하나님을 즐거워하는 것이다.)

이 제 1문답은 성경 전체를 관통하는 진리를 드러낸 탁월한 진술입니
다. 1643-1647년 간의 5년여의 기간 동안 151인으로 구성된 웨스트민스
터 총회(Westminster Assembly)가 기도와 금식으로 1천 번이 넘는 회합과
토론과 공론을 거쳐 '웨스트민스터 신앙고백서(Westminster Confession)'
와 신앙의 학습서인 '대소요리문답(Great and Shorter Catechism-대요리문답
196문답, 소요리문답 107문답)'을 작성 반포하였습니다. 그 이후 지금까지
'성경을 오직 유일한 신앙과 행위의 법칙'으로 믿는 정통적인 개혁교회들이

그것을 '성경을 총괄하는 신앙표준문서'로 받아들여 왔습니다.

그 중에 대소요리문답의 제 1문답은 성경 전체를 관통하는 진리의 맥을 터치하여 '영생 얻은 자의 삶의 의미와 행복과 영광의 극치'를 포괄하는 진술입니다. 필자는 주님의 전폭적인 불가항력적인 은혜로 20세에 회심하여 세례를 받기 전에 문답식에 참여하였을 때 이 제 1문답을 처음 접하였습니다. 구원과 영생의 감격으로 충일한 상태로 세례 문답을 잘 준비하였다고 스스로 자부하며 문답에 임하였습니다. 목사님과 여러 장로님들 앞에서 묻는 질문에 정확한 답변을 하려고 나름으로 열심히 준비하였습니다. 그래서 다른 질문들은 잘 대답하였습니다. 그런데 어느 장로님이 물으셨습니다. "인생의 제일 되는 목적이 무엇입니까?" 저는 구원의 감격 속에서 영생을 모르는 인생의 비참과 영생 얻은 자의 영광에 대하여 깊은 사고를 하고 있던 차에 서슴없이 대답하였습니다. "인생의 최고의 목적은 영생입니다." 그러나 그 질문을 던진 장로님의 얼굴에서 만족하지 못한 답이라는 표정을 읽었습니다. 그런데 그 장로님이 말씀해 주셨습니다. "인생의 제일되는 목적은 하나님을 영화롭게 하는 것입니다." 저는 틀린 답을 제시한 제 부족에 대한 자책으로 부끄럽기도 했으나, 그 장로님의 말씀의 정당성을 승인하는 제 마음의 정서가 저를 사로잡았습니다. "아하, 그렇구나. 내가 하나님의 은혜로 영생을 얻었으니 이제 이후로 나의 존재와 삶의 목표는 나를 창조하시고 구원하신 하나님을 영화롭게 하는 것이구나." 그날 제 마음판에 그 제 1문답이 진하게 각인되었습니다. 그 이후 주님의 은혜로 복음의 소명을 따라 복음의 사역을 감당하던 평생에 그 제 1문답이 저를 지배하는 왕적 영향력을 행사하였습니다.

물론 그 진술은 사람에게서 난 것이 아니라 성령의 인도하심을 받고 그

표준문서 작성을 위해 헌신한 자들이 성경 전체를 통괄하며 성경을 관통하는 진리를 발견한 결과입니다. 그들 칼빈과 그 종교개혁신학의 정통을 견지하던 청교도적 신학자와 신앙인들 151인이 이 제 1문답을 승인하게 하신 주님을 찬미하는 바입니다. 이 진술은 그들이 만들어낸 것이 아니라 성경이 말하는 바를 총괄한 것입니다. 이 진술의 배경 성구를 다 제시하자면 지면이 모자랄 것입니다. 다만 대표적인 몇 성구를 소개하자면, 이러합니다.

사 43:1 야곱아 너를 창조하신 여호와께서 지금 말씀하시느니라 이스라엘아 너를 지으신 이가 말씀하시느니라 너는 두려워하지 말라 내가 너를 구속하였고 내가 너를 지명하여 불렀나니 너는 내 것이라

43:7 내 이름으로 불려지는 모든 자 곧 내가 내 영광을 위하여 창조한 자를 오게 하라 그를 내가 지었고 그를 내가 만들었느니라

롬 14:7 우리 중에 누구든지 자기를 위하여 사는 자가 없고 자기를 위하여 죽는 자도 없도다

14:8 우리가 살아도 주를 위하여 살고 죽어도 주를 위하여 죽나니 그러므로 사나 죽으나 우리가 주의 것이로다

14:9 이를 위하여 그리스도께서 죽었다가 다시 살아나셨으니 곧 죽은 자와 산 자의 주가 되려 하심이라

고전 10:31 그런즉 너희가 먹든지 마시든지 무엇을 하든지 다 하나님의 영광을 위하여 하라

갈 2:20 내가 그리스도와 함께 십자가에 못 박혔나니 그런즉 이제는 내가 사는 것이 아니요 오직 내 안에 그리스도께서 사시는 것이라 이제 내가 육체 가운데 사는 것은 나를 사랑하사 나를 위하여 자기 자신을 버리신 하나님의

아들을 믿는 믿음 안에서 사는 것이라

빌 1:20 나의 간절한 기대와 소망을 따라 아무 일에든지 부끄러워하지 아니하고 지금도 전과 같이 온전히 담대하여 살든지 죽든지 내 몸에서 그리스도가 존귀하게 되게 하려 하나니

1:21 이는 내게 사는 것이 그리스도니 죽는 것도 유익함이라

은혜의 방편에 충실한 사람

영생 얻어 지상에 사는 우리가 하나님의 은혜의 보좌로 나아가는 것은 우리 삶의 가장 중요한 과제입니다. 신학적으로 '말씀과 기도와 성례'를 교회론적으로 말하여 은혜의 방편이라 말합니다. 우리 개인의 삶 속에서도 여전히 그 은혜의 방편은 우리의 구원의 우물물을 쏟아내는 하나님 아버지께서 주신 선물입니다.

사 12:1 그 날에 네가 말하기를 여호와여 주께서 전에는 내게 노하셨사오나 이제는 주의 진노가 돌아섰고 또 주께서 나를 안위하시오니 내가 주께 감사하겠나이다 할 것이니라

12:2 보라 하나님은 나의 구원이시라 내가 신뢰하고 두려움이 없으리니 주 여호와는 나의 힘이시며 나의 노래시며 나의 구원이심이라

12:3 그러므로 너희가 기쁨으로 구원의 우물들에서 물을 길으리로다

12:4 그 날에 너희가 또 말하기를 여호와께 감사하라 그의 이름을 부르며 그의 행하심을 만국 중에 선포하며 그의 이름이 높다 하라

12:5 여호와를 찬송할 것은 극히 아름다운 일을 하셨음이니 이를 온 땅에 알게 할지어다

12:6 시온의 주민아 소리 높여 부르라 이스라엘의 거룩하신 이가 너희 중에

서 크심이니라 할 것이니라

은혜에 빚진 자와 복음 전도

우리 영생 얻은 하나님의 자녀들은 지상에 살면서 은혜에 빚진 바의 심정을 가졌던 사도 바울과 같은 마음을 늘 가지고 있어야 합니다. 로마서 1장에서 그 빚진 자의 심정이 이렇게 표현되었습니다.

롬 1:13 형제들아 내가 여러 번 너희에게 가고자 한 것을 너희가 모르기를 원하지 아니하노니 이는 너희 중에서도 다른 이방인 중에서와 같이 열매를 맺게 하려 함이로되 지금까지 길이 막혔도다

1:14 헬라인이나 야만인이나 지혜 있는 자나 어리석은 자에게 다 내가 빚진 자라

1:15 그러므로 나는 할 수 있는 대로 로마에 있는 너희에게도 복음 전하기를 원하노라

1:16 내가 복음을 부끄러워하지 아니하노니 이 복음은 모든 믿는 자에게 구원을 주시는 하나님의 능력이 됨이라 먼저는 유대인에게요 그리고 헬라인에게로다

1:17 복음에는 하나님의 의가 나타나서 믿음으로 믿음에 이르게 하나니 기록된 바 오직 의인은 믿음으로 말미암아 살리라 함과 같으니라

우리가 그리스도 안에서 하나님의 순전한 은혜로만 구원을 얻었다면, 우리가 은혜의 빚을 진 자입니다. 그래서 우리가 알고 있는 이들 중에 예수님을 믿지 않는 이들을 위하여 기도하며 복음을 전하여 우리와 같은 영생을 얻기를 바라는 것이 마땅합니다. 교회에 대한 사명은 교회의 지체인 각 성도 개인의 삶의 큰 과제이기도 합니다. 그 일에 우리 주님께서 동행하시

어 큰 뜻을 이루실 약속이 있습니다.

마 28:18 예수께서 나아와 말씀하여 이르시되 하늘과 땅의 모든 권세를 내게 주셨으니

28:19 그러므로 너희는 가서 모든 민족을 제자로 삼아 아버지와 아들과 성령의 이름으로 세례를 베풀고

28:20 내가 너희에게 분부한 모든 것을 가르쳐 지키게 하라 볼지어다 내가 세상 끝날까지 너희와 항상 함께 있으리라 하시니라

여기까지 필자와 함께 영생의 복을 인하여 기뻐하며 말씀을 학습하신 독자 여러분의 행로가 하나님 앞에서 늘 복되기를 바라며, 여러분의 전도로 많은 이들로 동일한 믿음으로 영생 얻게 하실 주님을 찬미합니다.

아멘.

은혜의 방식 *The Method of Grace in Gospel Redemption*

존 플라벨 지음 │ 서문강 옮김 │ 신국변형 양장 648면 │ 값 27,000원

이 책은 존 플라벨의 저작들 중에 가장 유명하고 가장 많이 읽혀진 책으로 19세기 프린스톤 신학대의 거장 아취벌드 알렉산더(Archibald Alexander)가 회심하는 데 이 책이 결정적 역할을 하였다. 목양적인 저자의 영적 지각과 충정으로 성도들의 마음속을 들여다보며, 그들의 마음을 움직여 구원하시는 하나님의 방식으로 데리고 가서 죄의 각성과 구원의 은혜와 그 확신에 이르게 한다.

영의 생각, 육신의 생각 *On Spiritual Mindedness*

존 오웬 지음 │ 서문강 옮김 │ 신국변형 양장 360면 │ 값 16,000원

로마서 8장 6절의 "육신의 생각은 사망이요 영의 생각은 생명과 평안이니라."를 기초 본문으로 저자가 당시 목양하던 회중들에게 진정한 '영적 생각의 방식'을 연속 강론한 것이다. 저자는 '마음의 생각과 그 방식'이 구원받은 이후 그리스도인의 성화 생활을 지로하는 결정적 방향타임을 역설한다. 이 책을 다 읽고 나서 독자마다 성령께서 마태로 하여금 예수님의 산상설교를 마무리하게 하던 그 진술의 능력을 반드시 음미하게 될 것이다.

고린도전서 13장 사랑 *Charity and Its Fruits*

조나단 에드워즈 지음 │ 서문강 옮김 │ 신국변형 양장 456면 │ 값 20,000원

조나단 에드워즈는 자신의 정체성을 진정한 설교자로서 헌신하는 데서 보여주었는데, 본서가 바로 그에 대한 가장 좋은 예증일 것이다. 성령님께 사로잡힌 사도 바울이 고린도전서 13장에 진술해 놓은 '사랑'의 진면모를 그가 가진 모든 신적 은사와 은혜의 촉수로 더듬어내어 자기 회중들에게 연속 강론한 것을 묶어 이 책을 펴냈다. 이 책은 여러 차례 반복하여 읽을수록 그 영적 진미를 더 느끼게 하며, 하나님의 복음의 은혜의 풍성함에 겨워 더욱 더 만족을 주기에 충분하다.

사망의 잠 깨워 거듭나게 하는 말씀 *Sermons in the Natural man*

윌리엄 쉐드 지음 │ 서문강 옮김 │ 신국변형 양장 336면 │ 값 16,000원

"사람이 거듭나지 아니하면 하나님 나라를 볼 수 없느니라…물과 성령으로 나지 아니하면 들어갈 수 없느니라"(요 3:3)고 하신 말씀은 예수 그리스도를 믿음으로 말미암아 구원에 이르는 복음의 이치에 눈을 뜨는 일은 거듭난 사람에게만 가능하다는 의미이다. 아직 거듭나지 못한 상태에 있는 자연인들은 영적으로 죽은 자들로서 깊은 사망의 잠을 자는 자들이다. 교회를 다니거나 교회 밖에 있거나 자연인의 상태에 있으면 그 이치를 모른 채 사망의 잠에 빠져 있게 된다.

하나님의 열심을 품은 간절목회 *An Earnest Ministry*

존 에인절 제임스 지음 │ 서문강 옮김 │ 신국변형 양장 392면 │ 값 18,000원

저자는 "하나님의 열심을 품어 사람들을 정결한 처녀로 그리스도께 중매하려 하던"(고후 11:2) 모든 사도들이 견지하던 사역의 본질과 실천을 '간절한 열심'이라는 개념 속에 응집시키고 있다. 그것을 분석하고 종합하고 적용하여 모든 사역자들에게 도전하고 격려한다. 실로 이 책은 리처드 백스터의 '참 목자상', 찰스 브릿지스의 '참된 목회'와 함께 나란히 '목회학'의 3대 고전이라 불려지기에 충분하다.

구원을 열망하는 자들을 위하여 *The Anxious Inquirer*

존 에인절 제임스 지음 │ 서문강 옮김 │ 신국변형 양장 256면 │ 값 13,000원

빌립보 감옥의 간수가 바울과 실라에게 "선생들아 내가 어떻게 하여야 구원을 얻으리이까?"(행 16:30)라고 간절하게 물은 것과 같은 단계에 있는 이들을 가리켜 'Anxious Inquirer'(염려하여 묻는 자)라고 하는데, 이 책은 이 상태에 있는 이들을 구원으로 인도하시는 하나님의 성령님의 말씀이 담겨 있다. 이미 그리스도 안에 있다 여기는 이들도 이 책을 통해 자신의 믿음의 신적 기원 여부를 가늠할 수 있을 것이다.

고통 속에 감추인 은혜의 경륜 *The Crook in the Lot*

토마스 보스톤 지음 | 서문강 옮김 | 신국변형 양장 328면 | 값 16,000원

"하나님께서 행하시는 일을 보라 하나님께서 굽게 하신 것을 누가 능히 곧게 하겠느냐"(전 7:13)를 주제로 지상 성도들의 단골 메뉴인 '고통'의 문제를 하나님의 은혜와 그 능하신 손 아래서 어떻게 접근해야 하는지를 가르치고 있다. 하나님께서는 지상의 자녀들 각자에게 분정(分定)된 몫을 주시되, 그 속에 반드시 '굽은 것'을 넣어 주시어 그로 인해 '고통'을 느끼게 하신다. 그리하시는 하나님의 목적은 그들로 '고통 자체'가 아니라 그것을 방편 삼아 사랑하시는 자녀를 향해 그리스도 안에서 예정하신 그 하늘에 속한 신령한 '은혜의 경륜'을 이루고자 하심이다.

요한계시록 그 궁극적 승리의 보장

서문강 지음 | 신국변형 양장 320면 | 값 16,000원

이 책은 '요한계시록 바르게 깊이 읽기'를 선도할 개혁주의적 강해서다. 저자는 1:3의 말씀, "이 예언의 말씀을 읽는 자와 듣는 자와 그 가운데에 기록한 것을 지키는 자는 복이 있나니 때가 가까움이라." 하신 것에 착안하여, 성경의 다른 65권의 책들과 같이 동등하게 묵상하고 강론되어 섭취할 영적 양식임을 확신한다. 또한 현대의 그리스도인들은 요한계시록을 처음 받은 초대교회 성도들보다 그리스도의 재림에 더 가까이 서 있으니, 요한계시록의 메시지야말로 그 어느 때보다 절박하게 필요함을 저자는 역설한다.

믿음의 깊은 샘 히브리서 시리즈(전 6권 완간)

아더 W. 핑크 지음 | 서문강 옮김 | 신국변형 양장

오늘을 사는 우리에게 로마서가 믿음의 본질을 창조주 하나님과 인간의 관계에 기초하여 접근하게 한다면, 히브리서는 그리스도를 믿는 자들로 하여금 그 믿음의 절대성을 확신하게 하며, 어떤 이유로도 믿기 이전의 상태로 회귀하게 하려는 사탄의 간계를 물리치고 믿음의 경주를 완주하게 하는 능력과 위로의 깊은 샘을 제공한다. 이 강해서는 로이드 존스의 로마서 강해와 쌍벽을 이루며 한국교회와 그리스도인들을 받쳐줄 것이 틀림없다.

시편 119 말씀을 사모하여 헐떡이는 사람

찰스 브리지스 지음 | 서문강 옮김 | 신국변형 양장 820면 | 값 33,000원

스펄전 목사가 참된 신앙의 3요소로 줄기차게 강조한 '참된 성경 교리, 체험, 실천'의 실상을 이 책의 모든 지면에서 만난다. 주의 말씀과, 기도와, 은혜의 능력으로 순종하여 말씀을 실행하는 역동성은 지상에 있는 하나님의 자녀들의 선명한 표지다. "내가 주의 계명을 사모하므로 입을 열고 헐떡였나이다"(시 119:131). 하늘의 시민권을 가진 이는 이 책에서 더 큰 확신과 영적 진보의 영광을 맛보게 될 것이고, 영적 안일에 빠진 사람은 각성을 받아 '주의 말씀을 사모하여 헐떡임'의 행복을 회복할 것이다.

요셉의 섭리살이

도지원 지음 | 신국변형 500면 | 값 22,000원

하나님을 모르는 사람은 비인격적인 우연이나 운명을 믿는다. 그러기에 그 사람은 요행을 바라거나 운명에 맡기고 살아갈 뿐이다. 그렇지만 그리스도인은 인격적인 하나님의 섭리를 믿는다. 그래서 그는 자신을 다스리고 인도하시는 하나님의 선하신 뜻에 의지하여 살아간다. 요셉의 생애만큼 하나님의 섭리를 잘 보여주는 것은 없다. 이 책은 창세기 37장 2절부터 마지막 50장까지에 나타난 요셉의 생애를 다룬 연속 설교이다. 우리는 이 내용을 통해 요셉의 인생살이가 놀라운 섭리살이이듯이 우리의 인생살이도 그러함을 알게 될 것이다.

영생이란 무엇인가

초판 1쇄 펴낸날 2024년 8월 15일

지은이   서문 강
펴낸이   전수빈
펴낸곳   청교도신앙사

주소   서울시 은평구 녹번로 3길 2(녹번동 98-3)]
전화   02-354-6985(Fax겸용)
전자우편 smkline@naver.com
등록   제8-75(2010.7.7)

디자인   백현아
출력,인쇄 예원프린팅

파본이나 잘못된 책은 구입처에서 바꾸어 드립니다.

ISBN 978-89-87472-59-1 94230

값 28,000원